U0597941

遗产活化视角下的
苏州古典园林
功能传承与创新发展研究

顾至欣 ◎ 著

2021年度教育部人文社会科学研究青年基金项目(21YJCZH034)
江苏省第六期「333高层次人才培养工程」
江南园林遗产保护与活化江苏省文化和旅游重点实验室
江苏省高校青蓝工程优秀教学团队研究成果

中国旅游出版社

项目策划：武　洋
责任编辑：武　洋
责任印制：孙颖慧
封面设计：武爱昕

图书在版编目（ＣＩＰ）数据

遗产活化视角下的苏州古典园林功能传承与创新发展
研究 / 顾至欣著 . -- 北京 : 中国旅游出版社 , 2022.11
2021 年度教育部人文社会科学研究规划基金项目（21
YJCZH034） 江苏省第六期"333 高层次人才培养工程"
江南园林遗产保护与活化江苏省文化和旅游重点实验室
江苏省高校青蓝工程优秀教学团队研究成果
ISBN 978-7-5032-6933-2

Ⅰ.①遗… Ⅱ.①顾… Ⅲ.①古典园林—研究—苏州
Ⅳ.① K928.73

中国版本图书馆 CIP 数据核字 (2022) 第 047252 号

书　　名：遗产活化视角下的苏州古典园林功能传承与创新
　　　　　发展研究

作　　者：顾至欣　著
出版发行：中国旅游出版社
　　　　　（北京静安东里 6 号　邮编：100028）
　　　　　http://www.cttp.net.cn　E-mail:ctTp @ mct.gov.cn
　　　　　营销中心电话：010-57377108，010-57377109
　　　　　读者服务部电话：010-57377151
排　　版：小武工作室
经　　销：全国各地新华书店
印　　刷：北京盛华达印刷科技有限公司
版　　次：2022 年 11 月第 1 版　 2022 年 11 月第 1 次印刷
开　　本：787 毫米 ×1092 毫米　1/16
印　　张：20
字　　数：415 千
定　　价：59.80 元
ISBN　978-7-5032-6933-2

走向多学科、包容性的传统园林文化遗产理性活化

　　遗产活化是国家关于文化自信和优秀传统文化遗产保护传承和利用的重要策略。近日收到顾至欣老师来信，邀我为其新著《遗产活化视角下的苏州古典园林功能传承与创新发展研究》撰写序言。该书是作者在南京林业大学风景园林学专业攻读博士学位时的力作，研究内容涉及园林、文史、旅游、地理及社会等多个学科。也是有缘，我有幸参与了该论文的开题与答辩。我个人是园林学科的"超级粉丝"，喜欢从地理学景观意象理论来分析园林，再加之顾老师学有所成又热情相邀，所以我也就冒昧地提出一些个人偏陋之见，并乐于推荐此书。

　　古代中国人的自然观，在很大程度上借传统园林得以系统地表现。园林中的亭台楼阁、花木山石，集中展示了华夏先贤的哲理观念、文化意识、审美情趣、景观偏好乃至地方感特征，千百年来逐渐形成了中国所特有的园林文化———一种强调天人合一的哲学观，强调人地关系，结合具体地理环境而人工营造的居住游憩场所，具有特殊尺度、特殊的人与自然交融模式。"不出城郭而获山水之怡，身居闹市而得林泉之趣"是古代中国人追求的理想生活方式。作为文化遗产，传统园林除了建构筑物等物质遗产以外，还包括了园林中的各种设计、装饰、室内陈设乃至家具以及很多非物质文化遗产。

　　从学科内容看，我长期从地理学角度研究景观，研究自然地理、地质地貌角度的自然景观，人文地理、文化地理角度的文化景观，旅游地理、旅游管理角度的旅游景观，经济地理角度的经济景观，乃至环境生态声学和音乐角度的声景观，总之是从地理学角度研究理解景观的人地关系特征和空间属性。这促使我对园林景观产生了特殊的兴趣，因此也就有对旅游景区建设中的园林美学应用、城市古典园林原始功能老化以及园林声景观遗产等方面做过的一些浅陋研究。对于文化遗产我也有较多关注，涉及文化遗产保护方面的研究有原真性研究、特殊文化符号景观的研究、景观意象导向型遗产保护利用规划研究乃至石刻文物毁损机制研究等，很多内容与园林研究往往是有交叉乃至互融的。当然作为个人实践，我给自家小庭院也设计配置了苏州园林风格的湖石、假山、亭轩、小溪、小桥、小池，结合现代给排水技术专门设计了多种类型的"传统园林"自然

声景观，配置了南京特色的园林书法景观，还有意将园址内"青龙群灰岩"基岩露头一角的地质遗产保存展现，并题之以"栖霞龙脉"。庭院初成后命名了 20 余景并作七言绝句各以记之，并写园记，遂有师友学生于此文艺雅集云云。如此缀言是因为我个人觉得这就是一个全方位包含了土木建筑、生态环境、日常生活以及衍生传统人文和自然审美文化为一体的活的园林遗产文化。这样算是差强人意地把景观理想写入了自己的庭院，因为自己一直期望祖先的珍贵园林文化和遗产能够得到有效的保护与传承，哪怕是以个人身体力行的方式。

园林文化遗产的保护和传承，既要严格保护园林遗产的完整性、原真性，又不能墨守成规，却又不宜盲目地标新立异，对于苏州古典园林这样的世界级文化遗产，确实是一个学术难题。这里可研究的东西非常多，既涉及遗产的文化意象、价值内涵、原真性认知等理论问题，也需要考虑遗产主体态度、利益相关者关系、公众文化和审美接受等实践因素，需要学者们的不懈努力。

顾老师综合运用风景园林学、旅游学、社会学乃至地理学等学科的理论与方法，基于丰富的苏州古典园林保护与利用实践，从社群与游客的双重视角全面解析当代社会苏州古典园林的功能价值，探索其功能活化与空间更新有效适应、相互促进的方法，进而总结苏州古典园林文化遗产活化模式，提出其功能传承与创新发展的对策建议。通览全书，作者立足社会需求与使用功能导向的遗产价值评价理念，综合运用空间句法和参数化设计等信息技术方法，对苏州园林功能空间进行数据转译、拓扑分析与定量研究，得出了很多富有学术价值和实践指向的结论，并尝试提出具有普适性的功能活化模式（如五种苏州园林的活化模式等），这些都是对苏州古典园林的传承与创新发展的积极探索，对我国园林文化遗产保护与利用具有借鉴价值。所以该著作实际上是园林物质遗产活化的多学科探索性研究实践。当然这种探索是一个开放性课题，读者也可以根据自己的理解、探索乃至专业理论来提出更多的活化模式、理论或者原则，甚至可以超越已有园林遗产范围，上升拓展到苏州覆盖城市日常生活和多种文化艺术的综合性园林文化；例如，可以像我用于居住的形式那样，在作者提出的五种模式之外，发掘一种自己对苏州园林文化乃至中国园林文化的活化模式，进而运用超越现有历史文化遗产的形式来传承中国传统园林文化。如是，则恰是顾老师这本书的价值体现、学术影响乃至社会效益了。

是为序。

南京大学地理与海洋科学学院教授、博士生导师
南京大学旅游研究所所长
中国地理学会旅游地理专业委员会主任

2021年10月18日

古为今用：关于苏州古典园林遗产活化的思考

　　苏州古典园林研究是一个既古老又新颖的命题。说其古老，因为苏州造园滥觞于春秋，兴盛于明清，至今已历经两千余年，从古之计成、文震亨等文人艺匠，到近当代的童寯、陈从周、陈植等学者大家都对其有着深入的研究；说其新颖，因为 21 世纪以来，以苏州古典园林为载体的旅游演艺、文创会展、酒店民宿等活化利用方式层出不穷，出现了"拙政问雅"夜游、"灵感园林"网师园当代艺术展、北半园精品酒店、耦园民俗婚庆等创新产品，丰富了苏州园林的研究与实践领域，呼唤具有时代精神的创新性研究。

　　近年来，我国高度重视文化遗产保护传承工作。2021 年，自然资源部、国家文物局在《关于在国土空间规划编制和实施中加强历史文化遗产保护管理的指导意见》中提出"促进历史文化遗产活化利用"的指导意见。同年，《"十四五"文化和旅游发展规划》明确了"文化遗产保护传承利用体系不断完善，文化遗产传承利用水平不断提高"的发展目标。不难看出，遗产活化已成为我国坚定文化自信，提升文化国际影响力，让宝贵遗产世代传承、焕发新的光彩，用文明力量助推发展进步的重要战略。然而，虽然得益于国家政策的大力支持，文化遗产活化实践层出不穷，但实践中也不断面临着传统与现代、原真性与创新性、经济利益与文化生态的博弈以及不同利益相关者诉求的矛盾，遗产活化政策的理论支撑与实践方法指导尚不充分，遗产功能传承与创新发展的探索任重而道远。同时，相对于建筑、历史街区等遗产类型，古典园林的文化内涵与功能更加丰富，但其功能传承与创新发展的研究与实践仍不多见，对其功能活化的机制与策略，功能传承与创新发展模式的深入探索是促进我国古典园林可持续发展的必要手段。

　　本书对苏州古典园林研究有着独到的见解。一方面通过对苏州古典园林功能演化历程的梳理，研究历史上苏州古典园林中所蕴含的收藏、娱乐、雅集、办公、居住等功能，给未来园林功能活化带来了诸多启示；另一方面将遗产活化作为应对当代古典园林发展机遇与挑战的创新思路，在功能价值规律与功能空间布局分析的基础上，探索苏州古典园林的活化模式与创新举措。难能可贵的是，作者并未将研究局限于苏州园林传统的研究范式之中，而是引入了空间句法和参数化设计等新型研究方法，研究了柴园苏州教育博物馆、双塔影园办公场所、墨客园精品民宿等新颖案例。通过分析苏州园林整体功能价值、各类活化功能评价与空间布局的关联性，建立了空间载体与活化功能之间的桥梁；从适用对象、功能布局、优势特色、问题挑战、发展方向等方面分析了活化模式之间的特征与差异，提升了研究对实践的指导作用，也为苏州园林文化遗产研究拓宽了一个新的视野，具有启发意义。

可以肯定的是，这是一本传承历史、立足当下、面向未来的佳作，作者对苏州古典园林的传承与创新问题作出了有益的探索，对当代园林文化遗产的活化利用具有较高的借鉴价值。正如习近平总书记所指出的，传承中华文化要"以古人之规矩，开自己之生面"，期望顾老师在现有的研究基础之上，与时俱进、推陈出新，为园林文化遗产研究做出更多的贡献。

是为序。

南京林业大学风景园林学院教授、博士生导师
江南园林历史与遗产保护研究中心主任

2022年3月28日

前言

　　21世纪以来，遗产活化作为发挥遗产功能价值、促进文化世代传承的重要方法，已成为世界文化遗产保护界的共识。我国高度重视文化遗产的保护与传承工作，习近平总书记指出要"让收藏在禁宫里的文物、陈列在广阔大地上的遗产、书写在古籍里的文字都活起来"。苏州古典园林为我国古典园林精华所在，也是世界文化遗产的杰出代表，被誉为立体的画，凝固的诗，无声的音乐，千百年来，一直是中国文人的精神家园与心灵寓所，其中的亭台景致、草木芳华、诗画意境无不令人心驰神往。然而，城市的变迁、时代的发展、人民美好生活需求的变化，让我们不能一味地沉湎于旧时的园林风雅之中，应当让宝贵的文化遗产更好地融入生活、融入时代，擦亮苏州"百园之城"的亮丽城市名片，使文化遗产保护成果更多惠及人民群众。

　　当前，《江苏省"十四五"文物事业发展规划》已将"'以文化人'苏州古典园林保护利用项目"列为文物活化利用工程的重点项目。如何在科学保护的基础上，有效转变保护管理模式，让文化遗产真正活起来，成为"十四五"时期苏州古典园林可持续发展的关键问题。为此，本书以"根植过去，立足当代，展望未来"为主线，以苏州园林功能演化历程梳理为起点，基于丰富的当代苏州古典园林保护与利用实践，从社群与游客的双重视角全面解析苏州古典园林的功能价值，探索其功能活化与空间更新有效适应、相互促进的方法，进而总结苏州古典园林文化遗产活化模式，提出其功能传承与创新发展的对策建议，以期丰富园林文化遗产保护理论，探索以功能活化促进园林文化遗产传承与创新发展的有效途径。

　　本书作为我在南京林业大学攻读风景园林学博士学位期间的研究成果，有幸得到了张青萍老师孜孜不倦的教导，向我展现了古典园林研究的有趣与深邃，其人文关怀以及对待科研与生活的态度成为我人生的宝贵财富。研究期间，得到了江苏省中国科学院植物研究所薛建辉教授、南京大学张捷教授、东南大学金俊研究员、浙江农林大学金荷仙教授、同济大学刘颂教授、上海市园林科学规划研究院张浪教授、南京林业大学王浩教授、赵兵教授、唐晓岚教授、邱冰教授、李志明教授等以及匿名审稿人的指导与帮助，为研究的优化与完善提供了宝贵的建议；同时，写作过程中参考了大量前辈专家的著作与研究成果，使我受益匪浅。

十余年的风景园林学习让我越来越感受到，古典园林这一中华传统文化的宝库，其宏大、深邃与精美的确令人叹为观止。自身所学与之相较，可谓是沧海一粟。本书中所述内容仅为个人粗略的一些探索与思考，难免有不足之处，诚挚地期盼与相关领域的专家学者和广大读者交流讨论，也欢迎大家批评指正。

顾至欣

2022 年 4 月 20 日

目　录

上篇　园林遗产活化发展之道

下篇　苏州园林传承创新之路

上篇

园林遗产活化发展之道

第一章 导论

第一节 研究背景

随着社会进步以及人们对文化遗产保护与利用关系认识的深化，文化遗产研究已经从被动的、静态的保护视角向积极的、可持续的发展视角转变。1979年，国际古迹遗址理事会颁布的《巴拉宪章》中首次将建筑遗产活化定义为"为建筑遗产找到合适的用途，使得该场所的文化价值得以最大限度地传承和再现"。随后，遗产活化思想被引入园林、街区、村镇等文化遗产保护领域，美国关于建筑遗产活化利用的税制激励政策，英国的"当代遗产园林项目"，日本旨在积极活用文化遗产的《文化艺术振兴法》，中国香港的"活化历史建筑伙伴计划"等政策相继出台。遗产活化作为发挥遗产功能价值，促进文化世代传承的重要方法已成为国际文化遗产保护界的共识。

新时期，我国高度重视文化遗产保护传承工作。十九大报告明确提出"加强文物保护利用和文化遗产保护传承"的文化遗产事业发展方略；习近平总书记在中共中央政治局第十二次集体学习讲话中指出"要系统梳理传统文化资源，让收藏在禁宫里的文物、陈列在广阔大地上的遗产、书写在古籍里的文字都活起来"；2018年，中共中央办公厅、国务院办公厅《关于加强文物保护利用改革的若干意见》提出"加强文物价值的挖掘阐释和传播利用，让文物活起来"的基本原则；2021年，自然资源部、国家文物局《关于在国土空间规划编制和实施中加强历史文化遗产保护管理的指导意见》提出"促进历史文化遗产活化利用"的指导意见；2021年，《"十四五"文化和旅游发展规划》明确了"文化遗产保护传承利用体系不断完善，文化遗产传承利用水平不断提高"的发展目标。不难看出，遗产活化是我国坚定文化自信，提升文化国际影响力，让宝贵遗产世代传承、焕发新的光彩，用文明力量助推发展进步的重要战略。

我国被誉为世界园林之母，园林文化源远流长，博大精深。苏州古典园林是我国古典园林精华所在，也是世界文化遗产的杰出代表，理应被科学有效地继承保护并发扬光大。然而，以苏州古典园林为代表的我国古典园林保护传承却面临着理论体系有待完善、保护利用矛盾不易处理、传承发展路径尚需探索等挑战。为此，江苏省住房和城乡建设厅《关于实施传统建筑和园林营造技艺传承工程的意见》将"加强保护与活化应用并重"作为园林营造技艺传承的基本原则，《苏州市文物保护事业"十三五"发展规划》提出"打破思维定式，有效转变文物保护管理模式，让文化遗产真正活起来"的总体目标；《苏州市旅游发展总体规划（2009—2020）》提出"加强苏州历史文化的活化与效益化利用"的发展思路；2018年，苏州市政府《关于加快推进"天堂苏州·百园之城"的实施意见》提出"修复保护与活化利用并重"的基本原则，2021年，《苏州市"十四五"文化和旅游融合发展规划》提出"制定《苏州市文物建筑活化利用规范》，……扎实推进一批文物建筑保护利用示范项目建设，打造文物活化样板"的建设内容；2022年，《苏州市园林绿化和林业发展"十四五"规划》确立了"当好江南园林保护管理、活化利用的传承者、守护者和创新者"的规划目标都将遗产活化作为应对古典园林发展机遇与挑战的重要举措。

综上所述，以遗产活化为视角，开展苏州古典园林功能传承与创新发展研究是顺应国际遗产保护发展思想潮流、贯彻落实国家文化遗产活化政策、借鉴国内外文化遗产活化先进经验的积极探索；对于完善园林文化遗产理论体系、应对园林遗产保护与发展的挑战、促进以苏州古典园林为代表的我国园林文化遗产创造性转化与创新性发展有着积极意义。

第二节　研究概念界定

一、苏州古典园林概念界定

（一）古典园林

中华人民共和国行业标准《风景园林基本术语标准》（CJJ/T 91—2017）对"古典园林"定义如下："古典园林是对古代园林和具有典型古代园林风格的园林作品的统称。"因此，其不同于古代园林，它既可以是建于古代的园林，也可以是建于现代而具有古典风格的园林。而本书所指"古典园林"包含以上两种类型。

（二）历史园林

历史园林是在国际学术界较为常见的概念。1981年，《佛罗伦萨宪章》对历史园林（Historic Garden）概念做出权威界定，指出历史园林是"从历史或艺术角度而言，民众所感兴趣的建筑和园艺构造，鉴此，它应被看作是古迹"。同时指出历史园林可以包括"不论是规则式的，还是风景式的小园林和大公园"。

（三）苏州古典园林

中华人民共和国行业标准《风景园林基本术语标准》对"苏州园林"定义如下："泛指中国苏州地区古代建造的或者承传了当地典型造园技法的园林。"同样的，苏州市政府编制的《苏州园林名录》历代建造的，具有写意山水艺术特征的，由古典建筑、人工山水、花草树木为要素组成的宅第园林、寺庙园林、衙署园林、会馆园林、书院园林等；包括中华人民共和国成立以来由国家、企事业单位或私人修复、重建、新建的，具有苏州园林本质特征和四大要素的当代苏州园林，不包括各类风景区、公园、城市绿地"。不难看出，苏州古典园林的界定主要考量其是否具有写意山水艺术特征和造园四大要素，并没有限定其建成时间。而苏州各类风景区、公园、城市绿地与苏州园林精致小巧的传统特征差异较大。因此，本书采纳《苏州园林名录》对于苏州古典园林的定义。

二、遗产活化概念界定

（一）遗产

"遗产"是从法律中借用而来的词汇，含义为可以传给后代之物，而且原拥有者的后代子孙也因此值得尊重[1]。在遗产保护领域，从 1931 年的《雅典宪章》至今，很多国际文件公约都对其相关概念进行了阐释，也反映了人们对其认知的发展。1931 年，《雅典宪章》认为文化遗产包括"纪念物"和"历史场所、地点"，其具有艺术、历史、科学的旨趣。1962 年，联合国教科文组织《保护景观与历史场所美景与特色建议文》对"景观与历史场所"的定义为"无论是自然的或人工的，具有文化或艺术价值，或构成典型自然环境的自然、乡村及城市景观和场所"。1964 年的《威尼斯宪章》将"历史纪念物"的概念阐述为"不仅是单项建筑作品，并且包括能从中找出一种独特文明、一项重要发展或历史事件的城市或乡村场域"。1972 年，《保护世界文化和自然遗产公约》将遗产分为"文化遗产"和"自然遗产"，分别包括文物、建筑群和遗址以及地质和自然地理结构、濒危动植物生存区、地质和生物结构自然面貌、天然名胜或明确划分的自然区域。1979 年，《巴拉宪章》提出的遗产概念为"具有重要文化意义的场所、地区、土地、景观、建筑物及建筑群或其他作品，并对过去、现在、未来世代具有美学、历史、科学、社会或精神的价值"。1987 年，《华盛顿宪章》阐述的遗产概念为"历史城镇与城区"，包括城市、城镇以及历史中心或居住区，也包括自然的和人造的环境，体现着传统的城市文化的价值。2001 年，国际古迹遗址理事会制订《蒙特利尔行动计划》，强调了对 20 世纪遗产的保护与管理；符合价值标准的不足 50 年历史的建筑、建成环境和文化景观，包括建筑，城市集合体，城市公园、庭院和景观，艺术作品，家具，室内设计或大型工业设计，土木工程，纪念性场所及建筑档案、文献资料等也被认

定为晚近遗产 [2]。

综上所述，"遗产"是个宽泛的概念，包含了社会对其价值体系、物质形态、表现特性的不同理解，但社会希望"遗产"能持续保持其形态与价值，应是该词汇的基本要义。1999 年颁布的《国际文化旅游宪章》中曾对其有过概括："遗产包括自然和文化的环境，包括景观、历史遗址和场地，还有生物多样性、收藏、过去和正在进行的文化活动、知识和生活经历。它记录和表达了历史发展的漫长过程，是构成不同国家、地区、民族和当地特征的本质，并且是现代生活的一个必要组成部分。它是生动的社会参照点和发展变化的积极手段。每一社区或场所特别的遗产和集体的记忆是不可取代的，是现在和将来发展的重要基础" [3]。

（二）活化

"活化"原为自然科学用语，在物理学、化学中是指粒子从外界获得足够能量后，其电子由较低的基态能级跃迁到较高能级的过程。《辞海》中的释义是指使"分子或原子的能量增强" [4]。在微生物学、遗传学及医学中是指某物质从其无活性状态转变为具有活性状态的过程 [5]。当其被引入文化遗产领域之后，"活化"依然表达"重生"或"注入新活力"的含义 [6]，王镇华在《文化遗产：鉴定、保存和管理》书序中解释"活化"是一种实现从传统到未来转变的智慧与实践 [7]。由此可见，"活化"是帮助事物注入活力与实现状态转化的过程与手段，通常具有积极而正面的含义。

（三）遗产活化

1979 年，国际古迹遗址理事会《巴拉宪章》第一次正式针对建筑遗产提出活化利用的概念，即"为建筑遗产找到合适的用途（即容纳新功能），使得该场所的文化价值得以最大限度地传承和再现，同时对建筑重要结构的改变降到最低限度" [8]。随即，该观点被学术界认可并引发广泛讨论。《美国国家公园服务指南》中认为遗产活化是通过外在展现形式来复原活态历史的阐述方式 [9]。史密斯（Smith）将遗产活化定义为实现历史遗产环境更新、提升，并融入现代生活与时代发展中去的规划方法 [6]；阿普林（Aplin）认为遗产活化是联系传统与未来的理论与实践，需要综合考虑遗产原有功能、发展历程、传统价值、生活方式、场所精神、新生功能的可持续性等方面 [10]。阿什沃思（Ashworth）等认为遗产活化是当代社会对历史的利用，其目的是解释历史、保存现存的古文物与建筑以及公众与个人的记忆以满足当代社会需要，其中包括个人对社会、种族认同的需要以及为遗产商品化提供经济资源的需要 [11]。苏卉认为文化遗产活化是与传统的静态保护模式相对应的新型遗产保护理念。活化是在尊重遗产的前提下，通过创造性的方式来促进遗产价值与文化的发挥，从而提升遗产服务社会的功能 [4]。喻学才认为遗产活化强调以利用促进保护，将文化遗产从静止、无活性的状态转变为具有活性的状态，使其在功能上更加符合现代社会需求 [12]。蔡明哲认为遗产活化是古迹遗产经由重建和再生，以作为空间载体适应性再利用的过程，这个过程中将古迹遗产变为了具有文化财产价值和服务价值的事物[13]。黄慧颖认为遗产活化就是以不破坏建筑遗产为前提，激活其原有的功能和潜能，从而使建筑遗产获得新的活力，进而永续发展的方法[14]。综上所述，研究认为国内外遗产活化的概念虽然有所差异，但其主旨并无明显不同。首先，遗产活化的基础是基于遗产本体的，均提倡保持其本体良好的生存状态，并进行修复、更新与完善。其次，遗产活化的途径是功能的适应与发展，是原有用途、新生功能以及生活方式的激发过程。最后，遗产活化的目标是综合价值导向的，是为了促进遗产的可持续发展，并能够满足社会的时代需求。因此，研究认为遗产活化是在遗产保护基础上，通过合理的再利用手段，实现遗产功能传承与创新发展，促进其融入当代社会并发挥综合效益的积极过程。

第三节　研究现状与评述

一、研究历程

（一）国外研究历程分析

本书所涉及论题在国外学术研究中经历了四个阶段：（1）对文化遗产功能价值的关注起源于文艺复兴时期。学者们对古罗马时期遗址遗迹的调研分析，激发了社会对文化遗产的关注与兴趣。（2）大规模的文化遗产保护始于19世纪，以法国的"风格性修复"、英国的"保守性修复"和意大利对英法学派理论的兼收并蓄最为著名。该阶段实践推动了文物古迹保护理论与修复方法的形成。然而，虽然活态遗产的概念被正式提出，遗产功能的延续也在部分项目中得以体现，但人们关注的重点依然是遗产的史料价值，尚未意识到遗产功能活化对社会发展的重要作用。（3）20世纪50~90年代，伴随战后城市发展，1964年《威尼斯宪章》首先提出了遗产利用的思想，认为"为社会公用之目的使用古迹永远有利于古迹的保护"，1972年，《世界遗产公约》提出了遗产展示的概念，并要求各国采取积极手段促进文化遗产保护、保存和展示，1979年，《巴拉宪章》中针对建筑遗产提出了遗产活化利用的概念。人们对文化遗产功能传承与更新的理解更加全面。遗产功能循环与可持续发展理论[15-16]应运而生，通过遗产功能活化带动城市复兴[17-19]，促进经济发展[20-21]与文化繁荣[22]的思想被广泛接受，并引领遗产保护的研究与实践。然而遗产开发中重经济发展，轻文化传承的现象时有发生，对利益相关者功能需求研究不足，遗产功能活化的科学模式仍在探索之中。（4）21世纪以来，面对遗产功能活化中的问题与挑战，《维也纳备忘录》《西安宣言》《佛罗伦萨宣言》先后提出遗产保护应与利益相关者对话、遗产是生活方式的载体以及遗产保护对社群需求的满足等原则。遗产与地域文化习俗关系[23-24]，遗产融入现代生活的规划方式[6]，遗产场所精神等研究领域不断拓展[10]，基于社会综合价值视角的遗产功能分析、以人为中心的遗产价值观体现了研究的发展进步。

长期以来，园林作为文化遗产的组成部分，沿袭文化遗产保护与功能活化的理念与实践方法，并未突出强调其个性特点。直至 1982 年，国际古迹遗址理事会颁布《佛罗伦萨宪章》，强调了历史园林的活态特征与利用方法。园林遗产的概念与特点[25-26]、活化标准与原则[27-28]、活化方法[29-30]、活化效果评价[31-33]等问题被学术界广泛讨论。英法等国相继制定了历史园林保护活化政策，开展了"当代遗产园林项目"[34]"城市公园复兴项目"[35]等实践活动，认为功能活化有助于实现古典园林文脉、体验上的延续[36]，有助于古典园林向城市空间的转型[37]，具有促进城市经济发展等积极作用[38-39]。相关成果丰富了园林遗产保护研究的视角与领域，然而该研究领域还比较年轻[28]，相比于历史建筑、历史城镇等文化遗产类型的保护与活化尚未成熟[40]。伴随着社会环境变迁与活化实践的深入发展，理论与实践的背离[41]，定义与内涵的模糊[26,42]，历史园林与社会环境的脱节[43-44]、活化效果的不确定性[45-46]等问题也逐渐暴露出来。研究者对历史园林功能特征、功能演变历程的分析尚不深入，研究影响力与实践范围还相对局限，历史园林文化遗产功能传承与创新发展的路径仍需探索。

（二）国内研究历程分析

我国现代意义上的文化遗产保护以 1929 年中国营造学社成立为标志，大致分为三个阶段：（1）20 世纪 20~70 年代，营造学社首开我国文物建筑研究考证之先河，并从功能价值的角度提出了文化遗产保护的目的是古为今用[47]，改造文化遗产以适应新用途[48]等思想，对后世研究产生深远影响，然而受到抗战与"文革"等时代背景影响，遗产功能传承与利用并未引起社会足够重视。（2）20 世纪 80~90 年代，以《中华人民共和国文物保护法》颁布和加入《世界遗产公约》为标志，文化遗产保护思想逐渐成熟。学者开始关注文化遗产在满足人民文化需求方面的实用功能[49]，强调遗产与社会生活的联系[50-51]，研究遗产保护利用矛盾的处理方法[52-53]。该时期人们意识到文化遗产在经济文化发展中的功能价值，但其开发利用多局限于博物馆、旅游景点等少数模式，保护与利用的矛盾相伴相生。（3）21 世纪以来，我国文化遗产功能活化的思想与实践日趋丰富，以功能传承为核心的"活态遗产"概念[54-55]，以传承发展为脉络的遗产动态保护思想逐步产生[56]，融合人类学和民族学方法的遗产生态博物馆[57-59]、风土建筑与历史街区再利用实践方兴未艾[60-61]。该阶段文化遗产功能活化已成为遗产保护事业的重要发展战略，但也面临着传统与现代、原真性与创新性、经济利益与文化生态的博弈，遗产活化政策的理论支撑与实践方法指导尚不充分，遗产功能传承与创新发展的探索任重而道远。

苏州园林保护与利用的历程与其他文化遗产大体同步。20 世纪初至 20 世纪 70 年代，童寯、刘敦桢等学者对苏州古典园林在民国与解放初期的改建修复进行了梳理[62-63]，但并未从功能更新的角度进行详细阐述。20 世纪 80~90 年代，作为一种具有实用功能的艺

术 [64]，在"整修园林、犹可兹用"思想的影响下 [65]，苏州园林蕴含的旅游、文教功能开始被重视 [66-67]，但其功能开发类型比较单一，利用水平相对较低。21 世纪以来，以苏州古典园林入选《世界文化遗产名录》为契机，人们对苏州园林文化遗产的价值意义认识更为深刻 [68]，开始从信息管理 [69] 和预警监测 [70] 等方面对苏州园林遗产保护利用展开研究，反映出当代遗产保护理念的发展。在遗产保护基础上，旅游开发与利用成为苏州古典园林遗产活化主要方向 [71]。陶伟等探讨了苏州园林在城市旅游空间结构中的特殊地位 [72]；苏勤等分析了苏州园林旅游者与目的地之间的情感联结关系 [73]。相关研究的拓展与深化反映出遗产保护与利用的对立统一关系已越来越被研究者所关注。随后，以苏州园林为载体的旅游演艺、文创会展、酒店民宿等活化利用模式也逐渐出现 [74-75]，苏州园林作为现代生活方式的价值为人们所认知 [76]，学者对苏州园林传统功能的现代演绎 [77]、苏州风景园林艺术的传承与创新 [78]、园林遗产经营与开发方式的研究日趋深化 [79]。然而，相对于建筑、历史街区等遗产类型，古典园林包含的使用功能更加丰富，但其功能传承与创新发展的研究尚不深入，既能体现传统风格，又符合当今时代要求的活化实践仍不多见，对其功能活化理论与实践的深入探索应是未来研究的方向。

二、研究内容

（一）园林遗产活化研究

1. 定义与内涵

国外关于园林遗产活化的定义与内涵尚无权威的解释，与前述遗产活化的定义阐释类似，主要包括园林肌体修复与功能更新两方面。霍尔布鲁克斯（Halbrooks）认为园林遗产活化应当以恢复园林历史风貌为目标，让历史园林原有景观与功能保持稳定与活力 [28]。鲁宾（Rubene）等对园林遗产复兴（Renovation）与园林遗产活化（Revitalization）的定义进行了比较，其认为"修复"提倡在原有功能的基础上进行提升，"活化"则注重变革园林原有功能来适应新的社会需求 [38]，雅克（Jacques）认为园林遗产活化是既包含原有功能的保护，又允许新功能引入的一种园林发展方式 [26]。园林遗产活化的特殊性也是讨论的焦点，园林遗产因其活态特征常被视为不断变化的过程，因此园林的本体修复与功能活化相比于历史建筑、城镇、遗迹更为困难 [25]。

国内对园林遗产活化概念的探讨并不多。李靖对台湾乐埔町庭园活化改造设计研究提出了活化的概念，认为活化利用是最好的保护方式，是一种为原本废弃的庭园重新注入生命力，发挥其使用价值，促进其永续发展的观念 [80]。翁玉玟认为园林遗产活化就是让园林进入大众生活，形成健康的、多元、多层结构，发挥其应有的服务与化育功能 [81]。曹心童认为园林遗产活化是对历史遗产的一种流行化的转变，使其融入现代生活中，获得更多的关注和认可 [82]。

2. 意义与价值

国外研究者对园林遗产活化意义的认识主要在于文化传承、实现经济效益及其公共空间作用的发挥。塞尔斯（Sales）系统阐述了英国历史园林重建的历史与传统，认为历史园林可持续发展应该超越物质形态的修复，对园林遗产进行过程性评估并预测未来的发展需求，从而通过遗产活化实现历史园林文脉、景观、体验上的延续[36]。维森蒂亚（Visentini）等则通过对意大利皮斯托亚普契尼花园、佛罗伦萨波波里花园和都灵雷吉纳别墅等历史园林活化实践的分析，认为其有助于国家形象与文化魅力的展示[83]。慕兹宁卡皮斯（Murzyn-Kupisz）通过对波兰耶莱尼亚古拉山谷园林群的调研发现，园林遗产活化可以实现历史园林经济与品牌效益的提升[33]。瓦胡瓦格（Wahurwagh）等认为历史园林活化对城市生态多样性保持、污染环境控制、居民荣誉感产生有积极作用，园林遗产活化同时也可以促进就业市场与社区经济活化[84]。罗斯塔米（Rostami）等认为通过历史、自然、功能与情感等多维度的活化，古代波斯园林被赋予了大众化、多样性、独特性、趣味性与舒适性等当代特点，是其成功转化为现代城市公共空间的原因[85]。

国内学者一般从综合价值的角度对园林遗产活化的意义进行概括，并普遍强调其对于城市发展的促进作用。黄碧丽提出赋予古典园林遗迹时代特征并完善其综合功能，将发挥良好的社会效益、环境效益和经济效益，对于古城景观及城市肌理保护具有十分重要的意义[86]。裴福新通过对襄阳习家池园林的保护与复兴研究，认为园林遗产活化不仅保护与传承历史文化内涵，而且依托历史发展新文化环境与功能形态，对于提高地区经济、社会和环境效益具有重要作用[87]。叶莹认为古典园林活化利用可以作为有效的城市文化策略，全面增强城市竞争力，促进城市更新以及旅游业发展[88]。周向频等认为历史公园需要相应的更新与改造以适应新的发展要求，其作用在于增强时代功能、丰富使用体验、展示和重塑历史景观，进而促进城市发展[89]。同时，部分学者更加关注园林活化的生态内涵或文化意义。例如，李靖认为园林遗产的活化应该是景观与建筑结合的整体活化，关乎生态和自然，也关乎人文，其价值在于促进人与自然的互动与交流，从而实现园林在现代都市中的可持续发展[80]；孟昳然通过对鼓浪屿"活态"园林遗产的保护利用研究，认为园林遗产活化旨在向社会公众传达并帮助其更好地认识遗产的综合价值，宣传鼓浪屿遗产地的文化精神与内涵[90]。

3. 挑战与问题

伴随着全世界范围内园林遗产活化实践的持续发展，问题与挑战也暴露出来。首先，自然侵蚀与人为破坏造成的园林建筑、景观、基础设施等物质要素的损坏给园林活化与可持续发展带来了很大的挑战。匈牙利阿塞特和达岑克公园[91]、巴基斯坦夏利马尔花园[92]以及纳瑟里时期的伊朗园林[93]等园林遗产多已沦为废墟；基础设施老化使得历史园林无法适应当代功能需求。例如，交通系统的混乱阻碍了罗马尼亚伊丽莎白王宫花园休闲活动的开展[94]。其次，功能失当表现为历史园林的功能异化、过度使用以及园林中的犯罪行为。非恰当的功能转换导致历史园林功能异化。例如，伊朗埃尔戈利花园被改造为主题娱乐公园，减弱了原有纪念公园的氛围[45]。历史园林功能转换大多出于旅游产业的驱动，而过多的游客给历史园林带来极大的承载压力，并导致环境与设施的破坏[45,95]。更糟糕的是，功能布局的失当还可能导致犯罪行为。例如，英国园林中的偷窃事件[96]、加拿大克利夫公园中的毒品贩卖与卖淫行为[97]为历史园林增添了社会问题。活化过程中的文化丧失也会导致历史园林原真性表达与理解的偏差。后藤（Goto）在对美国日式漫步花园的调查中发现，该园林虽然景观环境保存完好，但缺乏日本文化精神，而应被视为文化废墟[32]。瓦胡瓦格（Wahurwagh）等感慨于印度布兰普尔历史园林的衰败，认为由于文化记忆丢失，当前园林只是继承了历史园林的名称而已[30]。

我国古典园林活化发展过程中，研究者主要认为园林原真性的改变、新旧功能转化的失当、经营管理混乱以及文化内涵丧失是当前实践中的主要挑战。浙江海盐绮园与传统园林风貌不协调的现代添加物随处可见[98]；南京愚园修复中也在园林遗留物件处置、历史原真性保存以及园林根据功能改建等方面存在争议[99]。欧阳桦调查了重庆聚奎中学对聚奎园基址的利用情况，认为园林建筑虽然保存较好，但转化为学校办公用房后较为拥挤，同时游览接待与学校运转并未完全分开，功能产生相互干扰[100]。祝学雯在双溪别墅活化研究中指出要注意活化中"新"与"旧"度的把控，过度的保护和活化都不是遗产活化的理想方式[101]。经营管理混乱一方面表现在产权管理混乱，例如，北京老城私家园林中大部分园林作为企事业办公和大杂院使用，产权复杂，管理混乱[102]。另一方面也表现在开发急功近利，在古典园林中盲目增添仿古建筑，搞旅游经营，严重地破坏了园林固有的平面布局[103]。此外，园林遗产活化开发中也容易忽视对园林蕴含文化元素的深度挖掘与真实表达[104-105]，从而使公众缺乏了解和体会园林文化的途径。

　　4. 方法与策略

国外学者认为对历史园林的景观空间、建筑、基础设施等实体进行修复是园林遗产活化的基础性工作，但在具体方法上存在分歧。首先，克雷布斯（Krebs）[106]、伊格娜艾娃（Ignatieva）等[107]学者认为园林空间结构需要恢复到历史原态来体现规划初衷，申（Shin）等则认为历史园林空间需要适应当代功能而进行优化[44]。对于建筑与景观复建也有争论，部分实践表明引入新建筑可以提升园林功能与风貌，如英国阿尼克花园新建游客中心与特色树屋来吸引旅游者[108]。而希绍（Sisa）等[91]、托特（Tóth）等[109]学者则认为应该去除与历史无关的构筑物来突出原真性。其次，功能更新是园林遗产活化的主要手段。一方面，学者认为历史园林应该发挥公共空间作用来服务于当地居民，例如，高（Gao）等认为历史园林活化是激活社群的方式，应该建立园林与居民的联系[110]；另一方面，历史园林也是重要的旅游资源，通过园林修复来促进旅游业发展是常见的做法。为打造"花园山谷"旅游品牌，波兰耶莱尼亚古拉山谷在修复中引入了纪念品商店、餐厅、酒店等旅游服务设施[33]；韩国广寒楼苑也拟定了园林空间拓展与功能更新计划来打造旅游胜地[44]。最后，文化活化思想同样应融入园林遗产的可持续发展中。学者们强调园林场所精神与历史文脉的再现。例如，英国卡蒂沙克花园重建了历史建筑并展示其背后的故事，再现了园林的历史风貌[111]。他们认为，博物馆、艺术展厅等文化机构的设立可以加深人们对历史文化的理解。俄罗斯科萨里西诺公园将宫殿转变为多功能展厅来展示园林文化的变迁，得到了学者们的肯定[27]。组织民俗活动、节庆表演等文化教育活动是展示园林文化的重要方法，例如，美国大烟雾山国家公园组织历史节庆与传统手工艺表演来展示地方民俗[112]。这些活动增强了公众对历史园林文化的直观感受，有助于活化项目获得民众支持。

我国学者一方面通过研究国外历史园林的活化实践来学习其中的先进经验，另一方面也普遍从功能空间转化与功能活动设计等方面提出了自己的观点。朱晓明等介绍了英国"当代遗产园林项目"的景观设计、功能布局、文脉延续方法，通过园林遗产活化能让人们享受到游园乐趣和历史启迪的双重快感，创造生动的交往空间[113]。周向频等介绍了英国邱园的保护策略，认为遗产价值评估是其保护与发展的基础，既运用当代的景观建筑语言，又运用与原有历史景观相融合的设计方法，有助于实现其当代发展与历史保护的平衡[89]。曹心童认为将园林遗产与其历史氛围一并继承并发扬光大，通过多种方式拉近现代与传统的距离是日本园林活化发展的成功之道[82]。在我国实践中，学者们普遍认为园林遗产应当进行功能空间转化以便适应当代社会需求。园林功能流线的重新设计[114]、室内外空间的延续与功能划分[101]、园林遗产与周边空间的整体规划与功能布局融合[115]、园林遗产功能置换与改造更新等[102]空间活化策略层出不穷。同时，园林活动的组织与开展也是提升园林遗产生命力的重要途径。雷宏响认为园林中可定期举办游观宴乐、诗赋觞咏以及诗书礼教等文化体验活动，增加大众对传统园居生活的体验感，充分展现其历史文化价值并实现其现实意义[102]。吕菽菲等认为延缓城市古典园林老化的趋势，必须加强其历史文化内涵的发掘及主题特征的宣传，在注重文化品位的基础上适当增加参与性活动[116]。

5. 效果与评判

活化效果是园林遗产活化实践的最终评价标准。持有正面评价的国外学者认为园林遗产活化可以达成恢复园林景观风貌的初衷，优化了园林空间结构、建筑与基础设施[92,111,117]。许多学者将经济发展视为园林遗产活化成功的标准。英国阿尼克花园[108]、德国克利夫斯历史公园[106]、韩国广寒楼苑等[91]历史园林在活化后均产生了积极的经济效益。部分学者认为遗产活化对园林功能完善也起到了积极作用。沙普利（Sharpley）认为活化后的英国阿尼克花园已成为人们社交、教育与娱乐的理想空间[108]。最后，社会声誉的提升也是活化效果的证明。例如，丘吉尔公园的复建与利用为加拿大历史园林保护发展提供了可借鉴的范本[118]。对于历史园林活化的负面评价主要来源于原真性丧失与文化异化两个方面。部分学者认为经济利益驱动与以"活化"名义进行的非理性开发导致园林历史价值丧失。例如，伊朗艾拉姆天堂园修复工程因引入过多外来植物品种，改变原有种植设计风格而受到批评[93]。原真性问题不仅影响园林景观风貌，而且会导致文化异化。后藤（Goto）调查境外日本园林时发现错误开发不仅导致文化误解，甚至影响种族与社群关系[32]。最后，部分学者对园林遗产活化的效果持辩证的态度。旅游业发展对遗产保护来说是一把双刃剑。学者们既承认旅游业带来的经济与社会效益，也认为其可能对园林历史风貌与居民生活产生负面影响。例如，俄罗斯科萨里西诺公园的旅游业发展在打造地区标志与城市品牌的同时，改变了园林的景观特色以及居民传统生活方式[27]。此外，霍尔布鲁克斯（Halbrooks）认为美国斯坦海威花园的复建效果需要留待时间检验，不宜轻易下结论[28]。

　　我国学者普遍对园林遗产活化的效果持支持态度，认为园林遗产活化将帮助遗产融入市民生活，形成集休闲、文化、教育、交流功能为一体的城市公共活动场所[81]，促进园林遗产与城市的和谐共处，推动城市公共空间健康文明发展[119]，打造城市名片，促进旅游业发展[120]。也有学者从过度开发与功能空间转化不当等方面表达了自己的担忧。张婕认为园林遗产的过度开发将导致面积较小、曲折幽深的私家园林人满为患，生态环境失衡，历史真实性与风貌完整性受到破坏[121]。李靖通过对台湾乐埔町庭园活化实践的研究发现，其园林活化后的餐饮空间功能设定与场地面积大小不相适应，不利于使用[80]。同时，部分学者发现同样的活化手段在针对不同对象应用时，可能会产生截然不同的效果。例如，进行博物馆化利用的苏州园林中，苏州中医药博物馆、曲园俞越故居等园林因为知名度低、展览陈旧，门可罗雀，经济与社会效益较差。而与忠王府打通开放的苏州博物馆、柴园活化利用而成的苏州教育博物馆、全晋会馆改造的苏州戏曲博物馆的功能丰富，被当地的传媒喻为"市民家中的大客厅"，得到了社会的认可[122]。此外，也有学者对国外园林遗产活化项目的效果进行了评述。朱晓明对英国当代遗产园林项目完成十五年后的效果进行分析，认为该项目公益属性较强，短期内难以获得经济效益，但通过遗产活化促进了社会价值与社区认同感的提升[123]。

（二）苏州古典园林遗产活化研究

　　苏州古典园林是世界文化遗产的杰出代表，部分西方学者对其有所研究。20世纪80年代开始，伴随着寄兴园、流芳园、谊园等海外苏州园林相继在纽约、洛杉矶、悉尼等世界著名城市相继建成，苏州古典园林引发了外国学者的兴趣。凯斯维克（Keswick）的《中国园林历史、艺术和建筑》，柯律格（Clunas）的《蕴秀之域：中国明代的园林文化》，亨德森（Henderson）的《苏州园林》等作品陆续问世，对我国苏州园林艺术特征与发展历程进行了全面介绍，但并未涉及遗产活化的专门研究。21世纪以来，伴随着苏州园林入选《世界文化遗产名录》，部分学者对苏州园林遗产活化中的经验进行了分析与总结。卡南（Conan）介绍了苏州园林活化过程中有形遗产与无形遗产的相互关系以及园林活化对于非物质文化遗产传承的促进作用[124]。梅尔清（Meyer-

Fong）认为苏州园林遗产活化将园林打造成为具有独特魅力的文化产品，从而带来丰富的旅游与娱乐活动[125]。凯斯维克（Keswick）等学者认为活化利用是当代苏州园林传承发展的重要形式[126]。然而，也有学者对苏州园林遗产活化工作提出了质疑。琼斯（Jones）等通过对苏州耦园修复工程的研究，认为从美学角度对园林空间与现存建筑的改造，很难保证园林遗产的原真性[127]。总之，国外学者对苏州园林遗产活化的研究拓展了研究视野，促进了中西方遗产活化研究的交流，但相关研究还比较少，对苏州园林文化内涵的理解还不够深入，涉及内容深度与广度还有所欠缺。为此，本章节重点梳理国内苏州园林遗产活化的相关研究。与前述研究综述相比，国内学者主要是从苏州园林遗产活化的活化模式、活化策略与经营管理等内容方面进行了一系列探索。

1. 活化模式

基于苏州古典园林遗产活化实践，学者们对其活化模式进行了梳理。孙剑冰[77]从现有园林遗产的功能价值出发，对入选世界文化遗产的知名园林、构成苏州城市绿地体系的古典园林、作为社区空间资源的古典园林分别提出了遗产活化建议。鲁墨[128]针对苏州宅邸园林、寺庙园林、会馆义庄园林分别提出了以茶馆民宿为代表商业经营模式、以博物馆为代表的文化体验模式以及以社区活动中心、文化会所为代表的休闲生活模式。亚太地区世界遗产培训与研究中心[129]从园林遗产修复与使用的主体来进行活化模式分类，介绍了以况公祠、桃园、昭庆寺为代表的"政府修复、政府使用"模式，以圆通寺、蒔湄草堂为代表的"社会修复、社会使用"模式，以北半园、潘宅礼耕堂为代表的"政府修复、社会使用"模式。亚太地区世界遗产培训与研究中心将苏州园林活化的主要用途分为公众游览场所、社区活动中心、学校或培训机构、对外文化展示窗口、会所、文化研究机构、企业办公用房、餐旅经营场所、私人住宅、文化旅游街区十种类型[129]。众多学者以双塔影园[131]、北半园[132]、听枫园[133]、拙政园[134]等园林为例，具体介绍了企业办公场所、酒店会所、文化艺术中心、博物馆等活化模式的实践案例。季欣[130]则从遗产活化主导者的视角进行分类，介绍了政府主导下陶氏宅院的功能置换模式、市场主导下双塔影园的价值复兴模式，以及社会力量主导下圆通美术馆的修复模式。此外，苏州园林遗产活化的业态模式研究成为热点。周云[74]将其分为居民住房、办公场所、博物馆、社区文化场所、教育场所、旅游景点、会馆、旅社、茶舍以及其他方式十种类型。

2. 活化方法

学者们从遗产修复、空间转换、活动组织、文化植入与科技应用等方面介绍了苏州园林遗产活化实践中的方法与策略。第一，科学的园林遗产修复是活化利用的基础。平龙根介绍了关于玉涵堂修复中的真实性、整体性与安全性原则[131]，程洪福介绍了耦园历次修复的概况，认为运用传统材料和工艺、保护建筑及构筑物原真性、深入挖掘园林文化内涵、丰富厅堂陈设是其成功的经验[135]。第二，为适应当代社会对遗产活化的需求，有必要对原有园林功能空间进行有效的转换。从空间布局转换的模式上看，可以分为以董氏义庄为代表的并置模式，以"筑园"会馆、苏州园林博物馆为代表的内隐模式，以潘祖荫故居为代表的共生模式，以北半园为代表的整合模式[128]；从具体操作上看，可以应用改建、扩建、迁建和局部改造等手段进行功能空间转化[136]。第三，园林活动的组织也是遗产活化的重要手段。茅昊认为应该在苏州园林中增加娱乐性、参与性的活动项目，以丰富游客活动内容，提高自身吸引力和游客满意感[137]。孙剑冰认为应关心社区居民的活动需要，为社群提供日常活动空间，促进社区的交流与使用[138]。周云等认为应在苏州园林内开展昆曲、评弹、古琴等文化表演活动，展现园林曲会雅集的历史生活风貌[74]。第四，部分学者认为苏州园林活化的核心在于文化内涵的植入与文化氛围的营造。例如，居伟忠等通过对北半园活化利用实践的研究，指出提炼苏州文人精致的园林生活方式，营造传统文化氛围，将吴文化融入酒店的日常生活中是改造项目的核心理念[76]。最后，现代科技的应用也有助于提升苏州古典园林的活化效果。引入新材料与新技术，可以提升园林建筑的节能效果与舒适度，以提升其功能活化的适应度[131]，而建立遗产保护数据库与监测系统，则有利于遗产活化与管理的科学决策[70]。此外，应用虚拟现实、增强现实等现代多媒体手段，可以增强用户对古典园林实景游览和欣赏体验性，促进资源保护与可持续利用[139]。

3. 经营管理

园林遗产活化并非一蹴而就的建设工程，而是需要科学经营管理的持续过程。学者们针对苏州古典园林遗产活化的政策保障机制、经营管理策略、旅游开发管理、社群关系维护等方面进行了有效的探索。在政策保障机制方面，李艳借鉴了意大利、英国、墨西哥、印度等国家的世界遗产保护经验，提出应当遵循国际遗产条约，完善专门的政策或法规，推进世界遗产经营管理活动的程序化、规范化、法制化[140]。周云等通过对苏州古建筑保护的法律体系的梳理，发现调动社会力量参与文物保护的积极性，加大社会化运作力度是遗产活化政策制定的导向[74]。在经营管理策略方面，王劲韬提出统一管理标准，完善监督机制，并将园林遗产的所有权和管理权分开，是促进苏州园林持续发展的紧迫任务[141]。亚太地区世界遗产培训与研究中心则提出应当以活化为动力，完善园林遗产保护规划制定、加强规划控制[129]。许多学者对于园林遗产活化的社会化运作与市场化实践表达了赞同的观点。他们认为遗产活化需要建立多方参与机制，形成政府主导下的社会合力，实现遗产活化的互利共赢[74,129-130,133]。旅游开发是现阶段苏州古典园林利用的主要方式，学者们着重对其经营管理进行了研究。邵映红认为在苏州园林遗产开发中，要树立遗产可持续发展理念，增强游客遗产保护意识，处理好世界遗产保护和旅游业协调发展之间的关系[142]。面对苏州园林游客容量不足的问题，学者们认为建立预约登记制度[139]、调整园林环境容量布局[143]、加速未开放园林的修复与开放以进行游客分流[144]，均是可以考虑的方法。在社群关系维护方面，孙剑冰通过开展苏州园林活化利用居民调查，呼吁应关注古典园林对于城市和居民的公共性，针对社群需求，提高园林作为街区开放空间的社会价值 [138]，探索居民生活和园林文化相互融合的途径 [145]，通过"私养公助"模式鼓励社群参与园林遗产管理 [77]。高祝鑫 [105]、蒋叶琴 [146] 等学者也从社区居民的公众参与、民间组织管理渠道搭建等方面对苏州园林遗产活化过程中的社群关系维护提出了建议。

三、研究评述

研究通过对国内外园林遗产活化的文献分析，归纳了园林遗产活化的定义与内涵、意义与价值、挑战与问题、方法与策略、效果与评判五个主题。同时，结合苏州古典园林遗产活化实践，梳理了相关活化模式、活化方法与经营管理等研究内容。不难看出，伴随着遗产活化思想逐渐深入人心，园林遗产活化的研究范围持续扩大、研究思路不断拓展，取得了丰富的研究成果，有效地指导了相关实践的开展。然而，为促进相关研究与实践的进一步发展，研究尝试从研究理论、研究视角、研究方法与研究内容等方面对现有研究进行评述，以期为后续研究提供参考。

（一）研究理论

遗产活化理念产生和发展的时间并不长，而园林遗产作为单独的文化遗产类型一直到《佛罗伦萨宪章》（1981 年）颁布才得以确立，相对于建筑、历史城镇、遗址遗迹等遗产类型，其研究关注度与影响力尚不足，导致园林遗产活化理论尚未成熟。在文献梳理中不难发现，针对建筑遗产的风格修复理论、适宜性再利用理论，针对城镇街区的有机更新、文脉主义、生态博物馆等理论被不断引入园林遗产活化领域，其理论研究也呈现出多元或多义的面貌。西方学者对园林遗产"复建（Restoration）""复兴（Renovation）""适应性再利用（Rehabilitation）""重建（Reconstruction）""活化（Revitalization）"等概念进行了较为全面的辨析，也针对园林遗产活化的特殊性进行了探讨。例如，部分学者认为与历史建筑、遗址遗迹不同，园林因其活态特征常被视为不断变化的过程，因此，针对特定时期的修复活化很难实现 [26,36]。虽然这些讨论对园林遗产活化理念的形成具有重要的启发意义，但尚未对园林遗产活化的特殊性进行全面的梳理，对于园林遗产活化的内涵也并未得出统一的结论 [147-148]。国内学者更加关注园林遗产的活化实践，在理论引入并与实践相结合方面做出了卓越的努力，但在理论创新上取得的突破还比较有限。需要反思的是：我们一方面应当承认多学科理论的融合有利于学术思想的交流，进而不断拓展研究领域与方法，最终更加深入全面地认识园林遗产活化工作；另一方面，应当重视新理论应用的适用性与有效性以及是否能通过借鉴新理论而产生明显的研究突破。因此，未来研究，特别是我国的本土化研究，应当在继承我国传统园林理论的基础上，有的放矢地借鉴相关学科理论的精髓，系统深入地剖析园林遗产的自身特征与活化原则，从而有效推动研究创新，服务于园林遗产活化实践的发展。

（二）研究视角

园林遗产是一个具有综合价值的整体，而其活化过程涉及经济、社会、科技、文化等多方面要素。正如雅克（Jacques）的生动比喻"修复城墙的重点是城墙整体，而不是其中的每一块砖"[26]，园林遗产活化的目的并不是园林某方面的提升，而是其综合价值的实现。然而，要想达成该目标，就应当从不同利益相关者的角度，全面地看待园林遗产的活化问题。从研究文献的梳理中看，在这方面国外研究具有一定的先进性。例如，奥斯顿（Auston）分析园林活化中常见的价值观冲突，批判了脱离社群讨论园林价值的现象，强调价值评判必须针对使用人群具体分析[43]。哈伯德（Hubbard）发现学术界对园林遗产的原真性争论不休，但旅游者却并不在意[149]；高（Gao）等发现历史园林主人并不看重园林的历史、美学与生态价值，他们珍爱的是园林给予的自由体验[110]。这些来源于不同研究视角的结论，看似矛盾，实则代表了园林遗产活化中不同的价值诉求，有利于其综合效益的实现。国内研究主要从管理者或研究者的角度去分析园林遗产的活化问题，虽然提出了大量有建设性的建议，但是对于园林遗产活化中利益相关者需求的关注度不高，特别是对当地居民的意愿及其生活方式的保护尚未引起足够重视[150]。当然值得高兴的是，近年来已有许多学者意识到该问题，提出了不少呼吁，然而理论研究对实践的指导作用还有待进一步发挥。综上所述，园林遗产活化研究应当从主客观、多维度进行分析，既能全面反映园林遗产的特点，又能让利益相关方表达个性化的价值观点与诉求，从而有利于达成园林遗产活化的综合效益。

（三）研究方法

科学有效的研究方法是取得研究成果的重要保障，目前国内外园林遗产活化研究中的定性研究比例较高，往往基于学者自身的经验或者主观的分析和判断得出研究结论。诚然，主观的剖析与思辨是园林遗产价值评价与历史文化探讨的重要手段，但是，由于缺乏定量研究，使得研究者无法在园林遗产活化中的空间功能转化、经济效益分析、综合价值评估等方面做出更加精准的判断，也不利于有针对性地指导实践活动。事实上，信息技术与数理统计方法的应用普及是现代景观研究的重要特点。虽然，近年来国内苏州古典园林研究方法取得了不小的突破。然而，对比城乡规划学、建筑学等相关学科应用情况，对照科技发展速度，其应用水平还比较有限[71]。同样，兴起于20世纪90年代的虚拟仿真技术、遥感技术以及空间分析方法在遗产保护与利用领域也得到广泛应用，值得研究者在苏州园林遗产活化研究中加以尝试。可见，未来研究中不能仅仅运用先验的方法去解决苏州古典园林遗产活化的新问题，而应该借鉴相关学科经验，合理引入数理统计分析、定量空间分析等研究方法，提升研究的理性化与精确化水平。当然，也不可无条件地迷信或盲从于数理方法，应当通过科学的学习与应用，实现其与传统定性研究的优势互补，从而使园林遗产活化研究焕发新的活力。

（四）研究内容

作为跨学科研究领域，园林遗产活化的研究内容相当广泛，涉及定义与内涵、意义与价值、挑战与问题、方法与策略、效果与评判等诸多主题。这些研究为我们全面认识园林遗产活化工作提供了重要的基础，同时在具体实践中对苏州园林遗产活化的模式、方法与管理的剖析，为未来研究积累了丰富的实践经验。然而，研究内容中有些现象也值得我们关注。首先是研究中的矛盾与争议普遍存在，如园林遗产活化内涵的模糊不清、活化利益诉求的矛盾冲突、活化效果评价的争议性等内容，既体现出百家争鸣的良好学术氛围，也展现了相关研究发展的努力方向。其次，对研究内容的深入探究还不充分。例如，学者们普遍提及园林遗产活化具有社会、经济、文化等方面的综合价值，但是对价值的构成要素、作用机制和评价体系尚未进行深入的剖析；又如，苏州园林遗产活化研究往往局限在个案之中，缺乏对园林遗产群体性规律的分析以及对不同类型园林活化规律的差异化研究。此外，仍然有部分领域具有较大的研究潜力。目前学者较少关注的园林遗产活化的政策转型、多方参与的遗产活化工作机制、中西方园林遗产活化对比研究以及非物质文化遗产在活化中的保护等问题也值得深入研究。

文献评述表明，园林遗产活化充满了多样性与不确定性，活化方式灵活多变，无定规可循。然而，文献评述的目的并非仅仅展示这种错综复杂的状况，而是在探寻园林活化特征的基础上为未来实践带来启发，而以下三个方面可能是未来研究的趋势。（1）文化遗产功能传承与创新发展已经脱离个体文物保护利用的范畴，应该从社会、文化、经济发展的大背景中对园林遗产群体加以分析研究；（2）文化遗产功能活化研究对象已经从少数珍宝型遗产向全人类生活中的遗产转变，因此，基于使用者、社群、利益相关者视角的研究，有助于文化遗产传统功能合理有效地融合现代生活；（3）园林文化遗产演化发展的持续性、环境风貌的生态性、使用功能的丰富性等个性特征呼唤有针对性的活化理论与实践探索，其功能活化策略、功能空间转化方法以及创新发展模式等研究方向应当受到关注。

第二章 遗产活化相关理论与启示

从理论研究的角度来看，园林遗产作为单独的文化遗产类型一直到1981年的《佛罗伦萨宪章》颁布才得以确立，相对于建筑、历史城镇等遗产类型，其研究关注度与影响力尚不足，导致活化理念尚未成熟。同时，在实践中园林遗产的保护与利用也确是参考其他遗产类型的相关经验进行操作的。首先，园林遗产中常常包括较大面积的古建筑群，这些建筑是园林活化利用的重点与难点，可以借鉴建筑遗产修复与功能活化的相关理论；其次，园林遗产是城市空间的有机组成部分，特别是对于苏州这样的"百园之城"，园林在城市发展中的作用是相对显著的，因此可以借鉴城市遗产的空间更新方法，并着力体现其综合价值；最后，园林作为旅游开发的常见载体，面临着游客与居民等利益相关者的价值诉求冲突，其文化传承与活态保护可以借鉴村镇遗产的保护开发模式。因此，要想系统深入地剖析园林遗产的自身特征与活化原则，就应当首先对相关学科的遗产保护理论进行梳理与分析，从而借鉴其理论精髓，有效地推动研究创新。

第一节 建筑遗产视角下的遗产修复与功能活化

一、风格性修复理论

风格性修复理论是针对建筑遗产保护而提出的，起源于19世纪中期的法国，建筑师维欧勒·勒·杜克（Eugène-Emmanuel Viollet-le-Duc）在1843年参加巴黎圣母院修复竞赛时阐述其基本理念，并发展为完整的理论体系。他将"修复"定义为具有现代意识的词汇与实践，认为"修复一栋房子不是去维护它、修理它，也不是重建，而是把它复原到一种完整的状态，而这种状态并非必须在任何特定时间存在过。"[151]。作为现代主义建筑师的启蒙者，维欧勒·勒·杜克尖锐地批评了建筑师只为沽名钓誉，一味袭古，不思考时代需求的建筑方式。他认为建筑遗产修复应当适合当下需求，主张在修复前确定建筑风格，考察并研究该建筑鼎盛时期的建筑原形，找到原建筑师构思出发点，最后依照类似的建筑作品手法将其补充完善，从整体上修复古建筑的艺术美学特色。"风格性修复"理论问世之后，很快主导了法国建筑遗产修复工作，并在19世纪中后期普遍流行于欧洲各国，影响长达一个世纪，包括中世纪教堂在内的数千座古建筑被按"风格性修复"理论重塑成理想形式，对世界范围内建筑遗产的保护与利用产生了深远影响[152]。然而该理论随后受到以罗斯金（Ruskin）和莫里斯（Morris）为代表的英国"反修复运动"的激烈批判，并逐渐退出历史舞台，其受到诟病的主要问题包括以下几点。

（1）混淆了当代性、创造性的保护做法和严谨性的史料修复的本质区别，把客观的历史认识与解读偷换成了主观性的制造历史，抹杀了建筑遗产历史印记[153]。

（2）过分关注文物建筑的艺术和美学价值，强调风格统一，忽视保持历史信息的真实性，武断地添加和拆除，因而给古建筑带来了极大伤害，使遗产承载的各种信息以修复的名义消失殆尽。

（3）随着中世纪历史和考古知识的增加，建筑师迷信自身的创作能力，遗产修复受到个人理想及好恶取向的严重歪曲，实际上是用自我"创作"代替了"修复"。

虽然风格性修复理论存在着明显的局限性，但正如夏默生（Summerson）在其著作《天堂似的豪宅》对他的评价一样，"维欧勒·勒·杜克在历史的关键时刻，建立了思想的灯塔，推动了批判主义和唯物主义建筑思潮的演变。[154]"风格性修复理论最重要的突破是提出了"保存建筑的最好手段就是为其找到某种用途[153]"这一观点，反对将其作为只可供奉仰望的祖宗牌位，或是置于水晶棺中的遗体，体现出对历史与当代生活关联性的重视。虽然，风格性修复理论的部分观点可能在实践过程中出现偏差，并损害历史遗产的原真性，但其思想内涵直至今天仍对文化遗产保护具有一定借鉴价值。具体如下所示。

（1）建筑修复的真正目的并非面向过去，而在于服务当代以及未来，建筑遗产在新的功能需求下总是要修的，既然要修，那就尽可能满足所有合理的功能需求，甚至预先考虑未来的功能需要。

（2）建筑修复需要面对并创造性地解决各种无法预见的状况和需求，解决问题的最好方法就是设身处地地站在原来建筑师的位置，从他的视角考虑如何解决当前面对的修复问题。

（3）建筑修复中为尽可能地实现"完整状态"的效果，不仅要有外部风格的修复，也要有内部结构的修复，允许将新材料、新结构与新建筑技术应用于建筑结构改善或功能改良。

二、意大利文物建筑保护学派理论

19 世纪末，随着欧洲历史建筑的大规模修缮实践，人们发现无论是以维欧勒·勒·杜克为代表的风格性修复理论，还是以约翰·罗斯金（John Ruskin）为代表的反修复运动都越来越无法解决日益增多的现实问题，如何处理好历史、真实、形式、材料与当代性的关系，变得更加困难。在此背景下，意大利建筑师们汲取了 18 世纪、19世纪以来有关文物建筑保护的理论和方法的合理因素，形成了意大利文物建筑保护学派及其相关理论体系。首先，在 19 世纪末，以卡米洛·波依托（Camillo Boito）为代表的"文献性修复"理论和以卢卡·贝尔特拉米（Luca Behrami）为代表的"历史性修复"理论相继问世。前者认为文物建筑不仅是艺术品，也是人类历史发展的见证，文物建筑的价值是多元的，修复文物建筑时新旧部分的风格应当不同，维修当中应使用易与原有部分相区别的材料[155]。后者在风格性修复价值目标的基础上，融合了文献性修复对历史资料考证过程的严格性，认为在严格尊重历史原真性的基础上，在结构和材料上可突破传统观念，大胆采用新结构、新材料，不必拘泥于传统建造方式和材料，以求在当代修复中达到历史、结构、形式及材料诸矛盾的统一[156]。1931 年，意大利文物建筑保护学派的观点被写入《雅典宪章》，其理论思想开始得到国际公认。随后，古斯塔沃·乔瓦诺尼 (Gustavo Giovannoni) 把建筑保护置于广阔的社会时代背景中，提出了"科学性修复"理论，其认为在遗产保护价值与现实使用价值之间应当存在利益关系的平衡，修复建筑的目的是要保护建筑本身和环境之间的历史文脉。"二战"后，那种把建筑上的增补都视为具有历史文献价值的观点，导致历史建筑叠加和增补的杂乱以及艺术价值的蒙蔽，从而不具备可操作性。于是，以阿尔甘（Argan）为代表的"评价性修复"提出修复的出发点是对历史、艺术、材料与当代性进行的理解和评价，要求既要以艺术品的历史为基础，同时又以当代社会需求和价值评价体系为导向[151]。他强调要通过修复而不是再造来表现建筑的统一性，它应该有近距离观察的可辩性、远距离观察的和谐性[155]。意大利文物建筑保护学派在继承和扬弃的基础上提出了较为成熟的保护理论，其发展历程中形成的主要观点具有以下共性。

（1）价值的多样性。文物建筑不仅是艺术品，而且是文化史和社会史的实物见证，因此具有多方面的价值，保护工作不能着眼于它的构图完整或风格纯正，而应该着眼于它所携带的全部历史信息。

（2）可识别性。不仅要绝对尊重原先的建筑物，而且要尊重它在发展过程中添加与改动的部分，修复过程中这些被补足的部分应该容易识别。应当保护文物建筑的全部历史信息，并且使这部历史清晰可读。

（3）真实性。反对片面追求恢复文物建筑的原始风格，更不能去创造根本不存在的纯正风格。

（4）重视遗产历史环境，要保护文物建筑原有的自然和人为环境。

意大利的保护思想构成了《威尼斯宪章》的理论根源，也奠定了现代文物建筑保护运动的理论基础。直到今天，意大利文物建筑保护学派在文物建筑保护领域仍然代表着世界发展的主流。但是，其理论体系也不可避免地具有历史的局限性：一方面，该理论虽然强调价值多样性，但依然重点关注遗产的历史价值以及其作为历史见证的作用，对社会功能与价值的关注并不多；另一方面，强调通过技术手段处理好遗产历史、真实、形式、材料等多方面的矛盾关系，夸大了技术手段的决定性作用，忽视了"保护"与"更新"等当代性问题更深层次的经济与社会原因。

三、适宜性再利用理论

"适宜性再利用"是指历史建筑科学更新并赋予其新功能的活化实践，在保护与更新中寻求一个可持续的平衡点，从而实现历史文化延续与时代进步要求的统一。虽然西方早在文艺复兴时期就有改变或扩容建筑用途以更好保护建筑遗产的行为，且自19世纪初期，以再利用为目的的实践也不少见，但真正将建筑遗产再利用置于理论高度，自觉地引导与整合建筑保护的理念与实践却是20世纪60年代以后的事[157]。1964年，《威尼斯宪章》提出"保护的目的不仅是保存历史遗迹以满足人们对历史文化的怀念，更是为了从物质层面上延续文化生活。为社会公用之目的使用古迹，永远有利于古迹的保护"。至此，为了更好地发挥历史遗产的社会经济价值，对它们进行有效合理的再利用也变得顺理成章。20世纪70年代开始，建筑保护由以往更多与城市建设直接对抗，博物馆式的保存迅速转变为以再利用方式积极参与城市建设与社会复兴。特别是20世纪80年代以后，一场以历史性建筑再利用为核心的新城市复兴浪潮在西方各国普遍展开并持续至今。建筑遗产通过再利用融入活跃的社会生活中，真正成为广大民众日常生活的有机组成部分，普及化地提升了大批历史性建筑的社会生命质量。20世纪70年代中期以后，西方建筑保护无论在范围、数量还是在质量上都得到了迅速发展。陆地教授在其著作《建筑的生与死：历史性建筑再利用研究》中进行了统计，用于历史建筑再利用的英国国家资金比例在20世纪90年代已经达到50%，而当代美国建筑师70%的工作量都涉及历史建筑再利用[157]。20世纪90年代，我国建筑遗产再利用得到初步发展，上海新天地和外滩的改建、北京798艺术区改建、广州中山纪念堂改建等项目相继落地，人们对待建筑遗产的观念，也从最初的保护、维护其原状和原貌的被动方式，逐步转变为适应性使用和使其再生的主动式再利用。通过长期实践，人们对"适宜性再利用"理论的主要原则进行了如下总结。

（1）尊重建筑遗产的真实性，尊重建筑的结构和形式的完整性，遵循科学修复的原则和方法对原有建筑进行维修，保证其具备良好生存下去的可能性。

（2）可以进行局部、必要的改造，增加适度的现代设备也是不可避免的，但应当注意保持保护与利用的平衡。

（3）在功能的设置上尽量保持原功能或寻找能够适应原空间组织关系的新功能，尽量避免原空间的过度改变，即"只做最低限度的改变"的基本原则[158]。

（4）多采用重复使用与循环使用的方法，使得建筑遗产的局部、材料、构件等能够被重复利用，同时还要降低能源消耗、减少资源消耗、减少环境破坏以及保护生态环境的多样性。

《巴拉宪章》提道："延续性、调整性和修复性再利用是合理且理想的保护方式。"对建筑遗产的改造及再利用已成为当前的时代潮流，其有利于建筑遗产的可持续发展，使之与大众生活相结合，创造新的建筑意义，并提高遗产的经济效益。然而理论的实践应用不总是一帆风顺的，城市公众利益及审美取向与商业经济利益之间的矛盾与博弈是无法回避的现实问题。在建筑遗产再利用过程中，由于被随意赋予严重背离原生情境的新功能，使得部分建筑遗产肌体虽无显著变化，但精神内涵早已面目全非，这种对建筑遗产场所精神的破坏，隐蔽而堂皇，实则与破坏建筑遗产的实体形态同样严重。

第二节　城市遗产视角下的空间更新与价值探讨

一、有机更新理论

有机更新思想最早由苏格兰规划师盖迪斯（Geddes）于 1915 年在其著作《进化中的城市》中提出，他认为"城市演变是复杂的、多层次的、动态的，因此就要进行有机的规划"。沙里宁（Saarinen）在其著作《城市：它的发展、衰败与未来》中将城市发展与树木生长相类比，认为两者具有相似的新陈代谢规律，存在着支持生命发展的有机秩序[159]。而"有机更新"理论的真正提出起源于吴良镛教授对北京旧城规划建设的深度研究，他指出有机更新即采用适当规模、合适尺度，依据改造的内容与要求，妥善处理目前与将来的关系，促进北京旧城的整体环境得到改善，达到有机更新的目的[160]。单霁翔教授认为"有机更新"理论丰富了历史城区保护与更新的理论成果，其核心思想是主张按照历史城区内在的发展规律，顺应城市肌理，按照"循序渐进"原则，通过"有机更新"达到新的"有机秩序"，这是历史城区整体保护与人文复兴的科学途径[161]。"有机更新"理论提出后不仅对北京旧城规划与建设有指导意义，也在我国上海、济南、苏州、南京等城市相继开展实践，该理论的实践特征主要包括以下几点。

（1）有机更新并不是单一的物质中心导向的，而是以追求历史城区可持续发展为目标，实现其社会、经济、环境等综合效益，并注重满足当地居民生活需要而进行的调整与更新。

（2）有机更新以谨慎的渐进式更新取代草率的激进式更新，其更新方法具有持续性、渐进性、开放性。

（3）有机更新试图建立可以培育居民主动性、责任感以及公民意识的良好机制，以利益相关者的合作行动取代政府和开发商等强势群体的单边行动[162]。

（4）有机更新是一种"自下而上"的自愿式更新，在维护原有社区住宅产权制度的基础上，有效利用社会资金，以自助力量为主进行日常维修和小规模整治。

不难看出，通过符合城市发展规律的有机更新方法，有利于帮助城市完善基础设施，健全城市功能，拓展环境空间，提升城市品质，改善人居环境，协调推进新老城区融合发展，消除城市隐患与历史遗留问题，传承城市记忆、延续历史文化和弘扬城市精神，为经济社会持续健康发展提供有力保障。然而，实践中人们对"有机更新"理论的认识不统一，又缺乏专门法律作为指导和保障，一些大规模商业性地产开发项目冠以"有机更新"的名义在旧城内遍地开花。同时，部分实践者片面地认为"有机更新"是仅适合于小区域的渐进式更新方式，忽略了它作为城市更新理论和思维方法的作用，导致对历史城区整体发展的指导作用还不强。

二、城市触媒理论

20世纪80年代末，"城市触媒"理论由美国建筑师韦恩·奥图（Wayne Atton）和唐·洛干（Donn Logan）在其著作《美国都市建筑：城市设计的触媒》中提出，他们认为在城市中策略性地引进新元素，可以在不对城市空间进行重大改变的条件下，通过影响其外在条件或内在属性来激活原有城市空间，也影响后续引入的城市元素，对城市建设产生引导和促进作用[163]。与之类似，西班牙建筑师莫拉勒斯（Morales）提出在尊重规划的前提下，可以通过局部关键部位的干涉，以小尺度的改造行动，来刺激引发都市构成元素的连锁反应，进而达到活化城市和再发展的目的，并将其称为"都市针灸"[164]。弗莱普顿（Frampton）认为公共空间是"城市触媒"的理想载体，通过激活公共空间，可以产生简单、直接的效应，在投资不大的条件下满足市民多方面的日常生活[165]。城市触媒理论提出后，在巴尔的摩、巴塞罗那、维也纳、柏林等西方城市相继开展实践，也引起了我国学者的关注。金广君等将城市触媒划分为物质形态和非物质形态两类，并认为物质形态触媒具有点、线、面三种形式[166]。蒋朝晖探讨了旅游与历史城镇遗产保护的关系，认为"触媒"思路包含了保护和发展两方面的内容，而在遗产原态保护基础上的旅游业发展可以起到这一作用[167]。文闻等认为城市触媒并不是指具体的单一产品，而是可以鼓励和引导城市更进一步开发的因素。城市触媒可以是建筑物、广场、绿地、市政项目等物质实体，也可以是国家政策制度、设计概念、文化形式等非物质形态[168]。总的来看，"城市触媒"理论是对城市发展运作过程的模拟，是以"触媒"为起点的城市开发的联动反应，其主要观点被韦恩·奥图等学者[163]概括为以下八个方面。

（1）触媒元素植入会引发现存元素的反应。

（2）触媒可以提升现存元素的价值或做有利的转换。

（3）触媒反应是可控制的。

（4）正面、适宜、可预测的触媒反应是基于对地方文脉充分认识基础上产生的。

（5）触媒反应将视具体环境状况产生不同形式效应。

（6）触媒设计是策略性的。

（7）触媒反应的目标不是简单的元素相加而是整体性的塑造。

（8）触媒并不会在反应中被消耗掉，它仍可被辨认。

　　"城市触媒"理论不是一蹴而就的规划，而是充分考虑过程性、时效性和渐进性的城市发展策略。最初的触媒介入只是一种尝试和示范，当收到成效后，再逐渐推广拓展。这种渐进式活化保证了城市发展的连续性，使城市原有肌理得以延续和演变，避免了大规模城市更新带来的割裂和突变。然而，值得注意的是并非所有城市触媒的影响都是积极的，从国内城市空间再生产以及更新实践来看，城市触媒更多的是体现了外来支配者的意志以及绅士化的资本价值，大量"触媒"项目脱离了城市日常生活需求，造成了社会资源的浪费。这就警示我们触媒作用具有不确定性，并不一定能激发起预期的连锁反应，设计者须细致考虑局部与整体关系，进而制定城市空间再生或更新策略，从而达成激活城市的初衷。

三、文脉主义理论

　　文脉主义萌芽于20世纪60年代，以芬兰建筑师阿尔托（Aalto）为代表的人情化与地域化思想，开始关注使用者的需求，注重建筑同城市的文脉关系。随后这一理念不再局限于建筑及其环境的协调，而深入到城市的深层结构，并发展为文脉主义[169]。1965年，科恩（Cohen）和赫特（Hurtt）在城市更新的研究过程中，提出了"文脉主义"的设计主张，即在加建新建筑时，以理想的形态同文脉相呼应，从而决定城市空间和建筑形态，逐渐改变城市整体面貌[170]。1971年，舒马什（Schumacher）在《文脉主义：都市的理想和解体》中正式提出文脉主义理论，认为不应破坏城市中现存事物的形式与内容，而应使之能够融入城市整体中去，整个城市与其文化背景之间存在着内在的、本质的联系，城市规划的任务就是要挖掘、整理城市要素与其文化背景之间的关系[171]。1978年，罗韦（Rowe）在其著作《拼贴城市》中以"文脉主义"理论为核心，提出了建构城市文脉的有机模式。他认为城市是在历史进程中不断叠加形成的，人们可以从不同历史时期中选择出典型的主题、部件或元素，对其进行重新组合，以拼贴出一个富有历史感的区域[172]。该理论得到了世界范围内的历史环境保护运动的支持。1977年，现代建筑国际会议制订的《马丘比丘宪章》就强调城市所关注的不再是孤立的建筑，而是城市组织结构的连续性，引导人们将对城市建设的关注点转向城市内部的组织及人文的情怀，把保护遗产环境放在前所未有的高度。20 世纪 80 年代开始，我国的历史文化遗产保护的中心逐渐从文物建筑向历史街区以及历史城市扩展，人们开始关注城市与其文化背景之间的文脉联系。1999 年，《北京宪章》指出建筑形式的意义来源于地方文脉，并解释着地方文脉，应该与城市与乡村规划相融合，以创造性的设计联系历史和将来。2005 年，国际古迹遗址理事会的《西安宣言》提出了关于文化遗产环境保护的原则和方法，从地域特色的角度关注建筑及城市与周围环境的关系。相关国际规章制度在我国的制定与发布也体现出"文脉主义"理念在国内实践与发展，其主要观点如下。

（1）地域性。城市文脉是人类聚居活动不断适应和改造自然特征性的反映，受到政治、经济、社会文化等隐性因素的综合作用和影响，从而表现出显著的地域差异性。而文脉主义要求城市管理者、参与者能动地发挥、利用和保护城市文脉特色，最大限度地满足城市人民的时代需求。

（2）整体性。城市文脉无论是就整体风貌、空间格局，还是其社会生活而言，都不是孤立存在的，而是自然环境、建成环境与社会生活等要素之间相互作用、相互影响而构成的有机整体；对其历史地段的人文、空间与建筑特色的理解，应该置于城市整体文脉中进行评价[173]。

（3）动态性。城市文脉是城市历史文化发展积累、积淀和更新的表现，其构成要素必将随着时代的发展而显现出对现代社会的适应性。城市文脉的消亡与发展时刻在发生，规划师应当在城市更新与遗产保护中对具有积极意义的社会价值观念与文脉构成要素给予大力传承[174]。

（4）空间整合。文脉主义理论在遗产保护实践中强调对历史空间要素的重新整合，通过空间更新与重组协调历史文脉要素之间的关系，将历史遗产要素和当代城市要素整合成符合时代发展要求的整体，既强化历史性城市的文脉特征，又使得历史文化在当代城市结构中获得新的生命力[174]。

可见，文脉主义致力于实现城市的历史延续，主张从传统化、地方化、生活化的内容和形式中找寻规划与设计灵感，从而保持城市的持久魅力。但其又不是一种片面复古的历史情结，而更加体现了现代、未来社会对传统、人性回归的渴求，使城市建筑与空间的传统和文化与当代社会有机结合，并为当代人所接受。不过，该理论从 20 世纪 80 年代开始，也受到了质疑。一方面，文脉的概念模糊，内涵过于丰富，对建筑设计与城市规划的实际指导作用不强；另一方面，随着文脉主义内涵的僵化，建筑与其周围环境的"类似性"关系逐渐被认为是文脉主义的特征[170]，规划设计往往刻板地对其周围建筑或环境进行模仿，从而束缚建筑师的手脚，并制约城市的发展。

四、消费主义理论

消费主义并非遗产保护的专属理念，而是随着资本主义社会的发展形成的一种社会道德现象，并深刻地影响着城市规划与遗产保护领域。消费主义是在物质丰富与时空资本化的前提下，人们处理物与人的关系的一种行为方式。其认为商品是主导人们行为的指挥棒，占有是人们社会行为的宗旨，消费超越了其满足人生存需求的本质，成为消费者权力、身份、地位、品位等的符号化表征[175]。"二战"以后，资本主义国家的经济迅速发展，社会物质财富大量增加。法国社会学家列斐伏尔（Lefebvre）将城市空间重组看成是资本主义发展以及全球化进程中的核心问题，认为空间是生产资料，有使用价值并能创造剩余价值，空间可以成为消费对象。资本对城市环境的征服和整合，成为消费主义赖以维持的主要手段。消费赋予空间更多的社会意义，空间生产与消费系统的相互整合利用，使得消费主义理念成为社会运用空间的基本逻辑[176]。列斐伏尔的学生鲍德里亚（Baudrillard）对消费主义进行了更为深入的剖析。他认为消费并非为了满足物质需求的实践，消费的对象也并非物质性的物品和产品，消费是主动建构人与物品之间关系的过程，消费的对象是由物质转化而形成的关系符号[177]。消费主义思潮不可避免地影响到文化遗产的开发利用。权力行为体对遗产空间的生产行为，让文化遗产在"先辈遗留下来的财产"基础上叠加了"资本性"，被转变为市场的特殊商品。它既遵循市场原则，又保留文化法则，既体现商品的普世性，又嵌入文化的独特性，具有自我的社会生命历程和文化实践传记[175]。麦克尔彻（Mckercher）等认为利己主义价值观指导下的占有式消费行为引发了普遍性的社会怀旧与乡愁，文化遗产既成为人们保护的对象，也成为人们旅游消费的资源[178]。姜照君等从文化空间生产的角度来审视文化遗产，发现文化空间的核心竞争力和服务对象主体的不同，使得生产视域下的遗产呈现出多样化的形态[179]。郭文研究发现遗产地生活空间置换、开发、设计、使用的实践过程就是其空间商品化的过程，夹杂着复杂的社会空间生产、价值体系解构和新的空间地方性的形成[180]。总的来看，消费主义理念与文化遗产保护与利用存在相互依存又相互博弈的关系。

消费主义思想的发展推动着工业化生产，继而通过扩大体验式消费促进文化发展。在文化遗产旅游消费过程中，旅游者对文化遗产日渐增长的需求，在政治和经济上提升了对文化遗产保护的关注度，为其保护利用提供了有力的依据。然而，对消费主义理念下的遗产保护利用的怀疑和批判却是主流。首先，在文化遗产旅游消费中，以政府为代表的权力与以商户为代表的资本等政治经济要素可以对处于弱势地位的文化遗产持有者的空间进行重塑。旅游者成为重塑空间文化符号的消费享用者，原住民则成为遗产开发权利的主要让渡者，在遗产空间中逐渐边缘化[180]。其次，为满足旅游者对文化遗产的消费需求，旅游利益相关者对文化遗产进行时空改造、内容增减，形成符号化的文化景观商品。这种占有式的旅游消费以交换价值为核心，往往最大化地利用文化遗产而突破消费底线，造成文化遗产存续的变异和社会秩序的失范[175]。此外，为满足人们对遗产消费的炫耀心理与风格需求，美丽、浪漫、时尚等文化符号千篇一律地与遗产开发联系在一起，从而打破了遗产原有的历史文化内涵，导致文化遗产克隆现象的出现，其文化浮于表面、缺乏深度，丧失了遗产的多样性与自主性。

五、世间遗产理论

"世间遗产"最早由日本福利团体首先提出，是指平民百姓生活中的日常空间和普通风景，可以涵盖民居商铺、胡同巷道、工矿企业、手工作坊等各类生活空间[181]。该理念主要是针对现有世界遗产评价体系的反思与补充。其认为世界遗产评价体系强调遗产的历史价值以及遗产自身的原真性、完整性、代表性和典型性，这样的保护体系并不能保证纷繁复杂的城市遗产及其背景环境真正得到保护，世界遗产常常被与其历史生存环境、与真实的生活过程剥离，使其游离于生活世界之外。2006年，张天新和山村高淑将该理念引入国内，将"世间遗产"定义为在真实生活世界中普遍存在并持续发展变化的，具有地方特色并担负着日常使用功能的生活环境[181]。2015年，马荣军提出了类似的"日常性城市遗产"概念，认为日常性城市遗产产生于日常生活，并长期与日常生活相互影响，是对维系市民"平凡的、琐碎的、持续渐进式的"日常生活状态起到积极作用的城市遗产[182]。"世间遗产"理论强调遗产的普遍性、动态性与生活性，其主要观点如下。

（1）遗产不应超脱于生活之外，而应担负起展现城市中不同层面真实生活的责任。遗产的地方文化特色应该是真实全面的，不仅有高贵典雅的，也应该有市井凡俗的；不仅有积极向上的，也可以有消极落魄的。

（2）世间遗产具有空间公共性和使用者多元性特征，当日常生活空间被各类社会人士所使用时，其社会关系与生活方式的交融与碰撞是城市遗产的魅力所在。

（3）世间遗产具有时间维度上的持续性，它们伴随着日常生活的变迁发生着持续的相互作用。世间遗产的这种变化是渐进的，往往表现为从局部变化逐渐到整体变化的过程，它的变化是由日常生活的变化所引起的，是由个体变化演化为群体变化的物质反应[182]。

（4）世间遗产会对市民产生积极影响，包括共享城市文明带来的生活条件改善，作为集体记忆而体现的认同感和自豪感，潜移默化的文化教育功能，日常空间中的经济行为产生的附加效益以及遗产空间中社会关系互动而产生的凝聚力等功效[182]。

总的来看，"世间遗产"或"日常性城市遗产"理念是针对那些相对次要的并处于持续变化过程中的日常性遗产的保护措施。它们为传统的世界遗产保护提供了空间上的过渡、时间上的缓冲以及资源上的储备，从而改变世界遗产孤立无援、曲高和寡的处境[181]。该理论的提出有助于完善遗产保护体系并提供新的研究视角，然而目前其价值并没有得到社会的充分认识，也具有不小的实践难度。首先，世间遗产处于动态变化的过程中，难以简单地将其固定在某一特定的时段或形态，其产权归属往往不甚明确，都为遗产管理和保护增加了难度。其次，世间遗产数量庞杂，又属于日常生活的范畴，不具有重大的历史文化意义，因此其价值优劣难以判断，使城市遗产保护有"泛遗产化"之嫌，也很难得到管理部门的足够重视。最后，世间遗产往往与现代城市规划的功能要求相左，比如防火、通行等方面都有很多不足之处，在城市功能更新的过程中很容易被认为是衰败落后的象征，从而被清理更新。

第三节　村镇遗产视角下的文化传承与活态保护

一、生态博物馆理论

"生态博物馆"是戴瓦兰（Varine）先生在 1971 年国际博物馆协会第九次大会上首次提出的，他强调生态博物馆是保护不同人群所创造的差异性文化的一种手段，而人是生态博物馆中最核心的要素[183]。1980 年，法国学者里维埃（Riviere）[184] 将"生态博物馆"定义为"由公共权力机构和当地人民共同设想，共同修建，共同经营管理的一种工具，是一面当地人用来向参观者展示，以便能更好地被外界了解，使其行业、风俗习惯和特性能够被人尊重的镜子。"1981 年，法国政府颁布了生态博物馆的官方定义："生态博物馆是一个文化机构，该机构强调自然和文化遗产的整体性，以一种永久的方式，在特定的土地上，伴随着人们的参与，展现遗产有代表性的领域特色及继承下来的生活方式。[185]" 伴随着"生态博物馆"理念的流行，我国从 20 世纪 80 年代开始关注该理论。1986 年，苏东海教授呼吁在贵州建立生态博物馆，引起了中国和挪威政府的关注，直接促成了我国首座生态博物馆的建立[186]。目前我国《关于加强传统村落保护发展工作的指导意见》中要求坚持"规划先行、统筹指导，整体保护、兼顾发展，活态传承、合理利用，政府引导、村民参与"的原则，实际上也是遵循着生态博物馆理念开展保护工作。"生态博物馆"理论的主要特征与观点如下。

（1）整体性。文化遗产保护必须融入整体环境，应该对区域内自然与人文的各类遗产要素进行综合考量。自然环境是人类活动的舞台背景，而人文遗产中既包括传统博物馆里的可移动遗产，也包括不可移动的户外遗产，既包括物质的、有形的遗产，也包括非物质的、无形的遗产。因此，生态博物馆应该作为整体进行长期的规划和运作，超越了传统博物馆的"建筑 + 藏品"的设计和建设模式。

（2）原生态性。生态博物馆的范围可以扩展到整个保护区域，将遗产保留在原地，以确保其原生文化环境的链接完整。原生态的地域风格与文化特点决定了各地域不可复制的独特个性，这是发展生态博物馆的关键因素。

（3）参与性。强调博物馆专家、政府部门、观众尤其是当地社群和利益相关方的互动性和参与性。明确社群是文化的真正拥有者，是博物馆的主人，是建立所有要素相互关系的核心。理论认为文化必须以民主的方式加以管理，而社群有权利按照自己的意愿去解释和认同他们的文化，社会发展是生态博物馆建设的先导条件，人们生活的改善必须得到更多的重视，但不能以损害文化价值为代价。

（4）活态性。对遗产进行活态的、动态的、生态的保护，在利用中保护，在传承中发展。生态博物馆的所有要素都不是凝固的，而是要把它们纳入特定环境背景中认识、利用、展示、诠释和互动，从而形成一种基于传统又不限于传统的新的生活方式和发展模式。

总的来看，生态博物馆理论以面向未来的可持续发展的态度，通过对历史遗产所在地进行深入挖掘，系统整理，科学保护，全面展示，充分交流，合理利用，而重新发现和认识地域，将其生活方式、自然环境、文化记忆等因素传承下去，形成"一个正在生活着的社会活标本"，展现不同的历史发展时期人类与生存环境的相互关系。然而，在实践中该理论也面临着如下方面的挑战。

（1）继承与发展的矛盾。生态博物馆理论强调原生态保护，但对于文化和经济处于相对弱势的区域，生存和发展可能是其面临的首要任务。不应该也不可能为了保护其特有的生活方式，要求遗产地居民将自身封闭与隔离起来，继续保留不合时宜的行为方式。同时，在经济利益驱动下，即便以文化产业化的路径来推动自身的社会转型，原有的生产方式也会发生极大的改变，从而融入全球性的生产分工体系之中。因此，如何实现活态保护，既能实现生态博物馆文化生态保护的理想初衷，又能促进传统村落生产生活融入现代社会是实践中面临的重要挑战。

（2）理想与现实的差距。生态博物馆理念是对传统博物馆角色的反思，其地域性与整体性特征使得国外学者对其建设效果过于理想化，认为其有助于解决遗产地的社会发展问题。事实上，生态博物馆不可能超越其作为文化机构的作用，仍未跳出传统博物馆资料收集、保管、展示的功能，其带有乌托邦色彩的文化生态发展与支撑体系，很难在经济落后地区构建与实现。

（3）社群参与问题。遗产地社群及其创造的文化是生态博物馆得以建立的前提，原住民是生态博物馆的核心要素。然而，实践中处于相对弱势地位的社群对自身文化价值的认知并不准确，往往不具备主导生态博物馆发展的能力，他们所能参与的活动主要是为了追求经济利益，而不是文化的传承与管理。苏东海先生就认为生态博物馆的产生是政府保护文化多样性的需要和专家的思想热情的产物，对村民来说是一种超前的行为[187]。如若生态博物馆依然处于政府官员、专家、学者等"外来者"的管理与规划之下，外来因素就容易对原住民产生影响，遗产地的弱势文化容易受到主流文化影响甚至同化，进而间接破坏了该地域的原生态文化。

二、"前台—后台"理论

历史村镇遗产保护领域的"前台—后台"理论最早由麦肯奈尔（Mac Cannell）于1973 年提出，他在《舞台真实性：旅游场景的社会空间布置》一文中将社会学家戈夫曼（Goffman）的"拟剧论"引入到历史村镇保护与遗产旅游活动的研究中，认为文化遗产地开发中，东道主将地域文化当作商品展示给游客，从而导致其社会生活的舞台化[188]。因此，遗产旅游可以被看作一个舞台，其"前台"被界定为"游客与服务人员接触交往的开放性空间"，即为游客进行表演和旅游产品展示的地方；而"后台"则指"为前台的表演做准备的封闭空间"，是村镇居民真实性生活的场域。1986 年，皮尔斯（Pearce）和摩斯卡（Moscard）基于人与环境的视角发展了"前台—后台"理论，提出了后台与社群、前台与社群、后台与游客、前台与游客四种互动模式[189]。2006 年，杨振之在国内实践研究中将"前台—后台"理论发展为"前台—帷幕—后台"理论，他认为在遗产地旅游开发中，"前台"被定位为舞台化空间，"帷幕"被定位为过渡性空间，"后台"被定位为保护性空间[190]。"前台—后台"理论的主要特征与观点如下。

（1）"前台"是民族文化展示与表演区，其商品化、舞台化是不能避免的，从而导致民族文化的"原生性"与"真实性"丧失；然而，通过前台接待大规模客流，有助于发展旅游经济，通过游客与社群的文化互动，也能唤醒民族文化意识，振兴民族文化。

（2）"帷幕"是商业文化空间和原生文化空间的"缓冲区"，应实行有控制性的开发，东道主社区原有的生产方式、生活习俗不会因为发展旅游业而过多地改变；同时，帷幕是保护后台的屏障，游客进入帷幕区以不损害生态容量、经济容量、心理容量为前提，其行为受到较严格的限制。

（3）"后台"是文化的保护性空间。后台是相对封闭的，保留了传统的生产方式和生活习俗以及产业结构，严格限制游客进入，在这里少数游客将以"凝视"的态度去审视民族文化。

"前台—后台"理论认为旅游开发不可避免地会对民族文化造成负面影响，但是旅游经济又能使当地居民成为受益者。为了趋利避害，实现一举多得的目的，"前台—后台"分区的开发模式，能够满足不同层次游客的需要以及遗产地社群正常生活的需要，既能发展旅游经济，又能将旅游业带来的文化负面影响降到最低。杨振之同时认为该模式不仅适合于民族文化资源的保护与开发，也适合其他各类文化旅游资源[190]。然而，谢冰雪等学者提出了该理论可能存在的局限性，认为"前台—后台"模式将基于社会结构划分的"前台"与"后台"简单化为地理区域的分隔，未充分考虑区域内各部分、各群体的复杂经济利益关系，容易加大区域间的贫富差距，打破地区间的平衡与协调关系[191]。"前台—后台"模式使得民族文化展演与文化传承之间呈现出对立关系，重点强调文化展演的经济功能，易于加速其传统文化的商业化发展，对文化展演中的文化传承和表达功能关注度不高。

第四节　经验与启示

一、从物质修复到价值传承

纵观建筑遗产、历史城市、村镇的修复、保护与利用相关理论，不难发现，随着人们认识水平的不断提高，遗产保护已经逐渐从对其物质本体的关注转变为对其综合价值传承的重视。起源于19世纪中期的风格性修复理论及其后续的意大利文物建筑保护学派已经在遗产使用功能价值的探索中擎起了火炬，然而其讨论的重点依然是遗产本体的原真性与艺术风貌的完整性之间的矛盾，视野相对局限，功能认知还不够全面，对遗产在城市环境与社会中的价值与地位的认知还是相对模糊的。不过从理论梳理中可以看到先行者们一直在进行自我反思，从对风格修复理论过分关注文物艺术和美学价值的批判，到对意大利学派忽视遗产背后经济与社会问题的反思，以及对建筑遗产适宜性再利用中理论与实践背离的担忧，都体现出人们试图重新认识遗产对人类生活的重要价值。"二战"之后，城市规划领域的理论发展拓展了人们的视野，虽然其理论所针对的城市空间并非都属于遗产，但无一例外地被应用到了历史街区、老城区等复杂城市环境的更新中，在遗产保护空间范围拓展成为共识的今天，具有启发与借鉴意义。同时，以遗产价值为视角的理论研究开始丰富起来，无论是消费主义价值观对遗产消费心理与经济效益的剖析，文脉主义对遗产历史文化价值传承的强调，还是世间遗产对社会生活价值的关注，抑或是生态博物馆理论与"前台—后台"理论所反映的社会、经济与文化价值的博弈都使得人们对遗产的认识逐渐发生了从"是什么"到"为什么"的转变，从对物质本体特征的研究转向对物质承载价值的探索。

理论的百家争鸣既说明人们对遗产多元化价值的认识更加深入，也是遗产传承发展所面临的错综复杂问题的真实写照。这些理论的出发点与愿景是美好的，但在实践中都面临着传承与发展的挑战。从价值传承的角度来看，主要有两个误区。一方面，过于重视精神价值，部分文化精英片面推崇历史和年代价值而忽视当代社会发展需求和使用价值，使得遗产对城市风貌、功能、经济的潜在价值并没有得到充分的认识与利用；另一方面，过于重视经济利益，忽视历史与精神文化价值，对遗产进行过度开发或大拆大建。这两种现象并非任何理论学派所希望看到的，但在实践中却无法回避，也反映出整个社会对遗产价值理解的辩证性与全面性仍需要进一步提升。

理论的进步与发展、遗产保护观念的转变以及实践中问题与挑战的应对无疑为园林遗产的保护与活化提供了借鉴。首先，园林遗产与历史建筑不同，常被视为一个持续发展与变化的过程。因此，如果以传统的物质载体原真性的评判标准来看，很难找到一个恰当的时间点来进行修复与保护[36]。中国是注重精神追求的国度，认为物质终将消亡，但天道和时间是可以轮回的。以木结构建筑为主的中国园林不可能像西方一样用石头书写历史，转而追求遗产背后的情感、文化与精神价值。为此，当代对遗产价值传承的重视与中国园林遗产的精神内核是一致的，也是我们在园林遗产保护中理应继承与发扬的。其次，不同遗产的价值构成既有共性特征，也存在个性差异。通过文献梳理不难发现众多对园林遗产的溢美之词，但要想准确评判园林遗产的价值却并不容易。不少学者对其价值构成进行了探索，英国遗产组织将园林遗产的价值分为实证价值、历史价值、美学价值与共有价值四类[192]；切苏拉（Chiesura）认为历史公园的生态、美学与社会价值与遗产价值同等重要[193]；罗斯塔米（Rostami）等认为园林遗产可以被看作市政资源，具有促进城市融合、激发经济活力与支持城市可持续发展的作用[85]。不难看出，虽然未达成共识，但园林遗产具有遗产所普遍具有的社会、经济与文化价值，因此，文脉主义、消费主义的理念，世间遗产的价值观都可以作为借鉴；如果将园林作为城市空间的组成部分，那么城市有机更新、触媒理论的规划策略也有利于其遗产活化的实践操作。同时，园林遗产的生态价值、非物质文化遗产与物质载体有机融合的精神价值，作为持续变化的动态遗产的发展价值观等个性化价值特征也值得研究者去探索并发扬光大。总之，园林遗产应该跳出其单纯的文物与艺术品认知范畴，与其他遗产一同融入更为活跃而丰富的当代社会发展领域，从而实现其活化发展与价值传承的目的。

二、从精英世界到日常生活

遗产价值判断是与其评判主体与视角密切相关的，而评价视角的转变，促使遗产从精英世界逐步走入日常生活。传统的遗产保护主要是基于文化精英的价值取向，他们的价值标准是具有艺术性与审美性，是带着理想主义色彩的完美图示。例如，在设计师个人理想支配下的风格式修复理论以及带有纪念碑情结的"反修复运动"。这些理念以一种想象中的物化秩序和崇高精神，遮蔽了日常世界真实的微观体验和城市生活的丰富多彩。另一种精英化的遗产开发模式与空间生产与消费主义相伴相生，占据资本与权力话语权的精英们将现代社会普遍性的怀旧与乡愁转变为一种消费符号，通过文化遗产载体，满足其在利己主义价值观指导下的占有式消费行为。表面上看遗产项目的文化包装精良，但其本质却仅限于一种促进消费的营销手段，使得遗产原有的生活主体不断被边缘化，遗产的精神内涵与价值实质脱离了日常生活。20世纪70年代以来，遗产价值评判开始从普通大众视角展开。对于大多数文化遗产来说，它们不可能孤立存在于社会中，遗产及其历史环境既是应该整体保护的宝贵资源，又是拥有相当规模的生活社区或公共休闲空间。因此，保护文化遗产的同时，必须注重保持相关地域的生活氛围和人文环境，应该关注与之相伴的生活群体，考虑他们的生存方式和生活态度，将他们作为文化景观遗产保护的重要因素和积极力量给予整体考虑。例如，有机更新理论是注重满足居民生活需要而进行的城市更新策略，文脉主义强调联系社会生活的人文情怀以及生态博物馆理论提倡的遗产保护中重视改善人们生活水平等观点都鲜明地体现出社群是遗产的主人这一思想。1987年，国际古迹遗址理事会颁布的《华盛顿宪章》首次提出"历史城镇和城区的保护首先关系到他们周围的居民""居民的参与对保护计划的成功起着重大的作用，应加以鼓励"等原则，也标志着以人为本的遗产保护理念成为国际社会的共识。大众视角下的文化遗产价值观转变也带来了文化遗产类型的再次扩展。《实施<世界遗产公约>操作指南》将文化景观、历史城镇与历史中心区、运河遗产、廊道遗产、现代遗产、产业遗产等纳入特殊类型遗产的范畴。而"世间遗产"更是将民居、商铺、手工作坊和仓库等平民生活中的日常空间和普通环境看作遗产，认为这些空间具有地方特色，延续着历史，充满了人情，其存亡兴衰受到居民的关注。不难发现，文化遗产正在逐步从精英世界走出来，融入居民的日常生活之中，反映出多样的社会文化，以其担负的实际生活功能成为当代社会不可或缺的组成要素。

　　不同于存世数量众多的建筑遗产，我国园林遗产相对较少，或许是因为部分园林类世界遗产的名头过于响亮，抑或是将园林归属于古代士人阶层的产物，总觉得它们与当代日常生活有距离，习惯于将其当作艺术品去欣赏，而其间的风雅生活也只能在脑海中崇仰。但事实上，这既是对园林遗产自身特征的误解，也不符合遗产保护与发展的潮流。从历史发展的视角来看，园林是具有公共属性的。王劲韬在《中国古代园林的公共性特征及其对城市生活的影响》中阐述"中国古代园林从来就不乏公共性特征。那种过于强调中国古典园林的封闭、小众化特征，甚至将其作为阶层对立的物化形式，认为古代园林是皇家贵胄和有闲文人的专属品，与大众无缘，因而不适宜现代城市的观点，至少是片面的[194]"。从当前的实践来看，园林遗产的密集分布地大都是城市中的人口稠密区。当地居民本身就是文化遗产真实性和完整性的重要组成部分，既是保护对象，也是保护的依靠力量。因此，值得思考的是，如何将园林遗产再次融入市民生活？园林原有的生活方式是否具有再现的可能性？目前，园林遗产中读书会、曲艺表演、文化雅集等活动的组织与设计就是对该问题的实践探索。同时，还需要考虑的是公众如何参与园林遗产的管理，这是各类遗产整体性保护实践中都不能忽视的环节。目前园林遗产的管理还主要停留在行政管理的层面，在日常保护活动中，政府因财力、物力、人力有限常有顾及不到之处，可以借鉴生态博物馆等理论的多方参与和社群民主管理思想，依靠社区居民加以解决，强化市民自下而上的参与意识，从而促进园林遗产的可持续发展。总之，园林遗产在社会生活中不能只扮演旁观者的角色，需要真正认识到其对城市发展和改善市民生活所具有的价值，给予积极的保护，主动发挥园林遗产多方面的综合作用，从而更好地为民众的美好生活服务。

三、从遗产单体到历史环境

　　文化遗产正逐步走入城市生活，从这个趋势上看，作为历史信息载体的单体文物固然重要，有着文化生态意义的遗产环境更为关键，整体性的历史环境提供给人的精神记忆更加强烈，应被认为是体现文化遗产真实性的重要部分[161]。早期的遗产保护理论主要是注重对历史建筑本身的保护与修缮，通过定期、持久的维护体系来保护古建筑。1964年，《威尼斯宪章》的颁布拓展了纪念物的保护范围，该宪章认为纪念物"不仅包括单体建筑物，而且包括能从中找出一种独特的文明、一种有意义的发展或一个历史事件见证的城市或乡村环境。"为此，20世纪60年代到80年代，历史环境成为重要的保护对象。无论是城市有机更新理论提倡的顺应城市肌理，循序渐进的原则，还是城市触媒理论局部关键部位的小尺度改造行动，都将遗产及其周边环境保护与开发作为激发城市活力，推进城市发展的起点。经过不断实践，遗产保护的范围从历史地段进一步向历史城市拓展。1976年在内罗毕通过的《关于历史地区的保护及其当代作用的建议》明确提出了"历史地区"的概念，1987年在华盛顿通过的《保护历史城镇与城区宪章》则将相关概念延伸到了历史城镇与城区。不难看出，注重对遗产历史环境的整体保护符合时代发展趋势，只要有利于社会生活与城市发展，这种整体性就可以延伸到整体城市或地区的范围。即使是对遗产单体的保护，也应当以较为宏观的视野去看待，只有具备这样的整体性，才能实现遗产的价值传承并发挥其综合效益，正如《华盛顿宪章》所言，对历史城镇和其他历史城区的保护，将成为经济与社会发展政策的完整组成部分。

园林遗产本身就可以看作建筑群，是自然资源与人文环境的有机组合，具备丰富多样的功能。从这个意义上看，园林遗产的历史环境更加复杂，对其遗产活化来说既是挑战又是机遇。同时，园林与环境的交融互动本身就是其遗产特点。无论是《园冶》中"相地合宜，构园得体"的环境选址原则，还是"构园无格，借景有因""夫借景，林园之最要者也"的借景理念都强调园林环境的重要性。因此，对于园林遗产的保护就应当考虑到其周边的环境，这就为园林功能空间的置换、园林内外部空间的互动、文化景观风貌的保护与营造等活化策略拓展了思路。当然，还需要思考的是园林遗产的环境是侧重于物质环境，还是生活环境，是规划师心中设计的理想环境，还是居民谋求发展的需求环境。如果借用生态博物馆理念，其强调的是保护区域内整个生态系统的完整性，体现出从单纯的自然生态逐步演变为文化生态与社会生态的演变[195]。因此，对园林遗产环境的理解应该更加全面，既要认识到大量园林遗产需要结合现代城市发展的思路进行考虑，又要结合园林遗产特征对其生态环境以及居民生活环境加以关注。

第三章
园林遗产活化案例与经验借鉴

前述研究分别对园林遗产保护与利用现状以及遗产活化相关理论进行了分析。然而，实践才是检验真理的唯一标准，真实案例中的活化策略与实施成效对未来实践具有更加直接的借鉴意义。因此，本章选取了多个有代表性的国内外园林遗产活化案例，并通过有侧重点的分析，总结每个案例的实践特征与可借鉴的活化经验。此外，通过国内外园林遗产活化实践的比较分析，总结出园林遗产活化的总体趋势与不同地域实践的个性化特征。所谓"他山之石，可以攻玉"，园林遗产活化案例与经验借鉴的研究，其目的并非找到通用、现成的万能模式，而是希望取长补短地吸收多方面经验，探寻园林遗产活化的规律与特征，以便于完善园林遗产活化理论，也有助于苏州园林遗产活化实践的不断进步与发展。

第一节　国外园林遗产活化实践

一、活动组织和文化传承——日本京都高台寺遗产活化实践

日本重视文化遗产的保护与传承工作，以促进遗产在当代日本社会中的利用，其1950年颁布的《文化遗产保护法》指出"制定本法律的目的在于保护文化遗产，并致力于其'活用'"。从具体活化方式上看，将文化遗产作为载体，以富有文化内涵的各类活动为形式，发挥遗产的文化经济价值是日本遗产开发利用的重要策略之一。1992年，日本国会颁布了《关于利用地域传统艺能等资源、实施各种活动以振兴观光产业及特定地域工商业之法律》，明确立法是"为支持采取确实有效之措施，利用具有地域特色的

传统艺术等文化资源实施各种活动。[196]" 在该政策背景下，包括园林遗产在内的日本各类遗产地均积极开展文化活动。为此，本节以京都高台寺为例，分析以活动组织与文化传承为路径的日本园林遗产活化方法。

（一）园林概况

高台寺（Kodaiji）又称高台寿圣禅寺，位于日本京都东山灵山之麓、八坂法观寺东北（图3-1）。丰臣秀吉去世后，其夫人北政所选定位于京都市灵鹫山麓的现址作为修行之所，于1606年所建，由日本历史上享有盛誉的园艺建筑巨匠小堀远州负责设计施工，以开山堂前的卧龙池、西偃月池为中心的池泉环式庭园为景观特色，寺院内的翠竹、徘樱、晚枫等佳境绝景久负盛名。建造期间，开创江户幕府时代的德川家康为了稳定政局，收买人心，笼络丰臣秀吉旧部，给予大量财力援助，并特意指示部属担任修缮监督，以最高规格修建寺所，使得落成的寺所华丽宏伟。北政所在高台寺削发为尼，并且终老此寺，为其夫祈祷冥福，安养修佛，号称高台院湖月尼。北政所临终前迎请建仁寺高僧三江绍益任开山住持，高台寺香火延续至今。现存开山堂、灵屋、伞亭、时雨亭、表门、观月台等均为国家重点文物。室内须弥坛和佛龛上绘有华丽的莳绘装饰，是桃山时代美术作品的代表，以"高台寺莳绘"之名广为世人所知。

图3-1　日本高台寺
图片来源：http://www.kodaiji.com/admission.html

（二）活化策略

1.园林空间的多样利用

高台寺占地面积30400平方米，由开山堂、灵屋等20余个主要建筑以及池泉环式庭园构成。在园林遗产活化利用时，管理者充分利用多种空间的形式特征，植入丰富多彩的功能与活动。高台寺的主体建筑开山堂与灵屋主要延续原有的宗教与祭祀功能，开山堂供奉初代住持三江绍益禅师塑像，堂内以纯金彩绘装饰，并展览丰臣秀吉夫妇生前所乘御船及御车遗物；灵屋则供奉丰臣秀吉与北政所的坐像，内部的佛坛装饰着镀漆、金银粉的莳绘，成为日本非物质文化遗产的重要展示之处。其余小型建筑的利用则更加灵活，功能也更加多样化。利生堂作为高台寺日常接待信众的礼拜听室，天满宫则是文创纪念品销售的小卖部，伞亭、时雨亭、遗芳庵、鬼瓦席、湖月庵则均延续其原有功能作为举行茶道活动的场地。值得一提的是，高台寺遗产保护时，并未拘泥于被动的原址保护，而常采用异地迁址保护的模式。例如，伞亭作为丰臣秀吉坐船游玩使用的茶室，时雨亭是日本唯一的二层茶室，均由伏见城迁至高台寺，强化了高台寺的历史文脉与茶道园林主题。除了园林建筑之外，池泉环式庭园则作为户外静思活动与夜景灯光秀活动的场地，也在时间与空间上丰富了园林的活动功能。最后，因为园林空间不大，为了丰富旅游、文博功能，园林与周边的圆德院与高台寺美术馆联合进行线路设计与产品打造，形成了和谐统一的历史环境风貌与互补交融的功能布局设计。

2. 主题活动的传承发展

日本茶道与寺庙庭院因其精神内涵的相似性而结合紧密，寺庙中的草庵与茶庭吻合了日本茶道枯寂、清雅、摆脱浮世纷扰的环境氛围，因此有"禅茶一味"之称。高台寺园林中伞亭、时雨亭、遗芳庵、鬼瓦席、湖月庵五个具有历史渊源的茶室，被称为"高台五茶室"，均为日本国宝级古迹。特别是伞亭是日本茶道始祖千利休建造的茶室，遗芳庵是京都当年豪商灰屋绍益与名妓去野太夫酷爱之茶室，使高台寺成为日本茶文化的重要象征，被誉为"里千家茶道之正宗"（图3-2）。为此，高台寺充分利用其文化资源，以原有的茶室建筑为载体，外部以竹林营造茶室"清寂"的自然环境，内部则复原古时茶道的规格与制式，开展形式丰富的茶会主题活动，呈现出一种活跃的茶文化氛围。同时，茶事活动采取了灵活多样的组织管理办法，出于对伞亭、遗芳庵等重要文化遗产保护的需要，管理者采用了限制人数和使用时间的预约制，在进行遗产保护的同时，保证了活动的体验质量。对大晦日、北政所茶会这种受到社会各界关注的大型活动，则使用领券制来控制参与人数。对于大量游客的茶文化体验需求，则在园林外围建有现代化的茶所，可以供人们品茶、学茶道，从而实现园内外功能互补。此外，为了让主题活动更有趣味性，高台寺发行茶会集邮卡，对能够参加满全年八场茶会的参与者给予奖励，并作为嘉宾参与特别活动。通过主题活动的创新设计与合理开展，其园林遗产的生存状态并未受到影响，而园林的文化氛围则日益浓厚，使得高台寺的茶会园林品牌形象更加鲜明。

3. 文化内涵的现代演绎

传统文化融入现代社会是遗产活化的必由之路，而日本对传统文化的继承与发展也体现出独特的创意与时尚的特征。运用现代科技对传统文化进行演绎是高台寺遗产活化的重要经验。首先，高台寺建立数字中心，将所藏的释迦牟尼八相涅槃图通过虚拟现实技术再现于利生堂的顶部，运用浮空投影、红外线互动感应等技术把静态绘画故事内容透过数字技术表现出来。其次，高台寺与大阪大学合作，研制并引进了机器人观音"Kannon Mindar"以弘扬佛法。该机器人在高台寺大堂中迎接客人，可以讲述《般若波罗蜜多心经》，配合利用投影技术与背景音乐营造令人称奇的梦幻画面。最后，高台寺波心庭的夜间定期通过三维声乐影像投影与多媒体互动技术进行灯光秀表演，虽然技术手段十分先进，但其表现内容却对应了日本禅僧仙厓的书法作品，在庭园枯山水景色与夜间灯光的映衬下，充满了禅意（图3-3）。此外，传统文化与流行元素的融合也是日本遗产开发的常用手段。例如，高台寺内立有丰臣秀吉和北政所的卡通雕像，上面挂满了为求姻缘美满的祈愿牌挂；高台寺纪念品商店内微缩了三十六歌仙图、芦边桐蒔绘悬盘等艺术品，同时将寺内的蒔绘技艺与人们日常生活的用品相结合，制作了很多热销的旅游文创产品。管理者认为流行元素与传统文化的结合，并非是为了营销炒作，而是希望提高公众对佛教文化与寺庙历史的兴趣，吸引更多的年轻人。

图3-2　高台寺茶室
图片来源：http://www.gobetago.com.br/wp-content/uploads/2017/02/Kodaiji_Garden.jpg

图3-3　高台寺灯光秀
图片来源：jw-5d146a14796034.62673651.jpeg
(1600×1000) (jw-webmagazine.com)

（三）经验借鉴

传统文化之于日本，不只是古老习俗的延续，更是民族精神的有力支撑，即使在高度发达的现代社会中，传统文化依然代表着日本最核心的精神与信念，而日本民众对具有传统文化内涵的各类活动始终保持着高度的尊重与热爱。2015年，日本《文化艺术振兴基本方针》提出"有计划地支持活用地方资源的文化艺术活动""在保护好文化遗产的前提下，采取多种手段积极推进展示和利用"等活化策略，强化了该国利用文化活动促进遗产活化的政策方针，并促进日本"文化艺术立国"愿景的达成。京都高台寺遗产活化实践就体现了这样的社会传统与政策导向。值得注意的是，文化活动的组织是经过精心设计的，其目的是更好地展示遗产地文化内涵，并非仅仅为了谋求经济利益。首先，高台寺的文化活动具有鲜明的主题特色。该园林文化活动主要以茶道为主题，与其历史背景一脉相承。活动在园内四季不辍，既有连续性，又具有季节与主题特色。反观国内部分园林的旅游开发活动，内容繁多，形式多样，但并未构成主题产品体系，导致园林文化特色难以彰显，反而收效不佳。其次，高台寺的活动组织强调保护与开发利用的平衡。一方面，对热门文化活动采取预约制限制人流，不盲目地为了获取经济利益而牺牲遗产保护质量；另一方面，通过组织清晨禅宗冥想活动以及夜间灯光活动，来更好地平衡高峰和非高峰时段的使用，以解决短时间内环境容量超负荷的问题。最后，将传统文化活动与动漫文化、现代科技与文创产业融合起来，无论是丰臣秀吉和北政所的卡通雕像，还是机器人观音，都让园林遗产以幽默亲切的方式融入现代生活中，吸引现代年轻人前来亲身感悟，以培养其对文化遗产的情感，进而使整个社会重新发现和认识文化遗产的价值。

二、社群参与和教育服务——英国诺丁汉沃莱顿庄园遗产活化实践

英国 1953 年颁布的《历史建筑和古迹法》从法律上确立了历史公园与园林对历史建筑周边环境的重要作用，1967 年颁布的《城市文明法》进一步明确了对具有特殊历史意义的城市公园的保护。英国文化、媒体和体育部宏观上统一负责保护和提升英国文化和艺术遗产价值，而英国遗产委员会、国民信托等机构也得到国家的授权负责全面保护历史园林与公园[197]。在这些组织机构的管理下，英国各地园林遗产的相关利益团体分工协作、分享责任，通过广泛的公众参与提高遗产保护与利用的专业性和合理性。社群通过非政府组织或非营利机构积极参与园林的服务与管理，在遗产保护工作中担任了十分重要的角色。为此，本节以诺丁汉沃莱顿庄园（Wollaton Hall and Garden）为例，分析以社群参与和教育服务为特色的英国园林遗产活化方法。

（一）园林概况

1580 年，为了彰显财富和地位，煤矿大亨弗朗西斯·威洛比历时八年，在诺丁汉郡的鹿苑山顶建造了沃莱顿庄园（图 3–4）。设计师罗伯特·史密森主持了设计，整个园林呈文艺复兴风格，完全呼应着建筑而呈现出几何对称，庄园的建设目的是为伊丽莎白一世的皇家访问予以合乎礼仪的接待。19 世纪初期，经历了威洛比家族数代人的发展，沃莱顿宅邸的园林呈现出一派浪漫主义的维多利亚风貌。原有庄园中的鹿苑此时已变为完全自然的景观，包括树带围拢和开阔的湖面以及一片延伸至主要入口的开阔草坪。庄园内开始出现由玻璃和钢铁材料建造的卡美利亚住宅。1888 年，皇家农业展首次在沃莱顿庄园举办，此后庄园就成为经常举办活动的场所[198]。当沃莱顿庄园的最后一代主人高德弗雷·威洛比去世后，庄园被卖给了诺丁汉市议会。公园的 1/3 区域建起了住房，并在公园内组织了高尔夫俱乐部，人称"中部高尔夫的一颗明珠"。沃莱顿议事厅也被改造成了自然历史博物馆，内部分为自然展厅、鸟类展厅、昆虫展厅、矿物展厅和非洲展厅五大展厅，展示各类珍贵标本与藏品。鹿苑和园林则开放成了一座占地 500 英亩的公园，作为野生麋鹿公园被保护起来。

（二）活化策略

1. 全面的社群利益保障

20 世纪 90 年代，英国推出了"社区重建"战略，希望通过社区自我管理与服务体制重构来推动社区复兴。借助这种自下而上的项目管理方法，有助于推动遗产保护的可持续发展，既可以节约资源，又切合社群需要，还能培养居民的主人翁意识和参与意识[199]。沃莱顿庄园遗产活化项目中诺丁汉市全面保障社群的利益，在规划方案设计、项目资金管理、社群活动组织、修复与运营服务等方面均以社群的实际需求为主导，探索了一条社区主导型园林遗产活化利用之路。首先，规划方案编制方面，在沃莱顿庄园遗产更新规划的前期咨询工作准备历时一年之久，市政府组建了包括当地社群组织、学校、居民个人、遗产保护管理单位、基金会等各方面代表在内咨询的领导小组，并多次召开磋商会议以明确遗产管理与利用的细节，保障所有人的参与权益，并尽可能找到所有人都获益的平衡方案（图 3-5）。其次，诺丁汉市定期向社群公布沃莱顿庄园遗产管理的相关资金投入情况。该项目遗产活化的资金来源于社群的捐款，社群购买的国家彩票遗产基金以及英国国家信托基金的投资，但无论哪种渠道，政府都将资金使用情况与未来财政预算公布给公众予以监督。再次，沃莱顿庄园附近的社区居民与志愿者可以享受特有的居民福利，例如，免费进入由沃莱顿议事厅改造而成的自然历史博物馆，参加面向社群的教育培训与旅游活动以及分享遗产旅游慈善计划的捐赠等权益。最后，沃莱顿庄园有非常完备的志愿服务体系，鼓励社群参与遗产修复、管理与服务等各项工作。不难看出，沃莱顿庄园被当作本地社区的重要象征予以传承，遗产活化的方案不仅是维持和改善园林的物质环境，更是帮社区创造一个文化传承与解决社会福利问题的机会，从而实现社区复兴与遗产活化的双赢。

图 3-4　沃莱顿庄园
图片来源：https://media-cdn.tripadvisor.com/
media/photo-s/09/02/19/d9/wollaton-hall-and-
park.jpg

图 3-5　沃莱顿庄园修复方案的居民听证会
图片来源：https://www.nottinghampost.com/news/ local-
news/plans-revealed-multi-million-pound-2479791

2.广泛的志愿服务项目

沃莱顿庄园具有完善的志愿服务体系，广泛开展志愿服务项目，在遗产修复利用、建设维护和协助管理中发挥了重要作用。首先，沃莱顿庄园具有专业化的志愿者服务组织，包括致力于遗产修复保护工作的"沃莱顿庄园之友"以及致力于历史研究的"沃莱顿历史与保护协会"等组织。在2018年启动的神秘围墙花园修复工作中，完全由沃莱顿庄园之友组织负责筹建资金并利用志愿服务时间进行修复工程，恢复了园林昔日的辉煌。该项目得到了市政府的大力宣传，并由诺丁汉市长主持修复纪念活动，体现出志愿者组织的能动作用以及与政府的良好互动。其次，沃莱顿庄园积极吸纳企业团体参与志愿服务活动。其理念是通过参与公园服务与管理，既有利于遗产保护工作，又能够帮助企业在优雅的环境中进行团队建设。从国际知名的AECOM设计集团，英国加比达斯教育集团到当地的诺丁汉大学、诺丁汉社区房产管理局等单位都参与到沃莱顿庄园的志愿服务工作中。最后，针对社区居民个人也提供了非常丰富的志愿服务项目，包括公园巡视护林（图3-6）、遗产修复施工（图3-7）、博物馆故事讲解、帮助限制行为能力者游览公园、园艺操作和野生动物观察等方面。沃莱顿庄园每年对优秀的志愿者予以表彰，鼓励社区居民和年轻人的积极参与。对于大多数志愿服务项目来说，并不需要参与者拥有专业知识，只需要热情友好的态度和持之以恒的意愿。志愿活动很大程度上鼓励民众更好地保护与使用历史园林遗产，有助于社群了解园林的环境特色和历史背景以提升其知识水平，还能增强对园林遗产的归属感和责任感。

图3-6　沃莱顿庄园巡查志愿者
图片来源：https://www.nottinghampost.com/news /local-news/meet-wollaton-park-rangers-who-3948226

图3-7　志愿者进行神秘围墙花园修复工作
图片来源：https://www.nottinghampost.com/news/ local-news/wollaton-parks-secret-garden-revealed-2439075

3.丰富的遗产教育活动

遗产教育活动既是园林遗产保护与传承的重要途径，也是体现园林社会功能、服务社区发展的有效方法。沃莱顿庄园以优质的自然生态环境为各类教育活动和兴趣小组等提供了场地基础，建构了丰富的教育培训活动体系。沃莱顿庄园在沃莱顿议事厅、纽斯特德庄园和绿色磨坊三处遗产地设置教育基地，将教育对象按年龄分为婴儿、幼儿、1~2

年级、3~6 年级、7~9 年级、10~11 年级和 12~13 年级 7 个阶段，覆盖了未成年人群体的全部年龄段；同时，将教育活动主题分为自然历史、建筑设计、人文历史、创意写作四种类型，由场地、年级与活动主题交叉组合而构成的教育体系包含 50 多个教育项目，可以非常细致而有针对性地满足不同年龄段青少年的遗产教育需求。同时，活动组织设计也结合遗产活化工作的实际项目展开，注重体验性与教育性。以面向 14 岁以上学生的考古勘探学习项目为例，该项目由特伦特和皮克考古学会组织，参加者将与专业考古学家在真实的环境中一起工作，学员将有机会学习和提高基本的考古技能，并拓展历史文化知识。2019 年，40 名学生在为期四周的学习活动中查阅资料、实地勘测并找寻到了 17世纪西贝雷赫茨在大厅绘画中所描绘橘园的证据，并在实地挖掘中揭示了花园露台的人工岩石切割边缘，这些发现不仅提升了学生们的兴趣，也有助于园林遗产的修复与保护。此外，沃莱顿庄园也面向学校开展研学旅行与教师培训活动，为学校开发定制化的教育活动项目。这些项目服务于周边社区的青少年，受到了当地学校的热烈欢迎，充分展现了遗产的教育功能与社会价值，获得了社区的认可与肯定。

（三）经验借鉴

先进管理理念与管理协调体系是英国园林遗产活化利用实现的基本要素。英国目前建立了包括三个等级，1500 多个园林的"注册历史公园与园林"体系，单独依靠政府无法完成庞大的保护管理工作。沃莱顿庄园属于其中第二等级的保护遗产，地方政府与遗产所有者拥有更多的自主管理权限。诺丁汉市政府在组织协调合作、定期发布财务报告和发挥公众管理作用等方面有着出色的表现。地方政府赋予当地社群参与园林遗产管理与使用的决策权，以公平公开的咨询方式磋商影响遗产发展的议题并且改进遗产活化发展方向。园林遗产使用者的公众意识也因公众参与活动而不断提高，实现了"自下而上"的管理模式转变。在这种模式下，社群与遗产得以进行良好的互动，遗产管理者将社群纳入管理体系，注重保障社群的参与权与获利权，特别是丰富多样的教育活动体系有助于当地青少年认识喜爱遗产，促进地域文化精神的传承发展。相应的，因为园林遗产体现出了对社群日常生活的功能价值，当地居民愿意成立各类公益组织，通过志愿服务帮助遗产地进行管理，从而实现园林可持续发展。我国园林遗产活化实践主要由政府、规划师、开发商等外来群体占据主导地位，缺乏有效的公众参与机制，社群的利益与需求往往被忽视。同时，我国民众对园林遗产重要价值的认识水平不均衡，缺乏对园林遗产的保护和利用的积极性；当地社群也没有意识到自己作为使用主体对遗产保护、发展与利用的权力与责任，尚不能够通过广泛的志愿服务活动主动参与园林的服务与管理事务。可见，与沃莱顿庄园活化实践对比，我国园林遗产与社群之间的良性互动关系尚未充分建立。未来的发展中，沃莱顿庄园通过多种渠道来保障社群利益的管理措施，调动社群参与遗产保护的各项举措，以及实现园林遗产的社会价值与教育功能的策略方法都值得我们借鉴学习。

三、精神重塑和景观更新——法国巴黎阿尔伯特·卡恩花园遗产活化实践

前述研究中已经介绍了法国最早诞生了针对建筑遗产的风格性修复理论，其创始人维欧勒·勒·杜克认为遗产修复并非一味袭古，而是追求风格的统一，强调从原设计师构思出发进行修复工作，修复成功的标准应当来自城市精神的传承，强化人们对古建筑的回忆和眷恋。虽然该理论因其对遗产原真性的漠视而被批判，但其中对遗产精神延续的推崇以及对遗产功能的重视却被法国后世的遗产活化实践继承了下来。在本节讨论的法国巴黎阿尔伯特·卡恩花园（Des Jardins Albert-Kahn）遗产活化实践中，实践者并不主张历史园林通过修复回到特定的历史时代，而更强调通过精神重塑和景观更新策略体现园林主人的造园思想，强化其文化内涵，对我国园林遗产保护具有借鉴意义。

（一）园林概况

阿尔伯特·卡恩（Albert-Kahn）是法国犹太人，因投资南非黄金和宝石矿山成功，成为欧洲屈指可数的富豪，此后开设银行，并热心从事慈善事业。1895 年，他购得巴黎塞纳河边 4 公顷的土地后，就开始建造心目中的梦幻花园。阿尔伯特·卡恩花园是卡恩先生性格和理想的忠实写照，是一处具有 20 世纪初时代特征的历史园林。1910 年建成时，该园林包括孚日森林和金色森林、法式园林和英式园林、蓝色森林和沼泽地、果园和玫瑰园、日式园林五个部分[200]，园林风格多样，体现了卡恩先生推崇世界文化多样化的情怀。1932 年，金融危机使得卡恩先生破产而不得已抵押了园林。1936 年，园林由塞纳河省行政部门收购，分配属于绿色空间部管理；20 世纪 50~70 年代，园林内建有儿童游乐场、长椅和老年人打球的地方，面临由于缺乏有创意的维修而濒于湮没的威胁。直至 1986 年，阿尔伯特·卡恩博物馆在园林内落成，包括油画、雕塑、著名的"地球档案"影像收藏展等丰富的内容，而园林也交由博物馆统一管理。从 1990 年开始，阿尔伯特·卡恩花园实施了为期 5 年的修复工程，以期重塑园林精神，再现遗产的传统文化风貌（图 3-8）。

（二）活化策略

1. 进行周密的修复准备

阿尔伯特·卡恩花园的修复工作以"找回园林的灵魂"为主题，其目的是再现建园时的精神内涵，同时兼顾园林各历史阶段的景观发展。而无论是遗产的精神重塑还是景观更新都有赖于科学周密的准备工作。首先，对阿尔伯特·卡恩花园的修复工作进行了细致的实地调研，了解园林遗产的现状与结构组成，对园林内的历史建筑、装饰小品以及所有植物进行实测调查，并在必要时结合考古发掘进行调研，同时重视园林遗产与周边环境的关系，以便于在修复时恢复其整体的历史风貌。其次，修复前进行了详尽的文献研究。为了再现园林的精神内涵，修复团队对园主生平进行了深入分析，同时根据多代业主和园丁遗存下来的回忆与记录，揣摩遗产的历史实况[201]。此外，还多渠道地考证各种资料，特别是借鉴了阿尔伯特·卡恩博物馆的大量图片资料，以便充分了解园林

最初的创作思想；研究与园林相关的地质图、土壤图、气候图等各类地图，了解研究对象所在地的法律法规与行政管理情况，进行比较、分析和整理后制作土地利用现状图。最后，在充分考虑园林新功能植入与现有经济能力的基础上，编制了一套长短期相结合的遗产保护与利用方案，包括确定优先实施的部分、制定财政管理计划、预算景观单元的工程费用以及设计日常管理方案[200]。通过这些细致的准备工作，才能了解园林的现状与历史以及园主的设计思想，为园林遗产修复工作打好基础。

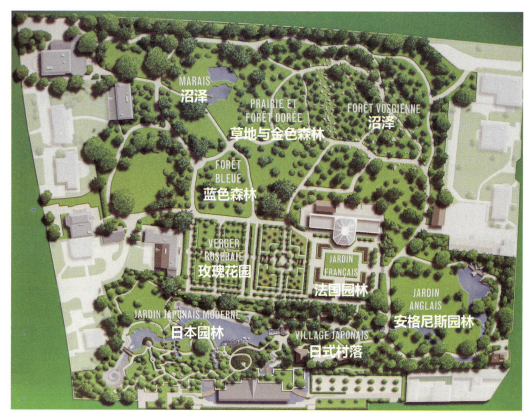

图 3-8   阿尔伯特·卡恩花园平面图
图片来源：https://fracademic.com/pictures/frwiki/74/Jardin_du_Mus%C3%A9e_Albert-Kahn.Plan_02_by_Line1.JPG

2. 展现园主的精神追求

阿尔伯特·卡恩花园的修复工作采用业主的眼光进行园林景观塑造，将业主的生活期待重新表现出来，最大限度地忠实于园林的原初境界。首先，遗产活化应当理解园林主人的内心感受。通过前期调研，人们会对阿尔伯特·卡恩的生平和杰作产生兴趣，感到他的园林完美地显示出他内心深处各种向往。作为成功的商人，他在 40 岁之后就把余生和财富都献给了促进世界和平的事业，希望构建一个和谐多样的大同世界。阿尔伯特·卡恩博物馆馆长珍娜·苞索蕾（Jeanne Beausoleil）认为"园林成了他的私人实验室，一个和解世界的乌托邦[200]"。这就不难理解，在其园林中会有法国园林（图 3-9）、日本园林（图 3-10）、英国园林并存的景象，构成了来自不同国家的园林文化世界，它们通过植被、结构、视角和景观表达自己的特点。其次，为了达到契合园林精神的目的，修复项目中邀请了专业设计师。例如，专程邀请日本设计师高野富明对日本花园进行修复，从而更好地体现日本精神，同时在日本园林与英国园林之间建立一个富有隐喻的门，成为东西方文明交融的过渡点，也体现了园主的文化理想。此外，不仅在景观中体现园主的精神追求，而且在活化利用中也要向参观者展现遗产的独特文化魅力。遗产管理部门认为要想让使用者理解园林精神，首先要让园丁及其他服务人员认同该理念。为此，管理部门对他们进行培训，并邀请他们参与管理，让其真正成为园林的主人。当专业团体出于园艺、景观等职业目的来参观时，园丁们可以亲自讲解，讲述卡恩的杰作以及园林所赋予的含义 [200]。同时，园林遗产有选择地接待游客，谢绝旅游团体，以接待散客为主，鼓励深度的体验式参观，以便他们更好地理解园林精神内涵。

图 3-9　法式园林景观
图片来源：i1.wp.com/blog.kermorvan.fr/wp-content/
uploads/2020/10/IMY_3695.jpg?strip=info&w=1500&ssl=1

图 3-10　日式园林景观
图片来源：aloha.fr/wp-content/uploads/2019/12/
jardins-albert-kahn.jpg

3. 突显个性的景观更新

阿尔伯特·卡恩生前提出应当谨慎地注意园林的发展，使其可以不断适应新社会的发展。因此园林遗产活化就不仅是对照历史的复原，也是面向未来的更新与发展。阿尔伯特·卡恩花园因其设计风格的多样性，在遗产活化过程中也注重在不同片区突显个性化的景观更新。在修复法式园林和果园时，参考 1910 年照片中的园林样式、尺寸进行植被栽植，去除了场地中较为杂乱的树丛，采取先进的大树移栽技术，以便达到照片上所反映的效果。在蓝色森林中，则在尽量保留所有树木的基础上，清除掉多余的紫杉和过多成团的杜鹃花，重修塑造了起伏的地形，把黎巴嫩雪松重新布置在道路旁边，以求能再现蓝色森林的效果。如果说前两者的修复更多的是再现传统的话，那么日本园林的修复则在精神内涵不变的情况下，融入了更多的现代元素与手法。修复后的日本园林是在 1908 年创造的花园基础上拓展而形成的，其园林的整体结构是传统的，但其中的元素却有着现代意味。茶室是 1966 年京都大学的乌拉森克学院赠送的礼物；杜鹃花山代表了银行家丰富的多彩生活；瓷砖雕塑象征着大海、风和风暴；蜿蜒的河流象征着生命；园林中的破碎堡垒代表了地震破坏后的地面、山脉、悬崖；最后，螺旋水纹图形代表着生命周期，也暗示着卡恩生命的消亡。设计师用极具现代感的隐喻设计手法表达了传统日式园林的沉寂深邃的思想，传递着园主永恒生命的思考与世界和平的愿望。最终，不同的设计手法调和于园林的场所精神之中，实现了园林遗产精神重塑与传承发展的目的。

（三）经验借鉴

阿尔伯特·卡恩博物馆馆长珍娜·苞索蕾指出遗产活化的核心是"找寻园林的灵魂"，她认为园林遗产面临的挑战是被剥夺了历史精神，而沦为淡而无味的普通公园[200]。事实上，阿尔伯特·卡恩花园所面临的挑战也是园林遗产的普遍问题。前述研究表明，园林遗产是处于持续发展变化过程中的，这就使得我们无法追求那种所谓的"大理石的永恒"，那么追求灵魂或者场所精神的传承应当是更为科学的办法。在这点上，包括园主本人都认识到了可持续发展的重要性。那么如何找寻园林遗产的灵魂呢？首先，灵魂并不是后来者臆想出来的，它记录在历史文献之中，蕴含在场地环境之内，更重要的是它还储藏在人们的记忆里。因此，阿尔伯特·卡恩花园遗产活化时的细致调研，特别是对园林历代主人与园丁的口述史研究就显得科学而有效。其次，灵魂应当如何再次注入园林遗产之中呢？从园林载体修复上来看，景观的更新既不能完全脱离历史环境，也不能一味地因循守旧，只要是符合园林气质的设计创新手段都值得运用。设计师对园内日式园林的修复设计在保留传统景观的基础上，运用现代设计理念与景观要素，表达园林遗产的场所精神，既不突兀，又有创新，值得借鉴。最后，园林灵魂的传承不仅要依靠专业的设计师，而且要在民众中发扬光大，而其中的桥梁就是包括园丁在内的园林管理者与工作人员。阿尔伯特·卡恩花园对工作人员进行园林精神的灌输，让大家了解并认可园林文化，并组织园丁对专业参观者进行景观设计讲解，是有的放矢的实践经验，但在目前国内实践中还不常见，值得我们去学习。

第二节　国内园林遗产活化实践

一、因需赋形和以点带面——南京愚园遗产活化实践

我国园林遗产的保护和修缮与西方实践有所区别，也不同于普通的建筑遗产修复，在重视写意精神的中国文化背景下，在木质结构建筑不易长期保存的现实条件下，如何通过园林复建激发遗产的勃勃生机，是有待探讨的问题。在愚园修复中，为数不多的历史遗迹、童寯先生的测绘图、周边社群的期望以及城市业已变化的社会环境都影响着该项目的推进，而通过园林遗产修复带动周边历史街区的活化也是较为新颖的探索。为

此，本节以南京愚园遗产活化实践为例，探讨其因需赋形的园林景观更新，以及通过以点带面方式促进历史街区复兴的经验做法。

（一）园林概况

愚园位于南京城西南，是晚清著名江南园林之一，占地面积约 2.09 万平方米。该园本是明中山王徐达的西园，后为明代万历年间兵部尚书吴用光之园，其址"环山如带，中有大池，皆天作地生之状"。清代末期，苏州知府胡恩燮于同治十三年（1874 年）辞官归里，购下西园故址，为了标榜自己清高，以"自以为愚"为题而更其名为愚园，在此"北建家祠，南起楼阁，随山种竹，因池造桥"，建有清远堂等三十六景。当时有温葆深、李鸿章、曾国荃、薛时雨、邓嘉缉、张之洞等名人为之题写楹联，作园记、题咏等，于是愚园名噪一时。1911 年辛亥革命爆发，同年革命军攻克南京，愚园作为清军驻扎之所，损毁甚多。其后，虽然得到园主胡光国的修缮，但已不复昔日之胜。至童寯先生抗战前探访江南园林之时，愚园已沦为大杂院，抗日战争期间又被战火毁坏，一些假山、亭榭等残存建筑 1958 年前后也被拆除，20 世纪 70 年代沦为棚户区，环境嘈杂，拥挤不堪，一代名园终至荒芜[202]。2006 年，南京市规划局启动愚园复建项目，东南大学陈薇教授工作组与南京秦淮风光有限公司密切配合，历时 10 年时间，成就了愚园复建的历史佳话。

（二）活化策略

1. 因地制宜的布局调整

南京愚园遗产活化面临着严峻的挑战：一是遗址留存较少，园林中诸要素的相对关系不易建立，文献中的建筑规模和现存园址尺度不吻合；二是由于 20 世纪 60 年代开挖防空洞，山体的高度和形态发生变化，山水走势难以确定。为此，在愚园修复中，设计团队首先对山水脉络关系进行梳理，厘清了场地自然山体逶迤至南部而连接花露岗高地的连带关系，并结合文献记载与民国何允恕所绘《愚园图》（图 3-11），延续了南区风格质朴、自然开阔，北区景致丰富、以建筑为主的空间布局。然而，面对基址形态变化较大的现状，如若墨守成规、一味袭古，效果并不理想。例如，湖中小岛"在水一方"是水体中的景观标志，也是南北功能区过渡的重要节点，但"愚湖"的南北向长度因开挖防空洞的土方填埋已经缩短，如果照搬古图或者近代测绘图，则小岛位置比例与功能作用势必会出现偏差。因此，愚园修复中，以现有东南山体的延续为脉络，以隔水湾的微地形起伏作为山体坡脚的伊始，成为园林布局的点睛之笔。再者，原有功能分区以"清远堂"一线建筑为界，南北两区并然分开；在园林修复中，设计师在分区的边界上预留了缺口，以便于让北区的假山绵延到水面，同时将南区的"愚湖"水面渗透到北区的水系之中[203]。这样的设计以园林原有布局形态为框架，以现有地形条件为依托，因势利导，加强了空间布局的灵活性与丰富度，体现出大、中、小层次分明和开阖有度的园林布局特色（图 3-12）[204]。

图 3-11　愚园全图

图片来源：陈薇.流变与新建——南京愚园重建记 [J]. 建筑学报，2016(9):96-101.

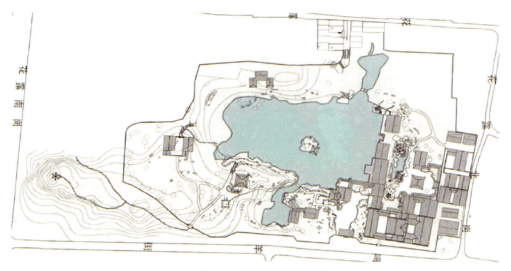

图 3-12　愚园设计总平面图

图片来源：都荧，高琛.南京愚园春晖堂布局与建筑尺度研究 [J]. 建筑学报,2015(4):71-75.

2. 因需赋形的细节推敲

园林遗产是在不断传承与发展过程中的，也应当适应当代功能需求而进行调整与优化。原本作为私家园林的愚园，主要作为园主起居生活之用，每个建筑都有大致的功能和用途。而在当代社会中，园林遗产则需要适应较大客流的使用需求。活化实践中，设计师对于园林建筑功能的延续采用了区分对待的策略，对于具有代表性的、重要的、有故事的建筑，保持其原来功能。例如，"清远堂"这样的代表性建筑，其原本为李鸿章、曾国荃、张之洞等晚清名流踏访雅聚之地，目前全部家具和陈设甚至匾额对联，均依照原有风貌复原，定期组织古琴、笙箫等古乐表演，再现愚园雅集的风采（图 3–13）。对于在服务节点上的附属建筑，其本身在历史上就进行过搬迁改建，则要根据当代需求进行功能置换。例如，胡家祠堂曾进行过迁移，与历史文献描述的空间关系不吻合，考虑到原有地形已经由于防空洞建设而隆起，因此将其迁移到山顶后改作茶室，一方面可以便于游客赏景休憩，另一方面也是开展文创活动的良好场所，愚园古风摄影基地也设置其间。同时，"双桂轩"改做了游客服务中心、"无隐精舍"布置了国家级非物质文化遗产藏传佛教唐卡展览、"课耕草堂"作为耕读文化展示与研学基地（图3-14），均适应了当代文化旅游的需求。除了建筑形制布局的细节调整之外，园林中的部分景观空间也依据功能特点进行了创新。例如，园林东入口内原本为菜圃，但作为入口应当有较为开敞的集散空间，以保证游客进园不至于感觉过于促狭，因此园林修复中并未采用传统的曲径通幽式的苏式园林设计，而是通过高大树木的自然生长形成天然的景观遮挡，又开放其林下空间便于游客通行，同时符合南京园林尤其是愚园南区的自然质朴本色[203]。得益于因需赋形的设计推敲以及恰当的功能调整，愚园服务于社会生活的功能价值得以呈现，获得了居民与旅游者的好评。

图 3-13　清远堂　　　　　　　　　　　图 3-14　课耕草堂

3. 以点带面的街区复兴

前述研究中介绍的"城市触媒"理论可以借助点状触媒的活化作用，激发整个历史片区的活力，从而通过渐进式活化使城市原有肌理得以延续和演变。而愚园遗产活化中正是践行了该理论思想。愚园地处南京老城南门西地区，该区域是南京历史最悠久、自然和文化资源最丰富的区域之一。这里居民区密集，历史积淀深厚，有荷花塘及钓鱼台历史街区，有程先甲故居、糖坊廊河房、钓鱼台河房等秦淮民居，更有愚园、银杏园、遗园、万竹园、凤皿台、杏花村等历史园林遗迹。然而由于管理分散，彼此独立而缺少联系，导致整个区域逐渐破败。愚园遗产保护与修复前，整个区域基础设施破旧，居住条件恶劣，绿地匮乏，周边居民对街区整治盼望已久。愚园作为片区内最先启动的复兴工程，其目的不仅是实现自身的活化与发展，而且是建成南京城南门西地区的文化休闲活动中心，改善居民的生活环境，带动整个区域的复兴发展。愚园遗产保护与利用规划并未仅仅面向园林，而是对历史街区的整体规划设计。当然整体推进需要一个循序渐进的过程，从愚园修复方案的制定至2016年其工程的完工，历时10年时间，其间在园林入口的调整与设计中已经考虑到了与周边环境的沟通衔接以及园外南侧和西侧地块与园林的互动关联。与此同时，周围的荷花塘历史文化街区、南捕厅历史文化街区以愚园为范本，相继开展更新活化工作。荷花塘历史文化街区以"孝顺里—谢公祠—水斋庵"为主要轴线推进以居住功能为主的历史文化街区建设，而南捕厅大板巷示范片区已经于2019年落成，成为集戏曲表演、非遗展示、老字号特色餐饮、文化创意产业于一体的文化产业区。愚园周边的凤凰台、杏花村项目与鸣羊街游客中心也陆续建成开放。由此可见，以愚园为触媒的门西历史文化街区整体复兴工作已经在园林遗产活化的带动下取得了明显的成效。

（三）经验借鉴

园林遗产活化实践面临着许多挑战，如园林基址场地的变化、历史文献的缺失以及当代社会需求的变化。这些现实挑战应该如何应对，也许各类遗产保护理论中并没有现成的答案。如果严格按照保存遗产原真性的原则修复，对现有场地的重塑就将付出极大的代价，而单纯的复原建筑的历史功能未必能很好地契合现代社会的需求。愚园的遗产活化就展现出一种与时俱进的工作态度和创新的思考方法，无论是整体布局调整还是局部细节推敲，都以适应场地、适应时代需求为依据，可谓是因地制宜、因势利导的作品。当然，这并不意味着对历史文化传统的背离，正如英国园艺学家塞尔斯（Sales）所说"园林是一种管理变化的艺术"，而寓变化于不变之中正是园林遗产传承与发展的特点。愚园园林遗产的活化特别重视发挥园林的社会价值，脱离单体修复的局限思维，从更宏观的社会背景与历史环境中加以考虑。一方面为周边区域复兴提供了可以参照的模板，另一方面也作为片区核心节点强化了遗产廊道的联系，逐步带动了南京城南门西地区的复兴，并通过实践验证了有机更新、城市触媒等城市发展理论在园林遗产活化实践中的适用性。当然，愚园遗产的保护与利用也受到了一些批评，主要集中在历史原真性的保留上，修复工作中并未充分使用遗留的响砖、瓦片等材料，对于园林植被也进行一定程度的改种[99]。这些批评值得重视与反思，但总的来看，愚园活化理念的先进性以及在探索我国园林遗产活化利用的示范性方面具有借鉴意义。正如朱光亚教授的点评，"原状的研究是整个复建的基础，但似也不必过于计较已被破坏了的遗存中的谜团，重要的是那个有着那么多期待的意境再现被认可了，愚园的真实性、完整性和延续性以一种新的形式解读出来了[204]"。

二、延续记忆和融入生活——厦门鼓浪屿黄家花园遗产活化实践

我国园林遗产所有权大都属于遗产地政府管理部门，因此园林遗产修复与活化实践也习惯于由政府包办，然而面对数量众多的遗产群体，单独依靠政府力量显然是不足够的，同时也容易陷入思维定式，而不利于发挥遗产活态保护的社会能动作用。然而，鼓浪屿在入选《世界遗产名录》之后，积极调动社会力量参与遗产活化实践，《厦门经济特区鼓浪屿世界文化遗产保护条例》明确了所有权人是文化遗产维护管理的责任人，强

调文化遗产保护机构可以给予私人修缮行为进行适当补助。本节探讨的黄家花园遗产活化实践就是在政府主导下，由园林所有权人进行的开发利用探索，致力于实现保护与利用的平衡、生活与经营有机的结合，值得学习借鉴。

（一）园林概况

位于晃岩路 25 号的黄家花园，曾是 1919—1925 年印度尼西亚糖王黄奕住的居住地，该花园利用鼓浪屿海岛中心位置的中德记洋行楼房所在地块拆旧而建，总计花费约 50 万银圆，具有当年顶尖的设计与建设水平。黄家花园由南楼、中楼、北楼三幢豪华别墅所组成，整体呈现新潮的装饰艺术风格与南洋风格相结合的特征。花园以喷水花坛为中心，形成方圆相间的几何平面景观，中间的圆形喷泉盘四周分布有若干雕塑，其下方为欧式立柱，灌木修建成规整的几何图案，园林设计具有巴洛克风格，与别墅建筑风格相一致（图 3-15）[205]。近百年来，黄家花园留下了无数名人的生活印记。中华人民共和国成立后，黄家花园一度成为鼓浪屿"国宾馆"，包括邓小平同志在内的诸多军政名人曾在此入住，新加坡前总理李光耀和美国前总统尼克松也曾经下榻于此。2002 年，黄家花园因年久失修，设立其间的鼓浪屿宾馆因此停办。2007 年，黄家花园重新回到黄氏家族怀抱，并由黄奕住先生的重孙黄骧完成修复工作，作为中德记度假别墅对外开放。2017 年，黄家花园作为"鼓浪屿：国际历史社区"51 个申遗要素点之一被纳入《世界遗产名录》管理体系，并成为鼓浪屿《世界遗产名录》授牌的活动举办地。

图 3-15　鼓浪屿黄家花园景观
图片来源：https://you.ctrip.com/travels/xiamen21/3564051.html

（二）活化策略

1. 政府引导下的民间投资实践

以黄家花园为代表的厦门鼓浪屿遗产活化实践体现出政府引导与民间投资相结合的特点，值得园林遗产活化实践进行借鉴。2007 年，黄家花园的所有者黄奕住先生的第四代后人黄骥运用家族资本开展了园林遗产修复与利用的工作。历时三年时间，于 2011 年正式对外开放。黄家花园南楼别墅及其花园，最大限度地恢复了当年的景象，从细节上还原了富商的生活场景，并作为文化民宿供游人休憩和观光。比起鼓浪屿上其他由政府主导的历史建筑改建工作，黄家花园因仍属于私人财产，因此其修复历程较为漫长，花园中的每个部分若需进行变动都会经过黄氏家族的"黄聚德堂"董事会开会讨论。正因为这种对祖先遗产尊重的态度，使得园林遗产较好地保留了生活印记与文化价值。而得益于良好的修复与活化利用效果，黄家花园成为 2017 年鼓浪屿世界文化遗产授牌的活动举办地，也使得鼓励民间投资成为当地遗产保护政策的发展方向。2017 年，《厦门市鼓浪屿文化遗产核心要素保护管理办法》对民间投资遗产保护进行鼓励，提出由业主方自行修缮并通过政府验收后，"由鼓浪屿文物保护机构根据保护级别给予奖励，全国重点文物保护单位、省级文物保护单位、市级文物保护单位分别最高可给予不高于工程审核决算价 80%、50% 和 30% 的奖励"。2019 年，《厦门经济特区鼓浪屿世界文化遗产保护条例》提出"鼓励单位和个人与文化遗产保护机构就不可移动文物、历史风貌建筑签订活化利用协议，开展有利于历史风貌建筑本身合理使用的项目"。然而，这种鼓励是在政府引导和科学管理下进行的，《厦门市鼓浪屿文化遗产核心要素保护管理办法》就提出"针对非国有产权的文化遗产核心要素，不论用作其他何种用途……业主方事先必须向鼓浪屿文保机构备案。任何用途都应符合鼓浪屿文化遗产保护规范，坚持保护为主、合理利用的原则"。这种科学的政府政策引导与民间投资的结合，应作为园林遗产活化发展的重要途径。

2. 保护理念下的科学利用探索

园林遗产活化是建立在遗产自身有效保护的基础上的，但实践中往往面临的困境是遗产的空间结构与环境特征已无法满足当代社会的需求，这时应当如何权衡与处理，实现保护与利用的双赢，是值得思考的问题。黄家花园改建而成的中德记度假别墅，完全是按照百年前最初的建筑原貌修复的，管理者在面临保护与利用的矛盾时，均是从保护的角度出发，而事实上也起到了不错的利用效果。首先，从花园的修复上看，拥有 70 年树龄的七里香和 180 年树龄的龙眼树等众多古木均得以保留并融入新的绿地和庭院之中（图 3-16），虽然古树枝丫占据了不少空间，影响了自助早餐花园的容纳量，但古木苍翠、繁花似锦，也为客人平添了不少雅兴。其次，从花园别墅建筑的空间布局上看，修缮后的别墅延续了原有的 4.5 米建筑层高，并没有为了增加入住人数而改变空间结构。最后，黄家花园对别墅细节还原十分重视，房间内不改格局、不贴瓷砖、不刷油漆，甚至卫浴都按原样进行修复，镂空雕花通风系统、磨砂冰雕窗、复古玻璃、定制铜把手、四角大床、百年壁炉均再现了当年的风采（图3-17）。但是原有天花板上的镂空设计影响了房间的隔音，为了保留玻璃窗的精致而不得不舍弃防虫的纱窗，别墅木架结构也无法安装中央供水系统。面对这些局限，酒店的主人并不是刻意地加以隐瞒，而是在每位客人入住时都由管家坦承老宅子的限制，为可能发生的遗憾恳请见谅。这样的举措不仅没有影响民宿的声誉，反而因其管理者对遗产保护的责任心得到了颇多的赞誉。黄家花园改建而成的中德记度假别墅曾获得"最受消费者欢迎客栈""中国最佳设计酒店大奖——最佳建筑改造与保护奖"等荣誉，就体现出对其遗产社会价值的认可。

图3-16　古树名木保护
图片来源：https://www.huixiaoer.com/view/hotel-86129979/tupian

图3-17　遗产酒店酒店对于历史细节的还原
图片来源：http://24.qmango.com/hotel_98277.html

3. 记忆延续下的经营活动设计

黄家花园是一座历史文化内涵丰富的近代别墅园林，而其创始人黄奕住先生的人生经历也富有传奇色彩。这些历史记忆是文化遗产的价值所在，依托于遗产历史记忆的经营活动才能富有特色与生命力。首先，从别墅的功能布局与细节上可以反映出这座园林遗产的历史记忆。目前，园林中最重要的中楼依然为黄氏家族使用，中楼二楼中厅还布置了"家史馆"，作为教育子孙的拜堂，其园林生活记忆代代相传；而作为对外经营的南、北两栋别墅，所有房间悬挂明镜，框上雕有三件理发工具：剃刀、须刷、掏耳筒。这是黄奕住先生创业之初的营生，以示意子孙毋忘先辈创业之艰辛。其房间名称也均取自黄奕住先生曾经投资过的事业名字，如"中南"取自中南银行、"通敏"取自同名的电话公司。其次，园林的经营活动也与其传统功能或历史文化相关。例如，民国时期，被誉为"夜莺"的女高音明星颜宝玲的婚礼就是在黄家花园中楼举行的，当地社会贤达纷纷赴宴，传为一时佳话。因此，花园专门设有婚庆策划与服务团队，帮助新人们再现当年的婚礼传奇。又如，黄奕住先生因咖啡与印度尼西亚姑娘蔡缰娘结缘。因此，在中德记别墅内专门设有咖啡室，并定期组织咖啡品鉴活动，与客人们一同体会黄奕住先生的爱情与生活。此外，黄家花园中还举办中秋博饼会等富有地方特色的主题庆典，承办户外读书会、音乐会、文化沙龙等活动，延续了园林遗产的生活与文化气息。

（三）经验借鉴

从鼓浪屿黄家花园的遗产活化中我们可以发现，发挥民间力量，特别是发挥遗产所有者的主体作用是具有特别意义的。正如清代学者钱泳所言，"余尝论园亭之兴废有时，而亦系乎其人"，作为园林的主人、管理者或者使用者，他们更熟悉遗产的方方面面，也便于在遗产活化中延续历史记忆。当然，对于没有能力进行遗产修复与经营的使用者，遗产管理部门也应当对原有使用者的意见加以重视，在改造前对遗产进行全面梳理和记录，从而达到对原有生活方式的尊重。在实践过程中，黄家花园面临的挑战与大多数遗产也是类似的，即如何平衡保护与利用的关系，如何将生活与经营有机地结合起来。在遗产活化成为共识的时代背景下，黄家花园给出的答案是，只有以保护为基础的利用才能得到使用者的青睐，该园林遗产获得的"最佳建筑改造与保护奖"与"最受消费者欢迎客栈"就呈现出这样相辅相成的两个方面。同时，只有融入生活的经营才有特色，这里关于"生活"的内涵一方面是历史生活的延续，另一方面是适应现代生活的需求，而通过记忆线索的串联就是展现经营活动特色的好办法。例如，黄家花园的咖啡文化、音乐活动、婚庆活动以及户外野餐会，既是民国富商生活场景的再现，又是现代社会时尚生活的体现。由此可见，发挥民间力量积极参与遗产活化，只要引导得当，理念先进，就可以符合遗产活态保护的发展要求，还能够展现其了解地方文化的独特优势，值得借鉴参考。

第三节　国内外实践的共性与差异

通过对中西方园林遗产活化实践案例的分析，笔者对园林遗产活化的当代发展有了初步的了解。从案例中不难发现，在国际交流日趋紧密，遗产保护合作不断发展的今天，国内外园林遗产活化实践的理念与方法逐步趋于一致，虽然在遗产活化的主导权、社会属性与功能内容方面存在一定的差异，但表现出更多的共性特征。值得说明的是，选取的五个案例，虽然具备一定的代表性，但毕竟涵盖面有限，因此在本节的讨论中还将引入一些其他案例作为辅证，希望通过共性经验与差异路径的比较，为我国未来的园林遗产活化实践工作带来启示。

一、共性特征

（一）多方协同的社会实践

园林遗产的保护与利用涉及众多的利益相关者，其中的价值观与利益诉求冲突在所难免；同时，限于遗产活化的资金与能力制约，要想达成良好的遗产保护与传承效果，依靠单方面的努力很难实现。即使是在政府管理组织能力比较强的中国，也通过政策引导，逐步出现了鼓浪屿黄家花园这样的由民间力量主导的活化实践，并取得了较好的效果。从国外的实践来看，其利益相关者的组织协调牵涉面更加广泛。在英国诺丁汉沃莱顿庄园的实践中，当地社群组织、学校、居民个人、遗产保护管理单位、基金会等各方面代表参与了活化项目，其遗产保护资金来自社群组织捐款、市政府、国家彩票遗产基金以及英国国家信托基金拨款。在法国巴黎阿尔伯特·卡恩花园实践中，园林的服务管理人员通过提供口述资料、参与园林历史讲解等方式，助力于园林历史文化的传承。可见，园林遗产活化需要依靠全社会的努力已成为业界共识。共同实践的好处是便于筹措资金，集聚智慧，提高公众的遗产保护意识，加强遗产保护监督，最终实现园林遗产活化的综合效益。

（二）详尽周密的准备工作

详尽周密的准备工作是园林遗产活化实践的基础。《佛罗伦萨宪章》提出"对该园林以及类似园林进行相关的发掘和资料收集等所有一切事宜之前，不得对某一历史园林进行修复"。国内外相关的成功案例也都得益于对该宪章精神的遵守。南京愚园修复参考了《金陵古迹图考》《金陵古迹名胜影集》《白下愚园游记》等古籍著作，在原址进行了详尽的调查，并与文化、文物部门保持密切的沟通以挖掘园林的内在价值[99]。厦门鼓浪屿黄家花园修复详细参考了原有的园林图纸、照片与家族的历史档案，对于花园的布局与植被配植、别墅的装修细节都进行了细致的还原。法国阿尔伯特·卡恩花园实践中对园林主人的生平与思想进行了细致的研究，参考了多代业主和园丁留存下来的回忆与记录；在园林实地考察的基础上，结合各类地质、地理、气象地图进行遗产修复与发展规划，并制定合理的分期工作方案与投资方案。国内外实践表明，详尽周密的准备工作有利于了解历史园林的文化脉络与发展现状，是其功能传承与活化发展的先决条件与基础工作，应当引起必要的重视。

（三）场所精神的传承发展

园林遗产的生命力不仅在于其物质肌体的保存，更体现在园林精神的传承与发展。这一点在中西方遗产活化实践中都得到鲜明的体现。从遗产修复的角度来看，阿尔伯特·卡恩花园围绕找寻园林精神这一主题，提倡从园林创建者的世界观与价值观等方面来看待遗产保护的问题，在园林景观修复中体现了园主的可持续发展理念与世界文化多样性理念。南京愚园修复中，为再现园主胡恩燮的园居生活与耕读理念，在园中恢复了"清远堂"的聚会雅集陈设，重建了"课耕草堂"作为文化体验与研学基地。从遗产功能植入的角度来看，日本京都高台寺强化了其作为茶庭园林的传统功能，围绕茶道主题开展一年四季丰富多彩的文化活动，展现了园林的地域文化特色，又有助于日本茶道文化的推广。厦门鼓浪屿黄家花园的经营活动也都与园林传统功能或园主生平经历有关，其婚庆组织、咖啡品鉴、户外餐会等活动在获得经营收益的同时，展现了民国的生活场景。

随着人们对文化遗产保护与利用关系认识的不断深化，人们逐渐认识到园林遗产肌体是服务于文化与记忆传承的，而场所精神的传承发展则是园林遗产活化的深层次目标。

（四）与时俱进的活化理念

自从《佛罗伦萨宪章》颁布以后，人们对于历史园林的认识更加深入，认为"其面貌反映着季节循环、自然变迁与园林艺术"，需要加以可持续的管理与维护。《奈良真实性文件》又提出"避免在试图界定或判断特定纪念物或历史场所的真实性时套用机械化的公式或标准化的程序"。可见，人们对历史园林在内的遗产保护的思路逐渐开放，传统的要求和一成不变的严苛制约有所松动，以与时俱进的发展视角看待遗产活化工作成为常态。从中西方的案例中都能体现出该特点。在南京愚园修复中，从空间布局到建筑功能，都提倡因地制宜，因势利导，从当代园林基址条件与社会功能需求的角度考虑活化方案；法国巴黎阿尔伯特·卡恩花园的植被与树木也进行了相应的调整，特别是其日式园林中创新地运用极具现代感的隐喻设计手法进行景观重塑以表达传统的精神内涵；而日本高台寺中进行了遗产的异地搬迁保护，同时运用了卡通形象与高科技手段展示文化遗产。实践证明，这些形式与功能上的改变，只要符合园林文化气质，有利于遗产价值表达，就能够得到尊重与认可。这与习近平总书记对中华文化"以古人之规矩，开自己之生面"的传承要求若合一契，也是实现园林遗产创新性发展的必由之路。

二、差异比较

（一）国内园林遗产活化实践的特征

在国内园林遗产活化实践中，行政部门的作用比较明显，其保护与利用主导权一般都在政府与规划单位手中。例如，愚园修复就是由南京秦淮区政府主导，由南京秦淮风光有限公司具体实施，东南大学设计团队进行规划设计的作品，其中民间与社群力量的参与尚不充分。虽然，为了反映出我国园林遗产保护与发展的趋势，研究选取了民间资本投资修复利用的鼓浪屿黄家花园作为案例，但这样的案例还不多见，即使是由所有权人进行的开发，也依然要在政府的框架下运作。在北京、苏州、杭州等知名的园林城市，大多数园林遗产为政府所拥有与管理，也决定了其在遗产保护与利用工作中的主导地位。当然，这种政府主导模式是把双刃剑。一方面，政府主导的遗产活化工作对社群利益的关注有限，难以调动公众对保护的积极性，导致遗产功能不能充分发挥。例如，愚园开园时就有居民反映周边垃圾场对园林有影响以及园内无障碍设施不完备等问题。这些问题或许与建设过程中的社群参与度不高有关联。另一方面，则具有外国遗产保护项目所不具备的资金保障与动员力量，特别是政府的视角比较宏观，统筹协调能力强，往往可以超出园林遗产本身的局限，在历史环境整治、城市更新等问题上进行整体规划。例如，愚园就作为南京城南历史片区的复兴先行者，通过活化利用带动历史街区的整体复兴；无独有偶，修复后的黄家花园也作为要素点之一，助力于"鼓浪屿：国际历史社区"的申遗成功。

此外，我国古典园林历史较为悠久，园林文化博大精深，特别是私家园林中自古就有文化雅集的传统，相对于国外历史园林来说文化内涵更加丰富。同时，我国园林遗产的空间相对较小，特别是私家园林也并不适合人数众多的公共活动，因而在活化利用中，善于组织举办各类小型文化活动，而通过文化活动延续历史，再现当时的生活场景成为我国园林遗产活化的重要特征。例如，前述章节介绍的愚园雅集与研学活动、黄家花园婚庆与咖啡品鉴活动都体现了这样的特色。但是值得注意的是，目前我国园林中的部分文化活动是具有经营性质的，特别是有些活动的收费还比较高，因此并不利于公众的使用，使得遗产的社会价值不能充分发挥，甚至具有在消费主义的主导下发生文化异化的风险。因此，如何平衡文化活动的公益性与经营性是一个挑战。类似鼓浪屿黄家花园中出现了一些具有公益性的民俗活动与文化展览，愚园元宵灯会与春秋公益讲座得到了大众的欢迎，这些尝试也值得学习借鉴，从而优化我国园林遗产文化活动的组织与管理。

（二）国外园林遗产活化实践的特征

与国内实践不同，国外社区民众在遗产管理中的作用相对明显，其公众参与的广度与深度，乃至于社群参与的意识与能力都具备一定的优势。在英国诺丁汉沃莱顿庄园的实践中，社区居民愿意集资和付出劳动来帮助园林遗产的修复与管理，而政府在其中的作用主要是组织协调，积极争取资金，沟通规划方案与政策信息。这种模式的优点在于建立了良性的遗产与社群互动机制。英国诺丁汉沃莱顿庄园有着面向企业、个人的类型丰富的志愿活动项目，便于所有人发挥所长，投入到遗产保护的工作中去。在同类案例中，英国海德公园的植物调查志愿活动、摄政王公园的社区野生花园志愿服务、格林尼治公园的志愿环境研究工作等均体现了该特点。同时，类似于沃莱顿庄园之友与沃莱顿历史与保护协会等志愿者组织也是国内比较少见的，通过组织化的管理与运营，让志愿服务更具成效，也通过集体的力量保障了社群的话语权。可见，国外园林遗产活化中的公众参与思想观念、运行模式与组织管理都值得借鉴。当然，政府的主导能力较弱也带来了一定的问题，如其遗产活化项目的资金筹集能力比较有限。同时，在案例中可以发现，社群将遗产作为社区财富的一部分来看待，其关注的重点主要集中在遗产修复的细节以及其自身的经营管理上，较少能主动地考虑与周边区域的联动发展以及园林在城市发展中的作用。当然不可否认的是，成功的遗产活化项目势必将逐渐影响周边区域的更新发展，但政府主导能力的不足确实也具有不可回避的局限性。

此外，国内外园林在使用功能上也存在一定的差别。国外园林的面积通常较大，如案例中的诺丁汉沃莱顿庄园占地200公顷，阿尔伯特·卡恩花园占地4公顷，而入选《世界文化遗产名录》的德国波茨坦柏林宫殿与花园总占地面积达2064公顷。相比之下，我国园林，特别是私家园林，就要小很多。因此，国外历史园林虽然文化氛围不及国内浓厚，但作为公共空间的使用功能比较突出。园林中由公民自发开展的野餐、跑步、足球、园艺等休闲活动较为普及，具有经营性的文化活动相对较少。历史园林的公共空间化是国外实践中常用的策略，英国学者沙普利（Sharpley）就认为历史园林遗产活化的目的是成为供人们社交、教育与娱乐的公共空间[108]。这种服务于民的公共空间作用在愚园实践中也有体现，但在苏州园林调研中却不甚理想。孙剑冰调研发现"景区化开发的知名园林被游客所挤占，成为与所在社区居民生活相隔离的空间，而非开放园林则几乎没有作为社区活动空间的社会效用[77]"。诚然，这一方面与园林载体的特征有关系，另一方面也需要我们拓展思路，关注市民公共活动的需求，以体现遗产的公共空间作用。值得一提的是，国外园林遗产的教育活动体系更为健全，教育活动内容也更为丰富。这些活动一方面面对游客，有助于展示与弘扬园林的历史文化精神，而更多的却是针对社群，面向周边各类学校所开展的，也是其社群利益诉求的组成部分。例如，英国诺丁汉沃莱顿庄园面向各年龄段未成年人的教育活动体系，以及法国阿尔伯特·卡恩花园由园丁担任讲解的专业化教育活动都值得学习。

第四章
园林遗产活化理论建构与路径探索

　　长期以来，园林遗产并未作为独特的遗产类型得到足够重视，对其进行保护与活化实践通常直接应用其他文物古迹保护的普遍做法，也产生了一些困惑与分歧。例如，国际通行的《威尼斯宪章》的原真性更多体现对西方砖石建筑保护诉求，而园林植被持续生长变化的活态特征以及东方园林中木结构建筑更新维护的必然要求都很难适应《威尼斯宪章》的保护要求。1981 年，国际古迹遗址理事会颁布《佛罗伦萨宪章》，专门针对历史园林提出保护与管理要求；然而，其政策建议与管理措施较为宏观，并未对园林遗产的特征与活化利用原则进行具体详细的阐述。因此，本章在充分借鉴相关学科遗产保护理论与国内外园林遗产活化案例实践经验的基础上，从理论依据、理论要素、理论范畴、特征辨析、实践路径等方面进行园林文化遗产活化的理论建构与路径探索，以期展现园林遗产的独特魅力，并为其保护利用与活化发展提供参考与借鉴。

第一节　理论基础

一、文化发展的客观规律

　　文化发展是一个传承和创新融合的过程，每个时代的文化总是在继承传统文化精髓的基础上，再融入新时代的文化内涵与创新元素的基础上得以发展的。缺乏历史文化的薪火相传，文化的传承发展就没有根基。相应地，一味因循守旧，不加以创新，文化的发展只能是毫无生机的重复。文化遗产作为文化的物化表现，其发展也必然是因势而谋、应势而动、顺势而为的过程。就园林文化遗产而言，无论是国外历史园林从文艺复兴园林、勒诺特尔式园林到英国浪漫主义园林的发展变迁，还是我国古典园林从自然山水园林到写意山水园林的风格演进，其表现形式总是在继承和创新的过程中发展变化的，所蕴含的使用功能也是顺应时代与社会发展的。文化遗产本身的发展如此，其保护传承与活化利用也应如此。对任何一种文化遗产的保护利用，不能教条地恪守"保存现状""原封不动"的保护原则，而应顺应文化发展的客观规律，根据其本身的特性及现存的实际情况，创新性地采用多样化的手段促进其综合效益的发挥，激发其肌体与功能的内在活力，促进其可持续发展。

二、主客关系的辩证联系

辩证唯物主义认识论认为主客体之间不仅是反映和被反映的认识关系，更为重要的是改造和被改造的实践关系，主体在改造客体的过程中认识客体[206]。园林文化遗产作为中国文人诗意栖居的场所，具有由园林主人亲自进行设计创作以及建造修复的传统，其设计建造主体与使用主体同一性的特点使得园林遗产的主客体联系紧密，并进一步深化为寄情于园的情感联系，成为推动我国古典园林持续发展的内驱动力。在当代社会中，封建时期的文人士大夫阶层已经消亡，园林遗产服务于私人居住的功能较为罕见。园林文化遗产的修复保护主体与使用群体分离，主客体关系弱化为单纯的观赏与被观赏、使用与被使用的关系，遗产与社群之间的情感联系逐渐淡化，从而导致主体对客体的保护与活化的动力不足。因此，从主体对客体的能动性角度来说，园林遗产活化应当发挥主客体关联紧密的传统优势，重建主客体之间的作用路径与情感联系，积极发挥遗产利益相关者的主观能动性与创造性，增强做好新时代遗产活化发展的责任感和使命感。

三、文化遗产的价值取向

文化遗产的表现形式、内容构成、价值特征在很大程度上反映着其内在的精神特质和价值取向。反过来，作为深层文化结构的精神特质和价值取向又在很大程度上决定着文化遗产活化的理念、方法和方向。不同于追求永恒之道的建筑遗产[207]，园林遗产具有追求动态发展与变化的价值取向，其遗产的精神特质又较其他类型遗产更为丰富。园林遗产由于其构成要素的特殊性，其唯一不变的特质便是随时处于变化之中，"寓不变于变"才是其活态保护的现实选择与必然途径[208]。同时，园林是在人们基本生活需求得到满足的基础上产生的，无论是英国自然风景式园林的浪漫主义情怀和象征主义意蕴，还是中国古典园林主张天人合一、虚实相生、道法自然的美学趣味与哲学精神，都更多地体现出建造者精神方面的追求。园林文化遗产的价值取向与精神特质决定了其遗产活化中不宜过多地关注狭义的遗产真实性和对遗产实体元素的保留，而应以始终不偏离原初的造园意匠和精神为目标，在理念、方法上应更多地关注其风格氛围、精神内涵与象征意义的传承，探索适合园林遗产活态保护发展的新路径。

四、社会发展的时代内涵

当代遗产的活化发展早已脱离了遗产个体保护的范畴，而融入社会发展的时代洪流之中。因此，衡量一种文化遗产发展理念是否科学有效，关键是要看该理念是否能充分体现时代内涵，能否让遗产在当代社会中发挥出综合效益。具体地讲，就是能否有效保护遗产本体、优化遗产环境、促进历史文化名城建设；能否有效传承文化遗产的精神内涵、文化信息，并展现其教育价值；能否有效提高遗产社群的生活质量，促进经济社会发展。当前，古典园林产生发展的历史土壤已经不复存在，继续沉醉于旧时的隐逸生活与幽居风雅，便只能够将其作为缅怀的遗迹；而进行功能活化与创新，则可能激发出其融入当代社会的新生活力。这是社会发展所给予的现实挑战，也是变革赋予古典园林遗产的时代机遇。遗产活化本身就是其新生功能与生活方式的一个创造与转化的过程，建立园林遗产活化理念，就应当不断增强其适应新时代社会发展的能动性与创造性，把社会发展的时代内涵融入园林遗产活化利用的理念、思路和举措之中。

第二节　理论要素

在明确园林遗产活化的理论基础之后，研究仍需弄清楚两个基本问题，即"活化什么"和"如何活化"，这也是活化理论体系中较重要的两个因素。同时，考虑到园林遗产主客体之间的紧密联系与实践需求，研究从活化主体、活化对象、活化内容、活化方式四个方面梳理园林遗产活化理论体系的主要因素。

一、活化主体

园林遗产具有主客体互动丰富、情感联系紧密的特征，成为其遗产发展传承的重要支撑与动力源泉。然而，当代社会中，园林遗产的活化主体往往被限定为园林管理部门，而活化主体与使用人群的分离导致情感联系的疏远与价值诉求的偏差，导致园林遗产保护与利用存在诸多问题。鉴于此，园林遗产活化应当改变单一由政府主导的固有模式，扩大遗产活化的主体人群，将有志于遗产保护与传承的投资者、经营管理者、旅游者、社区居民、社会组织等纳入其中，有效建立"遗产—社群"利益共同体，重建活化主客体之间的情感联系，提高广大民众的遗产保护意识，充分发挥遗产主体在投资、维护、监管、志愿服务等方面的能动作用，从而强化园林遗产活化的群众基础和社会效益。

二、活化对象

1981 年，《佛罗伦萨宪章》中对历史园林遗产进行了权威的范围界定，即"从历史或艺术角度而言，民众所感兴趣的建筑和园艺构造……不论是规则式的，还是风景式的小园林和大公园"，这也构成了园林遗产的活化对象。值得说明的是，该宪章中的园林遗产界定既包括了历史角度的考量，也包含了艺术角度的考虑，部分建造历史并不久远，但艺术价值突出的园林也可纳入园林遗产范畴。正如麦克尔彻（McKercher）等所说"能唤起人们对 20 世纪后期或 21 世纪初期记忆的当代资产也同样需要保护，因为它们将成为明天的遗产"[178]。目前，西班牙桂尔公园、澳大利亚悉尼歌剧院等近当代遗产，已在《世界遗产保护名录》中占有一席之地。因此，只要符合《佛罗伦萨宪章》中对历史园林遗产定义的园林，无论其建成时间是否久远，都可以作为活化实践的对象。

三、活化内容

首先，园林遗产活化是建立在遗产肌体的良好状态之上的，因此，园林本体的保护是遗产活化的先决条件与首要内容。考虑到园林文化遗产具有丰富的构成要素，园林中的山石、水体、建筑、植被都应当被修复、更新与完善，以保持其良好的生存状态。其次，园林遗产活化是以其功能延续与创新为主要特征的，强调从功能活化的角度对其园林空间进行适应性再利用，从而在现代社会中继续发挥作用，这既是在保护基础上的发展要求，也是活化的核心内容。再次，园林是具有丰富精神特质的遗产类型，即便是物质载体保存完好，使用功能也得以延续，但如果缺乏对遗产文化与场所精神的继承与弘扬，那么活化实践也缺少了灵魂。因此，文化与精神传承是活化的关键要素。最后，园林遗产活化的最终目的是实现其综合价值，不仅包括遗产通常具备的经济、社会与文化价值，还包括园林遗产中较为突出的生态价值。因此，园林遗产如何发挥其综合价值，促进区域与社会的发展是活化研究的落脚点与重要内容。

四、活化方式

综合借鉴国际古迹遗址理事会的《巴拉宪章》、英国国家名胜古迹信托组织的活化方式，可以将遗产活化分为保护、适应性再利用、复原、重建四种类型。保护是对历史园林遗产形式、材料与整体风貌的严格管控方式，只能应用历史材料进行有限的修复，但严格管控对园林植物要素的更新并不非常适用[28]。适应性再利用是在保护的基础上，依据当代社会的功能需求，对园林遗产进行修复、转换与增建。英国国家名胜古迹信托组织认为在不破坏历史风貌基础上，园林遗产修复中适当地引入新要素与功能是值得认可的[209]。复原是以某一个历史时期为参照，对历史园林形态与功能进行重塑。然而，园林遗产因其活态特征而常被视为不断变化的过程，因此，针对特定时期的修复很难实现，因而其历史实体的复原常常让位于历史风格的重现[210]。重建是针对已无迹可寻的历史园林，通过参照文献描述与同时期园林建造风格，加以再创造的活化方式，这虽然有悖于保护的原真性原则，但对于保留园林遗产的历史文化也具有一定的价值[209]。

第三节　理论范畴

园林遗产活化的理论既可以是涉及园林文化遗产类型或群体的宏观研究，也可以是针对单体园林案例或局部园林空间的中观或微观研究，具体可以分为以下三类理论范畴。

一、宏观范畴

宏观层面上，以园林遗产群体为研究对象，运用系统论的方法，研究园林文化遗产活化与外部经济社会环境之间的有机联系性与系统整体性。在空间载体上，分析园林遗产与历史街区、特色小镇、历史文化名城的作用关系与融合机制，探讨园林遗产活化对城市复兴与发展的促进与激发作用；在功能上，研究其在社会生活中的定位与作用，分析社群、经营者、旅游者、政府部门等利益相关者对园林文化遗产的功能诉求，探索园林文化遗产共同体的建构与发展；在文化上，研究中西方传统哲学思想对园林文化遗产保护发展理念的影响，相关流派的价值观思想及发展历程，分析园林遗产精神内涵与当代文化潮流的相互关系以及其对活化实践的影响。在管理上，研究如何有效吸纳市场资金参与活化运作，强化政策对园林遗产保护的规范和引导作用，建立公众参与制度及监督体系等。

二、中观范畴

中观层面上，以园林遗产个体为研究对象，针对其建造年代、保护等级、空间布局、保存现状、文化内涵等方面的个性化特征，探索其功能活化与创新发展的可行路径与实施策略。其主要研究内容可涵盖如下方面：一是活化方式的选择，依据园林遗产特征进行科学比选，综合应用保护、适应性再利用、复原、重建等活化方式进行实践探索。二是活化功能的植入，依据园林文化背景与空间载体情况，合理选择园林传承功能或文旅新兴业态，使其有机融入遗产环境与当代生活。三是保护管理的改革，包括：如何因地制宜地强化园林遗产保护与管理，完善保护利用规章制度，针对不同使用时段与使用功能进行精细化管理；如何运用新技术对园林遗产风貌进行监测与维护，进行科学考据和技术处理。

三、微观范畴

微观层面上，以园林遗产载体要素与功能空间为研究对象，充分应用现代信息技术与大数据分析方式提升活化研究的科学化与精确化水平。针对园林中的山石、水体、建筑、植被等构成要素进行分类监测、保护与修复，并根据要素特征与保护管理条例，有的放矢地提出游憩、展会、表演、研学等功能的植入方式；针对园林中的建筑空间、户外空间与灰空间等空间类型，进行空间拓扑关系与布局形态分析，从而探寻不同园林空间的可利用性与功能适宜度；针对园林中的服务、餐饮、展览、购物等功能空间，进行满意度测评与相互比较，分析使用者对园林不同功能的认同度，从而不断优化与调整园林遗产的活化发展方向。在载体要素与功能空间层面上的微观研究，可以更加深入、细致地探讨园林遗产活化规律，有助于提出有针对性的实践操作方案。

第四节　特征辨析

遗产活化理论必须结合园林文化遗产的个性化特征才能够有效指导实践活动。因此，在进行理论构建之后，研究结合前述章节园林文化遗产活化案例的实践经验分析，从活态特征、空间特征、功能特征、文化特征与发展特征等方面进一步辨析园林文化遗产的个性化特征，从而为实践路径的探索打下基础。

一、春色满园：生命景观与造园要素相结合的活态特征

《佛罗伦萨宪章》指出"历史园林是主要以植物为素材的设计营造作品。因而是有生命的，意即有荣枯盛衰，也有代谢新生"。作为"活"的古迹，古典园林的生命特征是其区别于其他文化遗产的基本特点。植物是营造园林景观的重要素材，法国凡尔赛宫苑的橘园、西班牙阿尔罕布拉宫的桃金娘庭院以及我国拙政园"梧竹幽居"（图4-1）、网师园"竹外一枝轩"等植物造景佳例闻名遐迩。古典园林遗产因其历史悠久而多有古树名木，陈从周先生将其称为"一园之胜，左右大局"[211]，是园林历史变迁的珍贵见证。同时，动物要素在古典园林中的存在也不容忽视，畜养禽兽供狩猎和游赏的园林功能古已有之。英国沃莱顿庄园鹿苑历时五百余年，成为园林的象征；伦敦肯辛顿花园"天鹅湖"，冬季天鹅聚集，蔚为壮观；我国避暑山庄有"莺啭乔木"之妙，退思园有"闹红一舸"之趣（图4-2），为古典园林的生命之美增色不少。正如陈淏子《花镜》所言"枝头好鸟，林下文禽，皆足以鼓吹名园[1]"。

古典园林的生命特征与纯粹的生物景观不同，更多地体现了动植物等生命景观与其他造园要素的有机统一。无论是诗词中"旧时王谢堂前燕""满园春色宫墙柳"的抒情描绘，还是《园冶》中"梧荫匝地，槐荫当庭；插柳沿堤，栽梅绕屋"的造园心得，都

1.（清）陈淏子著，伊钦恒校注《花镜》。

将生命景观与造园要素视为相互融合的有机整体。这种融合表现为两者的相互促进关系。一方面，古典园林在营建过程中重视对生命体的保护。北京清朝的皇家猎苑曾将麋鹿作为专供皇帝观赏和狩猎的奇兽饲养，使其在野生种群灭绝的情况下一直繁衍生息至清末；而俄罗斯帕夫洛夫斯克公园则制定了法律条例对濒危植被破坏行为进行处罚，保障了园林的生态景观[212]。另一方面，古典园林中的动植物可以烘托非生命体造园要素，共同营造丰富的景观意象。奥地利申布伦宫殿和花园中的皇家动物展览馆，因珍禽异兽丰富，建筑历史悠久，而被誉为世界上最古老的动物园；我国避暑山庄"望鹿亭"、拙政园"三十六鸳鸯馆"等建筑皆因生物景观而闻名。正如乾隆《御制避暑山庄后序》中所记述"鹤鹿之游，莺鱼之乐，加之岩斋溪阁，芳草古木，物有天然之趣，人忘尘世之怀[1]"。生命景观与造园要素的融合是古典园林活态特征的鲜明写照与独特魅力。

图 4-1　拙政园"梧竹幽居"　　　　　图 4-2　退思园"闹红一舸"

二、花间隐榭：自然环境与建筑空间相结合的空间特征

　　古典园林虽然被纳入文化遗产范畴，但是与建筑、遗址等文化遗产不同，它是人类"师法自然"而创造的杰作，"虽由人作，宛自天开"一直是中国园林艺术的最高准则，"花间隐榭、水际安亭"，建筑空间点缀于自然环境之中，造就了园林遗产空间的丰富性与独特魅力。而即便是对西方园林而言，"艺术模仿自然"也一直是其所遵循的规律，哪怕是重视比例关系与规则设计的古典主义园林也是从理性化视角对自然审美理想进行阐释。从实践角度上看，我国入选世界文化遗产的避暑山庄、颐和园、苏州古典园林无不位于风景秀美之地；而奥地利申布伦宫殿和花园、法国枫丹白露宫及庭院等历史园林则均由建筑与园林共同申遗成功，园林中大面积的树林、绿地和湖泊为建筑营造提供了优越的自然环境。因此，古典园林的特征不仅局限于文化遗产视角，更要体现自然环境与建筑空间相融合的特点。

1　（清）乾隆《避暑山庄后序》，见载于清代和珅、梁国治纂修《钦定热河志》卷七十七。

自然环境是园林文化遗产生存的土壤。从客观的物质形态上看，自然山水格局构成了园林的骨架。例如，圆明园虽经几次焚毁，但所幸山水格局尚在，人们可以借此想见万园之园当时的宏大与精致，也成为未来修复保护的框架；因此，山水体系的保护被认为是圆明园保护最为重要的部分。而德国波茨坦与柏林的宫殿与庭园以哈弗尔河和格列尼客湖为脉络，串联沿线大量风格各异、久负盛名的建筑与风景园林作品，使其以自然环境为背景，组成了和谐的景观共同体[213]。古典园林除了特有的山水骨架之外，自然环境也成为其景观空间的重要组成部分。英国布莱尼姆宫的格利姆河、水景园、梯田式花园成就了自然式园林的经典之作；而我国承德避暑山庄四大部分中由自然要素构成的湖泊区、平原区、山峦区就占据其三，面积超过全园的90%；芳渚临流、镜水云岑、双湖夹镜、长虹饮练等自然景点更是闻名遐迩。从功能设计上看，以自然环境为载体的功能空间，为使用者提供了具有特色的功能服务。例如，法国凡尔赛宫花园在中轴线两侧布置众多风格各异的丛林园，"舞厅丛林园"被路易十四皇帝充当舞池，而"柱廊丛林园"则是国王举行晚会的奢华场所。我国园林中的自然环境也常作为人们亲近自然的活动场所，圆明园的"坐石临流"就是皇室曲水流觞，赋诗饮酒之所；而南京瞻园的"岁寒古梅"则是主人秉烛夜游，携友玩赏之地。不难看出，古典园林遗产中的自然环

作为自然与人工共同造就的艺术品，建筑空间与自然环境的有机融合是园林遗产的特色所在。从园林内部空间的构成上看，自然环境为建筑空间烘托氛围，而建筑小品为自然环境画龙点睛的设计比比皆是。英国邱园以仿中国塔为标志，强化了中国塔透景线周边高大乔木的规则阵列气势（图4-3）。世界遗产委员会对邱园的评价中也提道"每一个风景优美的花园区都有不同时期的建筑作品；过去，现在和将来都是如此紧密地交织在一起。[89]"而我国颐和园佛香阁建筑在万寿山上，阁仗山雄，山因阁秀，佛香阁面对的昆明湖又恰到好处地把画面倒映出来，天光接引，令人荡气抒怀。苏州网师园"月到风来亭"，踞西岸水涯而建，三面环水，取宋人邵雍诗句"月到天心处，风来水面时"之意，成为园林中临风赏月的佳处。此外，园林内外部空间的融通互动也是园林遗产空间构成的特点。《园冶》提出"园虽别内外，得景则无拘远近"，不仅提倡对园林周边自然环境的借景理念，也展现了园林内外部空间自由灵活的组织模式。例如，苏州沧浪亭内外部水系相互连通（图4-4），通过复廊上的漏窗渗透作用，沟通园内外的自然景观，使水面、池岸、假山、亭榭融成一体。伦敦海德公园采取开放式的设计理念，注重城市景观与公园景观的有机融合，强调建筑与自然环境的穿插关系，很好利用园林内的自然地形与水体，辅助城市建立生态系统[214]。可见，园林是交融的空间艺术，在自然环境的大背景之中，建筑与自然、内部与外部的融合互动是其空间特征的魅力所在。

图 4-3　英国邱园中国塔与高大乔木透视线
图片来源：http://bauble.botanicalgarden.ubc.
ca/images/2011/justice-kew-pagoda.jpg

图 4-4　苏州沧浪亭内外部水系相互连通

三、幽居雅集：园居生活与社会交往相结合的功能特征

　　园林遗产是建筑空间与自然环境结合的产物，通常具有丰富的空间层次，其承载的实际功能相对于建筑遗产来说，往往更为丰富；同时，历史上的古典园林虽然是统治阶层或上流阶级的生活场所，但其功能也并非是完全内向型的，同时还具备不少社会交往的属性，因此其具备园居生活与社会交往相结合的功能特征。从这个意义上看，对比专门用途的宗教、政治、科学类建筑或遗址遗迹，其功能属性更加丰富而鲜活，而这恰是其遗产功能特征适合并应当在当代社会中继承与发展的原因。

　　古典园林可以展现园林所承载的生活方式，对于研究不同时代的社会历史文化都具有很高的价值，从而有助于我们厘清思路，明确园林遗产功能传承与发展的方向。例如，日本京都高台寺创建者北政所，以及后代住持三江绍益禅师均对茶道技艺造诣颇深；因此，高台寺内建有时雨亭、遗芳庵、鬼瓦席等日本国宝级茶室，而依托这些文化遗产而开展的现代茶道活动又成为高台寺活化发展的特色主题。我国苏州耦园寓意佳偶天成，为清代安徽巡抚沈秉成携妻归隐之地；其园林中景致大多成双成对，如"城曲草堂"两侧环廊分别为筼廊、樨廊，谐音"君廊"与"妻廊"，相爱相望。如今，耦园传承爱情园林主题，通过传统婚庆、青年联谊等活动实现功能活化（图 4-5）。

　　古典园林同样也具备丰富的社会交往功能。无论是凡尔赛宫镜厅中的舞会，还是日本东寺露天庙会，抑或是苏州玉山草堂的文人雅集活动都反映出该特点。米歇尔·柯南（Michel Conan）评价 17 世纪早期的法国园林，认为新的生活方式促进了园林社交的发展，而游乐活动成为贵族和新兴资产阶级的集体行为[215]。与之相似，周维权认为至清代时，我国私家园林已经逐渐成为多功能的活动中心[216]。在当代社会中，园林遗产也常常作为公共活动的载体出现。例如，伦敦历史园林在不断发展过程中，形成了丰富的活动类型体系，包括历史、游憩、科普、教育、演艺、节日和体育共 7 个类别，每个类别都包含多样化的内容，可以让人们在历史、艺术和自然的氛围中放松身心（图 4-6）

[217]。从这个视角上看，园林遗产所承载的传统社交功能与当前开放的时代精神相契合，为遗产活化提供了丰富的创意与无限的潜力。

图 4-5　苏州耦园婚庆活动　　　　　　图 4-6　邱园自然教育活动
图片来源：http://ms.2500sz.com/doc/2021/06/07/730434.　图片来源：http://www.csf.org.cn/AttachFile/ 2017/1
shtml　　　　　　　　　　　　　　　　　010020506/0/636455562804693943.jpg

四、舞榭歌台：文化本体与文化载体相结合的文化特征

　　古典园林不仅是建筑与造景艺术的集大成者，也是诗词、绘画、戏曲、音乐等文化内容的载体。因此，文化本体与文化载体的交融，赋予园林遗产更加丰富的文化内涵。首先，作为文化本体来说，《佛罗伦萨宪章》将历史园林作为独特的文化遗产类型加以界定，明确指出园林是一种文化、一种风格以及一个时代的见证，作为文明与自然直接关系的表现，具有理想世界的巨大意义。园林文化的历史源远流长，虽然在漫长的历史文化进程中，东西方园林由于文化传统、地域条件、经济发展的差异而走上了不同的发展路径，但都形成了自身的园林文化特色。无论是法国强调秩序、规律的古典主义园林所反映的王权至上的理性主义思想，还是英国自然风致园林通过废墟、荒坟、残垒等要素而营造的伤感气氛与浪漫情怀，抑或是以自然界的山水为蓝本，强调"虽由人做，宛自天开"，追求"天人合一"精神境界的中国园林，都体现出超越艺术形式的深刻的文化内涵。其次，园林以其丰富的建筑与景观空间成为众多文化艺术的优良载体，其融建筑、园艺、文学、书画、雕刻等艺术于一炉的综合特性，在各类文化遗产中独树一帜。例如，日本京都高台寺室内须弥坛和佛龛上的图案装饰，显示出金银色泽，极尽华贵，是运用了起源于奈良时代的莳绘漆工艺技法，因此"高台寺"又以"莳绘之寺"而广为世人所知。法国杜乐丽花园则是巴黎雕塑作品最集中之地，公园内收藏了罗丹、马约尔等雕塑家近百件雕塑作品，为历史园林增色不少（图 4-7）。苏州古典园林自古具有金石、图书、字画收藏的传统功能。听枫园"二百兰亭斋"，左图右史，钟鼎环列，成为金石文献收藏研究的重要基地；耦园"鲽砚庐"有藏书万卷，题有"万卷图书传世富，双雏嬉戏志怀宽"的对联，在苏州藏书楼中占有一席之地（图 4-8）。

图 4-7　杜乐丽花园雕塑收藏

图片来源：https://toptraveller.gr/wp-content/uploads/2017/12/kipos-kerameikou-jardin-des-tuileries-parko-axiotheata-parisi-04.jpg

图 4-8　耦园"鲽砚庐"藏书楼

　　值得注意的是，古典园林的文化本体与文化载体特征并非是相互割裂的，所谓文化载体也不仅仅将园林作为一个文化收藏的容器，在更多的时候，文化本体与文化载体相映生辉，形成一个相互促进的整体。例如，园林中优美的自然环境能够激发作家的创作灵感，自古名园多有画作与诗集传世，文徵明《拙政园三十一景册》、王维《辋川图》等绘画闻名遐迩，《玉山草堂雅集》等园林诗文不可胜数；同时，绘画、文学、书法等文化元素在古典园林中通过对联、匾额、碑刻等形式表现出来，为亭台楼阁赋予了更多的诗情画意。正如曹雪芹在《红楼梦》中所言"偌大景致，若干亭榭，无字标题，任是花柳山水，也断不能生色"。与之类似的是，戏曲文化与园林文化也相得益彰，因此有"园曲同构"之说。金学智认为园林与戏曲是中国古典园林艺术中具有时空交感，异质同构特征的两个综合艺术系统[218]。陈从周认为园与曲有着不可分割的关系，"曲境与园林互相依存，有时几乎曲境就是园境，而园境又同曲境[219]"。不难发现，园林文化博大精深又包罗万象，其深刻的文化内涵是园林遗产传承发展的宝贵财富，值得深入的挖掘探究。

五、岁月雕琢：原态保护与动态发展相结合的发展特征

　　对于一般意义上的文化遗产来说，原真性与原态保护无疑是遗产保护的首要原则。然而，园林遗产的特殊性在于其是主要由植物组成的具有生命力的遗产。《佛罗伦萨宪章》指出园林遗产的面貌反映着季节循环、自然变迁与园林工匠希望将其保持永恒不变的愿望之间的永久平衡。从中不难发现，这恰恰反映出园林遗产原态保护与动态发展相结合的发展特征。《威尼斯宪章》已经阐明了原态保护的原则与做法，《佛罗伦萨宪章》也指出作为古迹，历史园林必须根据威尼斯宪章的精神予以保存。因此，本节

中重点阐述园林遗产的动态发展特征，从而体现其独特性以及对《威尼斯宪章》精神的发展。

英国美学家纽拜（Newby）曾指出"时间维度对风景较之对其他艺术更有意义……时间变换使人面对的不是一个风景而是一个风景序列，它是在空间中也是在时间中展开的[220]"。唐代白居易的《草堂记》有云"其四傍耳目杖履可及者，春有'锦绣谷'，夏有'石门涧'，秋有'虎溪'月，冬有'炉峰'雪，阴晴显晦，昏旦含吐，千变万状……"可见，随着时光流转而发生变化是园林遗产的重要特征。首先，因为有大量植物要素的存在，历史园林有四季循环的季相、盛衰荣枯的变迁，有规律的新陈代谢以及外界因素的作用，使园林总处在动态之中。例如，拙政园梧竹幽居春季以乔灌木新展的嫩绿色为主基调，辅以云南黄馨为点缀展现生机；夏季四周浓荫蔽日，竹木翳然，池塘正是映日荷花别样红的光景；秋天椰榆和翼朴展现着明亮的黄色，徒增一份禅意；冬季乔木凋零殆尽，虬枝屈曲伸向天际，仿佛一幅山水泼墨画。这正是《园冶》"收四时之烂漫"之要义。其次，任何得以保存至今的园林遗产都依赖于其局部甚至整体的修复和重建。例如，美国斯坦海威别墅及花园自1911年始建以来，由曼宁、帕多克、希普曼等多位设计师对其景观进行了三次全面修复，从而保证了其历史风貌的历久弥新。最后，正如《佛罗伦萨宪章》所指出的"活动或平静的水域以及蓝天的倒影"都可以成为园林的构景要素，大自然中瞬息万变的景象所展现的动态美也正是园林的特色。金学智认为园林里"转瞬即逝"的审美领域非常丰富，在季节变化、朝暮变幻、阴晴雨雪相互作用的不同条件下，其美感效果就显然各具特色[221]。例如，丹麦腓特烈堡宫花园夏季时湖光潋滟，将古堡倩影倒映其中，而冬季时则变为大型溜冰场，供游客感受北欧的冰雪风情；而我国避暑山庄的"锤峰落照""西岭晨霞"、颐和园的"赤城霞起"、静宜园的"雨香馆"、网师园"月到风来亭"等景观也反映出大自然的气象万千所赋予园林的动态美。

因此，与其他类型的文化遗产有所区别的是，园林遗产中的自然和文化要素的持续变化更为明显，更加依赖于持续不断的修复与管理；塞尔斯（Sales）[36]认为园林修复是一个长期持续的过程，无法一蹴而就。雅克（Jacques）[222]阐述了英国国家名胜古迹信托组织的园林修复思想是通过不断改进管理方法来保持园林与时俱进。可见，园林遗产的活化利用应当顺应其发展特征，了解其演变和转化的过程，致力于在持续变化之中探索规律，从而在原态保护与动态发展中寻求平衡，实现科学传承与发展的目标。

第五节　实践路径

一、保护生态，恢复意境，充分展现园林活态特色

作为"活"的古迹，活态特色既是古典园林的基本特征，又是历史园林保护的关键。而如何保护古典园林遗产中的活态特色，则需要对生命景观要素加以区分对待。古树名木是历史园林的灵魂所在，往往历经数百年岁月洗礼，成为园林历史与文化的象征。对于此类"活文物"应视为不可再生资源，加强保护力度，力争使其延年益寿。例如，法国凡尔赛宫对林荫道两侧古树进行绘图与编号，对树木状态进行测量、记录和评价，并运用科学的养护管理方式进行保护[223]。此外，园林动植物要素多是以整体形式加以展现的，对于这类生命景观则应该强调过程性的动态保护，《佛罗伦萨宪章》将其表述为"四季轮转，自然的兴衰与造园家和园艺师力求保持其长盛不衰的努力之间不断的平衡"。例如，美国晨曦公园对植物风貌的维护包括定期修剪、关注密林区低层植被存活率、及时移除入侵及有害树种，并采用树龄相近和风貌统一的植物进行替换，进而实现其造景与生态功能[224]。这种园林活态保护方式与建筑古迹保护力求物质实体"原真性"最大差异，表现为一种寓不变于变的"原态"化保护思想[208]。实践中，应依据历史记载，通过制订长远计划，实施持续维护方案，保持园林整体生态风貌的历久弥新。

活态特色的意义不局限于动植物保护本身，对于历史园林建筑复建，景观意境恢复都有深刻的影响。首先，古树可作为园林建筑遗址复建的依据。例如，避暑山庄古建筑损毁严重，但现存古树有明显的行植、对植规律，且多存于御路两侧和景观庭院中，成为确认古建筑基址的重要参考信息[225]。南京瞻园古有"老树斋"一景，清代园主托庸养护古树时掘得屋舍旧基，从而在原址复原建筑。袁枚《瞻园十咏为托师健方伯作》记载"从前树为屋掩，公拓出之，得旧础，果其地也[1]"，可见古树对于历史园林的考证作用。其次，动植物要素有助于景观意境的整体恢复。历史园林的景观意境大多由生命景观与其他造园要素共同营造，一旦生态特色改变，则如避暑山庄"松鹤斋"仙鹤难归，留园"古木交柯"古木枯亡一般，景观意境形同虚设。因此，为了达到保护遗产真实性的目的，应充分保护园林生态特色，并对景观意境加以恢复。例如，日本京都桂离宫大书院、月波楼、松琴亭与滨州之间的对景关系，均得益于植物景观对视线的控制，因此视线焦点上的黑松的栽培与修剪尤为重要（图4-9）[224]。此外，乾隆《就松室庚寅》中所写的"就松作新室，松古室亦古[2]"，则展现了新建筑通过依附古木而融入古园意境的经验做法，也体现了生命景观与造园要素有机统一的辩证关系。

1　（清）袁枚《瞻园十咏为托师健方伯作》，见载于袁枚《小仓山房诗文集》卷十六。

2　（清）乾隆《就松室庚寅》，见载于清代和珅、梁国治纂修《钦定热河志》卷七十七。

图 4-9 京都桂离宫视线焦点上的黑松

图片来源: https://www.douban.com/photos/photo/ 2514617058/?cid=149732199

二、因地制宜，内外统筹，保护利用园林空间环境

自然环境是园林遗产生存的土壤，而自然环境与建筑空间的结合则成为园林空间的特色。为此，应当以整体视角关注园林环境的保护问题，有效保持其历史自然风貌。首先，应当进一步强化对空间环境的保护，积极借鉴环境生态学、环境心理学等环境学科的思路与理念，以一种有机整体和普遍联系的视角审视古典园林的空间环境问题。正如罗森伯格（Rosenberg）所倡导的，风景园林不应仅被看作一种装饰的艺术品，而应当充分注重构筑要素与水源、野生动物栖息地、农业景观和城市林地相互交融的多样性和复杂性[226]。其次，古典园林应当改变孤岛式保护的现状，园林遗产赖以生存的山形水系、村舍田园等自然和人文环境对于其保护来说也十分重要。例如，避暑山庄对园林周边的武烈河、暖流暄波入水口至双湖夹镜区域进行了引水复原工程，达到以水激活园林血脉的目的，弥补避暑山庄北部、西部因缺水而表现出的平庸寡味[227]。而拙政园借景北寺塔的设计佳作能够传承下来，则是由于对苏州古城区整体高度和两者视觉通廊的持续管理与控制。正如《西安宣言》所主张和强调的，应可持续地管理园林遗产的周边环境，设立保护区或缓冲区，以反映和保护周边环境的重要性和独特性。

除了以整体视角强化园林内外部空间环境与历史风貌的保护之外，如何有效发挥园林遗产空间类型多样、层次丰富的特色，也是园林遗产活化的重要课题。首先，建筑常作为园林自然环境中的特色亮点，形式丰富多样，应该根据其特点加以利用。一方面，国外历史园林内的建筑多以城堡与宫殿为主，我国皇家园林中的宫廷建筑规模也相对较大。此类建筑环境容量较大，具备一定的集散空间，可以考虑改建为博物馆、展览馆等场所，亦可作为会展、商务等活动场地之用。例如，丹麦腓特烈堡宫被改建为丹麦国家历史博物馆，其户外园林则常作为临时展会的活动区域。另一方面，我国私家园林中建筑小巧精致，与自然环境相得益彰，正如《园冶》所说"斋、馆、房、室，借外景，自然幽雅，深得山林之趣"，则可以作为民宿、戏台、餐厅之用。例如，苏州北半园、墨客园等园林将部分厅堂改为餐厅，古朴典雅，展现了饮食文化与园林文化的融合（图4-10）。其次，庭院与花园是古典园林空间的特色所在，在人们亲近自然的天性作用下，使用者则更愿意在自然环境中进行活动，而游览、野餐、文化雅集，民俗活动等内容均可以在花园中组织安排。例如，英国的汉普顿宫、肯辛顿宫和基佑宫等历史园林则连续5年承办英国古董车展（图4-11）；奥地利爱乐乐团每年夏季都会在美泉宫花园中举行露天音乐会，音乐与园林、艺术与自然的交融，使得美泉宫之夜夏季音乐会获得颇多赞誉（图4-12）；而我国苏州沧浪亭利用园中的庭院、水榭实景演出园林版昆曲《浮生六记》，已成为苏州经典的旅游产品（图4-13）。

图4-10　北半园知足轩餐厅

图4-11　汉普顿宫中大喷泉花园中的古董车展
图片来源：https://travelnews.aiguemarine-paris.com/ yghjyygdcdsjjwm/

图4-12　美泉宫户外音乐会
图片来源：https://www.sohu.com/a/321915508_273496

图4-13　园林版昆曲《浮生六记》
图片来源：https://www.meipian.cn/38x0od35

三、顺应时代，融入生活，丰富拓展园林社会功能

园林遗产所承载的功能丰富，具有较大的活化潜力，那么如何在保持遗产历史文化特色的情况下发挥其社会功能作用，就是遗产活化的重要命题。究其活化原则，首先要顺应时代需求。当前，伴随着休闲时代的来临，遗产旅游已成为大众旅游消费的重要模式，人们不满足于走马观花式的观光游览，而更加看重基于遗产资源而开发的定制化文化产品。例如，凡尔赛宫苑推出多种类型的定制化夜间游览线路，有别于日间喧嚣的游览环境，游客可以乘坐四轮马车游览花园，并根据兴趣选择灯光表演、芭蕾水景秀或者音乐会等活动，获得白天无法感受的视觉体验（图4-14）。同时，在怀旧经济与文化消费蔚然成风的社会氛围中，遗产所具有的历史底蕴与大众怀旧情结相契合，人们愿意走进园林的故事中，去充分感受与体验遗产的魅力。例如，颐和园东门的颐和安缦酒店以朝见皇帝的官员馆驿院落为基址，设立传统文化活动区，提供免费的国乐、国画或是戏曲等参与性活动，受到热衷于中国皇室文化的旅游者的热捧（图4-15）。

图 4-14　凡尔赛宫夜游
图片来源：https://www.getyourguide.com/zh/
activity /paris-l16/royal-evening-at-the-palace-of-
versailles-t53753?utm_force=0

图 4-15　颐和安缦酒店的传统文化活动
图片来源：http://www.flyertea.com/article-419486-1.html

其次，要注重融入日常生活。消费主义与历史遗产的结合容易产生以经济性为主导的遗产价值观，进而导致文化异化现象。因此对待园林遗产的功能活化问题，要保持清醒的头脑，认识到文化遗产的消费并非只是个体的精神体验，它还是一个公共性问题。一方面，园林遗产应该侧重展现具有社会性、原真性的生活方式，而并非刻意满足特定群体的理想化审美心态。例如，苏州拙政园在清晨推出"私人定制"活动，包含赤豆糖粥、虾仁小馄饨等苏式早茶和古琴表演，价格不高，却是苏式生活的鲜活再现。另一方面，园林遗产还需要方便当地居民使用，保障社群利益，从而全方位实现其社会价值。例如，美国晨曦公园在改造设计中为社区居民设计了健身地图，结合园内坡地、台阶、长椅等景观要素，为公众规划了不同的健身路线，提供了12种健身活动的空间 [197]。

最后，对于功能选择来说，既要在传统功能的发展中找灵感，又要从新兴业态的需

求中谋创新，从而达到丰富拓展园林社会功能的目的。日本寺庙中的"宿坊"是专为云游的和尚以及参拜的教众准备的住宿地方，在江户时期逐渐开始接纳一般民众。2018年，日本《住宅宿泊事业法》颁布，长野善光寺、高野山福智院、京都妙心寺花园会馆等众多寺院将旧屋舍改为民宿客栈，住客可以跟随僧人抄写经文、早课诵经并在园林庭院中进行参观与坐禅体验，造就了日本独特的寺庙宿坊文化。在新兴业态植入方面，苏州园林管理部门完成了"园林会奖"商标的注册，力图以会务、商务等市场需求为导向，在不破坏文物遗产，不影响大众游览的前提下，不断丰富园林遗产的社会功能，已成功举办了留园安森美答谢会、网师园雨田青学术交流会等展会活动。当然，无论是继承传统，还是发展创新，都应当去芜存菁，在活化利用中审慎辩证地去看待园林遗产的功能价值，丰富拓展园林的社会功能并非唯一目的，通过彰显园林的功能特征实现遗产的活化利用与传承发展才是应当追求的最终目的。

四、继往开来，推陈出新，不断彰显园林文化魅力

园林的文化魅力既是通过园林营造技艺所展现的园林空间艺术本身的精神特质，也是园林所承载的文化艺术资源所体现的深厚文化内涵；同时，还要有意识地让园林成为不同文化交流融合的场所，促进当代园林遗产的文化繁荣。首先，应当传承园林技艺，营造园林文化氛围。《苏州历史文化名城保护规划（2013—2030）》就提出"发扬造园艺术和建筑技艺，提高历史文化名城的文化艺术品位"，可见传统的造园工艺不仅有利于园林遗产延续其外在的历史风貌，更有利于展现园林遗产内在的文化品位。特别是苏州"香山帮"园林营造技艺是人类非物质文化遗产"中国传统木结构营造技艺"的核心组成部分，值得保护传承并发扬光大。运用传统园林营造技艺，展现园林文化内涵的案例在国外也不鲜见。例如，日本平等院凤凰堂在修复过程中恢复了其平安时代的洲滨样式，复原了凤凰堂周边清幽的水岸自然环境，同时继续使用传统的榫卯工艺、油漆工艺对建筑修缮（图4-16），从而体现出园林建筑原有的古朴清雅的气氛[228]。

其次，应当充分发挥园林空间的载体作用，通过功能植入与活动组织，展现园林文化的综合魅力。对于园林所承载的各类非物质文化遗产来说，将园林改建为博物馆是最为常见的保护做法。例如，俄罗斯圣彼得堡夏宫改建为由20多个博物馆组合而成的综合体；法国巴黎的杜乐丽花园则将部分建筑改建为橘园美术馆（图4-17），莫奈的著名作品《睡莲》成为其中的镇馆之宝；我国苏州朴园则被改建为桃花坞木刻年画博物馆，用以展示苏州地方的民俗绘画艺术。除了博物馆这种静态的保存方式之外，对于非遗文化的活态保护也为文化传承注入了活力。例如，英国汉普顿宫花园每年举办园艺竞赛与时尚展，展现英国浪漫主义园林的自然理念与园艺文化；苏州虎丘再现古时传统习俗，在上巳节组织曲水流觞活动，通过凭吊古迹和追思传统文化，展现出深邃而富有生活气息的文化内涵。

图 4-16　按传统工艺修复的平等院凤凰堂
图片来源：https://www.sohu.com/
a/122298813_540786

图 4-17　杜乐丽花园橘园美术馆
图片来源：https://youimg1.c-ctrip.com/
target/100p0y000000mcr7e4D35.jpg

最后，园林遗产文化的活态保护，不能固守在历史的驱壳中，更需要继往开来、推陈出新。古典园林应当充分利用其蕴含的文化影响力，通过与文创产业的合作来弘扬其文化精髓。苏州狮子林举办文创全球推介会，推出赋予传统中国特色的"见山""听园""指柏""真趣"四大系列园林文创产品；法国凡尔赛宫则拓展了文创产品的开发范围，其文创产品从最早的卡片、画册、藏品仿制品等慢慢向更具生活气息的香水、化妆品、日用品、服饰等过渡，展现了法国贵族的香水文化与时尚文化。同时，加强异域文化之间的交流合作，也是与时俱进的必要手段。我国圆明园中的大水法遗址、英国邱园中的中国宝塔自古见证了中西方园林文化的交流。在当代，作为中华文化的代表，加拿大"逸园"、新加坡"蕴秀园"、美国"兰苏园"等一批苏州园林已经在世界各地安家落户；而上海世界博览会、北京世界园艺博览会等展会的召开也吸引了众多国外园林艺术精品的到访。这种园林文化的交流，既有益于坚定文化自信，通过对比展现地域园林文化魅力，又有助于取长补短，促进园林文化的进步与发展。

五、持续管理，活化利用，积极促进园林发展创新

针对园林遗产的发展特征，应当以动态的视角加以分析与应对，也意味着园林遗产的保护与管理应是一个宏观的、长期的协调和管控过程。从活化原则上看，首先应当尊重古典园林发展的历史过程。《佛罗伦萨宪章》提出，修复必须尊重有关园林发展演变的各个相继阶段，对任何时期均不应厚此薄彼。因此，在活化利用中应当尽可能地延续其场所记忆与精神。例如，英国邱园的修复利用时，保留了布里奇曼、肯特、布朗和钱伯斯等多位英国设计师的创作痕迹，其园林景观体现了英国园林发展史上不同阶段的特色，现存的 44 个建筑古迹均反映出各个时期的艺术风格，被誉为英国园林艺术的博物馆[89]。

其次，应当针对富于变化的景观构成要素进行持续管理。《佛罗伦萨宪章》指出"对历史园林不断进行维护至关重要，园林遗产的主要构成要素是植物，那么需要根据情况予以及时更换，并指定长远的定期更换计划。定期更换的树木、灌木、植物和花草

的种类必须根据各个植物和园艺地区所确定和确认的实践经验加以选择"。实践中，意大利埃斯特庄园、兰特庄园等文艺复兴园林，尊重园林乔木植物景观的自然演变，对构成几何布局的主体灌木进行修剪与养护；而法国沃·勒·维贡特庄园和阿尔贝·肯恩园林等园林遗产则注重对植物进行有规划的分批次替换，以保证其植物景观空间的稳定性。园林遗产中的建筑、构筑物与雕塑也应当进行持续的维护与管理，以保证其肌体处于良好的状态。北京颐和园制定了园林建筑维修规划，通过加强建筑周期性维修、修缮保护力度，将基础设施建设、园林生态保护与建筑维修保护并重，取得了显著的效果[229]。而法国政府从 1953 年起每年花费一千多万法郎用于凡尔赛宫的维修工作，使得宫殿及其园林始终保持富丽堂皇。对于季相、时分、气象等景观影响要素的管理虽然困难，但也未必完全听天由命。例如，圆明园中仿海宁安澜园而建构的"四宜书屋"，其建造之初就确立了"春宜花，夏宜风，秋宜月，冬宜雪，四时无不宜"的设计理念，并注意配植最足以展示四时魅力的花木，尽量让园林建筑适应四时最佳季相的转换[221]。

　　最后，对园林遗产进行持续管理的目的并非期望抵抗自然的变迁与时光的流逝，而更多的是通过管理达到促进园林遗产与时俱进的目的，从而实现活化利用以适应社会发展。前述章节已经从生态、空间、文化、功能等多方面对园林的活化利用进行了讨论。除此之外，政策的保障和科技的支持也是促进园林遗产发展创新不可缺少的组成部分。对园林遗产的持续管理依赖于科学的政策保障。针对历史园林保护而颁布的《佛罗伦萨宪章》在宏观上确立了相应的原则，也得到了国际社会的普遍认可，但这并不足够。各个国家、地区还应当根据自身园林遗产的发展特征制定相应的政策来促进其传承保护与发展创新。例如，英国建立了"注册历史公园与园林"保护体系，园林遗产必须拟定合理的维护管理计划才能加入该系统；而纳入国家保护管理系统之后，政府将寻求资金援助以利其管理计划的施行，园林能得到全面的研究和完善的管理[230]。但从世界范围内看，专项的园林遗产保护与管理政策法规较少，各类规章制度对园林遗产保护利用的理解存在较大差异，政策以宏观的指导性意见为主，缺乏具有法律效力的、可操作性较强的政策保障。这是园林遗产未来传承发展中应当重视的问题。此外，加强科技与信息技术应用也是园林遗产有效管理并焕发活力的重要途径。例如，颐和园运用自动气象站、地下水位监测仪器、光环境模拟分析等技术手段，建立动态信息监测和预警系统，将园林日常维护由人工观测变成数据监测，运用科学成果支撑文化遗产的保护和传承发展[231]。俄罗斯圣彼得堡夏宫修复中加入了视频展示设备，应用无线导览与现代博物馆技术增进人们对园林历史的理解[107]。华为公司则运用 VR 技术与圆明园的文化品牌相结合，通过举办圆明园创意大赛，让世界各地的旅游者都能感受这座皇家园林的雄伟魅力。综上所述，园林遗产富于变化的特点既是对其保护利用实践的重要挑战，又是促使其积极融入现代社会的重大机遇，应当在政策保障与科技支持下进行持续性的维护管理与全方位的活化利用，帮助园林遗产不断创新，展现其与时俱进的发展特征。

下篇 苏州园林传承创新之路

第五章
苏州古典园林功能演化与发展历程梳理

　　苏州古称吴，以先吴文明和勾吴文化为基础，秦设会稽郡于此，东汉中期从会稽郡中析出吴郡，隋始名苏州，唐朝因之，成为江南雄州，宋元称平江，明清为江南第一都会，人物财赋为东南最盛。苏州地处美丽富饶的长江三角洲，物华天宝、人杰地灵。西汉司马迁在《史记·货殖列传》中记载。"夫吴……东有海盐之饶，章山之铜，三江、五湖之利，亦江东一都会也[1]"。王鏊编纂的《姑苏志》中记载："吴中诸山，奇丽瑰绝，实钟东南之秀[2]"。凭借着得天独厚的地理人文优势，苏州一直是我国造园活动发展的重要地区。其皇家造园活动始于春秋，私家园林滥觞于汉代，寺庙园林勃兴于魏晋南北朝，历唐五代宋元，苏州古典园林艺术体系逐渐完备，至明清时建园之风尤盛，各类园林遍布全城，故有"城中半园亭"之誉。苏州古典园林可居、可行、可望、可游，既是赏心悦目的优美环境，又能满足人们生活起居的日常需求，其承载的生活方式与实用功能亦在苏州古典园林的历史进程中相应地演变与发展，成为当代苏州园林功能传承实践探索的基础。

第一节　春秋时期

　　苏州造园史可追溯到两千多年前的春秋时期。吴地建国始于公元前 11 世纪的商朝末年，泰伯、仲雍自今之陕西西部南来，和当时土著荆蛮人共同在太湖流域建立"勾

---

1 （汉）司马迁《史记·货殖列传》卷一二九。

2 （明）王鏊《姑苏志》卷八。

吴"，公元前 514 年，吴王阖闾继承前代君王遗志，在苏州建造阖闾大城并迁都于此。从此，苏州一直是吴国和以后的郡、州、市、县的首府所在。该时期的苏州古典园林，绝大多数与阖闾、夫差父子有直接关系，成为苏州皇家园林营造的一个高峰。吴王阖闾和夫差两代国王都喜营建，夫差更是"好起宫室，用工不辍"[1]。"一夕之宿，台榭陂池必成，六畜玩好必从"[2]。吴王父子两代在位三十八年，构建苑囿别馆 30 多处，远者可到今之张家港、昆山地面，近者位于阖闾城西南山水之间。尽管和后世的园林相比，这时的园林还比较简单，但依托自然山水而建的帝王宫苑也为苏州园林的发展奠定了审美基调与物质基础。

一、主要功能类型

（一）皇家宫苑的居住功能

春秋吴国苑囿园林要素并不完善，在园林发展史上，还只能算作园林的早期雏形。但是，其起点却比较高，数量与质量均可和北方各诸侯国相媲美。园林最基本的功能是作为居住建筑的附属部分。东汉赵晔的《吴越春秋》记载阖闾"自治宫室，立射台于安里，华池在平昌，南城宫在长乐"[3]。"梧桐园""姑苏台"（图 5-1）、"馆娃宫"（图 5-2）、"长洲苑"四座离宫别苑正是在该时代背景下兴建的。从宫廷环境与功能上看，这些宫苑装饰非常华美。《吴越春秋》中描绘姑苏台"巧工施校，制以规绳，雕治圆转，刻削磨砻，分以丹青，错画文章，婴以白璧，镂以黄金，状类龙蛇，文彩生光"[4]。宫苑建筑雕镂之精工，可见一斑。其次，宫苑建筑呈现多样化的趋势。从建筑名称上看，响屧廊、琴台、海灵馆、馆娃阁等建筑名称均有记载，可见后世园林中亭台楼阁等建筑形式已经在春秋时期有所体现。同时，园林功能布局也进行了初步的划分，"梧桐园"已有了"前园""后园"之分，"馆娃宫"的宫殿与花园同样分开，这说明"宅"和"园"的空间布局关系已经被建造者所关注[232]。此外，这里还必须提及武真宅，吴国贵族武真是吴王仲雍的第十六代孙，相传其在苏州建园"凤池园"，《宋平江城考》引韩洽《重修张武安君庙碑》说："夷考凤池，始于周宣王时，有凤集于泰伯十六代孙吴武真家，故名"[5]。其园成为苏州私家园林最早的雏形。

（二）日趋弱化的军事功能

商周时中原地区建造高台主要供天子贵族祭祀天地、神灵之用，同时兼有瞭望台、烽火台等军事功能。春秋时期苏州建造的苑囿高台多建立山顶，视野高远。魏晋左思

1　（汉）赵晔《吴越春秋》卷九《勾践阴谋外传》。

2　（春秋）左丘明《国语》卷十八，《楚语下·蓝尹亹论吴将毙》。

3　（汉）赵晔《吴越春秋》卷六《阖闾内传》。

4　（汉）赵晔《吴越春秋》卷九《勾践阴谋外传》。

5　（明）韩洽《重修张武安君庙碑》，见载于民国王謇《宋平江城坊考》。

的《吴都赋》称"造姑苏之高台，临四远而特建，带朝夕之浚池，佩长洲之茂苑"[1]，其仍具有一定的军事瞭望功能。例如，姑苏台"阖闾十年筑，经五年始成。高三百丈，望见三百里，造曲路以登临"[2]，馆娃宫在灵岩山顶绝胜处，可以"俯具区，瞰洞庭，烟涛浩渺，一目千里"[3]，以便于随时观察越国敌情[233]。然而，春秋末期，台的功能逐渐多元化，除了夸耀军事实力之外，实际的军事功能逐渐弱化，让位于享乐色彩更为明显的娱乐功能。

图 5-1　吴湖帆《仿沈周山水册》之姑苏台
图片来源: https://kuaibao.qq.com/s/20190420A02K4100

图 5-2　吴湖帆《仿沈周山水册》馆娃宫
图片来源: https://kuaibao.qq.com/s/20190420A02K4100

（三）不断丰富的娱乐功能

吴王阖闾、夫差父子在位的 38 年，苏州地区经济发达、政治与军事实力强大，因此君王有足够的能力去建造宫苑，来满足自身的娱乐需求。《吴越春秋》记载"阖闾出入游卧，秋冬治于城中，春夏治于城外，治姑苏之台。旦食鲲山，昼游苏台。射于鸥陂，驰于游台。兴乐石城，走犬长洲"[4]，可见当时园林已经可以提供较为丰富的娱乐活动，其主要类型可以分为以下几种。

1　（晋）左思《吴都赋》。

2　（唐）陆广微《吴地记》，见载于宋代范成大《吴郡志》卷八。

3　（宋）朱长文《吴郡图经续记》，中卷·《砚石山》。

4　（汉）赵晔《吴越春秋》卷六《阖闾内传》。

1. 郊游

帝王郊游的功能古已有之,《吴郡志》就曾记载最早出现于苏州地区的苑囿"夏驾湖""在吴县西城下,吴王寿梦避暑驾游于此,故名"[1],同时记载长洲苑"旧为阖闾故迹。县前东南,故传,皆阖闾苑囿游憩之地"[2],可见吴国君王对郊游活动的热衷(图5-3)。

2. 音乐歌舞

南朝任昉《述异记》记载了夫差在姑苏台中"陈伎乐"的音乐歌舞活动,而其为西施建造的馆娃宫中更有琴台、响屧廊等歌舞表演场所,特别是响屧廊的设计别出心裁,"相传吴王令西施辈步屧,廊虚而响"。其意为先凿空廊下岩石,放入大小不一的缸瓮,然后在地面铺盖有弹性的木板,西施舞则有声,极富创意,有"响

图5-3 吴湖帆《仿沈周山水册》之长洲苑
图片来源:https://kuaibao.qq.com/
s/20190420A02K4100

屧廊中金玉步,采苹山上绮罗身"[3]的记述。晋左思《吴都赋》中"幸乎馆娃之宫,张女乐而娱群臣。罗金石与丝竹,若钧天之下陈。登东歌,操南音。胤阳阿,咏莃任。荆艳楚舞,吴歈越吟。翕习容裔,靡靡愔愔"[4]的词句就生动地描绘了当时的音乐歌舞活动情况。

3. 泛舟水嬉

苏州西抱太湖,北依长江,境内河网交错、湖荡密布,有"水乡泽国""鱼米之乡"之称。自春秋以来,凭借其园林中秀丽的水景,形成独具特色的泛舟水嬉类活动。夫差在姑苏台中曾"作大池,池中造青龙舟,陈伎乐。日与西施为水嬉"[5]。同时,馆娃宫中的玩花池、玩月池、砚池等水嬉场所更多,特别是《吴郡志》记载"锦帆径"乃"相传吴王锦帆以游"而得名,被誉为开后世"舟游式园林"之法门(图5-4)[233]。此外,夫差修建的"海灵馆"中可以欣赏各类游鱼,相当于现今的水族馆,是中国园林娱乐活动中极具特色的创意。

1 (宋)范成大《吴郡志》卷十八。

2 (宋)范成大《吴郡志》卷十七。

3 (唐)皮日休《馆娃宫怀古》。

4 (晋)左思《吴都赋》。

5 (梁)任昉《述异记》。

图 5-4　冷枚绘，乾隆题《十宫帖》之《吴宫》
图片来源：http://www.gongshe99.com/history/320610.html

4. 饮宴

吴王夫差酷爱在园林中举行饮宴活动，常常通宵达旦。南朝任昉《述异记》记载有夫差在姑苏台中"为长夜饮，造千石酒钟"与西施纵情享乐的场景。无独有偶，唐代诗人皮日休《馆娃宫怀古》中"半夜娃宫作战场，血腥犹杂宴时香"[1]以及清代庞鸣《吴宫词》中"靡廊移得苎萝春，沉醉君王夜宴频"[2]等诗句虽是后人怀古之作，但也是人们对吴王馆娃宫饮宴活动的生动想象。

（四）延续发展的生产功能

远古时期的园林建立在农业生产基础上，帝王在营建都城及园林的同时开辟大规模的农牧业生产基地，这种生产性质的园林在苏州地区一直延续到春秋时期。《国语·楚语·蓝尹亹论吴将毙》提到园林中有积蓄"六畜玩好"[3]的情形，其六畜即指猪、牛、羊、马、鸡、狗等与人们生产、生活密切相关的动物。然而，虽然园林的生产功能仍部分保留着，但圈养动物的初衷已经从单纯的生产逐步转化为供帝王田猎游赏，其娱乐性逐渐增强。唐代陆广微《吴地记》记载长洲苑"在姑苏南，太湖北岸，阖闾所游猎处也"[4]；北宋朱长文《吴郡图经续记》记载"鸡陂墟者，畜鸡之所。豨巷者，畜豨之处。走狗塘者，田猎之地也。皆吴王旧迹，并在郡界。又有五茸，茸各有名，乃吴王

1　（唐）皮日休《馆娃宫怀古》。

2　（清）庞鸣《吴宫词》。

3　（春秋）左丘明《国语》卷十八，《楚语下·蓝尹亹论吴将毙》。

4　（宋）范成大《吴郡志》卷八。

猎所"[1]。而唐代孙逖在《长洲吴苑校猎》中用"吴王初鼎时，羽猎骋雄才。辇道阊门出，军容茂苑来"[2]描绘吴王游猎的盛况。

二、功能特点分析

春秋时期，随着生产力的迅速提高，吴宫园林逐渐摆脱了原先的实用主义需求，军事与生产功能逐渐弱化，开始重视精神享受和娱乐活动。该时期不仅是苏州园林营造的起点，也是成就巨大的时代，造园理念较其他地域先进，园林总量多而集中，史载春秋吴国囿台别馆多达 30 多处，被童寯先生称为"开后世苑囿之渐"[63]。从功能上看，春秋时期苏州古典园林中的娱乐活动创意丰富，又能体现水乡特色。例如，馆娃宫中的"玩月池"乃是吴王取悦西施之作，相传因西施喜欢临流照影，懒于仰首望月，夫差便开凿"玩月池"，西施借倒影与水中的明月嬉戏，因此"西施玩月"的故事一直流传至今。响屧廊、琴台、玩月池等构筑物，或利用声学传播原理，或借助光学的映像规律，来实现娱乐目的，也显示出吴民造物设计充满奇思妙想的特征[234]。同时，吴王在园林中作大池，遣青龙舟，辟锦帆径、建海灵馆则均围绕园林水景做文章，突出以水嬉为主题的娱乐活动设计，在当时园林中独树一帜。吴国苑囿对苏州乃至全国园林发展的影响是较大的，不仅建筑、理水、栽植花木的造园因素被因袭继承，园林功能的安排设计也为后世所效法。因此，童寯《江南园林志》说："吾国历代私园，每步吴帝王之离宫别馆[63]"。苏州历代私园，也都继承了吴国苑囿的传统。当然，春秋时期的苏州园林仍主要局限在皇家园林中，存留着我国早期园林粗朴、简素的痕迹，对园林中包含的起居生活功能记载焉不详，园林功能丰富程度仍不足够，娱乐功能还仅停留在浅层次的感官追求上，精神文化内涵尚不深刻。

第二节　秦汉魏晋南北朝时期

自秦始皇统一中国至东汉灭亡，苏州地区降格为大一统王朝里的一个州郡，且远离政治经济文化中心，天下豪强多迁徙聚居北方，使吴地难有可以大规模兴造园林的人物。加之刘汉长期奉行重农抑商的农耕国策，使苏州园林的发展受到抑制。其后，魏晋南北朝时期政治时局剧烈动荡，偏安江南的六朝政权虽有意兴建园林，但受到综合国力的影响，造园的规模与数量也比较有限。因此，苏州古典园林发展在秦汉魏晋南北朝时

1　（宋）朱长文《吴郡图经续记》，下卷·《往迹》。

2　（唐）孙逖《长洲吴苑校猎》。

期经历了一个持续的低谷，见诸史籍记载的园林也比较少，但其中也蕴含了转折性发展的萌芽，私家园林、寺庙园林、衙署园林的发展带来了许多新的园林功能，正是该时期苏州造园的重要特点。

一、主要功能类型

（一）崇尚自然的园居清修

魏晋南北朝时期，在战乱频繁、命如朝露的残酷现实面前，激发了人们对老庄哲学的"无为而治、崇尚自然"的再认识，其认为在没有人事扰攘的自然环境中，才能达到人格的自我完善，因此，寄情山水、雅好自然成为社会风尚。然而，身居庙堂的官僚士大夫们难以长期流连于大自然山水风景，因此纷纷营造园林，在其间进行诸如玩水弄石、吟诗作画、抚琴品茗等侧重静心清修的活动，以满足自身的精神需求。例如，西晋石崇在《思归引》中对其园居生活的描述："出则以游目弋钓为事。入则有琴书之娱。又好服食咽气。志在不朽。傲然有凌云之操。"[1] 东晋以后，江南由于北方汉族士族大量迁入而人文荟萃，文化发展迅速，苏州地区又为江南士族聚居之地，园林中的各类清修活动发展迅速，但可惜该阶段本地域园林记载不多，不过依然能从对园林环境的描写中窥探出端倪。《宋书·戴颙传》记载戴颙园位于苏州齐门内，"吴下士人共为筑室，聚石引水，植林开涧，少时繁密，有若自然"[2]，其人"善琴，凡诸音律，皆能挥手……其三调游弦、广陵止息之流皆与世异"，为当世之雅士。不难看出，戴颙园简朴素雅，以回归自然、陶冶情操为主要功能，是苏州私家园林艺术与功能发展的典型代表。

（二）儒雅风流的社交活动

在魏晋山水审美空前发展的时代潮流推动下，随着士人园林的逐步发展，园林社交娱乐活动中也注入了更多的书卷气，流觞行令、吟诗作赋的社交活动与山水园景相映生辉，成为园林活动的主流。南朝戴颙在其园中"述庄周大旨，着逍遥论、注礼记中庸篇"[3]，他在园中讲解庄子学说的活动，吸引了许多吴地官员和郡内上层人物，并有"同游野泽、堪行便去、不为矫介"的美誉。此外，号称"吴中第一私园"的顾辟疆园则流传有王献之唐突造访的轶事（图5-5）。《世说新语·简傲》中记载"王子敬自会稽经吴，闻顾辟疆有名园。先不识主人，径往其家。值顾方集宾友酣燕，而王游历既毕，指麾好恶，傍若无人"[4] 当时名士桀骜不羁之情虽不足以称赞，但能够吸引王献之前往的名园，其宾友酣燕的社交活动自是儒雅风流，为当世之代表。

1　（晋）石崇《思归引》。

2　（南朝梁）沈约《宋书·戴颙传》。

3　（南朝梁）沈约《宋书·戴颙传》。

4　（南朝宋）刘义庆《世说新语·简傲第二十四》。

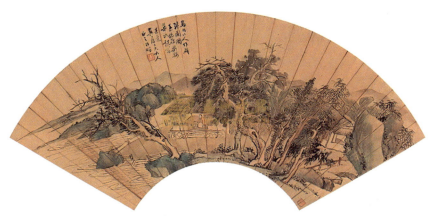

图 5-5　汪昉绘《辟疆园图》
图片来源: http://img2.scimg.cn/userupload/yz/item/2100/800x800/1285880698e19ec7058b8ddc8.jpg

（三）逐渐转型的生产功能

　　该时期苏州园林仍保留了一定的生产功能，晋代葛洪《抱朴子·吴失篇》中就记载苏州顾、陆、朱、张四姓庄园中"牛羊掩原隰，田池布千里"[1]的胜景。然而纵观秦汉魏晋南北朝时期，苏州已并非皇权聚集的中心地区，因此当地既少有规模的园林苑囿，园中也无须大规模的农业生产活动。同时，园林观赏娱乐价值的发展，也使得原有的园林生产功能进一步转型。汉代袁康《越绝书·外传记吴地传》中记载："桑里东，今舍西者，故吴所畜牛、羊、豕、鸡也，名为牛宫。今以为园。"[2]这段记载明确地介绍了这种园林功能的转变。此外，汉代苏州出现的著名私家园林"五亩园"被清人谢家福《五亩园小志》记载为"汉张长史所置以种桑者"[3]。然而，此园虽以田亩为名，但更多的是主人对农耕生活的向往，而并非实际的生产园林，其园中山石灵秀，以其造景与观赏价值而胜绝一时[232]。

（四）蔚然成风的宗教活动

　　佛教自东汉末年传入中国后发展迅速，其中南朝信佛之风尤盛，因而有"南朝四百八十寺，多少楼台烟雨中"的诗句描述。苏州为六朝佛寺建设的中心之一。《吴郡图经续记》记载"自佛教被于中土，旁及东南，吴赤乌中，已立寺于吴矣。其后梁武帝事佛，吴中名山胜境，多立精舍……郡之内外，胜刹相望，故其流风余俗，久而不衰，民莫不喜蠲财以施僧，华屋邃庑，斋馔丰洁，四方莫能及也"[4]。同时，魏晋南北朝时期士人舍宅为寺成风，例如，承天寺为梁卫尉卿陆僧瓒舍宅建，云岩寺为晋尚书令王

1　（晋）葛洪《抱朴子·吴失篇》。

2　（汉）袁康《越绝书·外传记吴地传》。

3　（清）谢家福《五亩园小志》。

4　（宋）朱长文《吴郡图经续记》，中卷·《寺院》。

珣及其弟王珉舍宅而建，因此寺庙与园林具有密不可分的天然联系。寺庙园林的功能主要围绕宗教活动开展。《吴郡图经续记》记载"雍熙寺，高僧清闲所建也……皆为讲教之所"[1] "定慧禅院……雅为丛林唱道之所"[2] "云岩寺，寺前有生公讲堂，乃高僧竺道生谈法之所。旧传生公立片石以作听徒，折松枝而为谈柄"[3]。此外，寺庙园林除了讲经集会等宗教活动之外，还兼有公共园林的作用，"游戏佛寺，观视鱼畋，登高临水，出境庆吊"[4]的进香郊游行为亦为普遍。

二、功能特点分析

（一）园林功能的丰富程度不断提升

苏州地区自春秋之后王侯权势减弱，也失去了建造皇家苑囿的资格，但私家园林、衙署园林开始出现，寺庙园林发展迅速，各类园林形态虽然尚不成熟，但体系上已基本完备，改变了春秋战国时期皇家园林一枝独秀的局面，在苏州园林发展史上处于承前启后的重要地位[235]。从园林功能上看：一方面，文人们热衷于在园林中自我修行并进行文化交流活动，"丝桐发响，羽觞流行，诗赋并陈，清言乍起"[5]之盛景成为士人园林之风尚；另一方面，南朝民众热爱研习佛学，寺庙园林中"远僧有来，近众无阙，法鼓朗响，颂偈清发"[6]，成为僧众与市民进行宗教集会与活动的理想场所。除此之外，秦代之后，苏州常为郡治，自春申君父子的桃夏宫和假君宫开始，太守舍园作为郡守治吴的居所与办公场所开始出现。总之，秦汉魏晋南北朝时期的苏州古典园林依托日渐完备的园林体系，在仍保留前代园林中部分生产、娱乐活动的基础上，其园林功能的丰富程度不断提升，亦是其园林发展的显著标志。

（二）园林活动的文化气息愈加浓重

东晋以前，苏州士人园林处于发展初期，主要呈现集生产、宴乐、娱游于一身的特征，仍显奢丽有余而清雅不足[236]。而东晋以后，晋室偏安江南，苏州地区凭借其自然山水之地利，为山水审美艺术的全面发展创造了良好条件，士人园林也相应地进入了兴盛时期。士人在园林活动中逐渐抛弃了物质享受方面的考虑，进而转入对精神意境的追求和理想人格的塑造。晋代左思《招隐二首》写的"何必丝与竹，山水有清音"[7]便是对这种审美思想转型的精练概括。苏州古典园林在总体风格和艺术手法上则趋于清雅和精

1　（宋）朱长文《吴郡图经续记》，中卷·《寺院》。

2　（宋）朱长文《吴郡图经续记》，中卷·《寺院》。

3　（宋）朱长文《吴郡图经续记》，中卷·《寺院》。

4　（晋）葛洪《抱朴子·外篇》《疾谬》。

5　（北魏）杨衒之《洛阳伽蓝记》，第四卷·《法云寺》。

6　（晋）谢灵运《山居赋》。

7　（晋）左思《招隐二首》。

致，园林活动以个人清修、文会、集会讲经等形式为主，不管是相较于春秋时期的吴宫苑囿，还是同时代的北朝园林，笙歌燕舞、挥金如土、斗富争豪之类的粗俗现象都比较少。无论是以论道品琴闻名的戴颙宅园，还是讲经佛会盛行的苏州寺庙园林，其园林活动以优雅的文化格调引领着我国园林文化潮流的发展。

第三节　隋唐五代时期

隋唐之前，苏州远离政治中心，经济和文化不及北方繁盛，园林发展经历了秦汉魏晋南北朝的低谷时期。隋炀帝曾开凿大运河，沟通南北，使苏州经济文化得以迅速发展，城市日趋繁华。白居易《苏州刺史谢上表》中记载"当今国用，多出江南，江南诸州，苏州为大，兵数不少，税额至多"[1]。然而，隋代历史仅三十七年，在苏州没有特别著名的园林营建活动。其后，中国历史迎来了国力强盛、兼容并包的唐代，促使苏州和苏州古典园林实现了巨大的跨越，有文献记载的园林达二十余座，形成了文人园林艺术审美准则，为后世文人造园奠定了理论基础[234]。唐末五代，苏州为吴越国所辖，在中原纷乱之际，吴越的政治、经济、文化发展却持续稳定，吴越郡王钱元璙及其子嗣执政苏州六十年，以"好治林圃"而闻名，推动了苏州园林建设的进一步发展。明代归有光《沧浪亭记》记载："钱镠因乱攘窃，保有吴越……宫馆苑囿，极一时之盛"[2]。宋代朱长文《吴郡图经续记》记载："钱氏有吴越，稍免干戈之难……当此百年之间，井邑之富，过于唐世。……冠盖之多，人物之盛，为东南冠，实太平盛事也"[3]。可见，苏州经历隋唐五代的持续兴盛发展之后，逐渐成为全国经济文化的中心，其园林艺术成就也开始崭露头角。

一、主要功能类型

（一）富有田园趣味的园居功能

隋唐五代时期，苏州园林的园居功能沿袭了魏晋南北朝时崇尚自然、自我修行的特点，又与田园生活相结合，出现了富有田园趣味的园居活动。唐代的苏州私家园林中，郊野别墅数量较多，无论是丘丹的临平山居、朱处士的读书望田楼，还是褚氏的褚家林亭都与田园结合紧密。即便是陆龟蒙在苏州临顿里的宅园（拙政园前身），也被唐代诗

1　（唐）白居易《苏州刺史谢上表》。

2　（明）归有光《沧浪亭记》。

3　（宋）朱长文《吴郡图经续记》，上卷·《城邑》。

人皮日休称为"不出郛郭、旷若郊墅",是具有田园风格的宅园[232]。从园居生活来看,这一时期的记载比之前更为详细,不仅有品茗、饮酒、读书、用餐、弹琴等起居活动,还有与田园农耕结合紧密的垂钓、养鸡、采药等活动。唐代诗人皮日休和陆龟蒙在临顿里宅园多有诗文唱和,产生了《樵人十咏》《渔具诗》等诗文作品,而两人的耕读生活被誉为"私家园林中最典范的园居场景[234]"。同时,"一宅闲林泉,终身远嚣杂……门留医树客,壁倚栽花锸"[1]"夜思琴语切,昼情茶味新"[2]等诗词亦将任晦园池、韦承总幽居等园林生活场景描绘得十分生动。可见,唐代苏州私家园林以郊野别墅居多,主人纵情田园,多有隐逸之风,园林中的田园情趣比较突出。此外,五代吴越国贵族园林的园居功能划分更加细致。例如,吴越广陵王钱元璙的南园就建有"茶酒库"与"易衣院",说明园林功能空间布局的优化与进步。然而,贵族园林与前述士人园林大异其趣,园居生活以娱乐为主。例如,钱元璙三子钱文恽建苏州金谷园,"以为其父娱老之地"[232]。

(二)文化特色鲜明的社交功能

隋唐五代时期,苏州文化繁荣,文人墨客众多,被唐代诗人韦应物赞为"吴中盛文史,群彦今汪洋"[3]。因此,苏州士人阶层在园林中的社交活动文化特色更加鲜明,以文会友的活动记载详细,内容丰富,很多园林也因诗文而流传下来。陆龟蒙记载了苏州颜荛林园中的雅集场景,"今日好为联句会,不成刚为欠檀郎"[4]一句是园林诗会的最早记载[232]。无独有偶,范成大《吴郡志》中记载任晦园池"有深林曲沼、危亭幽砌……喜文学名理之士,得顾辟疆旧圃以居云"[5]。此类文化雅集也影响到了当时苏州执政者的园林活动。明代高启《姑苏杂咏·南园》中描绘吴越广陵王钱元璙的南园"幸逢中国久多故,一家割据夸雄强。园中欢游恐迟暮,美人能歌客能赋"[6]。而其次子钱文奉在东园中"经度不已,每燕集其间,任客所适。……跨白骡,披鹤氅,缓步花径,或泛舟池中。容与往来,闻客笑语,就之而饮"[7]。从容潇洒之风度与士人无异。可见,自魏晋南北朝开始,苏州古典园林就以文人园林为主,至唐五代时期更是影响了当地的其他园林类型,园林社交活动中文化特色鲜明,成为时代风尚。

(三)饱含诗情画意的办公场所

苏州的衙署园林起源于春秋时期的春申君父子的桃夏宫和假君宫,但对官员们在园林中起居办公的记载极少。至唐代,大量的名士诗人在苏州担任郡守,形成了以韦

---

1 (唐)皮日休《二游诗·任诗》。

2 (唐)孟郊《题韦承总吴王故城下幽居》。

3 (唐)韦应物《郡斋雨中与诸文士燕集》。

4 (唐)陆龟蒙《袭美病中闻余游颜家园见寄,次韵酬之》。

5 (宋)范成大《吴郡志》卷二十五。

6 (明)高启《姑苏杂咏·南园》。

7 (明)王鏊《姑苏志》卷三十二。

应物、白居易、刘禹锡为代表的苏州郡守群体，文身政绩，兼优并著[237]。宋人龚明之《中吴纪闻》云"姑苏自刘、白、韦为太守时，风物雄丽，为东南冠"[1]。这些文人出身的郡守将其衙署园林改造为具有诗情画意的办公场所。衙署园林规模扩大，功能齐全，郡治内在唐代即有"齐云楼""初阳楼""东楼""西楼""木兰堂""东亭"等构筑物，郡治正厅为"受署厅"，顾名思义，其主要功能是办公理政。历代郡守对郡治内的工作生活多有描述，白居易《秋寄微之十二韵》写道："清旦方堆案，黄昏始退公。可怜朝暮景，消在两衙中"[2]。刘禹锡《早夏郡中书事》写道："将吏俨成列，簿书纷来萦"[3]。然而，郡守工作虽然辛苦，但诗情画意的办公环境却可以让官员们在公事之余放松身心。白居易《题西亭》写道："朝亦视簿书，暮亦视簿书。簿书视未竟，蟋蟀鸣座隅。始觉芳岁晚，复嗟尘务拘。西园景多暇，可以少踟蹰。"[4]当然，衙署园林不仅是办公场所，起居与社交功能也很常见。韦应物《郡斋雨中与诸文士燕集》的"烦疴近消散，嘉宾复满堂。自惭居处崇，未睹斯民康。"[5]以及白居易《郡斋旬假始命宴呈座客示郡寮》的"众宾勿遽起，群寮且逡巡。无轻一日醉，用犒九日勤。"[6]等诗句虽描写饮宴聚会的场景，但并未纵情欢愉，足见郡守们以勤政为正务，以宴游为休闲的理性思想。

（四）具有公共服务性质的游赏功能

唐代政治社会自由开放，苏州经济文化繁荣，园林功能也有所创新，出现了具有公共服务性质的游赏功能，与现代旅游功能具有一定的相似性。不同于六朝时期的兰亭等郊野游憩地的修禊活动，部分唐代苏州私园开始对外开放，进行公共游览活动。五代时期，广陵王钱元璙父子修建苑囿"为郡侯燕醵邦人游息之地也。士大夫从官自公执掌之余，亦欲舒豫，乃人之至情。方春百卉敷腴，居人士女竞出游赏，亦四方风土所同也。"[7]更为新奇的是，苏州建成了国内最早的园林式酒店"大酒巷富人第"。据《长洲县志》记载"大酒巷，旧名黄士曲。唐时有富人修第其间，植花浚池，建水槛风亭，酿美酒以延宾旅。其酒价颇高，故名。"[8]清末诗人袁学澜有诗咏其事："水槛风亭大酒坊，点心争买鳝鸳鸯。螺杯浅酌双花饮，消受藤床一枕凉。"可见，如果用现代的眼光考量，这是一处有园林特色的高级酒店，也可以看出唐代园林公共游赏服务的创新性与多样性。

1　（宋）龚明之《中吴纪闻》。

2　（唐）白居易《秋寄微之十二韵》。

3　（唐）刘禹锡《早夏郡中书事》。

4　（唐）白居易《题西亭》。

5　（唐）韦应物《郡斋雨中与诸文士燕集》。

6　（唐）白居易《郡斋旬假始命宴呈座客示郡寮》。

7　（宋）谈钥《嘉泰吴兴志》卷十三《苑囿》。

8　（宋）朱长文《吴郡图经续记》，下卷·《往迹》。

二、功能特点分析

（一）中隐理想下的园林生活转变

隋唐五代的苏州文人园林沿袭了魏晋南北朝时期的隐逸风雅与文化气韵，但在士人"中隐"理想的关照下，其园林生活也发生了一定的变化。魏晋南北朝时期，政治黑暗，社会动荡，文人心态苦闷，渴望脱离世俗，在玄虚淡泊之中寻求精神寄托。因此，类似于戴颙园之类的文人园林并非官员所建，其间清谈、讲经、野游、炼丹、服药等活动流行，遗世独立的隐逸情怀与逍遥心态多有显现。唐代时，国家富强，天下安定，读书人既流连于田园山水，又希望能出世建功立业，为官的士大夫一直在思考寻找调和仕与隐的最佳途径，因此"中隐"思想开始流行[238]。白居易《中隐》一诗写道："大隐住朝市，小隐入丘樊。丘樊太冷落，朝市太嚣喧。不如作中隐，隐在留司官。……人生处一世，其道难两全。贱即苦冻馁，贵则多忧患。唯此中隐士，致身吉且安。"[1]唐代士人不愿意像早期的隐士那样巢宿穴居，水饮草食，在物质贫乏的生存条件下守志悟道。他们的"中隐"理想即一边在朝中做官，一边在园林中逍遥自在。在"中隐"理想的影响下，苏州古典园林的功能也产生了变化。一方面，士人园林中的清修活动让位于更为生活化的耕读活动，品茶、弹琴、垂钓、读书等生活场景描述较为多见，一定程度上改变了魏晋南北朝时期士人生活玄虚、苦闷的气氛；另一方面，官宦园林与衙署园林的条件改善，功能布局优化，办公理政、文人聚会等园林活动的增多反映出士大夫积极的入世情怀，也体现出他们希望在私家园林中追求更加舒适宜人的生活方式的愿望。

（二）开放时代中的社会功能拓展

隋唐五代是历史上少有的大开大合、兼容并包、自由奔放的开放型时代，也是园林史上的一个重要的承前启后的发展阶段。在这样的开放时代中，不仅帝王贵族、官僚士族乐于造园，普通的市民百姓也热爱郊游活动。《开元天宝遗事·天宝下》记载："长安春时，盛于游赏，园林树木无闲地……都人士女，每至正月半后，各乘车跨马，供帐于园圃或郊野中，为探春之宴。"[2]苏州市民春游的热情同样高涨。白居易《虎丘寺路·去年重》描述了"银勒牵骄马，花船载丽人"[3]的苏州春游盛况。在市民游乐盛行的时代风气影响下，苏州园林开始逐步拓展其社会功能。一方面，前段中已经阐述了五代吴越贵族园林开始对市民开放游览；另一方面，官员们在衙署园林中的工作理政、宴会活动也具有一定的公共性质。白居易《郡中春宴，因赠诸客》写"颁条示皇泽，命宴及良辰。冉冉趋府吏，蚩蚩聚州民"[4]的热闹场景，展示了衙署园林的社会活

1　（唐）白居易《中隐》。

2　（唐）王仁裕《开元天宝遗事·天宝下》。

3　（唐）白居易《虎丘寺路·去年重》。

4　（唐）白居易《郡中春宴，因赠诸客》。

动功能。此外，商人造园的萌芽于唐代时出现，是苏州古典园林发展史上的一个突破，"大酒巷富人第"之类的园林式酒庄的繁荣，显示了唐代苏州商业经济的日益发展以及市民游乐出行的日趋普遍。这些社会活动的拓展以及与园林关系的日趋紧密是该时期园林功能发展的特点。

第四节　宋元时期

宋代确立了以文德致治的国策，广开科考，造就了倾心学术、崇尚文化的社会风尚，形成了中国封建时代物质与精神文明的一个高峰[233]。国学大师陈寅恪在其《邓广铭〈宋史职官志考正〉序》中写道："华夏民族之文化，历数千载之演进，造极于赵宋之世。[239]"王国维在《宋代之金石学》中也说"人智之活动与文化之多方面，前之汉唐，后之元明皆所不逮也[240]"。正是在这个时代，伴随着南宋赵氏的偏安江南，苏州古典园林的发展从与北方汴州、洛阳南北并峙，逐步转变到与吴兴、杭州三足鼎立，中国园林艺术史进入了江南独秀的新时代。其中，苏州私家园林迎来发展的高潮，宋代苏州的私家园林，不仅在总量上远远超过历代总和，也超过同时期的寺庙园林和官署园林，其艺术审美水平也为同代之最[234]。元代草原游牧民族入主中原，江南士人被打压，儒学沉沦，然而统治者"以功诱天下"，提升商人地位，"政令疏阔，赋税宽简"，给苏州地区带来了大量财富，促进城市商业发展。元人徐显《稗史集传》中记载，"姑苏为东南都会，富庶甲于天下，其列肆大贾，皆靡衣甘食"[1]。元代蒙古贵族的这些政策一方面为苏州造园积累了雄厚的经济基础，另一方面也让仕途无望的文人积极参与到园林兴造与聚会游乐活动中，园艺活动与文人雅集得到长足的发展。

一、主要功能类型

（一）园艺活动的发展

种植生产原是中国古典园林的基本功能之一，然而，经历六朝、隋唐之后，园林逐渐成为贵族精神享受的奢侈品，生产功能逐渐减弱。而至宋元期间，园林生产活动又发生了新的变化，逐渐成为园林主人亲自参与的园艺活动，宋代朱长文《乐圃馀稿》记载了他在其乐圃中的农事之乐："种木灌园，寒耕暑耘。虽三事之位，万钟之禄，不足以易吾乐也。"[2] 宋代张廷杰在长洲县筑园"就隐"，"搜奇选胜，垂三十年，瞰池创亭，因

1　（元）徐显《稗史集传·陆友》。

2　（宋）朱长文《乐圃馀稿》。

阜立室，遂为一时绝境"[1]。同时，园艺活动的观赏性与趣味性得到长足的进步。范成大在其乡村园林"范村"中广种观花植物，其《范村记》记载"梅曰凌寒，海棠曰花仙，酴醾洞中曰方壶，众芳杂植云露，其后庐庵曰山长"[2]，打造了一个花木扶疏的锦绣天地。蓝叔诚在万华堂中植牡丹至三千株，多得洛中名品，如玉盏白、景云红、瑞云红、胜云红、间金之类无不有之[241]。清代吴升《大观录》中则记载了元代耕渔轩中的插花雅趣，"王季耕自其山居折桂花一枝，以石罂注水插花着几格间，户府阒寂，香气馥然"[3]。园艺活动的发展体现了园林技艺的进步与发展，也寄托了士人们婉约空灵、风花雪月的人文情怀，是宋元文人园居生活的亮点。

（二）文化雅集的兴盛

从宋代开始，文人雅集活动进入一个蓬勃发展的时期，有记载的诗社就有六七十家，结社聚会成为一种引人注目的社会风尚[242]。至元代时，一方面苏州经济发达，《善政诗序》中说"国家经费所入，多藉于东南……而平江为尤最"；另一方面，元代文化政策一贯宽松，因此江南文人雅集和结社极为兴盛，也成为私家园主休闲生活的重要内容[243]。首先，元代园林雅集的组织性与规律性更强，以元末昆山顾瑛的"玉山草堂"为例，其聚会活动都是连续不断举行的，每次活动记录详细，《草堂雅集》《玉山璞稿》《玉山雅集图》等作品均为雅集诗文、图画的汇编出版物（图5-6）。同时期，徐达左的耕渔轩雅集也汇编有《耕渔轩文集》《金兰集》存世。其次，雅集活动雅俗共享，表现出从容与惬意的享乐态度。例如，玉山雅集时既有"设宴高会梧竹堂上，在座皆俊彦，文章歌舞尽妙"[4]的清雅之乐，也有"取醉不辞良夜饮，追欢犹似少年游。分曹赌酒诗为令，狎坐猜花手作阄"[5]的声色之娱。最后，元代园林雅集表现出更多的开放性和包容性。与前代文人聚会多是官员、名流相比，元代雅集宾客身份更加多元化。《明诗纪事》记载："季吴中好客者，称昆山顾仲瑛，无锡倪元镇，吴县徐良夫，鼎峙二百里间。海内贤士大夫闻风景附。一时高人胜流，佚民遗老，迁客寓公，缁衣黄冠，与于斯文者，靡不望三家以

图5-6　华嵒绘《玉山雅集图》
图片来源：https://c-ssl.duitang.com/uploads/item/201910/13/20191013180505_grdhn.jpg

---

1　（明）王鏊《姑苏志》卷三十一。

2　（宋）范成大《范村记》。

3　（清）吴升《大观录》卷二。

4　（元）萧元泰《满城风雨近重阳》，见载于顾瑛《玉山名胜集》。

5　（元）顾瑛《秋华亭以天上秋期近分韵得秋字》，见载于顾瑛《玉山名胜集》。

为归"[1]。不同的社会阶层的参与使得元代园林雅集成为一个正统文化、亚文化，雅文化、俗文化融汇而成的多元文化盛会[244]。

（三）教育活动的兴起

宋元时期，苏州园林中的教育活动是一大特色，主要表现在以下两个方面。一方面，园林中的藏书、读书氛围相对于前代更为浓厚，许多园主将读书作为其园林生活的重要组成部分。例如，宋代章宪所建"复轩"就是以学习为主题的园林，其园记云："茸先人之庐，治东房之轩，以贮经史百代之书，名之曰复，以警其学"[2][241]。而宋代朱长文《乐圃记》也描述了他的园居读书生活，"予于此圃，朝则诵羲、文之《易》，孔氏之《春秋》，索《诗》《书》之精微，明礼乐之度数；夕则泛览群史，历观百氏，考古人是非，正前史得失"[3]。另一方面是教化功能的增强，宋代苏州开府学园林之先河，范仲淹以所购南园创州学，至宋代元天祐年间，来学者日众，予礼殿后立祠祭范文正公[241]。同时，园林中也多有教化功能空间的设计。例如，射礼为儒家六艺之一，主张"以射观德"，是士大夫修身养性、培养风度的行为方法，也成为宋代园林教化活动的代表[245]。宋代，苏州不仅在西园这样的郡圃内设有教场射圃，在私家园林中也有设置。宋代周密《癸辛杂识》记载苏州"赵氏南园在南城下，与其第相连。处势宽闲，气象宏大，后有射圃、崇楼之类，甚壮"[4]。可见在礼教兴盛的时代背景下，苏州园林主人对教育活动的重视。

（四）公共游乐的普及

宋代城市的平民化、世俗化，促进了平民与贵族社会生活空间的同步开放，以及平民与贵族社会生活内容的趋同[246]。宋元时期，苏州城市繁华、自然景色优美，物阜民丰。《吴郡图经续记》中写"井邑之富，过于唐世，郛郭填溢，楼阁相望，飞杠如虹，栉比棋布，近郊隘巷，悉甃以甓"[5]，因而市民有"好游遨"之风俗。该时期，私家园林、衙署园林主动对外开放的情况更为普遍。例如，《吴都文粹》记载叶道卿在苏州城北所建侍读小园，"郡人多游饮于此"[6]；《吴郡志》记载王份在松江之滨所建之瞩庵"围江湖以入圃，故多柳塘花屿，景物秀野，名闻四方，一时名胜喜游之"[7]。苏州郡圃在北宋时也得以扩建，设有池馆、虚阁、危桥，可供游人参观，"太守不孤同乐意，木兰堂上看游人"[8]的诗句记载了苏州郡圃开放的场景。足见"名园虽是属侯家，任客闲游到

1 （清）陈则《明诗纪事》。
2 （清）李铭皖，谭钧培，冯桂芬《苏州府志》卷四十六《第宅园林》。
3 （宋）朱长文《乐圃记》。
4 （宋）周密《癸辛杂识》，前集《赵氏南园》。
5 （宋）朱长文《吴郡图经续记》，上卷·《城邑》。
6 （明）钱谷《吴都文粹续集》卷十八。
7 （宋）范成大《吴郡志》卷十四。
8 （宋）武衍《游吴门同乐园疥池光亭壁呈使君张都承》。

日斜"[1]的园林开放活动已成为宋元时期的风尚。同时,寺庙园林游览活动也被人们所推崇。范成大《春日田园杂兴》写道"一年一度游山寺,不上灵岩即虎丘"[2],记载了市民春期寺庙游赏习俗。明代朱逢吉《游石湖记》记载苏州楞伽寺庙会的情形,"自前代时,城内外暨村落百余里间,男女稚耋,当春夏月,远近各相率舟行……肩摩迹接,毕则宴游,以乐太平"[3]。由此可见,园林游赏逐渐走出雅文化,融入百姓生活之中,并迅速普及与兴盛[247]。

二、功能特点分析

（一）商业经济发达与公众游乐活跃

随着全国经济重心南移的逐步完成,宋代苏州成为世所瞩目的雄郡,其小农经济、城市商业和手工业的发展已居于当时全国的领先地位[248]。顾颉刚先生在《苏州史志笔记》中写道:"自隋炀开运河,苏州已趋繁荣。……自钱镠国吴越,北宋都汴梁,南宋都杭州,物资之取给予苏州者日多,故末世遂驾唐而上之矣"[249]。而元代统治者重视商业,允许海运经商,给苏州地区带来了大宗财富,进一步刺激了苏州园林兴建与公共游乐活动[235]。一方面,苏州富庶,官员士人们不仅有财力兴建私家园林,也乐于修建寺庙、府衙以及公共游览地。宋代苏州不仅私家园林数量剧增,官署园林总量也超过历代总和,如府学、长洲县署、吴县署、平江府署、节度使治所、茶盐司、提刑司、府判厅等皆有附属园圃台池。古城内外的佛寺和道观也多有园池,加之园林多对外开放,为公共游乐奠定了资源基础。另一方面,苏州普通市民生活富裕,也乐于参与郊游活动。《吴郡志》记载:"吴中自昔号繁盛,四郊无旷土,随高下悉为田。人无贵贱,往往有常产。故多奢少俭,竞节物,好遨游"[4]。这说明了苏州人民的富庶生活造就了其乐于郊游的民风民俗。同时,公众游乐的活跃也刺激了商业经济的发展。苏州城市中出现了华丽的馆驿园林,"体势宏丽,为浙西客馆之最。中分为二,曰南馆、北馆。……制度尤瑰,特为吴中伟观"[5]。此外,对园林公众游乐的经济管理也开始出现。元代徐大焯的《烬余录》记载宋代威远节度使朱勔在苏州所建渌水园与养植园"栽种盆花,每一花事必供设数千本,游人给司阍钱二十文,任入游观,妇稚不费分文,故游女独多"[6]。城市商业繁荣与公共游乐兴盛背景下的园林收费管理也成为该时期的创新。

1　（宋）穆修《城南五题其三·贵侯园》。

2　（宋）范成大《春日田园杂兴》。

3　（明）朱逢吉《游石湖记》。

4　（宋）范成大《吴郡志》卷二。

5　（宋）范成大《吴郡志》卷七。

6　（元）徐大焯《烬余录》。

（二）乡村园林发展与文人诗意栖居

从南宋开始，江南经济文化发展迅速，渔稻蚕丝首先致富在乡村，造园开始由城市向乡村发展。宋朝时，苏州私园有 50 多处，约一半在乡村，多为归隐官员所建。元朝时苏州乡间的私园约有 30 处，3 倍于城内之园 [232]。该现象的产生一方面源于宋代造园审美的提升，开始从写实向写意过渡，而乡村园林更具自然气息，为文人所偏爱。因此，计成在《园冶·相地》一节才会认为筑园选址以"山林地"和"江湖地"为上。同时，南宋的战乱与元代对南人的歧视政策使得文人出仕之途渺茫，因此他们以回归自然山水，回归率性真实的人性为精神追求，乡间隐逸之风弥漫。然而，与魏晋南北朝时期离群索居式的纯粹隐遁，与隋唐时期亦官亦隐的中隐文化不同，宋元时期文人的乡村园林生活凸显出文士雅乐、诗意栖居的生活样态 [243]。一是文人深度参与造园，崇尚雅玩。赏石叠石、花卉栽培、品茶观画等活动在宋代园林中开始盛行。例如，顾阿瑛就在其所建"玉山佳处"中潇洒度日，诗意栖居，"通文史及声律、钟鼎、古器、法书、名画品格之辨，性尤轻财喜客"[1]。而曹善诚于福山建梧桐园，"蓄盆荷数百，移置空庭，庭深四五尺，以小渠通别池，花满方决水灌之，水满复入珍禽野草，若固有之"[2]。可见园林艺术活动类型丰富、技艺精巧，胜于前代。二是文人雅集盛行，多于山水清秀之乡间园林开展。元代苏州著名的玉山雅集与耕渔轩雅集，其活动举办地分别在昆山城外与光福城外。乡野间的园林自然景色优美，呈现出简朴淡雅的艺术特征，能够更好地激发文人吟诗作画、抒情言志的灵感，而丰富的文化活动也在乡村营造出浓厚的文化氛围。可见，乡村园林发展与文人诗意栖居的相辅相成也是宋元时期苏州园林功能发展的一大特色。

第五节　明朝时期

明朝政局相对稳定，社会安定，经济富足，使得苏州城市建设、生产发展空前繁荣，在经济文化诸方面居于全国领先地位，同时为园林营造的发展提供了沃土。明代是苏州古典园林历史发展的关键时期，其园林建造总量超过此前苏州历代园林作品的总和。据光绪《姑苏府志》记载，明代苏州建有园林 271 个，使得苏州成为当时中国文人园林的最杰出代表。同时，就园林功能的演化发展而言，一方面，其继承了传统的游赏娱乐、园居养亲、农耕隐逸等文化要素；另一方面，在其时代内部出现了明显的观念变化。明代初期，园林被赋予了"逸乐""害民"等负面形象，使得园林游乐功能被大大

1　（元）杨维桢《玉山雅集图记》，见载于清代陈衍《元诗纪事》卷二十七。

2　（清）李铭皖，谭钧培，冯桂芬《苏州府志》卷一百四十六《杂记三》。

压制，而其农业生产性持续加强[250]；随着时代的发展，园林生活从单纯游观乐趣的恢复，逐渐发展为奢靡享乐的盛行，体现出一种历史的轮回。同时，明代园林士人雅集交往活动盛行，园林的社会性作用备受关注，有着极高的地位。因此，明代苏州园林功能的细致分析，既是了解当时人们园林生活的重要途径，也是剖析苏州园林功能产生根源的必然要求。

一、主要功能类型

（一）明代初期园居养亲与农耕活动的复兴

明代初期，苏州园林受到战争的惨烈破坏，加之朱元璋将大量江南地主豪强外迁，用严刑峻法消灭当地的"奸顽豪富之家"，因此，苏州园林赖以生存发展的社会经济环境受到严重影响，造园活动处于迟滞的低潮状态[216]。同时，朱元璋认为修建台榭苑囿是"劳民财以为游观之乐"，因而颁布《营缮令》，明令禁止"构亭馆、开池塘以资游眺"[1]。在这样的社会政治背景下，园林中的各类娱乐活动大大减少，即使园林的营造活动都要"在表面上遵守这一法令和巧妙地绕开其制约上动一番脑筋[234]"。"养亲尽孝"这一历来为儒家统治者所推崇的道德伦理在该时期成为园林营造的主要目的[216]。例如，陈符的"南野斋居"为诸子为奉养其所建；杨士奇的《故南野翁陈君墓表》记载"既归，诸子恭勤孝养，营园池，杂植花卉奇树，作二亭其中以奉之"[2]；明代书画家杜琼筑园奉母尽孝，因其母感慨园中佳卉甚如己意，将其园取名"如意堂"；无独有偶，汤克卫筑

图 5-7　周梓画印《蒋溪草堂》
图片来源：http://www.yidulive.com/auctionend/
jgdetail.php?aid=650358&page=26&sid=2812

"奉萱堂"也是"幸母之寿康，乃作堂以备养颜之"[3]。足见养亲功能在当时园林中十分普遍，并持续影响到明代中后期的园林功能发展。养亲之余，此时的园居生活也比较单调，主要以园主个人的修身养性为主。例如，杨生的"卑牧斋"就鲜有鲜艳的花木与娱乐用具，"造其室，无壶矢博弈之具，横几案三百篇之风雅颂"[4]；徐有贞的《先春堂记》则记载了徐季清的园居生活，"田园足以自养，琴书足以自娱，有安闲之适，无忧虞之

1　（清）张廷玉《明史》卷六十八《舆服志》。

2　（明）杨士奇《故南野翁陈君墓表》，见载于杨士奇《东里续集》卷三十一。

3　（明）徐有贞《奉萱堂记》，见载于徐有贞《武功集》卷四。

4　（明）韩雍《蒋溪草堂记》，见载于韩雍《襄毅文集》卷九。

事，于是乎逍遥徜徉乎山水之间，以穷天下之乐事"[1]。可见，当时园林生活较为闲适平静，主要为了园林主人及家人自我的愉悦与安适。

农耕活动作为在园林功能发展过程中逐渐弱化的类型，在明代初期实现了复兴。当时，朱元璋强调"为国之道，以足食为本"，采取了一系列恢复、发展农业生产的措施，以抚平战争创伤、稳定社会形势。因此，密切结合农业生产的园林生活与国家提倡的勤俭观念相一致，成为当时的社会风尚。例如，韩雍的蓉溪草堂以

图 5-8　沈周《东庄图》（局部）
图片来源：https://baike.baidu.com/item/ 东庄图
/8814017?fr=aladdin

果树为主要景观，"种柑橘、林檎、樱桃、枇杷、银杏、石榴、宣梨、胡桃、海门柿等树余三百株"[2]，其余皆为菜畦，方池养鱼，兼种莲藕，以供家庭祭祀与日常之用（图 5-7）[234]；吴宽的"东庄"则体现出农业生产活动与园林营造的密切结合。东庄中虽有山水景观与亭榭营造，被誉为"吴下园林赛洛阳，百年今独见东庄"[3]，但其农耕特色却十分突出，稻畦、桑园、果园、菜圃等占据了东庄的主要区域。据李东阳《东庄记》记载，吴宽"乃重念先业不敢废，岁拓时葺，谨其封浚，课其耕艺，而时作息焉[4]"，保持了辛勤劳作的农耕传家精神[250]（图 5-8）；郑景行的南园则"前临万顷之浸，后据百亩之丘……畦有嘉蔬，林有珍果"[5]，园主"日夕游息其间，每课僮种蓺之余，辄挟册而读"[6]，体现出农耕与园居生活相结合的特点。这一时期，园林农耕活动赋予了苏州园林不同于奢华逸乐的积极正面形象，符合明初以来崇尚生产的主流社会风气。

（二）明代中期游观活动与社会交往的恢复

明代中期大致处于 15 世纪末期至 16 世纪上半叶的弘治、正德、嘉靖三朝[234]，被普遍认为是明代社会的重要转折时期。一方面是社会经济的进一步兴盛发展，另一方面是随之而来的社会风气变化。王锜在《寓园杂记》记载弘治朝苏州的繁盛："闾檐辐辏，万瓦鳞次，城隅濠股，亭馆布列，略无隙地。舆马从盖，壶觞罍盒，交驰于通衢。水巷

1　（明）徐有贞《先春堂记》。

2　（明）韩雍《蓉溪草堂记》，见载于韩雍《襄毅文集》卷九。

3　（明）刘大夏《东庄诗》。

4　（明）李东阳《东庄记》。

5　（明）徐有贞《南园记》，见载于徐有贞《武功集》卷四。

6　（明）徐有贞《南园记》，见载于徐有贞《武功集》卷四。

中，光彩耀目，游山之舫，载妓之舟，鱼贯于绿波朱阁之间，丝竹讴舞与市声相杂"[1]。而文人造园之风又再度盛行起来，至嘉靖时期，何良俊《四友斋丛说》记载"凡家累千金，垣屋稍治，必欲营治一园，若士大夫家，其力稍赢，尤以此胜"[2]。因此，养亲与农耕等主题逐渐淡化，文人园林的游观、雅集交往活动恢复兴盛。例如，王鏊的《且适园记》记载其弟秉之的园林"辟其后为园，杂莳花卉，以为观游之所……予往来必憩焉，与吾弟观游而乐之"[3]，造园具有明确的游赏娱乐目的；而从徐有贞《题唐氏南园雅集图》中"园林足清赏，宾侣时游燕"[4]之句也可以看出，"园林"是用于"赏"与"游"的。园林游赏活动不仅在文人园林中流行，而且影响到了衙署园林。苏州节推方克正"于官廨之中构一轩，以为退食之所。取佳花、美木、石之奇秀可顽者，罗于庭除，而置图、史、琴、尊其中，每于听断之余而游，谓此吾公余之清趣"[5]，可见游观活动在仕人生活中的重要性。

　　同时，苏州文人认为园林修身教化作用的发挥依赖于园中的交往活动。陆粲《怡老园燕集诗序》谈到"四方之学者，莫不思操几杖，以从公游。若今兹之会，虽游从之常，而诸生于是，艳清饮醇，固有不言之教，无形而心成者矣"[6]。因此，元末盛极一时的文人雅集，在明初的压抑之后也开始恢复。弘治年间，钱孟浒在憩桥巷筑有"晚圃"，"此地数亩，凿池构亭，植花卉，培蔬果。每春和景明，群芳竞秀，众香馥郁，孟浒则邀朋速客，筋咏其间孟浒则邀朋速客，觞咏其间，谈笑竟日，其乐陶陶"[7]。韩雍在《刘金宪廷美小洞庭十景》中记载了刘迁"小洞庭"园的文人交往活动的情况，"古之文士游名山必有题咏，小山虽不足观，而徐武功、陈祭酒诸公亦尝来游，各有绝句，以题其石"[8]；嘉靖年间，徐封、徐仲简父子的"东雅堂"也是文徵明、仇英等名士的聚会之所。范允临《诰封奉直大夫尚宝司少卿芝石徐公行状》一文中记载了东雅堂雅集的盛况"一时名士，如文衡山父子，王雅宜兄弟，彭孔加、仇实父、汤子重辈，相与觞咏啸歌，留连竟日，盖雍容文酒矣"[9]。除此之外，吴宽别业"东庄"、魏昌的"魏园"、王鏊的"怡老园"等园林中开展的一系列雅集活动被当时文人的诗文、图画所记载。从这些以园林为场所的交游赋诗、文人雅集可以看到，15世纪的苏州古典园林，不仅是士人追求个人乐趣的场所，而且已成为文人之间交往甚至扩大影响力的重要手段。

1　（明）王锜《寓圃杂记》卷五《吴中近年之盛》。

2　（明）何良俊《何翰林集》卷十二，见载于《四库全书存目丛书》集部第一百四十二册。

3　（明）王鏊《且适园记》，见载于王鏊《震泽集》卷十六。

4　（明）徐有贞《题唐氏南园雅集图》，见载于徐有贞《武功集》卷五。

5　（明）徐有贞《公余清趣说》，见载于徐有贞《武功集》卷三。

6　（明）陆粲《怡老园燕集诗序》，见载于陆粲《陆子馀集》卷一。

7　（明）王轼《晚圃记》，见载于明代钱谷《吴都文粹续集》卷十七。

8　（明）韩雍《刘金宪廷美小洞庭十景》。

9　（明）范允临《诰封奉直大夫尚宝司少卿芝石徐公行状》，见载于范允临《输寥馆集》卷五。

（三）明代末期奢靡娱乐与公众交游的盛行

明代后期的隆庆、万历、泰昌、天启、崇祯时期，大致对应于 16 世纪下半叶至 17 世纪上半叶，被史学界称为"晚明"[251]。该时期的江南是商品经济发达的财富之区，奢靡风气更为普遍和张扬。在经济富庶、文化繁荣、社会风气进一步趋向奢靡的推动下，苏州造园进入极盛时期，归庄《太仓顾氏宅记》记述："豪家大族，日事于园亭花石之娱，而竭资力，为之不少恤。……今日吴风汰侈已甚，数里之城，园圃相望，膏腴之地变为丘墼，绣户雕甍，丛花茂树，恣一时游观之乐，不恤其他。"[1] 根据民国陈诒绂所撰《金陵园墅志》中记载，明代园林多达约 120 座，大多也为晚明所建[252]。相对于明代中期仕人游观活动的闲适文雅来说，此时的园林娱乐则更趋于奢靡。例如，徐廷裸的"东园"以人力驱动瀑布，"预蓄水十余柜，以次发之"；其园中游览水路并行，水路游览时"呼小舫御之，载酒舫尾，前一柞猛为鼓吹导"，陆路游赏则有"三篮舆候丛竹间"[2]，体现出明后期江南富家享乐的精致。万历年间，太仆寺少卿徐泰时罢官归里，"益治园圃，亲声伎……杂莳花竹，以板舆徜徉其中。呼朋啸饮，令童子歌商风应蘋之曲，其声遏云。……于是益置酒高会，留连池馆，情盘景邃，竟日忘归"[3]。更有甚者，明代徐应秋《自奉之侈》中记载王延喆"性豪奢，治大第"，在其园中"元夕宴客，客席必悬珍珠灯，饮皆古玉杯，恒醉归。……每夜设宾，老夫妇居中，诸姬列坐，女乐献伎，诸姬以次上寿，蹲三行，乐阕，夫人进席去，乃与诸姬纵饮为乐"[4]。可见，当时部分士人过度追求感官快乐，已与传统文人园林精神相背离。

同时，明代中后期旅游活动逐渐普及化、大众化，已经成为文人闲暇生活的重要组成部分。陆揖在《苏杭俗奢与市易》中记载："只以苏杭之湖山言之，其居人按时而游，游必画舫、肩舆、珍馐、良酝、歌舞而行，可谓奢矣。"[5] 园林因其秀丽的景色，成为公众交游与社会交往的热门场所。客人乐于游园，同时，园主人也往往乐于将园林对游人开放。例如，范允临的"天平山庄"是"每三春时，冶郎游女、画舫鳞集于河干，篮舆鱼贯于陌上"[6]；而王世贞"弇山园"则是因为吸引着公众前来参观，而使得其园林的名声也随之扩大，"余以山水花木之胜，人人乐之，业已成，则当与人人共之。故尽发前后局，不复拒游者……客既客目我，余亦不自知其非客，与相忘游者日益狎，弇山园之名日益著"[7]。卜正民（Timothy Brook）认为晚明园林的开放性特征是士绅社会地位竞争

1 （清）归庄《太仓顾氏宅记》，见载于归庄《归庄集》卷六。

2 （明）王世贞《游吴城徐少参园记》，见载于王世贞《弇州四部稿·续稿》卷四十六。

3 （明）范允临《明太仆寺少卿舆浦徐公暨元配董宜人行状》，见载于范允临《输寥馆集》卷五。

4 （明）徐应秋《自奉之侈》，见载于徐应秋《玉芝堂谈荟》卷三。

5 （明）陆揖《苏杭俗奢与市易》，见载于陆揖《蒹葭堂杂著摘抄》。

6 （清）归庄《观梅日记》，见载于归庄《归庄集》卷三。

7 （明）王世贞《题弇园八记后》，见载于王世贞《弇州四部稿·续稿》卷一百六。

的表现，他认为园林是士绅设计的一个向同类人群表示某种关系的空间，园林的开放活动可以帮助他们获得社会声望，也反映出其"炫耀性消费"的心理[253]。

二、功能特点分析

（一）交融的关系：园林农耕与游赏活动

明代对于园林的认识具有复杂性与多样性，其中一个被当时文人广泛讨论的命题就是园林究竟是作为纯粹游观的场所而供个人享乐，还是应该作为农业生产的庄园，从而有着积极、正面的形象[250]。在明代初期，对于后者的认可占据了上风，这就与皇帝推行、社会崇尚的勤俭生产完全一致。柯律格（Craig Clunas）在其论著《蕴秀之域：中国明代园林文化》中也认为明中期以前江南造园同农业经济有着密切的联系[254]。顾凯教授研究发现明代中期之前，苏州地区凡是以"园"命名的园林，一般都与农作物相关，农业道德意识尤其浓厚[250]。例如，王鏊的《安隐记》记载"吾肆力而耕于是，凿其中以为池，疏其傍以为堤，除其高以为园；园，吾艺之橘，池，吾畜之鱼，堤，吾种之梅竹花柳"[1]，可见园林农耕主题的突出。然而，明中后期，随着园林游观和娱乐功能的发展，农业生产与园林营造的分离日益显现。柯律格认为，16世纪以来，江南园林更加倾向于美学表达，而与农作活动逐渐分离[254]。以徐泰"东园"、徐缙"薛荔园"为代表的一批苏州园林已主要是作为美学意义上的游观场所。例如，对薛荔园记述中主要提及"水鉴楼""蕉石亭"这样的景观建筑，即便是以植物命名的景致，如"风竹轩""蔷薇洞""柏屏"也与农作活动相去甚远[250]。然而，园林农耕与游观功能关系的探讨，并不完全在于其形式上的分离与交融，而更多的是其精神层面的内在联系，即农耕之景也可游观，农耕之乐更助游兴。例如，蔡升的西村别业农耕之乐与游观之胜均被人所称颂，所谓"田园之乐，生殖之殷，山水登临之胜，则蔡氏西村别业专焉"[2]；前述韩雍的葑溪草堂虽以农耕种植为特色，但也可以"与良朋佳客游其间，可以恣清玩、解尘虑"[3]；即使是明代中后期花木繁茂，厅榭精美的拙政园其园林主题含义仍在于"筑室种树，灌园鬻蔬，享有闲居之乐"[4]。可见，园林农耕与景观游赏是相得益彰，农作之乐与游赏之乐共同构成了士人丰富多彩的园林生活。

（二）模糊的界限：修身自适与纵情娱乐

修身养性一直是文人造园的主要目的，也是正统儒家的抱负追求。在明代初期，园林中的耕读之乐显得非常单纯。例如，《沧溟集》记载"吴门有奇士，二弟偕好修。……我志非所求。驾言旋北郭，灌园依一丘。白云荡虚壑，余映翻寒流。置酒临高

---

1 （明）王鏊《安隐记》，见载于王鏊《震泽集》卷十五。

2 （明）聂大年《西村别业记》，见载于清代王维德《林屋民风》卷六。

3 （明）韩雍《葑溪草堂记》，见载于韩雍《襄毅文集》卷九。

4 （明）王宠《拙政园赋》，见载于王宠《雅宜山人集》。

台，邈焉怀其侍。鸿鹤既云举，千里常悠悠"[1]就反映了这种情怀。韩雍在葑溪草堂中以四时农耕为乐，并且在栽植果树时说明"若异卉珍木，古人好奇而贪得者，不植焉"[2]，将农耕园居之乐与单纯的感官享受划清界限。至明代中期，伴随着园林游观活动的复兴，园林记载开始出现"自适"一词，是一种自己满足、安乐的精神状态。王鏊家族的"真适园""且适园""从适园"就表露了这种园居生活理想。其在《从适园记》中写"予园名真适，学盖知予之乐，而有意从之者也，故名之曰从适"[3]，可见"适"是以一种平和的心态得到生活之"乐"的追求[250]。同时，"自适"并非只是贪图安逸享乐，又有乐于自食其力之意。昆山许氏"养余园"就被王世贞称赞为"园有畬，可稼可蔬，乐子之恒余；园有养，可钓可网，乐子之能养"[4]。然而，随着经济社会的发展，苏州士绅的园林享乐则变得日趋奢靡，前述呼朋啸饮、置酒高会、女乐献伎之乐显然超出了安然自乐的范畴，但恰恰成为当时苏州园居生活的风尚。筑园以安隐自处、砥砺情操、修养道德，却成为曲高和寡的调子。

这时候我们不禁要问，园林修身自适与纵情娱乐的界限在哪里？到底什么程度的娱乐是应该被推崇的？事实上，当时就有很多学者对这个问题进行了思考。有人认为当天下太平之时，园林游乐无可厚非。张凤翼《乐志园记》写道："今天下承平累叶，四裔宾贡，扶杖之老，不识鼓鼙，而庙堂禁疏网阔，万物熙然，夜行无醉尉之诃，狂吟绝诗案之狱……是吾济所际，千百年来有之一日也。此而不乐，谁当乐者？"[5]但更多的士人则对此提出了疑虑。陆深的《薛荔园记》就对园主徐缙的享乐提出了忧虑，他提出"君子有当世之志者，疑于习宴安而略忧勤矣，似乎有所不暇"[6]；孙承恩《东庄记》更是直白地指出"葺此陋居，足为僵息游乐之地……君子当安于所寓，而不可有非分之望"[7]。顾凯在《明代江南园林研究》中指出当时社会上对于造园奢靡之风的认识并不一致，而对于来自正统节俭观的指责，却一直是文人园林所不能回避的问题[250]。事实上，修身自适与纵情娱乐在每个人心中的界限都有差异，每个时期的园林娱乐活动都有其存在的社会背景，但苏州文人园林清雅恬适的特色应该是主流，也是其历经时代洗礼而不变的文化精神。

（三）矛盾的心态：社会交往与隐逸追求

在我国历史上的多数士人看来，隐居是值得推崇的精神品质和生活方式，而园林则是理想的隐居场所。然而，随着时代的发展，特别是明代中后期园林社交属性强化之

---

1 （明）李攀龙《求志园》，见载于李攀龙《沧溟集选》二十八。

2 （明）韩雍《葑溪草堂记》，见载于韩雍《襄毅文集》卷九。

3 （明）王鏊《从适园记》，见载于王鏊《震泽集》卷十七。

4 （明）王世贞《养余园记》。

5 （明）张凤翼《乐志园记》，见载于清代陈梦雷《钦定古今图书集成·经济汇编·考工典》第一百二十卷。

6 （明）陆深的《薛荔园记》，见载于陆深《俨山集》卷五十五。

7 （明）孙承恩《东庄记》，见载于孙承恩《文简集》卷三十二。

后，使得园主在园林功能取舍上不得不面对另一种矛盾，即精神上的隐逸追求与行动上的社会交往需求。明代初期，园林主人依然坚持传统的隐居精神追求，强调独善其身，而尽量避免社会交往活动。吴宽的《隐士史明古墓表》记述了一位吴江"隐士"的园林生活行为——"室无姬侍，筑小雅之堂，方床曲几，宴坐其中，或累月不至城郭"[1]就是对这种理念的实践。然而，随着时代的发展，园林社会交往的活动日益增多，这种矛盾就日益突显出来。王世贞的《弇山园记》中记载其弇山园开放后"守相达官，干旄过从，势不可却，摄衣冠而从之，呵殿之声，风景为杀。性畏烹宰，盘筵饾饤，竟夕不休，此吾居园之苦也"[2]；方孝孺的《菊趣轩记》也提到"睹园林之靓丽，无复隐居之适"[3]他认为城市中那些华丽的园林其实是不适合隐居和修身养性的，而是为了游观宴集等娱乐活动而设计的[250]。

　　在这种情况下，部分士人的隐逸情怀只能在日常的社交活动之中退居到精神向往的层面，从而实现一种调和。明嘉靖礼部尚书顾清的《拙隐》《菊隐轩记》等诗文表达了他对"隐"于园的向往，然而事实上他的园林交往活动是很多的，他认为文人雅士的聚会是其隐逸生活的一部分。《曲水草堂诗序》中就有所记载："西园王一鹏，因作草堂图以写之，南安太守张先生为记而歌之，南溪俞允宁和之，他作者亦数十家，曲水之名遂隐然若晋之兰亭，唐之盘谷矣"[4]。然而，也有的文人却无法接受这种调和。例如，柯律格认为明代著名文学家文徵明就排斥将园林社交活动与隐逸生活相提并论，其《拙政园记》和《拙政园诗》都没有被收录入他自己的《甫田集》，也是内心想回避园林活动对其隐士形象的干扰[254]。而陆深的《避喧庵诗序》中也对戴氏"恬隐公"既追求隐居，又交游、集社、赋诗的行为提出质疑，"公既隐矣，焉用文之若是者"[5]其实也反映了士人矛盾的心态。事实上，传统的隐逸行为随着社会的发展，在明代已然很难寻觅，但不可否认的是，"隐逸"的观念仍然是现实之外的一种理想追求所在，成为人们园林生活的精神向往。

第六节　清朝时期

　　清朝是中国封建社会的最后一个朝代，历 267 年，是苏州古典园林的集大成期，也是保存至今的苏州古典园林的定型期[232]。以乾隆、嘉庆两朝为界，前期封建社会持续

1　（明）吴宽《隐士史明古墓表》，见载于明代焦竑《国朝献徵录》卷一百六。

2　（明）王世贞《弇山园记》，见载于王世贞《弇州四部稿·续稿》卷五十九。

3　（明）方孝孺《菊趣轩记》。

4　（明）顾清《曲水草堂诗序》，见载于顾清《东江家藏集》卷四。

5　（明）陆深《避喧庵诗序》，见载于陆深《俨山集》卷四十七。

兴旺，苏州地区的繁盛不逊前代。孙嘉淦《南游记》记载乾隆年间苏州"控三江，跨五湖而通海。阊门内外，居货山积，行人水流，列肆招牌，灿若云锦，语其繁华，都门不逮"[1]。苏州古典园林继晚明余韵，持续发展。据魏嘉瓒《苏州园林录》统计，乾隆年间苏州实际存在的园林大大超过周边城市，苏州城区园林 190 多处，新建的 140 余处[255]，官僚富豪、文人士夫，或葺旧园，或筑新构，都热衷于园林营建。同时，园林娱乐与社交活动日益丰富，雅集、交游之风尚长盛不衰。至清代晚期，苏州古典园林则开始衰落，园内房舍屋宇的增多，使天然之趣有所减弱，隐逸气氛日趋淡薄。然而，私家园林社会化、开放化的进程则进一步加快，许多具有公共服务功能的园林逐渐出现，为苏州古典园林社会效益的发挥探索了新的路径。

一、主要功能类型

（一）日趋丰富的园居文化生活

清代苏州园林的园居功能需求增加，园林逐步转变为多功能的活动中心，园内建筑物的类型、数量随之增多，以满足园主的需求。沈德潜《复园记》记载拙政园"因阜垒山，因洼疏地。集宾有堂，眺望有楼有阁，读书有斋，燕寝有馆有房，循行往还，登降上下，有廊榭、亭台、碕沜、村柴之属"[2]；《樊隐草堂记》记载其园主毛逸槎"常得休暇于此，而望衡对宇，时多素心，弹琴，或对弈，或觞咏，即无事相接，清言竟日，极盘桓游衍之趣。"[3] 就是这一时代特点的鲜明写照。因此，衣学领在《苏州园林魅力十谈》中认为清代苏州古典园林是包含琴、棋、书、画、茶、演奏、戏曲演出等艺术化的精致生活方式[256]。同时，一些前代园林中不太常见的园林功能建筑开始出现。例如，以琴为名的构筑物在清代苏州园林中出现的更加频繁，怡园有"坡仙琴馆""石听琴室"（图5-9），网师园有"琴室"，其弧型半亭设计更有利于抚琴回声的音响效果，显示出园林功能与建筑的紧密结合。留园则将参禅礼佛的宗教空间与私家园林相结合，在园中设置"待云庵"为家人祈福修身所用（图5-10）。

清代园林文化生活异常丰富，最具特色之处，一是园林收藏功能的发展，二是戏剧发展与园林的结合。首先，部分清代士人凭借其雄厚的经济实力，在养生休憩之余大量藏书或收集字画古玩，使得园林收藏功能日益拓展。耦园主人沈秉成在园林中收藏金石字画，藏书更超万卷，其自题对联"万卷图书传世富，双雏嬉戏志怀宽"正是其耦园特色的写照；网师园主人李鸿裔在园中拥书数万卷，蓄三代彝鼎、汉唐石刻、宋元以来法书名画[232]；辟疆小筑主人顾沄在园中"艺海楼"藏书十万卷及名人字画，在"吉金乐石之斋"藏商彝、周鼎、晋帖、唐碑，在"传砚观"藏曾祖父所赐之砚，可见园林收藏

1　（清）孙嘉淦《南游记》，见载于清代张潮《虞初新志》卷十七。

2　（清）沈德潜《复园记》，见载于王稼句编著《苏州园林历代文钞》。

3　（清）沈德潜《樊隐草堂记》。

之丰[232]。其次，清代时期，戏曲与园林发展同时达到高峰，"戏与园共存，园林、声伎并举"，成为当时社会令人瞩目的现象。当时，拙政园、留园、惠荫园、环秀山庄等众多苏州古典园林内建有专供戏曲表演的场所。留园戏台为双层三檐形制，建于"东山丝竹"院内，与"林泉耆硕之馆"前的露台布局在一条轴线之上，形成了动静有序的戏曲观演空间。张履谦在拙政园西部宅园中建"卅六鸳鸯馆"和"十八曼陀罗花馆"，与斜对角"留听阁"专为昆曲传习之所，建筑整体形势体量合宜，上有卷棚顶，四角有耳房，音响效果极好。同时，园林主人多蓄养家班，即使没有家班的，在佳节生辰、婚丧嫁娶、迎来送往时也要请戏班去宅园中作堂会。清代徐扬《姑苏繁华图卷》就描绘有遂初园聚宴演出《白兔记》的场面，其轩厅宏敞美奂，张灯缀彩，主宾十一人饮酒观剧，仆役数人在旁侍奉，热闹非凡[257]。可见，"园林成后教歌舞，子弟两班工按谱"[1]的园林戏曲风尚盛极一时。

图 5-9　怡园"石听琴室"　　　　　　　　　图 5-10　留园"待云庵"

（二）持续发展的雅集结社活动

因为时局动荡，清初的苏州文人雅集活动一度受到压制，但是到康熙中期以后，社会逐渐安定，苏州文人的风雅传统也在经济社会复苏中再次延续，一些饮酒、赋诗、赏景的雅集活动继续演绎着江南的风雅与才情。褚篆《依园记》记载顾予咸在园中雅集的场景"春秋佳日，予时相过从，引壶觞，弄笔墨，友朋畅聚，几不辨执牛耳者为谁也"[2]。沈德潜《网师园图记》则描绘乐园林主人与苏州众多名士文会的情景，"时或招良朋，设旨酒，以觞以咏。凭高瞻远，幽崖耸峙，修竹檀栾，碧流渺弥，芙蕖娟靓。以及竦梧蔽炎，丛桂招隐，凡名花奇卉无不萃胜于园中。指点少时游钓之所，抚今追昔，分韵赋诗，座客啧啧叹羡"[3]。王昶《渔隐小圃记》也介绍了文人墨客在园中聚会的热闹场

1　（清）赵翼《青山庄歌》，见载于赵翼撰《瓯北集》卷一。

2　（明）褚篆《依园记》，见载于清代顾来章《重修唯亭顾氏家谱》（光绪二十九年刻本）卷十一。

3　（清）沈德潜《网师园图记》，见载于《沧浪区志》第四卷《艺文》，上海：上海社会科学院出版社（2006年版）。

面，"于是春秋佳日，吴中胜流名士，复命俦啸侣，来无虚日。而远方贤士大夫过吴者，挐舟造访，填咽于江邨桥南北，樽酒飞腾，诗卷参互，更非冈龄所能逮矣"[1]。苏州园林雅集的描述不胜枚举，类似于沧浪亭这样的苏州名园，仅此一地就有"沧浪合局""沧浪五老会""沧浪七子会"等众多文人团体定期活动聚会[258]。通过园林交游，园林主人与尤侗、朱彝尊、王士侦等清代文坛巨匠都建立了深厚的情谊，并编写《沧浪小志》把他们对沧浪亭的吟咏全部收纳其中。因此，衣学领认为"文会雅集这一传统形式在清代江南有了充分发展，成为文化家族的一种诗性存在方式。江南的文学精英几乎都曾主持或参与过这样的文会活动，并努力将其建造为风流儒雅的精神乐园。[256]"

（三）不断拓展的公共服务功能

清代末年，苏州园林随着商品经济的发展而转变自身性质，成为具有社会功能的公共服务场所。商贾富户除了建造园林供自己居住之外，更将一些名园改造成为商品经济服务的专业化场所[259]。艺圃本为明代学宪袁祖庚所建，几经转手之后，清道光十九年，商人胡寿康、张如松为创建丝绸同业会馆而购此园，将其改称为"七襄公所"。《苏州府为绸缎业设局捐济同业给示立案碑》中介绍该公所"作为公局，捐厘助济绸业中失业贫苦、身后无备以及异籍不能回乡、捐资助棺、酌给盘费、置地设冢等善事"[2]，同时具有平抑价格、鉴定货物、举行会集之类维持和协调行业交易等商业功能。拙政园在同治年间被改建成八旗直奉会馆，由此也失去了文人园林的色彩，成为具有开放性的公共场所[259]。李翰文《八旗奉直会馆四宪创建记》中记述，"爰集同乡僚属会宴于斯，略分言情，跌相酬酢，以尽欢为乐。此诚二百余年未有之盛举"[3]。同时期，盛康在留园内设置义庄并附设家善堂，虽然该义庄主要是服务于盛氏亲族，其立庄的宗旨是"专以周恤贫乏为主，小康及能自食其力者不与"[4]，但也具有公务、聚会、办事接待的功能，成为苏州地方官员、绅商与盛氏园主互通有无、沟通消息的场所[260]。公共服务功能的出现，使得苏州园林能够发挥更大的社会效益，时人对这种功能转型纷纷表示赞许。杨文荪《七襄公所记》写道："夫为兹园之住者，自昔多名臣高士，清操义照，或则风流文采，盘敦周旋，非徒侈土木、歌舞以夸耀庸妄者。比今改建会馆，虽今昔人事不尽同，而诸君子勇于为善，崇实黜华，将使载之志乘，足以垂远而风世，洵与昔贤殊途同归，不负此胜境也"[5]。最终，随着商品经济的不断发展，将促成苏州私家园林向城市公共空间的重要转型。

1　（清）王昶《渔隐小圃记》，见载于清代李铭皖，谭钧培，冯桂芬《苏州府志》卷四十六。

2　《苏州府为绸缎业设局捐济同业给示立案碑》（道光二十三年），见载于苏州博物馆等合编《明清苏州工商业碑刻集》，南京：江苏人民出版社1981年版。

3　（清）李翰文《八旗直奉会馆创建记》，见载于苏州市园林管理局《拙政园志稿》，1986。

4　（清）盛康《留园义庄记》，见载于王国平、唐力行主编《明清以来苏州社会史碑刻集》，苏州：苏州大学出版社1998年版。

5　（清）杨文荪《七襄公所记》，见载于苏州博物馆藏拓片。

二、功能特点分析

（一）园林隐居氛围日趋淡化

清代中后期之后，士大夫普遍征逐名利，追求生活享乐，传统的清高、隐逸的思想越来越淡薄；再加之市井趣味渗透于士流文化，园林逐渐成为多功能的活动中心，以及园主人夸耀财富和社会地位的手段[216]。一方面，园林中的娱乐、社交功能占据主流地位。清代苏州士族一年四季几乎无节不举会，无景不兴会，无旬不集会，而雅集文会多在园林之中，如珠成练，络绎不绝[256]。同时，戏剧、曲艺表演等活动也促进了私家园林的对外开放。补园主人张履谦酷爱昆曲，邀请昆剧名家俞粟庐、沈月泉、吴义生常住园中教授曲艺，影响颇大；而怡园的"幔亭曲社""俭乐曲社"也定期举行雅集活动[261]。另一方面，园林面向公众开放的游憩活动也得到了进一步的发展。梁章钜《楹联丛话》记载"吴下园亭最胜，如齐门之吴氏拙政园，阊门之刘氏寒碧庄，葑门之瞿氏网师园，娄门之黄氏五松园，其尤著者，每春秋佳日，辄开园纵人游观"[1]。同时，为更好地适应当地酷爱交游的风俗，一部分酒庄宴饮之地也建设有园林化环境，其亭台楼阁、花木扶疏与私家园林无异。当时，苏州山塘街有"酒肆半朱楼"之称（图 5-11），最著名的饭馆酒楼有叹山馆、山景园、李家园三家，楼馆内不仅有四时佳肴，而且均辟有花园，疏泉叠石，配以书画，环境十分清雅。苏州引善桥侧的萍香榭为宴客之所，有"精舍三楹枕水涯，绿杨遥映画栏斜。最宜仙侣吟诗地，恰近中山卖酒家"[2]的生动描写。

图 5-11　徐扬《姑苏繁华图卷》山塘街局部
图片来源：http://file7.gucn.com/file/CurioPicfile/20131029/GucnP_U388492T620676321383048542504.jpg

（二）公共活动管理逐步规范

清代苏州古典园林中的各类公共活动与管理服务日趋规范。首先，园林雅集活动管理日趋严格。例如，活跃于可园、严家花园的苏州"城南诗社"就有明确的雅集举办时间与诗文活动的规定，"每课五题：古体五言、七言各一；律体五言、七言各一；绝句

1　（清）梁章钜《楹联丛话》卷六《胜迹》。

2　（清）石蕴玉《饮萍香榭》。

一，或五言或七言。面成一诗，余俱补成。一月一举。社中序齿批阅"[1]。其次，面向游客开放的公共游览活动也对游览时间、游览费用进行了初步的规定。例如，《同治苏州府志》、袁学澜的《清明开园》都有相似的记载，苏州"诸园皆于清明日开，令人输钱入游，至立夏节方止，无虚日"[2]；清顾禄《清嘉录》记载嘉庆、道光年间的苏州私家园林向游人收取费用"春暖，园林百花竞放，阍人索扫花钱少许，纵人流览"[3]，但也有提供相应的服务"来游者，园丁备茶，子以茶资少许，不敢多索，主人有命也"[4]，可见其园林公共游览服务管理水平的提升。最后，逐步转型为公共服务场所的园林也有较为完备的管理制度。例如，艺圃改建的七襄公所就制定了救济同业者的经费资助与筹措规定，"于公费中量为资助。其费则各肆酌捐五厘，按月汇交公局，籍而记之，以待诸用"[5]。而留园所建义庄"家善堂"则确立了拯难、救急、解衣、推食、恤嫠、施医、送药、惜字、放生九项内容，明确"所有收支各数均系实用，开销每届年冬开具清单，实贴堂壁以昭征言"[6]。不难发现，随着时代的进步与园林公共化进程的发展，人们已经认识到经营管理对于实现园林功能、发挥园林社会效益的重要作用。

第七节　民国时期

民国时期，日军侵占苏州，苏州经济遭到野蛮掠夺和惨重摧残。继而，国民党政府发动内战，横征暴敛，吏治腐败，金融混乱，苏州工商业萧条，城市经济面临崩溃；同时，由于上海的兴起，苏州作为东南经济中心和重要商埠的地位不复存在。国势如此，苏州园林的发展必然会受到极大影响，虽然园林兴建传统犹在，私园也有所建，然其规模和繁盛之状，远逊于前代[255]。同时，清末苏州被辟为通商口岸，开辟日本暨西方各国公共租界，西风东渐，簪缨世家衰败而新贵富商踵起，传统园林影响力日渐式微而西方风尚日盛。梁思成《中国建筑史》提及"自清末季，外侮凌夷，民气沮丧，国人鄙视国粹，万事以洋式为尚，其影响遂立即反映于建筑。凡公私营造，莫不趋向洋式（图5-12）"[262]。沧浪亭、狮子林等古典名园虽获修葺，也不免受西洋建筑风格影响，新建园林则多为中西合璧，异域元素掺杂其间，童寯的《江南园林志》记述"自水泥推广，而铺地垒山，石多

1　（清）沈德潜《沈归愚自订年谱》，见载于《北京图书馆藏珍本年谱丛刊》第九十一册，北京：北京图书馆出版社，1999年版。

2　（清）李铭皖，谭钧培，冯桂芬《苏州府志》卷三。

3　（清）顾禄《清嘉录》卷三。

4　（清）陈恒庆《谏书稀庵笔记》卷八。

5　（清）程笙《七襄公所记》。

6　（清）盛宣怀《盛宣怀档案》·盛氏家善堂章则，上海图书馆馆藏，档号：024872。

假造。自玻璃普及，而菱花柳叶，不入装折"[63]（图 5-13）。园林功能也为之变革，传统生活方式与新派娱乐活动碰撞交融，利用私家园林开办学校、事务所、图书馆、博物馆等情形屡见不鲜，各类现代社会功能与苏州古典园林的结合日趋紧密。

图 5-12   苏州遂园的西式船舫

图 5-13   狮子林建筑的玻璃装饰

一、主要功能类型

（一）西风东渐：交融碰撞的新旧生活方式

清末民初之际，西风东渐，苏州涌现出一批具有西式风格或中西风格杂糅的私家园林。事实上，不仅园林建筑的形制与空间布局如此，园林中新旧生活方式的碰撞也是该时期苏州古典园林功能的特点。《苏州地方志》也记载"民国时期洋房花园、仿古宅园代之而兴，民众生活方式亦随之更新"。该时期，一方面，传统的园林文人雅集活动依然存在，传统文人坚守着固有的生活方式。例如，1919 年，怡园主人顾鹤逸组织怡园琴会，聚集海内琴友 48 人于园内畅谈琴艺，轮番表演。据《江苏文献》记载，该琴会"假怡园胜地，举行琴会，先期发索，遍邀同调，同声相应，千里逢迎，胜友名园、盛况空前。堪谓近代吴门艺苑之创举"[232]。其后，园内多次组织国内名师会琴及曲会、画社，文采风流盛极一时（图 5-14）。1932 年，画家张泽、张大千、叶恭绰和王秋斋等人寓居网师园中，一时文人雅士，荟萃于此，谈文论画，传为佳话[232]。然而，这些活动随着时代的发展却逐渐式微。民国学者顾颉刚评论"今日造园者，主人倾心于西式之平广整齐，宾客亦无承昔人之学者，势固有不能不废者矣"[249]，反映

图 5-14   怡园琴会
图片来源: https://c-ssl.duitang.com/uploads/item/
201910/03/20191003092831_pasno.jpg

对古典园林及其中文人生活逝去而惋惜。另一方面，西方现代生活方式开始在苏州古典园林中发展兴盛。例如，怡园在园主顾鹤逸逝后园渐衰落，在20世纪40年代初被改造为"苏州大世界"，话剧、歌舞、魔术、评话、弹词、申曲、越剧、苏锡文戏无所不有，游人在一个地方可享受到多种多样的文艺娱乐服务[263]。拙政园在民国时一度开设茶室、娱乐场招徕游客，游园须购券以充馆内旗人生活费。1931年，佘氏家族在苏州建设墨园，在保留居住功能的同时，在园内建设办公室与职工宿舍，设立"自力农场"，从事奶牛养殖业，具备办公与经营功能，成为宅邸园林与办公场所相结合的产物[264]。

（二）私园式微：全面植入的现代社会功能

民国时期社会纷乱，原有的官宦士族逐渐式微，园林也随着逐渐颓废，有些甚至变成了无主之园，大量园林开始由政府代管，被赋予了全新的功能。当时，苏州的现代旅游业开始发展。私家园林开放不再是"与民同乐"性质，而是由旅行社、旅行团等旅游机构组织，需要"纳资入园"。民国朱揖文编著的《苏州指南》就介绍有留园、怡园、拙政园等可游览的苏州古典园林26处，成为当时重要的旅游指南[265]。1914年9月，江苏省立第二图书馆在可园成立，1929年改名为"江苏省立苏州图书馆"，拥有藏书21084种、127916册，成为当时全国藏书较为丰富的图书馆之一[266]。同时，民国时期苏州士绅热衷于教育事业，对于拥有私家园林的士绅来讲，园林成为比较理想的校舍。任传薪于1906年在退思园创办同里丽则女学，以园林中的堂、厅、轩、楼作为教室使用，并建有图书馆、实验室等场所，该学校在民国期间进行了扩建，并持续办学至中华人民共和国成立后（图5-15）。颜文樑于1922年租用沧浪亭开办苏州美术专科学校，成为当时江苏省唯一的专业艺术教育学校（图5-16）。另一部分园林则被政府征用。例如，1941—1943年，狮林寺作为汪伪省政府的贵宾官舍，园中暗香疏影楼为伪省政府秘书长唐惠民租用，荷花厅为宴会厅，指柏轩为会客室，五松园为卫兵休息室，园东小洋楼住宅为办公处。此外，转变为茶馆的五峰园、转变为苏纶纱厂办事处的鹤园、被日

图5-15　同里丽则女学校园景观
图片来源：1915年6月5日《妇女杂志》第一卷第六号

图5-16　苏州美专师生在沧浪亭合影
图片来源：https://baijiahao.baidu.com/s?id=1648231759294926832&wfr=spider&for=pc

本领事馆占据的遂园、设立律师事务所的南半园等类似情形不胜枚举，以苏州古典园林为载体的各类现代功能场所日趋丰富。

二、功能特点分析

不难看出，民国时期苏州园林传统生活方式的社会基础已经被彻底颠覆。首先，社会的动荡和持续的战争对苏州古典园林本身带来了极大的破坏。民国童寯的《江南园林志》记述拙政园"数十年来，并未新修，故坠瓦颓垣，榛蒿败叶，非复昔日之盛矣"，而环秀山庄"现久经驻军，装折四散，涧瀑不流""犹有白头园叟在，斜阳影里话当年"可为当时苏州古典园林残破衰败的写照[63]。人们已经没有舒适的空间与安逸的心态在园林中享受传统的休闲生活。其次，社会变革与城市发展对原有内向、封闭的苏州古典园林也带来了巨大的冲击。童寯先生认为"市政更张，地产增价，交通日繁，世变益亟。盖清咸、同以后，东南园林久未恢复之元气，至是而有根本灭绝之虞[63]"。此外，园林主人群体的身份发生了显著变化。魏宪伟梳理了民国时期 26 座私家园林的主人，其中商人和官员各 8 名，文人 5 名，教育学者 2 名，律师、艺人、军官各 1 名[265]。苏州园林已不再为"士大夫"阶级所独有，而多样化的园主群体则带来了不同的园居生活方式与经营管理理念。总之，这一时期既是传统苏州古典园林形式走向没落，又是其功能发展大碰撞与大融合的时代。这个时代带给人们的不仅是衰败与落寞，事实上，民国时期很多开明的园林主人已经将学校、图书馆、医院、会所等多样化的公共功能融入了古典园林。单就功能的丰富程度而言，民国苏州古典园林不仅远超前代，就是对比当今社会也毫不逊色。当然，这些功能与园林的结合与转变还显得比较生硬，私家园林往往转型过快而导致管理混乱。但无论如何，这依然可以被看作孕育着希望和机遇的时代，为新中国苏州古典园林的保护与管理提供了探索经验。

第六章
苏州古典园林保护传承与创新发展现状分析

当代苏州古典园林的保护传承与创新发展，既是其功能演化历史的延续，又是未来创新发展实践的基点。因此，本章将系统梳理中华人民共和国成立后，苏州古典园林保护发展的历程与现状，介绍苏州古典园林的保护管理体系与政策法规，从丰富的当代实践中总结功能活化的经验与策略。同时，直面实践中的困境与挑战，期望通过全面的现状分析为苏州古典园林文化遗产创造性转化与创新性发展打下良好的基础。

第一节   保护历程与保护概况

一、苏州古典园林保护历史沿革

苏州古典园林发展至民国时期，由于社会动乱等原因，园主变更频繁，园林疏于维护。1937 年，建筑学家童寯在《江南园林志》中描述当时江南园林的现状是"邃馆露台，苍莽灭没，长衢十里，湮废荒凉"[63]。随着抗日战争的爆发，许多历史名园再次遭到严重破坏。1956—1959 年，刘敦桢教授的苏州古典园林普查显示，当时苏州 190 处园林与庭院中，有 98 处由于年久失修和战争破坏，处于全废或半废状态。为抢救、保护国家的珍贵文化遗产，中华人民共和国成立后，政府投入大量资金对苏州古典园林进行修复保护，其历程大致可以分为以下三个阶段。

第一阶段是 20 世纪 50 年代初至 80 年代初。为最大限度地抢救和保护好苏州古典园林，1954 年，苏州专门成立了"园林整修委员会"，而后设立园林管理处、园林管理局等政府机构，1958 年成立园林修建队。按照"重点修整，一般维护，先修名园"的原则，先后对拙政园、留园、沧浪亭等十几座古典园林进行了抢救性修复。虽然不少园林的修复缺乏足够的参照，也没有明确的文物保护操作规范，但以刘敦桢、陈从周、谢孝思为首的苏州老一辈园林专家与工匠凭借优秀的传统工匠技术以及严谨的学识和经验进行修复，重现了苏州古典园林风貌。许多园林先后被列为国家级、省级文物保护单位，享誉海内外。然而，文化大革命时期，许多园林被改建或拆除，或被用作工厂、公共设施或公用住宅，这也是园林遭到破坏的原因。因此，虽然苏州名园的保护取得了一定的成绩，但苏州园林的群体性生存状态并不理想。据苏州园林管理局于1982年的调查显示，8处大型园林遭受了不同程度的破坏，中型园林从原有的22处减少到13处；小型园林从1959年的61处减少到只剩下20处。其中1959年时保存完整的壶园、元园、拙园、杨宅、陆宅，连同住宅被拆除，著名的芳草园、曲园、畅园等均遭破坏[267]。

第二阶段是20世纪80年代中期至90年代"申遗"成功前。1982年，《中华人民共和国文物保护法》出台后，"不改变文物历史信息""最小干预"等概念开始深入人心，苏州古典园林又得到了进一步的重视与保护。1982年，苏州被国务院批准为历史文化名城，1986年，国务院批复了以"全面保护古城风貌，重点建设现代化新区"为总方针的《苏州市城市总体规划（1985—2000年）》，极大地推动了园林事业发展。苏州市先后修复了耦园、鹤园、艺圃、曲园、畅园、环秀山庄等一大批园林名胜，并对拙政园、留园、网师园、沧浪亭、狮子林、怡园进行了局部整修和环境整治。该时期，在对苏州古典园林文化遗产进行本体保护的同时，也注意对园林环境细节的修复处理。保护修复中注重对园林匾额的恢复、书画的更新、家具的油漆、摆件的添置，再现了园林厅堂的本来面目，陈设水平显著提升。先后完成留园轿厅玉石镶嵌全景图、怡园荷花厅银杏屏刻全景图、北寺塔飞英堂巨幅梅花屏刻以及耦园"还砚斋"银杏落地翠等陈设大件的复原[268]。然而，该时期虽然部分园林得到修复，但由于古城区的城市开发，特别是道路拓宽工程和住宅区建设，导致私家园林屡遭破坏。如古城西南部的笑园，由于建设现代住宅小区，被全部拆毁。铁瓶巷任宅的附属园林也于1993年在干将路拓宽工程中被拆毁[77]。

第三个阶段是1997年苏州古典园林申遗成功后至今，以苏州古典园林入选《世界文化遗产名录》为契机，人们对苏州古典园林文化遗产的价值意义认识更为深刻，苏州古典园林的科学保护与管理进入新阶段。该阶段，苏州市以保护园林遗产的突出普遍价值为核心，广泛吸收国内外先进经验，不断提升保护理念、创新管理手段。一是以园林修复和保护为重点，苏州市建立健全了保护管理机制和法律规范体系，编制专项保护规划，有序完成了环秀山庄、可园、留园曲溪楼、拙政园住宅等一批古园林建筑的修复工程，实施了耦园、怡园等园林的综合环境整治。二是坚持遵循传统与推陈出新并举，实施园林的精细化管理，恢复园林厅堂陈设，实施拙政园、留园、网师园等园林的水治理工程，加强古建筑、山池、花木的管护，使各园林景区更趋精细秀美。2006年，苏州率先建立"苏州古典园林管理动态信息系统和监测预警系统"，监测对象涵盖建筑物、陈设、植物、环境、客流量、安防、基础设施等模块，提升了遗产地管理的科学化、系统化、信息化水平[70]。三是大力推进"天堂苏州·百园之城"建设，探索苏州古典园林群体性保护路径。《苏州园林名录》编制工作不断推进，重点完成"当代苏州园林"的调查、论证和公布工作，实现"百园名录"的编制目标。将园林艺术融入城市规划建设，引领风景名胜区管理、城市公园建设和城市景观提升，苏州古典园林群体性、整体性、原真性保护得到有效落实，充分彰显了"园林之城"的新形象。

二、苏州古典园林保护总体情况

（一）苏州古典园林保护修复现状

苏州古典园林的修复保护是遗产价值发挥的基础，近年来苏州把加强园林保护修复作为推动历史文化名城建设、增强苏州城市综合竞争力的重大战略。持续加大苏州古典园林保护管理力度，编制了《世界文化遗产苏州古典园林保护规划（2006—2020）》《苏州园林保护修复专项规划》《关于加快推进"天堂苏州·百园之城"的实施意见》等政策法规，按照"全面保护、修复保护、遗址保护"三类模式，坚持"修旧如旧"的原则，相继修复了五峰园、畅园、可园、朴园、柴园、可园、明轩实样等园林，重点开展了艺圃住宅、留园西部射圃、网师园露华馆、拙政园住宅等遗产园林局部修整，不断提升苏州古典园林的保护质量。同时，考虑到古典园林与周边环境的统一性与协调性，苏州编制了古典园林及周边住宅、祠堂、街坊及民居的整治保护规划，严格控制周边用地开发建设，对缓冲区内新建建筑的形态、高度和色彩等进行严格限制，以保证和园林景观的协调，实施遗产园林缓冲区实地调研和定期巡视，强化拙政园、狮子林、东园等园林外围环境整治，苏州古典园林科学性、原真性和完整性保护逐步加强。

苏州古典园林遗产保护除了需要大规模的修复保护工程之外，也依赖于精细化的园容、园貌日常维护。苏州以保护遗产原真性为目标，实施园林的精细化保护管理，最大限度地采用传统材料、沿用传统工艺对园林建筑、假山、驳岸、铺地等进行养护维修。例如，留园持续推进字画装裱、石刻描字、宫灯补贴绢画等维护工作，完成了伫云庵陈设布置、涵碧山房水池驳岸加固及小桃坞设施改造等；狮子林开展了假山探损分析研究工作，采用三维扫描、超声波等先进手段掌握假山驳岸的真实数据，为假山保护提供科学依据[269]。长期以来，苏州古典园林各管理单位在建筑及假山维护、树木修剪、厅堂摆花等方面都做了大量工作，使遗产园林的保护管理水平有了新的提升。

为了解苏州古典园林遗产保护情况，1953—1959年，刘敦桢教授工作组进行了苏州古典园林调查，共查得园林114处，庭院74处。1982年，苏州市政府组织文物园林调查组，共查得园林122处，庭院105处，除与20世纪50年代相同外，新增调查园林

8 处，庭院 31 处 [270]。同时，为了加深对当代苏州园林保护修复情况的了解，研究参考苏州市政府 2015—2018 年公布的《苏州园林名录》并进行对比。为统一口径，研究选择了 1982 年调查园林名录与《苏州园林名录》都涉及的园林，并将 1982 年调查中的保存状况"完整、较完整""半废""残存、全废"分别对应《苏州园林名录》中保存状况的"好""中""差"。研究发现两次调查中均涉及的苏州古典园林共计 36 处（表 6-1），其中目前保存状况为"好""中""差"等级的分别有 25 处、6 处、5 处，占比分别为69.4%、16.7%、13.9%。对比 1982 年调查时，保存状况较好的比例提升了 33.3%，保存状况为中等的比例下降了 30.5%，保存状况较差的比例下降了 2.8%。19 处园林的保存状况保持不变，14 处园林的保存状况得到改善，而有 3 处园林的保存状况恶化，其占比分别为 52.7%、38.9% 和 8.4%。不难发现，近年来苏州古典园林的群体性保护取得了良好的效果，大部分园林的保存状况较好，可园、朴园、五峰园等一批苏州名园得到了修复。但是，研究也发现 1982 年调查时保存状况为"完整、较完整"或"半废"的园林尚有 41 处，如东麒麟巷 3 号、梵门桥弄 8 号、颜家巷 26 号等苏州古典园林尚未纳入《苏州园林名录》，它们的生存状态如何不得而知。1982 年调查时保存状况为"残存、全废"的 81 处园林是否还有抢救可能也需要进一步的分析。值得庆幸的是，《苏州园林名录》编制对苏州古典园林的挖掘探寻工作起到了明显的推动作用。虎丘塔影园、慕园修复工作已开工，南半园、寒山别业、墨园、遂园等园林的修复工程也陆续启动，让更多园林流芳于世的目标终将实现。

表6-1　1982年之后部分苏州古典园林保存修复状况

序号	名 称	建造年代	1982 年调查时保护状况[267]	《苏州园林名录》公布时保护状况[271]	变化情况
1	拙政园	始建于明	好	好	保持
2	留园	始建于明	好	好	保持
3	网师园	清	好	好	保持
4	环秀山庄	清	中	好	提升
5	沧浪亭	始建于宋	好	好	保持
6	狮子林	始建于元	好	好	保持
7	艺圃	始建于明	中	好	提升
8	耦园	清	中	好	提升
9	曲园	清	中	好	提升
10	天香小筑	民国	好	好	保持
11	北寺塔	宋	好	好	保持
12	五峰园	始建于明	差	好	提升
13	西园	始建于明	好	好	保持
14	惠荫园	始建于明	中	中	保持
15	听枫园	清	中	好	提升

（续表）

序号	名称	建造年代	1982年调查时保护状况[267]	《苏州园林名录》公布时保护状况[271]	变化情况
16	怡园	清	好	好	保持
17	畅园	清	差	好	提升
18	可园	清	中	好	提升
19	鹤园	清	好	好	保持
20	北半园	清	中	好	提升
21	柴园	清	中	中	保持
22	残粒园	清	好	中	下降
23	遂园	清	中	中	保持
24	塔影园	清	中	中	保持
25	朴园	民国	中	中	保持
26	万氏花园	清	中	好	提升
27	拥翠山庄	清	中	好	提升
28	南半园	清	差	差	保持
29	慕园	清	差	差	保持
30	墨园	民国	差	差	保持
31	顾氏花园	清	中	差	下降
32	雷氏别墅花园	民国	好	差	下降
33	陶氏花园	民国	好	好	保持
34	双塔影园	清	差	好	提升
35	师俭园	清	中	好	提升
36	织造署旧址	清	中	好	提升

注：研究以《苏州园林名录》公布之时的保护状态为准，部分园林其后得到进一步修缮，未纳入分析。

（二）苏州古典园林保护管理体系

1. 保护管理机构设置

中华人民共和国成立后，苏州古典园林保护工作受到政府的高度重视。1952年，设立苏州市园林管理处，负责园林调查及修复等具体工作。1953年，成立由专家、学者组成的苏州市园林修整委员会，指导开展古典园林保护修复工作。1958年，为维护苏州古典园林的风貌及传承古建营建修复技艺，成立专业园林修建队。1981年，园林管理处更名为苏州市园林管理局，2001年又更名为苏州市园林和绿化管理局，列入市政府机构序列，进一步加大了园林保护和管理力度。2002年，成立苏州市世界遗产暨古典园林保护工作领导小组，建立了由文物、规划、建设、城管、旅游等职能部门共同参与的协调保护机制，加强苏州古典园林的全面监管。2005年，成立苏州市世界文化遗产古典园林保护监管中心，开展针对列入《世界遗产名录》园林的保护监测工作。2006年，成立世界文化遗产园林管理处，负责古典园林的日常保护工作。目前，苏州市园林和绿化管理局是苏州古典园林遗产的主管部门，内设遗产监管处，并设有世界文化遗产古典园林保护监管中心、拙政园管理处、留园管理处、狮子林管理处、网师园管理处、沧浪亭管理处、耦园管理处等管理机构。形成了苏州市政府领导，苏州市园林和绿化管理局主管，苏州市文物局监管，各遗产园林管理处具体负责的管理体系。

2. 保护管理队伍建设

苏州园林维修技术队伍创建于 20 世纪 50 年代，为开展园林保护修复，其不断吸收社会技术力量而发展壮大。1979 年，为培养园林技术人才，苏州园林管理处与教育部门合作创办苏州园林技工学校。同年，成立苏州古典园林建筑公司，面向社会招募百余名高中毕业生作为园林古建技术工人。20 世纪 80 年代，先后成立苏州园林设计院与苏州园林科研所，引进科研和园林设计人才，开展园林规划设计、遗产保护与园林旅游研究。同时，苏州市园林和绿化管理局积极引进园林管理人才，截至 2018 年，该局共有保护管理人员 328 人，涵盖了园林、园艺、城市规划与设计、建筑学等专业，促进了遗产保护管理水平的日益提升[146]。同时，举办"世界遗产苏州古典园林监测""苏州园林文创培训班"等专题培训班，开展"园林植物病虫害防治""园林盆景园艺技术"等知识讲座以及"园林树木修剪""园林导游讲解"等技能竞赛，促进研究型、管理型、复合型人才的培养。此外，《苏州市园林绿化和林业发展"十四五"规划》提出了"坚持人才优先发展，培养壮大适应新时代园林绿化和林业高质量发展要求的知识型、研究型人才队伍"的指导思想，培养传统技艺传承人的工作机制不断创新。建立了国家级非遗项目"香山帮传统建筑营造技艺"传承基地，开设大师工作室、职业培训学校、新材料研发中心等教科研机构，并与苏州大学联合培养大学生，为古典园林保护技艺传承提供充足的人才保障。

3. 保护管理法规体系

长期以来，苏州市不断完善法律规范体系，持续加大苏州古典园林保护管理力度。1997 年制定了《苏州园林保护和管理条例》，并经江苏省第八届人民代表大会常务委员会批准施行。这是我国首部园林保护和管理的地方性法规，对园林保护的职责、范围、保护内容做出规定。该条例为苏州古典园林的有效保护提供了保障支撑。在苏州古典园林申遗成功后，苏州市政府加强了园林遗产保护的法治化建设，分别于 2004 年和 2016 年对《苏州园林保护和管理条例》进行了修订。相继出台《苏州市古树名木保护管理条例》(2002)、《苏州市古建筑保护条例》(2002)、《苏州市古建筑抢修保护实施细则》(2003)、《苏州市历史文化保护区保护性修复整治消防管理办法》(2003)、《苏州市城市紫线管理办法》(2003)、《苏州市文物古建筑维修工程准则》(2004)、《苏州市文物保护单位和控制保护建筑完好率测评办法（试行）》(2005)、《苏州市园林保护管理细则（试行）》(2006)、《世界文化遗产苏州古典园林监测工作管理规则》(2011)、《苏州园林分类保护管理办法》(2016)等行业管理规范，出台了《世界文化遗产苏州古典园林保护规划（2006—2020）》《市政府关于加快推进"天堂苏州·百园之城"的实施意见》

（2018）《苏州市历史建筑保护利用管理办法》（2021）、《江苏苏州文物建筑国家文物保护利用示范区建设实施方案》（2021）等政策法规。这些规章制度的施行，对苏州古典园林的保护、利用与管理等工作的法制化、规范化具有重要意义，为遗产保护管理提供了强有力的法律依据和保障。

4. 遗产监测预警机制

苏州坚持以预防性保护为目标，积极实施对遗产园林的系统性监测。形成"保护—监测—管理"三位一体，市政府、主管局、各古典园林管理处三级联动，通力协作的全方位监测管理机制。苏州园林和绿化管理局在 2006 年率先发布了《苏州古典园林管理动态信息系统和监测预警系统建设实施方案》，建设成"一个平台、三级管理、三库支撑"的"133 工程"，其中：一个平台，即建立"苏州古典园林管理动态信息系统和监测预警系统"平台，并与国家的平台链接；三级管理，即与国家、省有关部门链接，实现国家、省、遗产地三级互联的动态信息监测和预警工作管理；三库支撑，即建设用以支撑系统运行的实时库、历史库、集成库。全面完成监测系统软件开发建设，根据监测对象的不同，设置建筑物、构筑物、陈设、植物、环境、控制地带、客流量、安防、基础设施、管理机构、文献资料 11 类监测模块，将酸雨对建筑物的腐蚀危害，台风对高大乔木的伤害，湿度对字画、木构件的霉变影响，以及土质板结影响园林植物的生长纳入监测管理体系，极大地提高了园林保护管理的科学化和标准化水平[70]。每两年组织一次园林管理情况评比，不定期组织专家团队进行园林检测、绿植修剪等日常管理维护指导。通过监测管理及时发现问题，分析总结，为日常管理及时提供了参考信息，保障了苏州古典园林遗产的保护质量。

第二节　功能传承与创新发展

一、政策法规引导

苏州古典园林是我国历史园林的精华所在，也是世界文化遗产的杰出代表，苏州古典园林的功能传承与创新发展对弘扬我国传统文化，促进人类文明共同发展有着重要意义。事实上，园林遗产活化思想在苏州地方规划、政策或法规中早已有所体现，一直引领着实践的发展。以 1996 年制定的中国首部地方性园林保护法规《苏州园林保护和管理条例》为起点，大致可以分为以下三个阶段。

1996—2005 年为苏州古典园林初步利用阶段。此阶段活化思想虽未提出，但苏州古典园林已经在抢救、修复和保护的基础上，开始进行初步的功能再利用探索。1996 年，《苏州园林保护和管理条例》涉及古典园林的展览、游园活动和经营服务活动；

2003 年，《苏州市古建筑保护条例》提出"古建筑可以作为参观游览场所和经营活动场所"；同年，《苏州市城市紫线管理办法》也强调要保留历史遗存的原有功能。虽然，这些地方法规中对园林功能利用的表述相对笼统，但却是对园林保护思想的发展，为未来园林遗产活化思想的产生奠定了基础。

2006—2015 年为苏州古典园林活化思想的产生阶段。此阶段园林活化的表述正式出现，园林遗产利用的内涵与方法更加丰富。2006 年，《苏州市城市总体规划（2007—2020）》提出"利用现有文物保护单位、古建筑、名人故居等，经过整修后可建成历史、艺术、民俗、科技等博物馆系列"；2007 年，《苏州市旅游业发展"十一五"规划》首次出现园林活化的表述，提出"深入挖掘园林历史文化内涵，注重生活在园林中的人，发生的事，使园林活化"的规划目标；2009 年，《苏州市旅游发展总体规划（2009—2020）》再次强调"加强苏州历史文化的活化与效益化利用"；2011 年，《苏州市风景园林绿化事业发展"十二五"规划》提出"突出园林旅游创收，致力于促进园林经济发展"；2013 年，《苏州历史文化名城保护规划（2013—2030）》提出"注重发挥历史遗存的社会、经济和文化价值，实现有效利用"，同年，省政府批复该规划时要求苏州重视"提升历史城区文化传承、旅游休闲、特色商业和传统产业发展、苏式居住等功能"。此阶段，"活化"表述的出现代表了园林遗产活化思想的正式产生，同时强调园林功能传承方式的有效性，注重园林遗产与旅游、商业、居住、文博等业态的融合，关注园林发展的综合效益。

2016—2020 年为苏州古典园林活化思想的发展阶段。习近平总书记提出"让历史文化遗产活起来"的系列重要论述之后，遗产活化便成为苏州古典园林"十三五"时期的发展热点。2016 年，《苏州市文物保护事业"十三五"发展规划》《苏州市风景园林绿化"十三五"发展规划》《关于加强苏州国家历史文化名城保护的决定》分别提出"有效转变文物保护管理模式，让文化遗产真正活起来""苏州园林活态保护利用得到多元化发展""实现物质文化遗产和非物质文化遗产活态保护和可持续发展"的活化目标；2017 年，《关于实施传统建筑和园林营造技艺传承工程的意见》提出对园林营造技艺传承"应加强保护与活化应用并重"；2017 年，《苏州"十三五"旅游业发展规划》不仅将"实现历史资源活化利用"作为规划目标，更是创新提出了"探索园林创新管理与利用方式，尝试园林 MICE、企事业活动、文创办公等的多样化利用"等活化方式；同年颁布的《苏州国家历史文化名城保护条例》提出"鼓励社会力量合理利用历史资源发展符合保护规划的产业"的鼓励政策。2018 年，苏州市政府《关于加快推进"天堂苏州·百园之城"的实施意见》提出"修复保护与活化利用并重"的基本原则，将园林资源的活化利用，作为文旅融合，让旅游反哺园林的保护传承的重要途径，创新推出园林会奖、休闲度假、生态观光、康体养身等新兴旅游项目。该阶段，遗产活化的政策支持力度不断提升，活化思想快速发展。园林遗产在物质形态活化利用基础上，增加了非物质文化遗产和园林营造技艺的活态保护内容，有形与无形遗产融合传承的特点得到进一步彰显。开始探索以管理改革与科技创新带动园林遗产活化的新路径，强调了会展、奖励旅游、文创产业与园林融合发展背景下的园林遗产活化形式创新与虚拟现实、增强现实等现代科技条件下的园林遗产活化技术创新。

2021 年至今为苏州古典园林活化思想的成熟与实践阶段。"十四五"时期，苏州立足新发展阶段、贯彻新发展理念，坚持精准保护、精准利用的理念，打响苏州"世界遗产典范城市"品牌。2021 年，《苏州市"十四五"文化和旅游融合发展规划》指出要"发挥古城国家文物建筑保护利用示范区的核心作用，……活化利用古城文物和遗产资源，助推古城产业升级。"同年，《苏州市历史建筑保护利用管理办法》提出"历史建筑的保护利用，应当遵循科学规划、分类管理、有效保护、合理利用的原则，在满足保护要求、保持历史建筑核心价值的基础上，鼓励活化利用。"《苏州历史文化名城保护规划 2021—2035》指出"鼓励对各类文物古迹进行合理的多元化利用，优先发展公共文化、社会服务功能，促进文旅融合和文化产业发展，加强其对公众开放力度。"2022 年，《苏州市园林绿化和林业发展"十四五"规划》确立了"当好江南园林保护管理、活化利用的传承者、守护者和创新者"的规划目标。同年，《江苏省"十四五"文物事业发展规划》已将"'以文化人'苏州古典园林保护利用项目"列为文物活化利用工程的重点项目。可见，"十四五"时期，苏州正致力于全面推动以苏州古典园林为代表的各类文化遗产的活化利用。虽然其实践效果还有待检验，但政策文件的密集出台，对于其功能传承与创新发展实践已产生了明显的推动作用，并引领着我国历史园林理论与实践的改革创新。

二、功能传承实践

中华人民共和国成立后，苏州古典园林尚有百余处，大都残破严重。1953 年，江苏省委要求对苏州古典园林速予修葺，以保存文化遗产，并可吸引游客。同时，梁思成、刘敦桢等专家也提出了遗产保护目的是古为今用[47]，改造文化遗产以适应新用途[48]等思想，对苏州园林功能传承实践产生了深远影响。因此，20 世纪 50 年代初期，拙政园、留园、狮子林、怡园等规模较大的 11 处园林经过修复后对外开放，接待游客数量逐年增多，1954—1958 年共接待游客 729 万余人[272]。然而受到时代背景影响，遗产功能传承与利用并未引起足够重视，相反，因为文化大革命时期的不当使用，导致大量园林的毁灭性破坏。20 世纪五六十年代苏州城市建设以利用既有的建筑为方针，作为国有资产的私家园林常被调拨给工厂、学校或机关等使用，由于园林空间不适于作厂房、仓库、办公室等，而被拆除改建。例如，苏州北半园曾先后归木器盆桶社、东吴丝织厂、第三纺织机械厂等企业使用，建筑、环境破坏严重，渐渐沦为临近居民闲聚之地[235]。艺圃 1959 年起为越剧团、沪剧团、桃花坞木刻年画社及民间工艺社相继使用，厅堂曾用作托儿所、车间和仓库，整体破坏严重。当时单位在使用园林时，往往只用不修，任其败坏，或是随意拆除、翻建，损坏了古建筑的结构和原有风貌[273]。另外，听枫园、怡园、凤池园、济园等园林作为住宅被分配给居民使用，亭子、游廊、水榭、四面厅等都被改修为住房，园林的山池花木也被严重破坏。

20 世纪 70 年代后期至 90 年代末，苏州古典园林的功能传承实践逐步走上科学化道路。在"整修园林、犹可兹用"思想的影响下[274]，苏州古典园林蕴含的旅游、文教功能开始被重视。《苏州市总体规划说明书（1975—2000 年）》提出"对影响园林风景的工厂应逐步迁出"；《苏州市城市总体规划 1979—2000 年》提出"对已开放园林要抓经常的维修和改善工作，对被占用的仍有开放价值的园林，如环秀山庄、鹤园、艺圃、北塔公园等，应由园林部门收回。对已损坏严重，无法开放的园林应对假山、亭、台、楼、阁等进行抢修、保护或搬迁"。1980—1983 年，先后从园林中搬迁出企事业单位 17 个，对外开放的园林日益增多，至 1986 年年底，市区开放的园林名胜共 28 处，比"文革"前增加了 17 处[273]。该时期，苏州古典园林的功能传承实践日趋多样化。一是园林的陈列展览功能更加丰富。1988 年，在北寺塔藏经楼下建成了"苏州古典园林艺术陈列室"，1990 年，在耦园建成"耦园沈氏文物陈列室"。部分园林还被改造为博物馆。例如，1988 年王鏊祠堂被改建为苏绣博物馆，1986 年全晋会馆被改造为苏州戏曲博物馆。把风景游览与观赏展览联结起来，丰富了园林的功能内容。二是园林改造为社区活动中心与现代住宅的实践开始出现。盛家浜的陶氏庭院被开辟为社区活动中心，绣园被改造为高档花园宅院。三是由学校、机关、企业使用的园林中开始逐步对外开放。如苏州大学南校区的可园、苏州图书馆的天香小筑、苏州国画院的听枫园可以有限接待游客。北半园原来为第三纺机厂占用，修整后与工厂招待所统一管理，游客可以进入品茶[275]。

21 世纪以来，旅游开发成为苏州古典园林遗产活化的主要方向，同时，以苏州古典园林为载体的会展、文创、酒店等功能活化模式也逐渐出现，苏州古典园林作为现代生活方式的价值为人们所认知。首先，功能活化方式更加多样化。北半园被打造成"书香世家·平江府"创意文化酒店（图 6-1）；柴园被改造为苏州教育博物馆，尚志堂吴宅则植入了苏州工艺美术博物馆（图 6-2）；位于西美巷内的况公祠，由政府修复后，作为苏州政德教育中心对外开放（图 6-3）；双塔影园现为新沧浪房地产开发有限公司办公地点，同时也是"吴都学会"的活动基地（图 6-4）。其次，活态传承的特点更加突出。例如，潘祖荫故居坚持"本土文化国际化，经典文化现代化"的理念，使改造项目成为展示苏州传统文明的文化精品，体验苏式生活的示范基地（图 6-5）。柴园充分应用现代信息技术打造了苏州教育博物馆，让"村塾授业""书楼挥毫""义学发蒙""科举府试""文庙县学""状元及第"等与苏州教育有关的场景真实地呈现在参观者面前。最后，功能传承实践的路径更加丰富，除了由政府出资修复之外，由企业或个人进行修复使用的案例开始增多。例如，2002 年，新沧浪房地产有限公司对莳湄草堂进行修缮，作为私人会所使用；2007 年，由民营企业家出资修缮了圆通寺，并创设了圆通美术馆和苏州史前玉器博物馆；2018 年，企业家张桂华用了近 10 年的时间将平江学堂旧址改造为墨客园园林式酒店（图 6–6）。运用市场手段、吸收社会资金进行苏州古典园林活化利用，可以弥补政府资金不足的问题，也可以使文化遗产更贴近市场，满足现代社会的需要。

图 6-1　北半园"书香世家·平江府"酒店

图 6-2　苏州工艺美术博物馆

图 6-3　况公祠苏州政德教育中心
图片来源：http://gxj.suzhou.gov.cn/szeic/jgdj/20210
8/4238d51a4b0b49dd8999faf67d6c9133.shtml

图 6-4　双塔影园新沧浪房地产开发有限公司

图 6-5　潘祖荫故居苏式生活示范基地

图 6-6　墨客园园林式酒店

三、活化发展策略

2017 年，正值苏州古典园林入遗 20 周年之际，苏州市政府提出"加快打造'百园之城'，让镶嵌在姑苏城内的苏州古典园林，迸发出新的生机与活力"的发展目标。可见，遗产活化已成为新时期苏州古典园林应对挑战、创新发展的主要举措。然而苏州古典园林具备自身的个性化特点，需要在功能传承与创新发展的政策引导与实践探索上加以关注。一是苏州古典园林空间小中见大，空间小巧精致、层次分明又富于变化，园林中建筑空间、环境空间以及灰空间共同构成丰富多彩的空间效果。二是从历史发展上看，苏州古典园林具有丰富多样的使用功能，无论是平日里的起居、游赏、读书、饮宴，还是节岁中的乞巧、修禊、斗草、饯春等活动都展示出园林的勃勃生机。三是苏州古典园林自古是吴文化要素集中展示的舞台，也是当代苏州非物质文化遗产活化的重要平台，与江南地域文化结合紧密。四是苏州古典园林在苏州古城内星罗棋布，与城市结合更加紧密，更加贴近人们的日常生活，其蕴含的鲜活文化记忆是苏州园林长盛不衰的奥秘之一。当前，苏州市政府针对古典园林文化遗产的个性化特征，提出了以下几方面的活化策略。

（一）空间环境活化策略

苏州古典园林针对其小中见大的空间特征，因地制宜地利用园林空间开展活化实践，注重引入符合环境特征与文化氛围的现代功能。例如，"书香世家·平江府"酒店以苏州大户人家宅院生活为蓝本，在空间整体布局上以"北半园"为中心，建筑物环绕其间，形成风格独特的江南水乡庭院。园林中的连廊如飞虹般跨于半园与大堂楼之间，在空间上起着过渡作用；半园内的知足轩等几处旧有厅堂经修缮后改建成东方情韵的餐厅，为酒店公共空间赋予了独特的苏州风情。"拙政问雅"表演项目，则重视演出与观众之间"看与被看"的关系，将园林流动空间特征与行进式演出情节呼应，让游客随空间流转不自觉地与演艺情感表达产生共鸣。双塔影园在整修厅、堂、楼、馆时，巧妙地将其转化为大小会议厅、会客厅、会展厅等，使之成为新沧浪公司的办公场所，是苏州古典园林与现代办公方式融合的成功探索，被业界誉为"苏州古建筑修复利用典范"。

同时，苏州古典园林也注重外部环境更新，从而践行《佛罗伦萨宪章》中"历史园林不能孤立于其本身的特定环境"的思想。以古典园林为核心建立文化街区是苏州古城规划的一贯政策，《苏州市城市总体规划（2007—2020）》规划有平江、拙政园、怡园、阊门、山塘街 5 个历史文化街区，例如，拙政园历史文化街区包含拙政园、狮子林以及忠王府、思绩堂、佛慧庵等历史园林遗产，而平江历史文化街区包含的古典园林与控保建筑则多达 60 处。对古典园林遗产的区域整合，既避免了文化遗产保护的孤岛化现象，又有效提升了园林城市景观的整体风貌，将苏州古典园林保护从节点保护利用转向片区更新活化。苏州在深度解读古城空间肌理、历史文脉及生活模式的基础上，因地制宜地继承与发扬传统空间营造模式，借用古典园林的造园要素与手法组织空间，进行街区整体风貌保护与更新。同时，在强调园林内部空间历史价值保护的基础上，将园林外部环境作为串联园林遗产、激发区域活力的媒介，进行产业布局、主题设计、设施建设与功能置换，实现园林空间环境与现代生活的交融，营造苏州传统社区的生活体验。

（二）使用功能活化策略

历史上，苏州古典园林所蕴含的收藏、娱乐、文教、雅集等功能极为丰富。当代，苏州古典园林也通过传统功能更新与新兴业态植入不断活化其使用功能，促使其融入社会并保持生命力。游赏与居住是私家园林的基本功能，旅游开发与古宅改造也一直伴随着当代苏州古典园林的发展。近年来，苏州致力于园林旅游产品的推陈出新，包含苏式早点、评弹表演、插花体验等内容的定制旅游项目相继推出，以"拙政问雅""网师夜花园""可园夜话"为代表的夜游产品享誉全国，在内容与时间维度上创新了园林旅游产品（图6-7）。2017年，贝聿铭叔祖的嘉园被改造为可以容纳15个客房的民宿，在传承园林风格形式的同时，创造出满足现代生活功能需求的居住空间。除了继承传统功能，苏州古典园林还注意植入酒店、书店、会展等新兴业态，将文化遗产与现代生活有效联系起来，充分发挥其综合价值。方宅、董氏义庄被改造成了文化型酒店"平江客栈"（图6-8）；可园以书院园林为特色，在园内一隅堂及博约楼等处陈列书籍，举办经典著作展览阅读活动，再现其作为"苏州图书馆"的独特风貌。近年来苏州又着力打造园林会展品牌，相继举办了网师园"会唐之夜"、拙政园龙湖地产发布会、阿玛尼香水发布会等会展活动，展示了苏州古典园林"文化品牌、城市客厅"形象。

图6-7　网师夜花园

图6-8　平江客栈

（三）文化内涵活化策略

苏州古典园林重视利用园林空间进行吴文化保护与展示，以园林环境烘托地域文化氛围，以非遗展示强化古典园林文化特色。苏州朴园、环秀山庄内分别建有桃花坞木刻年画博物馆和苏州刺绣研究所；苏州全晋会馆、沈宅、"尚志堂"吴宅则分别改建为中国昆曲博物馆（图6-9）、苏州评弹博物馆和苏州工艺美术博物馆。这些场所不仅对非物质文化遗产进行研究保护，还对其进行宣传展示和活化利用。以朴园桃花坞木刻年画博物馆为例，非遗传承人常年在馆内开办青少年年画传习班，培训木刻年画爱好者，推出符合现代审美需求的年画作品，开发一系列桃花坞木刻年画的文创产品（图 6-10）。除了以园林为载体建立非遗文化基地之外，打造品牌活动也是苏州园林文化活化的主要策略。耦园沿袭了古人园林雅集游赏的传统，将"文化雅集"打造成品牌活动，包含迎春雅集、书香雅集、花道雅集、香道文化和民乐雅集等主题，全方位展示耦园历史文化内涵（图 6-11）。2015 年开始又推出包含有"吴俗婚礼""最美情书展""婚纱摄影"等内容的"耦园追梦"活动，让年轻人体验古典园林的别样浪漫，强化了"全国唯一爱情园林"的主题（图 6-12）。2018 年，苏州在拙政园启动"非遗进园林"系列活动，推出渭塘珍珠、御窑金砖、元和缂丝等苏州传统技艺系列展演，搭建苏州非遗国际性交流平台。苏州古典园林对文化活动品牌化、主题化的打造，避免了传统文化项目内容单调、形式单一、缺乏特色等问题，提升了园林文化品位，让人们通过体验感受园林文化，从而达到活态保护的目的。

图 6-9　中国昆曲博物馆

图 6-10　桃花坞木刻年画的文创产品
图片来源：https://www.thepaper.cn/newsDetail

图 6-11　耦园雅集
图片来源：https://www.meipian.cn/30s1uike

图 6-12　耦园爱情主题活动

（四）历史记忆活化策略

《佛罗伦萨宪章》强调"园林修复必须尊重园林发展演变的各个相继阶段"，园林发展的时代印迹都应当予以保护。苏州古典园林功能传承实践中，注重通过专家论证、考古挖掘、文献研究等方式，挖掘梳理园林文脉，探究园林历史发展。玉涵堂主厅为明代遗构，清代被改建为山塘戏园。修复中玉涵堂建筑装饰、家具陈设等严格按明代形制复原，对失去功能的部分建筑也进行了妥善保存。同时，园内设立"山塘人文风情馆"，将清代戏园历史展示其中，巧妙地延续了其明清历史记忆。耦园将储香馆小卖部拆除，按照晚清风格恢复其书房功能，再现私塾场景。苏州园林活化实践中的细致考证、科学复原与精心设计均体现了对历史记忆的尊重。园林遗产的生命历程是记录在大地上的，也是铭刻在人们记忆中的。潘宅礼耕堂以"苏式生活"再生为思路进行活化利用，构建生活体验社区，推出了"书房＋茶馆＋文创＋展览"的体验产品，以贴切历史背景的空间语境拉近园林与受众的距离。在园林中举办"《隐约江南》读书分享会""平江影像记录分享会"等活动，让大家分享园林记忆与感受。历史记忆的传承与活化构建了古今时空对话的桥梁，唤起了人们对园林遗产的认同感与归属感，最终将园林塑造成一个容纳社会记忆的活态载体。

第三节　现实困境与发展挑战

一、保护利用矛盾突出

苏州古典园林的保护与利用进行了长时间的探索，如何在遗产保护的基础上，有效转变文物保护管理模式，让文化遗产真正活起来，成为其可持续发展的关键问题。21世纪以来，苏州古典园林功能传承实践取得了突出的成就，其功能活化的多样化趋势已经逐渐显现，但其活化利用的主要方式依然是旅游开发。然而，苏州古典园林小巧精致、布局紧凑，并不适合大量游客参观。以狮子林、沧浪亭、耦园等三座园林为例，苏州古典园林申遗文本中规定，每名游人可游面积为 10~25 平方米，三座园林每日游客量上限分别为 2100 人、1500 人、1000 人。然而这些苏州名园入选《世界文化遗产名录》后，游客数量急剧增加，2018 年度以上三座园林的日平均游客量分别为 4340 人、4794 人、1863 人，均超申遗文本承诺上限，年游客总量比入选《世界文化遗产名录》时分别增加 1.5 倍、17.8 倍、21.7 倍[269]。长期超负荷对文化遗产的原真性和完整性构成巨大威胁，嘈杂和拥挤的环境也给苏州古典园林的舒适度与美感度带来负面影响。同时，为了适应旅游开发的需要，苏州园林的功能利用以商业活动为主，虽然能够吸引游客，但是却有悖于园林文化传承的初衷。例如，苏州耦园、怡园的经营权曾被外包给企业，商家在园林中大量开设茶馆、书场、照相馆等营业设施，过度开发和猛增的客流也使园中遗产不堪重负，直至 2005 年其经营权被收归至政府。

与之相反，部分苏州古典园林依然为机关单位、工厂或私宅占用，园林开发利用受到诸多限制，管理水平不尽如人意。这些园林的保护利用一直维持"谁使用，谁修复，谁管理"的原则，因此维护与保养的力度完全取决于所在单位的认识程度。当单位自身发展与保护园林发生矛盾时，往往会放弃后者。而即便认识到园林保护的重要性，这些园林既没有门票收入，也很难获得政府补助，园林日常维护所需经费主要由各机关、企业或个人自主解决，长此以往，也容易导致衰败与荒芜。苏州市政府前四期《苏州园林名录》108 座园林中有 13 座园林归属于机关单位，21 座园林归属于民企或私宅，占《苏州园林名录》记载园林数的 31.5%；这些园林中保护状态为"中"和"差"的分别有 8 座和 6 座，分别占比为 23.5% 和 17.6%，均高于相应状态的总体平均值，说明其生存状态相对较差。同时，其中的 24 座园林并不对外开放，占比为 70.6%，说明园林与社会的联系被隔断，难以充分发挥其作为文化遗产的功能价值。由此可见，苏州古典园林开发利用容易带来遗产破坏与文化异化，封闭管理既缺乏资金维护又脱离社会环境的矛盾依旧突出。新时期，如何做到既充分展示苏州园林历史风貌，传承其文化精华，又赋予其时代内涵和社会功能，探索园林保护和功能活化的最佳契合点仍然是亟待解决的问题。

二、功能价值认知偏差

科学全面的功能价值认知既是园林功能传承的重要挑战，也是其活化实践的首要任务。很多苏州园林既是世界文化遗产、文物保护单位，同时又是经营性企业、知名旅游景点或是机关单位的办公场所等。不同的角色担当，使其同时受到不同管理体系的约束，执行着不同的管理标准。在实践中，难免对遗产保护与活化的认识存在偏差。前述保护与利用的矛盾，实际上反映出基于单一视角的价值取向，而这并无益于苏州古典园林的可持续发展。首先，政府部门对遗产功能价值的理解不够全面。苏州古典园林的保护与利用涉及多个部门的职责范畴，而目前其统筹协调机制尚未建立，导致规划部门常常只能停留在设计阶段，文物部门多关注园林的文物价值，住建部门注重园林的管理和修缮，旅游部门注重园林的开发利用。由于各部门的责任和分工不同，对园林的功能价值往往难以达成共识，无法形成合力。政府部门在苏州耦园、怡园经营权出让与收回之间的反复选择正是因对其功能价值认知不全面导致的。

其次，开发管理者对遗产功能传承历史认知不够深入。苏州古典园林的功能传承与创新发展实践应建立在对其历史沿革、文脉延续、功能发展充分理解的基础上，从而实现文化传承与可持续发展。然而在当前实践中，却暴露出一些因对园林历史认知不够而带来的瑕疵。例如，网师园将殿春簃、梯云室等书房空间改作演艺场所，却未对原有琴室加以利用；玉涵堂本是明代吏部尚书吴一鹏的故居，现今开办了中医药诊所和邮票博物馆，功能主题与原有建筑文化相去其远。这种功能改变带来的文化原真性淡化值得反思。陈从周先生在《说园》一书中提到"古今中外自成体系，决不容借尸还魂，不明当时建筑之功能，与设计者之主导思想，以今人之见强与古人相合，谬矣"[211]。最后，不同利益相关者对园林遗产功能价值评判存在分歧。例如，苏州古典园林独特的文化价值吸引着国内外的旅游者，也成为政府宣传推广的城市名片。然而，这些知名园林成为旅游景区或文保单位之后，往往成为与居民生活相隔离的空间，其功能价值并不被居民所认可[145]。事实上，奥斯汀（Auston）曾分析了遗产保护利用中常见的价值观冲突，批判了脱离社群讨论遗产价值的现象，强调价值评判必须针对使用人群具体分析[43]。而目前，苏州古典园林的功能传承与创新发展实践仍缺乏有效的公众参与机制以及各利益相关者间的沟通协调机制，因而容易造成功能价值认知的偏颇。

三、功能空间转化失当

为了让苏州古典园林更好地适应当代社会发展的需要，应当对原有功能布局进行调整与转化。然而，这种转化的科学性与合理性在实践中却受到了一些质疑。首先，园林内部空间布局失当容易导致园林意境特色的弱化。例如，20 世纪 60 年代，拙政园为了缓解游客压力，将东、中、西三园合一，对原有园林空间布局做出较大调整，就受到了部分园林学家的批评。陈从周先生即认为："将东园与之（原拙政中、西园）合并，大则大矣，原来部分益显局促，而东园辽阔，游人无兴，几成为过道[211]"。从实际效果上看，新拓园区虽大，但游客仍集中于旧园，缓解旅游压力的初衷难以实现，对保持古园格局的完整性、真实性均无益处。网师园移花坞新建"露华馆"，变成供游客休息的茶室，其园林水景特色与观景视野缺失，导致鲜有问津者。同时，园林功能布局调整中，为了方便游客入园，拙政园将东部边门改为入口处，网师园将北部后门改为入口处，游览序列也与原作精神相悖，被陈从周先生称为"人间煞风景事"[211]；可园新修建大门则开门见山，曲径通幽之意境也大为削弱。其次，随着城市改造的加剧，苏州园林周边环境也发生了巨大的变化，对其可持续发展产生了负面影响。20 世纪 70 年代末，狮子林外道路还呈现着浓郁高墙的宁静，由于商业利益的驱使，自 20 世纪 80 年代起破墙开店成风，喧嚣吵闹的情况与日俱增；怡园西、北两侧拓宽道路，并设置集中的餐饮区，所排放的大量油烟不仅污染园中建筑，也影响旅游者的体验。

四、政策供给仍需优化

苏州古典园林的活化发展依赖于全社会的共同努力，然而受到《文物保护法》对于国有不可移动文物的政策限制，私有资金与社会力量的投入途径还较局限，发展进程较为迟缓，政策供给与活化实践需求之间的矛盾仍比较突出。截至 2021 年 9 月，苏州市政府公布的前四期《苏州园林名录》中的 108 处园林中有 88 处园林为国有资产，占名录园林的 81.5%。然而，《文物保护法》第 24 条规定"国有不可移动文物不得转让抵押以及作为企业资产经营"，这虽然杜绝了任何可能导致国有性质改变之因素与可能，但也打击了社会资本参与文物保护和利用的积极性，影响了国有不可移动文物活化利用的进程[276]。

苏州作为文化遗产资源丰富、遗产活化实践发展活跃的发达地区，在政策供给上进行过大胆的探索。例如，2002 年，江苏省九届人大常委会第 32 次会议通过《苏州市古建筑保护条例》，允许个人、企事业单位甚至境外资本购买或者租用古建筑，资助包括园林在内的苏州古建筑保护与开发，政府会根据其维修的面积和程度给予奖励。然而，因为与后续颁布的《文物保护法》等相关上位文件冲突，使得《苏州市古建筑保护条例》的实施举步维艰。虽然买得起、租得起历史建筑的人不少，但是，除了卖出的宋仙洲巷的德园、马医科巷东端的绣园等少数几处外，大部分人还处于观望状态[273]。同时，虽然已经有通过市场运作进行产权或使用权交易的经验。但现有交易市场发育不够健全，存在涉及管理部门多、土地出让金高、过户手续难、搬迁难度大等门槛障碍[129]，导致苏州古典园林创新发展的路径探索依然任重而道远。

事实上，近年来伴随着国家对文化遗产活化利用的日益重视，国家层面的文物保护政策也逐渐完善。2020 年，国家文物局颁布的《文物建筑开放导则》就指出"文物建筑开放应体现公益性和社会性导向，鼓励社会力量参与文物建筑开放工作。各利益相关方应可通过签订合同、协议等方式确保各方合法权益"。2021 年，自然资源部、国家文物局《关于在国土空间规划编制和实施中加强历史文化遗产保护管理的指导意见》提出"鼓励各地自然资源主管部门商文物主管部门结合实际探索历史风貌分类管控机制，研究制定引导历史文化遗产合理利用的规划、土地等支持政策"。同时，地方实践中也多有创新之举。2021 年颁布的《北京历史文化名城保护条例》新增了"保护利用"章节，明确了"历史建筑可以依法转让、抵押、出租"。可见，无论是活化实践的客观需求，还是政策优化的发展趋势，都对现有的遗产保护政策提出了新命题与新挑战。

第七章
苏州古典园林功能价值评价与活化规律探索

通过对苏州园林功能演化历程与当代发展的分析，本书从时间脉络与整体现状方面对苏州古典园林活化传承进行了初步梳理。然而，当代社会中苏州古典园林的功能价值究竟由哪些要素构成？不同要素之间的影响作用机制如何？不同的遗产使用者对园林功能价值的认知是否存在差异？园林自身的活化用途、建造年代、保护等级等属性是否对其整体功能价值以及各类功能评价产生影响？都是值得探讨的问题。为此，本书将基于社会需求与使用功能导向的遗产价值评价理念，抽象出决定苏州园林遗产功能价值的因素，尝试从游客、社群等两类主要遗产使用者的认知视角出发，进行结构方程解析与多元数据分析，从而探索园林遗产功能价值与功能活化规律。

第一节　研究对象与研究方法

一、研究对象

（一）苏州园林调研样本的选择

调研样本基于苏州市人民政府公布的《苏州园林名录》进行选择。截至 2021 年 9 月，目前入选的 108 座园林均是在各地申报、现场调研、专家论证、严格评审、集体决策等程序的基础上形成的，具有典型性与代表性。研究在其中选择了网师园、耦园等 20 座园林作为调研样本（表 7-1），样本选取基于以下考虑。

一是样本属性的多样性。为了体现苏州古典园林功能空间、功能价值与园林自身属性的相关性，样本选择尽量满足建造年代、面积、用途与保护等级等统计因子的多样性分布，包括了旅游观光、礼佛朝圣、餐饮民宿、办公场所、文化展示等遗产主要活化利用方式，并尽可能保证样本数量的均衡性。二是调查研究的可能性。目前，入选《苏州园林名录》的108座园林中对外开放的园林有81处，占总数的75%。考虑到调查的可能性与便捷性，研究选取的调研样本均为对外开放的园林。此外，需要说明的是，样本中包括4座民国时期或中华人民共和国成立后修建的园林，这些园林已入选《苏州园林名录》，是"具有苏州园林本质特征和四大要素的当代苏州园林[277]"，符合苏州古典园林的定义。正如前述章节对园林遗产活化对象的阐述，只要符合《佛罗伦萨宪章》对历史园林的相关定义，又符合苏州古典园林的概念内涵，无论其建造历史是否久远，都可以作为园林活化实践的对象。同时，近当代苏州园林因其功能的多样化而成为较为特殊的活化案例，有利于提升研究的全面性。

表7-1 苏州古典园林调研样本概况

序号	名称	建造年代	活化用途	保护现状	产权状况	保护等级
1	留园	明	旅游观光	好	国有	国家级文物保护单位
2	网师园	清	旅游观光	好	国有	国家级文物保护单位
3	耦园	清	旅游观光	好	国有	国家级文物保护单位
4	怡园	清	旅游观光	好	国有	省级文物保护单位
5	可园	清	旅游观光	好	国有	市级文物保护单位
6	北寺塔	宋	礼佛朝圣	好	宗教产	国家级文物保护单位
7	寒山寺	清代重建	礼佛朝圣	好	宗教产	省级文物保护单位
8	西园	明	礼佛朝圣	好	宗教产	省级文物保护单位
9	石佛寺	宋	礼佛朝圣	好	国有	市级文物保护单位
10	道勤小筑	中华人民共和国成立后	餐饮民宿	好	私人	非文物保护单位
11	墨客园	中华人民共和国成立后	餐饮民宿	好	私人	非文物保护单位
12	北半园	清	餐饮民宿	好	国有	市级文物保护单位
13	慕园	清	办公场所	差	国有	非文物保护单位
14	天香小筑	民国	办公场所	好	国有	国家级文物保护单位
15	遂园	清	办公场所	中	国有	市级文物保护单位
16	全晋会馆	清	文化展示	好	国有	国家级文物保护单位
17	尚志堂吴宅	清	文化展示	好	国有	省级文物保护单位
18	玉涵堂	明	文化展示	好	国有	省级文物保护单位
19	朴园	民国	文化展示	中	国有	市级文物保护单位
20	柴园	清	文化展示	中	国有	市级文物保护单位

（二）问卷调查对象的选择

长期以来，文化遗产价值评价的主体一直以政府部门、专家学者等专业人士为主，这种由政府部门、专家权威"自上而下"开展的价值评价，因其评价主体无法对群众感受与需求产生直观体验，难以体现遗产利益相关者价值认识的多元性，而易于导致遗产价值评价偏差[278-279]，造成不同利益相关者之间的需求矛盾与遗产保护管理失当[280-281]。目前，基于遗产社区与利益相关者视角的遗产价值调研已经逐渐成为一种趋势[210]，程圩认为作为文化遗产价值的最终感受者和评判者，使用者需求的满足才是决定遗产价值的最终标准[282]。赵晓梅认为即使是遗产固有的客观价值也必须通过人们的主观认识才能够得以发现并加以阐释[283]。目前，联合国教科文组织与国际古迹遗址理事会等机构在全球遗产保护工作中鼓励社区参与遗产价值评估[284]。我国遗产保护实践工作也逐步采用问卷、访谈等方法来了解遗产利益相关者的价值认知与发展需求[285]。麦克切尔等认为文化遗产的主要利益相关者包括旅游者和遗产传统使用者[178]。张心认为城市遗产保护的利益相关者可分为本地型公众、外来型公众两类人群[286]。林德荣等提出让本地民众和外来游客共同参与到文化遗产的传承之中，从而恢复文化遗产生活功能[287]。本书重点讨论苏州古典园林文化遗产的功能价值，对作为其直接使用者的社区居民与外来游客的调研不可或缺。

二、研究方法

（一）理论基础

科学全面的价值评判既是园林遗产开发利用的首要任务[43,288]，也是其活化实践的重要挑战[289]。文化遗产保护界在遗产价值评判上进行过许多探索。其中，《威尼斯宪章》认为历史古迹应具有文化价值、历史价值和艺术价值[290]；《保护世界文化和自然遗产公约》规定文化遗产应在历史、艺术或科学角度具有突出的普遍价值[290]；英国遗产组织将文化遗产的价值分为实证价值、历史价值、美学价值与共有价值四类[192]；《中国文物古迹保护准则》将文物古迹的价值界定为历史价值、艺术价值、科学价值、社会价值和文化价值5个方面[291]。不难看出，这类价值评价体系主要是对于遗产物质形态的价值评估，强调遗产本体固有的客观价值。这种理念导向下的遗产价值评估有利于遗产物质肌体保护，但着重于历史面向的价值分析[292]，容易将遗产作为艺术品进行博物馆式的冷冻保存[70]；甚至，过分强调遗产的客观价值，可能成为遗产多样化价值为社会服务的枷锁[293]。那些虽然物质肌体状态良好，但并未对当代社会需求做出相应贡献的遗产，实际上也处在"生不如死"的生命状态[157]。

伴随着遗产活化思想的发展，基于社会需求与使用功能导向的遗产功能价值评价理念开始快速发展。王世仁认为《中华人民共和国文物保护法》所规定的历史、艺术、科学价值总体上都属于文物自身的历史价值，但同时不应该忽视文物对于当代社会的功能价值，两种价值的统一是保护文物的最高目的[294]。徐进亮认为建筑遗产价值体系包括以建筑遗产特征信息为基础的综合价值和以空间可利用性为基础的功能价值两条主线[295]。张心认为城市遗产不仅拥有历史见证价值、文脉传承价值、情感寄托价值等珍贵的"昔日价值"，同时也具备多样化社会功能的"当代价值"[286]。赵晓梅认为，19世纪末以来，人们对遗产价值的认识从固有的客观价值发展为主观价值与客观价值并重，并将不同群体对遗产的社会功能需求纳入评估体系，突出遗产的社会与文化意义[283]。苏州古典园林不是独立于城市人居环境而存在的个体文物，在城市发展过程中，园林一直和城市生活保持着密切的联系，其功能价值的传承与发展是遗产活化的重点。为此，本书将从遗产的功能价值入手，建立功能价值评估结构模型，从使用者视角进行价值评判，从而厘清苏州古典园林功能价值的影响因素与影响路径。

（二）方法说明

结构方程模型是一种基于变量协方差矩阵来分析变量关系的线形统计建模技术，它整合了因子分析和路径分析的功能，可用于处理复杂多变量之间因果关系[296-297]。21世纪初，结构方程模型被引入文化遗产研究，在遗产消费市场分析、遗产价值评估、遗产旅游地居民态度分析、遗产旅游者行为调研、遗产开发利用可行性分析等研究领域取得了一系列成果。本书对园林遗产的功能价值进行分析，涉及影响因子众多，相互关系错综复杂，无法根据经验对结论进行分析判断；同时，从社群与游客主观视角进行的功能价值评估，将不可避免地涉及心理感受、文化体验、社会价值等难以直接准确测量的潜在变量，而应对这些研究挑战正是结构方程研究方法的强项。因此，将结构方程模型引入文化遗产价值评估研究中，有利于提升评估工作的科学性。

分组检验主要用于推论不同分组差异发生的概率，从而比较不同分组平均数的差异是否显著。相关性分析是指对具备相关性的多个变量元素进行分析，从而衡量变量因素的相关密切程度，一般采用 Pearson 简单相关系数作为变量之间的积差相关系数。研究在建构苏州园林功能价值评价模型之后，运用 Spss 软件通过非参数检验与均值比较方法对其功能价值影响因子与不同功能的满意度进行多维检验，以此来验证不同园林用途、保护等级、建造年代的园林之间是否存在差异性，以及不同群体对其功能价值判断是否存在差异性。此外，通过相关性分析研究功能价值影响因子与功能评价之间的关联性，以此探索苏州古典园林功能价值活化规律。

第二节　苏州古典园林功能价值评价

一、指标选取与测量模型构建

20世纪初，伴随着文化遗产保护与修复运动的发展，人们对文化遗产功能的关注日益增强，其功能价值开始融入遗产价值评估体系。1903年，李格尔（Riegl）在《对文物的现代崇拜：其特点与起源》一文中提出，功能价值应纳入遗产价值体系[298]。随后，学者们围绕遗产功能价值的概念、内涵与影响因素进行了一系列探讨。费尔登

（Felden）认为遗产功能价值主要表现为当代的社会与经济价值，应当合理使用历史建筑以延长其发挥社会功能的年限[299]。普鲁金（Prutsin）认为建筑遗产的功能价值包括：建筑功能最初的意义、完成建筑现代功能的可能性、功能行为的目的、建筑自身的表现以及在功能目标下作为形体意义的古建筑[300]。加拿大历史建筑资料管理局认为建筑遗产的功能价值包括当前用途与传统功能的相容性、建筑再利用的适当性、遗产功能的教育意义、公共设施和保护设施配置的合理性、保护修复费用五个方面[301]。《惠安协议》认为遗产功能的影响因素包括功能与使用者的关联性、功能空间分布、功能效用影响、与时俱进的功能创新、因地制宜的功能布局、再现历史的功能传承等内容[302]。国际文物保护与修复研究中心（ICCROM）提出的活态遗产保护方法，将功能价值作为遗产保护的核心，认为遗产功能价值的可持续保护取决于社群参与连续性、文化表达连续性与遗产管理连续性[303]。朱光亚将实用价值作为遗产价值指标之一，主要用以评估其作为旅游资源的可开发利用程度[301]。孙志练认为文化遗产功能指在现代社会中文化遗产发挥作用的能力[304]。徐进亮认为遗产功能价值表现为遗产原始功能延续的完整性与真实性，也表现为通过创造性再利用，赋予建筑新的功能，为人类特定的活动提供室内外空间的能力[295]。

　　通过对文化遗产功能价值的概念、内涵与影响因素的梳理，首先，不难发现遗产综合效益是建立在遗产持续使用基础上的，受到遗产肌体的可使用条件与遗产的实际使用效果两方面要素的影响，体现出内在"实体性价值"与外在"关系性价值"在遗产功能发挥上的综合作用[305-306]。其次，遗产的实际使用效果不仅与现有功能内容有关，还在时间维度上受到功能传承发展的影响，在空间维度上受到功能空间布局的影响。最后，科学有效的遗产运营管理是遗产功能效用发挥与价值传承的重要保障。综上，研究围绕功能载体、功能布局、功能传承、功能内容、经营管理、功能效用、综合效益七个潜变量进行量表设计与测量模型构建，现将其概念内涵与相应观察变量说明如下。

（一）功能载体

　　文化遗产功能的发挥是以遗产物质肌体为载体的，因此遗产自身保护情况与开发条件至关重要。首先，遗产物质肌体的物理状态是遗产存在于世的物质条件，也是其物质功能的基础[157, 178, 301, 307]。其次，遗产的真实性是文化遗产保护的核心概念。《威尼斯宪章》明确提出要保护和传承文化遗产的真实性。《佛罗伦萨宪章》也强调了对园林遗产进行的任何工作都必须保护其遗产的真实性，园林遗产保护中的真实性原则已成为业内共识[308-310]。再次，遗产利用的可能性与适宜性也是活化的前提条件。文化遗产获得现代功能的可能性[300]、文化遗产能够提供的可利用空间[311]、遗产功能更新潜力以及实现潜力的能力[178]都应当在遗产功能活化时予以考虑。又次，遗产资源的丰富性也对遗产功能活化有影响。麦克尔彻（McKercher）等认为可利用的遗产资源数量及其空间分布决定了遗产吸引物的历史品质[178]，申（Shin）等[44]和马赫迪扎德（Mahdizadeh）等[93]对韩国广寒楼苑和伊朗历史园林的调研发现丰富的遗产资源促进了遗产旅游的开发与利用。最后,《佛罗伦萨宪章》指出历史园林不能孤立于其特定环境[309]。因此,遗产所在的区位、交通与环境条件[70, 311],相邻空间环境的性质、用途及其变迁[178, 312],也应当作为功能载体的影响因素加以考虑。

(二)功能布局

文化遗产作为可使用的公共空间,其空间环境的人性化、功能布局的合理性、服务设施的健全度等要素将影响遗产功能活化的效果[313]。李静雅认为遗产功能活化实践中应重视生活空间的质量,注重公共场所的人本化设计[314]。张心通过调研发现遗产保护在塑造公共空间时的人性化尺度为公众所看重[286]。《惠安协议》提出遗产保护与利用需要考虑遗产功能用途的空间分布[302],而加拿大遗产保护组织则将遗产保护街区功能布局调整作为区域更新与功能活化的基础[315]。同时,遗产功能空间中的配套服务设施也为人们所关注。喻学才提出遗产保护和活化需要考虑接待服务设施的科学性、安全性和舒适性[12]。墨菲(Murphy)等对遗产旅游价值的实证研究中选取了服务设施这一维度进行测量[316]。加拿大历史建筑资料管理局也将为公共设施和保护设施作为建筑遗产价值评估的指标[301]。

(三)功能传承

功能传承是指文化遗产传统功能在当代社会中的延续性。首先,遗产的功能特色应建立在其原有功能的延续性上[303],遗产现有功能应符合其功能发展的历史脉络[302],建筑延存至今的原始功能的完整性与真实性是其功能价值的表现之一[295]。其次,延续遗产所蕴含的文化意义是遗产活化实践的共识[283, 317-318]。ICCROM将历史文化的延续性作为遗产功能传承的评价指标[303];麦克切尔(Mckercher)等认为对遗产的使用必须具备文化上的适当性与可持续性[178]。此外,对于使用者来说,功能与文化延续的目的是让人们建立情感上与过去的联系。这是推动活态遗产保护工作的情感基础[283]。马骏华认为一些城市遗产虽然失去了初建时的原始功能,但仍因其情感寄托价值而持续产生对社会公共生活的吸引,对它们重新适应当代城市发展变迁、保持空间活力有着重要意义[313]。吴必虎等认为场所精神比建筑本身更需保护[293]。

(四)功能内容

文化遗产的功能内容指在遗产空间中植入的各类使用功能和经营业态。遗产功能的特色性与多样性是遗产吸引力的重要体现。《惠安协议》提出遗产开发需因地制宜的植入功能与用途[302];孟晓等认为文化遗产活化应有效利用文化遗产的独特性、唯一性等优势,增强功能的特色性与产品的竞争性[319]。孙志练认为文化遗产功能的多样性决定了文化遗产价值的多样性[304]。丰富多彩、富有体验性的文化旅游活动也是遗产展示的重要渠道。吴必虎等认为遗产活化应考虑提供丰富的游憩性和参与性活动[293],而丰富的文旅活动有利于激发公众兴趣,将遗产融入公众生活[178],促进遗产地的可持续发展[307, 320]。同时，文旅活动设计应重视参与者的体验与感受。蒂莫西（Timothy）认为遗址地的保护与开发应确保游客体验是有价值的、令人满意的和令人享受的[321]。麦克切尔（Mckercher）等研究发现为特别目的而设计的文化旅游体验活动是旅游的显著特征之一[178]。杨（Young）认为组织民俗活动、节庆表演等文化教育活动是生动展示遗产文化的重要方法[112]。

（五）经营管理

遗产功能的发挥不仅取决于遗产自身条件，也取决于其经营管理活动。首先，科学的开发经营活动是遗产功能发挥和维护管理的基础[307]，可以有效处理好遗产保护和利用过程中的对立统一关系[322]，促进遗产保护与经济产业发展相结合[323]。然而，非理性的经济利益驱动与以"修复"名义进行的大规模开发则会导致遗产价值与原有功能的丧失[93, 324]。其次，ICCROM认为管理连续性是遗产功能延续的保障条件[303]，特别是对处于持续变化中的园林遗产来说，不断进行维护至为重要[325]。塞尔斯（Sales）认为园林遗产管理是长期持续的过程，无法一蹴而就[36]。雅克（Jacques）阐述了英国国民信托组织的园林活化思想是通过不断改进管理方法来保持园林与时俱进[222]。再次，信息技术为文化遗产活化提供了新动力[4]。澳大利亚历史城市景观数字化实践[326]、故宫博物院的新媒体传播运营方式[327]、基于空间数据库的京杭运河大遗址保护[328]等都反映出科技应用对文化遗产事业发展的支撑和引领作用。最后，遗产管理应充分考虑不同群体对遗产的认知与态度[178, 283]。《国际文化旅游宪章》提出东道主社区和原住民应参与到古迹保护和旅游规划中[290]。张凌云提出民间组织和社群的参与已成为遗产保护的必然趋势[329]。王耀斌等认为征求游客意见应该纳入旅游规划的编制过程[330]，李萍介绍了莫高窟游客管理方法，认为了解游客综合感受以及意见建议对遗产管理很重要[331]。

（六）功能效用

遗产使用效果评价首先应考虑到当代社会中遗产对公众活动需求的满足，突出其作为社会资源的共享性。社群是生活在遗产空间中的文化群体，与遗产存在直接的、持续的联系[110, 332]，遗产活化应该关注该类人群的生存方式和生活态度[283]，重视满足其物质和情感方面的民生需求[28, 333]。同时，文化遗产也是重要的公共休闲场所和旅游资源[287, 318, 334]，旅游活动需求的满足也是遗产功能效用评价的重要来源[335-337]。波兰耶莱尼亚古拉山谷遗产旅游开发中引入商店、餐厅、酒店等旅游服务设施[33]，韩国广寒楼苑通过功能更新打造旅游胜地等活化实践体现了对旅游者需求的重视[44]。同时，遗产教育展示功能[301]、商业经营功能[338-339]、城市发展功能[340]的发挥都是其功能效用的重要表现。最后，遗产功能转化的合理性也应在遗产功能效用评判中加以考虑。加拿大历史建筑资料管理局将遗产功能转化的相容性与适应性作为建筑遗产评估的标准[301]。刘敏等认为依托传统建筑的建筑本底，衍生符合现代消费者的功能是遗产再利用中成功的经验[311]。刘曦婷等对近现代历史园林调研后发现，合理的功能转化是当代遗产功能效用评价应考虑的因素[341]。

（七）综合效益

综合效益是文化遗产活化价值的综合体现。徐进亮认为遗产综合效益可以表现为社会效益与经济效益[283]；费尔登（Felden）认为遗产综合效益主要表现为其当代的社会经济价值[299]。顾江认为经济效益是文化遗产价值的重要表现形式[342]。陆地通过调研西方建筑遗产案例发现，建筑遗产开发利用可以带来诱人的经济与社会效益[157]。通布里奇（Tunbridge）等发现重新建立文化与社会关联是实现文化遗产综合效益的关键[343]。麦克切尔（Mckercher）等认为物质遗产再利用是保持其文化价值可持续性的重要问题[178]。在园林遗产活化实践方面，英国阿尼克花园[108]、德国克利夫斯历史公园[106]、美国拉波萨达的历史园林[344]等历史园林的活化利用产生了积极的经济效益，而韩国广寒楼苑[44]、俄罗斯圣彼得堡夏宫[107]、加拿大丘吉尔公园[118]等历史园林的功能恢复与开发则为其带来了良好的文化氛围与社会声誉。不难看出，经济、社会与文化三大效益的提升是遗产综合效益的主要体现。同时，作为具有生命力的建筑构造，园林遗产综合效益还体现在其对于区域生态多样性[95, 318]和生态保护修复的促进方面[112, 212]。因此，对于园林遗产来说，生态效益在综合效益中的体现也不能忽视。

根据对潜变量概念内涵的梳理，本书在借鉴国内外参考文献的基础上，设计相应的观察变量量表（表7-2），变量测量均采用 Likert5 级量表进行测试，其中 5 表示非常赞同，1 表示非常不赞同。

表7-2　观察变量

潜变量	编号	观察变量	观察变量题项
功能载体	X1	遗产保护的完好性	该园林得到了很好的保护，遗产物质肌体生存状况良好
	X2	遗产实体的真实性	该园林保持了历史实物与文化信息的真实性，没有进行随意地改建
	X3	遗产利用的适宜性	该园林具备进行开发利用的空间环境与物质条件，适合进行开发利用
	X4	遗产资源的丰富性	该园林具备丰富的物质文化遗产与非物质文化遗产资源
	X5	区位环境的优越性	该园林的城市区位、外部交通与环境条件优越
功能布局	X6	空间环境的人性化	对该园林空间环境的设计改造体现"以人为本"的理念
	X7	功能布局的合理性	该园林功能空间布局合理，实现了活化使用与保护管理双赢的目的
	X8	服务设施的健全度	该园林具备足够的、完善的景观设施与服务设施

潜变量	编号	观察变量	观察变量题项
功能传承	X9	传统功能的延续性	该园林沿袭并展示其传统功能，使我能了解该园历史上的生活情形
	X10	历史文化的延续性	该园林的功能与活动符合地方文化背景，体现了自身的历史文化传统
	X11	情感体验的延续性	经过活化利用，我能够感受到园林功能与活动所带来的情感体验与共鸣
功能内容	X12	园林功能的特色性	经过活化利用，该园林的现有功能具有自身特色与地域风情
	X13	园林功能的多样性	经过活化利用，该园林具有丰富多样的功能
	X14	文旅活动的丰富性	该园林中会经常举办不同类型的文化旅游活动
	X15	文旅活动的体验性	该园林中举办的文化旅游活动具有良好的体验性，我愿意积极参与
经营管理	X16	开发经营的科学性	该园林的开发利用以及经营方式是科学有效的，有利于遗产功能价值的发挥
	X17	维护管理的持续性	该园林的建筑、植被与环境是处于不断地维护管理与保护过程中的
	X18	科技应用的合理性	该园林在活化利用与维护管理过程中注意运用现代化的科技手段
	X19	规划发展的参与度	该园林的开发利用过程中，我愿意并有机会表达自己的观点与看法，并得到重视
功能效用	X20	活动需求的满足度	该园林可以满足我日常生活或旅游活动的需求
	X21	空间使用的共享性	该园林可以作为一个公共场所与活动空间服务于广大群众
	X22	功能转化的适应性	该园林恰当地利用了原有空间并赋予新的用途与功能，体现出了传统与现代的共容性
综合效益	X23	社会效益	该园林经过活化利用后，激发了当地的社会生活活力，获得了较高的社会知名度与美誉度
	X24	文化效益	该园林经过活化利用后，具有教育意义与功能，有利于地方文化的发扬光大
	X25	经济效益	该园林经过开发利用后，提升了园林的经济收入和效益，对区域经济发展有帮助
	X26	生态效益	该园林经过开发利用后，促进了自身及周边环境的整治，对生态保护与修复有帮助

二、研究假设与结构模型构建

本书借鉴国内外文献，在指标选取与测量模型构建的基础上提出研究假设，进而根据研究假设构建结构模型（图 7-1）。

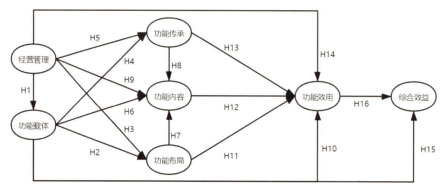

图 7-1　研究结构模型

（一）功能载体的影响因素

文化遗产功能载体的保护情况与遗产经营管理的水平密不可分。ICCROM 认为遗产保护就是对变化的持续管理 [303]。麦克切尔（Mckercher）等认为保存和维护遗产肌体的健康是遗产经营管理的主要目标 [178]。罗颖等在对我国世界文化遗产保护管理状况的总结报告中指出遗产经营管理与保养维护水平是遗产要素发生变化的主要原因 [345]。为此，研究提出如下假设：

H1：经营管理对功能载体有正向影响。

（二）功能布局的影响因素

遗产功能空间布局主要受到功能载体的影响，空间布局变迁直接体现在其空间范围内文化遗产状况的发展变化之中 [346]。同时，人们在进行经营管理活动时也会通过规划编制、地块控制、空间拓展等手段对遗产原有的功能布局进行调整 [45]。为此，研究提出如下假设：

H2：功能载体对功能布局有正向影响。

H3：经营管理对功能布局有正向影响。

（三）功能传承的影响因素

遗产物质肌体不仅具有客观的物质属性，而且是其功能传承与文化情感价值得以实现的载体 [157]，保护和修复物质肌体，历史功能的延续性才能真正得到体现 [347]。同时，经营管理对遗产功能传承也至关重要。ICCROM 将管理连续性作为遗产功能传承的保障条件之一 [303]；赵晓梅认为遗产管理是地方文化表达与阐释的途径 [283]；龚志强等认为适应性管理作为一种动态的、面向目标的资源管理方法有利于实现遗产的可持续发展 [348]。为此，研究提出如下假设：

H4：功能载体对功能传承有正向影响。

H5：经营管理对功能传承有正向影响。

（四）功能内容的影响因素

文化遗产的功能是指遗物物质肌体所提供、容纳与庇护的社会功能活动，遗产功能的开发需要依据遗产状况、周边区域用地类型等条件进行选择[157]。从功能布局上看，遗产使用功能的实现依赖于遗产内外部空间环境；从历史传承上看，遗产的当代功能内容需要回应其功能传承的历史脉络[302]，受到其原有功能与建造目的的影响[303]。同时，经营管理的方式的创新也会为文化遗产功能活化带来活力[123，280]。为此，研究提出如下假设：

H6：功能载体对功能内容有正向影响。

H7：功能布局对功能内容有正向影响。

H8：功能传承对功能内容有正向影响。

H9：经营管理对功能内容有正向影响。

（五）功能效用的影响因素

遗产本体的保护与创新有利于遗产在当代社会中的适应性再利用[60，349]，而遗产的功能效用不仅建立在其空间的可利用性之上[295]，还取决于其功能内容的形式与丰富程度[322，335]。同时，遗产的功能效用必须以遵循其文化属性为前提，尊重遗产原始功能的完整性与真实性[295，350]。最后，遗产经营管理方式也对遗产使用效果产生影响。ICCROM提出的"活态遗产——促进以人为中心的保护方法"，突出遗产保护与管理中对遗产社区使用的尊重[283]，张松认为良好的维持与有效的管理对城市活态遗产中人的居住与生活至关重要[347]，也有利于遗产旅游者活动需求的满足[178]。为此，本书提出如下假设：

H10：功能载体对功能效用有正向影响。

H11：功能布局对功能效用有正向影响。

H12：功能内容对功能效用有正向影响。

H13：功能传承对功能效用有正向影响。

H14：经营管理对功能效用有正向影响。

（六）综合效益的影响因素

遗产综合效益的产生首先取决于遗存自身的综合信息[295]与物质生命质量[300]。刘敏等认为文化遗产所保留的历史信息直接影响其价值大小[351]，陆地通过对建筑遗产的研究发现历史性建筑的物质生命质量是其综合效益的基础，改善历史性建筑生存质量是提升其区域社会经济、功能活力的重要契机[157]。其次，使用是文化建筑得以存在的根本目的[157]，遗产的综合效益来源于遗产建造之后不断被赋予的使用功能与文化意义[283]，遗产要素使用功能的变化利于遗产的价值阐释[345]。为此，本书提出如下假设：

　　H15：功能载体对综合效益有正向影响。

　　H16：功能效用对综合效益有正向影响。

三、问卷编制与信效度检验

（一）问卷编制

　　研究通过问卷调查分析验证园林遗产功能价值的影响因素，探索遗产功能活化规律。问卷量表部分涉及多观测变量的因子分析，需要通过预调查检验题项的准确性以及测量维度的信效度，并据此进行修正。预调查采用探索性因子分析方法对测量题项的信度、效度进行检验，提取具有较高载荷共性因子的测量题项，删除因子载荷较低或信度较低的测量题项。结果显示问卷信效度总体令人满意，仅观察变量（X2）需要删去。其信度不佳的主要原因是使用者较难对遗产真实性进行准确评价，导致测评一致性不足。据此调整后得到正式调查问卷。本研究在网师园、耦园等 20 座苏州古典园林中发放调研问卷 1800 份，回收有效问卷 1581 份，有效率为 87.8%。

（二）信效度检验

　　为验证调研结果可靠性，参照预调研方法，得到量表信度分析结果、收敛效度分析结果、区别效度矩阵和旋转后的因子载荷矩阵。量表整体克朗巴哈系数为 0.927，各维度量表的信度均在 0.783 以上，大于 0.7，满足了对总量表的信度要求；各题项删除时的信度系数值都小于所在分量表的信度系数值，校正的项总计相关性（CITC）均在 0.626 以上，大于 0.4，信度良好。量表总体 KMO 统计量为 0.929，大于 0.7，Bartlett 球型检验统计量显著，因此可以进行因子分析。各潜变量 KMO 统计量均大于 0.7，组合信度均大于 0.6，观察变量因子载荷均在 0.611 以上，说明测度项具有较好的可靠性。潜变量"经营管理"项 AVE 值处于可接受水平，其余均达到理想水平。通过主成分分析法萃取公因子，主成分因子解释总体的变异总量达到 69.01%，大于 50%，说明量表的解释效力较高。可见，量表整体收敛效度比较理想。研究采用 Pearson 相关性分析求得潜变量之间的相关系数，所有变量 AVE 值的平方根均大于矩阵内其他变量间相关系数，表示量表区别效度令人满意。同时，运用因子分析将初始因子载荷矩阵经过 6 次迭代后得到因子载荷矩阵，25 个测试项最终回归于 7 个主成分，所有观察变量负荷值均在 0.5 以上，且只在公因子中出现一次，表明因子分析效果很好，量表整体区分效度比较理想。

四、社群视角的苏州古典园林功能价值研究

　　依据苏州古典园林功能价值评价结构模型，采用结构方程计算方法，将经过测试修正的各观察变量纳入结构模型（图 7-2），本节将从社群视角进行研究。

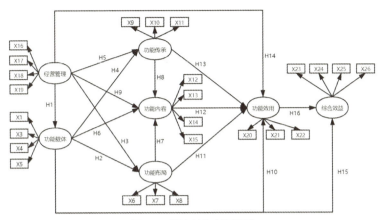

图 7-2　研究结构方程模型

（一）适配性检验

采用 AMOS23.0 软件对模型进行检测，按照本特勒（Bentler）[352]、阿特扎迪（Etezadi–Amoli）[353]、侯杰泰等[354] 学者的建议，当 CMIN/DF 在 1~3 表示模型拟合为优，在 3~5 为可接受；当 RMSEA 小于 0.05 表示模型拟合为优，小于 0.08 为可接受；当 GFI，NFI，IFI，TLI，CFI 等指标大于 0.9 表示模型拟合为优，大于 0.8 为可接受。从结构方程模型的拟合结果分析可以看出模型的 CMIN/DF、IFI、TLI、CFI 指标均表现优秀，RMSEA（0.066）、GFI（0.844）、NFI（0.854）也达到可接受水平。可见，结构方程模型拟合效果较好。

（二）假设检验

利用 AMOS23.0 软件进行结构方程模型的拟合检验，得到社群视角的苏州古典园林功能价值评价模型的路径系数（图 7–3）与假设检验情况（表 7–3）。依据表中显示的标准化路径系数和 P 值，对假设进行检验。其中实线表示路径系数 P 值小于 0.05，存在相关性；虚线表示路径系数 P 值大于等于 0.05，不存在相关性。

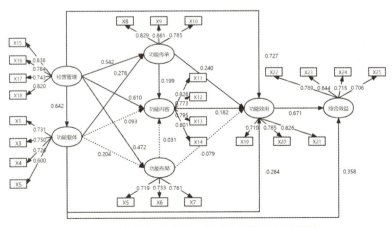

图 7-3　社群视角的苏州古典园林功能价值评价模型

表7-3 结构方程模型的拟合结果

编号	假设（拟合路径）	标准化路径系数	路径系数	P	检验结果
H1	经营管理对功能载体有正向影响	0.642	0.542	***	正相关
H2	功能载体对功能布局有正向影响	0.204	0.180	0.059	不成立
H3	经营管理对功能布局有正向影响	0.472	0.350	***	正相关
H4	功能载体对功能传承有正向影响	0.278	0.340	0.002	正相关
H5	经营管理对功能传承有正向影响	0.542	0.560	***	正相关
H6	功能载体对功能内容有正向影响	0.093	0.103	0.263	不成立
H7	功能布局对功能内容有正向影响	0.031	0.039	0.682	不成立
H8	功能传承对功能内容有正向影响	0.199	0.181	0.026	正相关
H9	经营管理对功能内容有正向影响	0.610	0.574	***	正相关
H10	功能载体对功能效用有正向影响	−0.284	−0.315	0.002	负相关
H11	功能布局对功能效用有正向影响	−0.079	−0.100	0.316	不成立
H12	功能内容对功能效用有正向影响	0.182	0.181	***	正相关
H13	功能传承对功能效用有正向影响	0.240	0.218	0.012	正相关
H14	经营管理对功能效用有正向影响	0.727	0.681	***	正相关
H15	功能载体对综合效益有正向影响	0.358	0.363	***	正相关
H16	功能效用对综合效益有正向影响	0.671	0.614	***	正相关

注：*** 表示 $P < 0.001$。

（三）结果分析

通过结构方程解析，本书厘清了测量模型影响因子的作用效果与结构模型的影响路径，从而建构了社群视角的苏州古典园林功能价值评价模型。具体结果如下：

1. 测量模型的影响因子分析

结构方程分析需要对变量值做标准化变换，得到标准化路径系数，可用于比较观测变量对潜变量，以及潜变量之间关系的相对重要性[355]。依据标准化后的结构方程模型（图 7-3），得出结论如下：苏州古典园林物质载体的质量取决于"遗产保护的完好性""遗产利用的适宜性""遗产资源的丰富性""区位环境的优越性"4 个要素。其中"遗产利用的适宜性"影响最大，而"区位环境的优越性"则最小。在评价苏州园林功能布局时，社群更在意"服务设施的健全度"，而"空间环境的人性化""功能布局的合理性"两个观测变量影响力则略小。"传统功能的延续性""历史文化的延续性""情感体验的延续性"三个指标对苏州园林功能传承的影响力都较大。其中，"历史文化的延续性"是其中的首要因素。"园林功能的特色性""园林功能的多样性""文旅活动的丰富性""文旅活动的体验性"等观测变量对活化功能内容评价的影响力相仿。苏州古典园林经营管理方面，社群更看重"开发经营的科学性"与"规划发展的参与度"，而"科技应用的合理性"对于经营管理帮助则较小。社群认为苏州古典园林的功能效用主要取决于"功能转化的适应性"，而"活动需求的满足度"作用相对较小。苏州古典园林的综合效益主要表现为文化效益。

2. 结构模型的影响路径分析

与理论假设一致，社群认为经营管理水平显著影响苏州古典园林载体质量与功能布局合理性。反之，社群不认同园林载体质量与其功能布局评价有相关性。苏州园林功能传承与其功能载体质量以及经营管理水平的正相关关系均得到验证，其中经营管理水平对功能传承的影响力较大。从功能内容方面来看，苏州古典园林功能传承情况以及经营管理水平对其的积极影响已被证实。而苏州古典园林功能载体与功能布局对园林功能传承的相关假设并未得到支持。从使用效果方面来看，苏州古典园林功能内容、功能传承以及经营管理与其功能效用的正相关关系被验证，其中经营管理水平影响效果最大。与之前的理论模型不一致的是，社群认为园林载体质量与使用效果呈负相关。功能布局与功能效用相关性并未得到验证支持。与先前的理论模型相符，社群认为苏州古典园林的综合效益取决于载体质量和功能效用，其中功能效用的影响力最为显著。

五、游客视角的苏州古典园林功能价值研究

依据苏州古典园林功能价值评价结构模型，采用结构方程计算方法，将经过测试修正的各观察变量纳入结构模型。本节将从游客视角进行研究。

（一）适配性检验

采用 AMOS23.0 软件对游客视角的苏州园林功能价值评价模型进行检测。从结构方程模型的拟合结果分析可以看出模型的 CMIN/DF、IFI、CFI 指标均表现优秀，RMSEA、GFI（0.888）、NFI（0.836）、TLI（0.898）也达到可接受水平。可见，结构方程模型拟合效果较好。

（二）假设检验

利用 AMOS23.0 软件进行结构方程模型的拟合检验，得到游客视角的苏州古典园林功能价值评价模型的路径系数（图7-4）与假设检验情况（表7-4）。依据表中显示的标准化路径系数和 P 值，对研究假设进行检验。其中实线表示路径系数 P 值小于0.05，存在相关性；虚线表示路径系数 P 值大于等于0.05，不存在相关性。

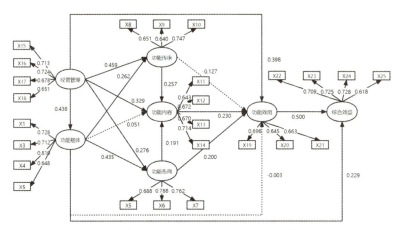

图7-4 游客视角的苏州古典园林功能价值评价模型

表7-4 结构方程模型的拟合结果

编号	假设（拟合路径）	标准化路径系数	路径系数	P	检验结果
H1	经营管理对功能载体有正向影响	0.438	0.548	***	正相关
H2	功能载体对功能布局有正向影响	0.435	0.352	***	正相关
H3	经营管理对功能布局有正向影响	0.276	0.279	***	正相关
H4	功能载体对功能传承有正向影响	0.262	0.195	***	正相关
H5	经营管理对功能传承有正向影响	0.459	0.428	***	正相关
H6	功能载体对功能内容有正向影响	0.051	0.037	0.54	不成立
H7	功能布局对功能内容有正向影响	0.191	0.173	0.024	正相关
H8	功能传承对功能内容有正向影响	0.257	0.252	0.006	正相关
H9	经营管理对功能内容有正向影响	0.329	0.301	***	正相关
H10	功能载体对功能效用有正向影响	−0.003	−0.002	0.978	不成立
H11	功能布局对功能效用有正向影响	0.200	0.186	0.031	正相关
H12	功能内容对功能效用有正向影响	0.230	0.236	0.024	正相关
H13	功能传承对功能效用有正向影响	−0.127	−0.128	0.214	不成立
H14	经营管理对功能效用有正向影响	0.398	0.375	***	正相关
H15	功能载体对综合效益有正向影响	0.229	0.164	***	正相关
H16	功能效用对综合效益有正向影响	0.500	0.478	***	正相关

注：*** 表示 $P < 0.001$

（三）结果分析

通过结构方程解析，研究厘清了测量模型影响因子的作用效果与结构模型的影响路径，从而建构了游客视角的苏州古典园林功能价值评价模型。具体结果说明如下。

1. 测量模型的影响因子分析

依据标准化后的结构方程模型，结合标准化路径系数对游客视角的苏州古典园林功能价值评价模型进行说明。游客认为园林肌体质量取决于"遗产保护的完好性""遗产利用的适宜性""遗产资源的丰富性""区位环境的优越性"四个要素。其中"遗产资源的丰富性"的影响力最大。在评价功能布局时主要从"功能布局的合理性"和"服务设施的健全度"两方面进行考量。他们认为"情感体验的延续性"对园林功能传承的影响力最大；而"传统功能的延续性""历史文化的延续性"的影响力相对较小。在活化功能内容评价方面，"园林功能的特色性""园林功能的多样性""文旅活动的丰富性""文旅活动的体验性"四个观测变量的影响力相仿。在经营管理方面，游客们更看重"开发经营的科学性"与"维护管理的持续性"。他们认为苏州古典园林功能效用的三个影响因素效力相当。在综合效益方面，游客认为文化效益、经济效益均相对重要，而生态效益的影响力居于末位。

2. 结构模型的影响路径分析

与理论模型一致，游客认为经营管理水平显著影响园林载体质量。同时，经营管理水平与功能载体对园林功能布局的积极影响也得到证实。苏州园林功能传承与其功能载体质量以及经营管理水平的正相关关系均得到验证，其中后者对苏州古典园林功能传承的影响力较大。从功能内容方面来看，苏州园林功能布局、功能传承以及经营管理水平均可以对其产生正向影响。其中，经营管理水平的影响力最大。与理论假设不一致的是，游客并不认为苏州古典园林功能载体与其当前的功能内容有必然联系。从使用效果方面来看，苏州古典园林功能内容、功能布局以及经营管理与其功能效用的正相关关系被验证，其中经营管理水平对使用效果的影响较大，而园林物质载体及功能传承情况与园林使用效果的相关性并未被模型证实。游客认为苏州古典园林的综合效益取决于物质载体的质量和园林的使用效果，其中功能效用对其综合效益的影响较为显著。

六、功能价值评价视角差异及原因分析

（一）测量模型影响因子差异及原因分析

功能载体评价方面，两组测试对象均认为区位环境对功能载体质量的影响较小。同时，社群组最看重遗产利用的适宜性，而游客组最看重遗产资源的丰富程度。可见，外部环境虽然对功能载体存在影响，但以辅助作用为主。南京[356]、武汉[357]等城市相关研究表明，城区旅游景点的可达性较好且差异不大，伴随着交通建设的发展，城市景区的可达性将进一步提升。苏州园林多分布在主城区，其环境风貌与交通条件相似，因

此，区位环境指标的区分度不大。旅游体验质量的关键在于其所蕴含体验的丰富程度以及是否可以满足顾客的差异化需求，从该角度来看，遗产资源的丰富性对游客十分重要。然而，社群对园林功能载体的考量却有差异。通过访谈发现，他们认为身边园林是否适宜进行开发需慎重考虑，而这种适宜性包括了园林的用途、对日常生活的影响、居民活动需要的满足等。

功能布局评价方面，组间最大的差异是对于功能布局合理性的认识。对于游客来说，该变量对功能布局评价的影响力最大，而对于社群来说，其对功能布局评价的影响力一般。由于旅游活动的特殊性，游客在苏州古典园林的停留时间较短，对空间认知的时间也相对较短；同时，苏州古典园林空间层次丰富，路径曲折幽深，对于外来游客认知难度较大。在这种情况下，外来游客对苏州古典园林空间的认知容易产生偏差[358]，也容易在景区中迷失方向[359]。因此，如果园林在活化利用过程中功能布局存在缺陷，这种缺陷就更容易在游客中进一步放大。

功能传承评价方面，组间认知差异较大。"传统功能的延续性""历史文化的延续性""情感体验的延续性"三项指标对社群组评价的影响较大。不难理解，居民对身边园林的传统功能、历史文化有着更深厚的了解，从而也产生了较为强烈的情感联系，因此认为三者对于园林功能传承都起着重要的作用。游客则对园林相对陌生，他们更看重的是情感体验的延续性，然而这种情感体验和社群与园林朝夕相处的情感联系不同，更多地表现为一种出行前预设的苏州园林意象与旅游真实体验的契合性[360]。例如，游客在参与网师园夜游活动后，对殿春簃、梯云室等空间的昆曲评弹表演感到满意，认为其正合自己对古人园林生活的美好憧憬，然而事实上两处本为书房，不该有娱乐表演活动。因此，游客情感体验中可能存在不真实性。

功能内容评价方面，组间差异集中在对园林功能特色性的认知方面，社群较为看重该指标，其原因主要是以古典园林为资源的传统观光旅游，往往给周边环境带来负面影响，容易引起居民的反感；而新兴的以文创、休闲为主题的活化实践更便于实现社群生活和园林文化的融合，则更易受到青睐。园林功能特色性对游客评价的影响效果较小，并非游客认为该指标不重要，主要原因在于游客对苏州风土人情不熟悉，对于园林特色理解不够深入，导致调查评价差异较大，而使得该指标的影响效力不足。此外，游客最看重文旅活动的体验性，这也是体验经济时代消费者需求提升的必然趋势。

经营管理评价方面，比较观察变量的标准化系数，社群组均大于游客组，一方面说明其对于社群组评价影响力较大，也说明该组观测变量在社群组中的解释能力更强。开发经营的科学性得到了社群和游客的普遍关注；而科技应用的合理性对调查对象评价作用不大，这也说明了虽然提倡将现代信息技术运用到园林活化利用中，但目前应用的广度与深度并不高。组间评价分歧在于对规划发展参与度的态度。社群组认为规划发展的参与度将显著影响苏州古典园林的经营管理水平，这与《国际文化旅游宪章》精神相吻合。然而，游客群体尚未意识到这一点。访谈中发现，游客普遍表示不会主动对园林管理提出建议，也缺乏反馈意见的渠道。

功能效用评价方面，组间认知差异较大。功能转化的适应性对社群评价的影响力相对较大，居民倾向从合理性角度判断苏州园林的使用效果。值得关注的是，活动需求的满足度对社群的功能效用评价影响力最低。然而这不是说社群没有在园林中进行活动的需求，而是在旅游发展的背景下，社区居民已经习惯避让旅游者，一方面，本身对于园林休闲活动的需求期望被压制；另一方面，转而寻找隐匿在旅游地中的替代场所来满足休闲生活的需要[361]。因此，社群对活动需求满足度的评判存在一定的不确定性。例如，调查中会发现部分居民认为网师园、留园的开发效果较好，但当问及他们是否会游览园林时，答案却是否定的。这种矛盾易于导致该指标解释能力的弱化。相反，外来游客主要考虑自身活动的满足度，而较少顾及与居民共享园林空间，这也是组间利益冲突的原因之一。

综合效益评价方面，社群认为活化利用带来的文化效益是其综合效益的最主要来源，而未将经济利益作为评判的主要因素。这一方面与苏州作为发达城市，其居民生活条件普遍较好相关，另一方面也体现出遗产保护理念的发展进步。社群本身就是苏州园林文化的鲜活写照，其对苏州园林文化效益的重视有利于凸显遗产文化空间的立体感。游客组则认为苏州园林活化价值不仅在于其文化效益的展示，也体现在其带来的经济效益上。此外，社会效益对综合效益的影响作用，在不同组别中都处于中间位置，而生态效益则均居于末位，这种评判倾向不利于苏州古典园林的可持续发展。

（二）结构模型影响路径差异及原因分析

从社区居民与外来游客两个群组的视角出发，将结构模型中各潜变量之间研究假设成立情况以及其影响路径系数进行比较。作为功能活化的载体，苏州古典园林物质肌体条件受到园林经营管理水平的正向影响已被两组模型证实，但这种影响力在社群中表现得更为明显。研究认为，居民因为长期生活在园林周边，更容易感受到经营管理对苏州园林保护与开发的持续性作用，因此体会更加深刻。例如，访谈中居民提到柴园本来是聋哑人学校，设施环境都很差。在逐步修复建成苏州教育博物馆之后，由于进行了科学的管理，所以园林的传统风貌和艺术特色才能够得以再现。

两组调查均认为经营管理水平越高，苏州古典园林的功能布局越佳，而这种影响力在居民中表现得更为明显。同时，外来游客认为优越的物质肌体条件有助于形成良好的园林功能布局；而社区居民却认为两者没有必然联系。对于该现象的解释，研究认为当代社会中许多苏州古典园林进行了修复与利用，从而提升了其物质肌体质量。然而，这种遗产修复带来的"绅士化"现象，有利于满足外来旅游的中产阶层对休闲娱乐的功能性需求，却有可能对当地社群生活产生消极影响[362-363]。因此，从社群角度考虑，园林修缮及其功能布局改造主要服务于旅游者，而这种布局优化能够影响外来游客的评价，但未必能得到居民的认可。

功能传承影响路径方面，两组模型基本一致，功能载体质量以及经营管理水平对苏州古典园林功能传承的正相关关系均得到验证。其中经营管理对功能传承的影响力在社区居民中体现得更为明显；功能载体对功能传承的影响力在社群组与游客组中则基本相当。

功能内容影响路径方面，两组调查均显示功能载体质量与园林功能内容没有相关性，这与理论假设不符。目前，苏州尚未建立基于遗产保护等级的分类开发机制，因此，园林利用方式与物质肌体质量尚未建立必然联系。同时，旅游开发主要基于市场考量，对于遗产本身条件与适宜性关注不足。其次，游客组调查发现苏州园林功能布局情况对其功能内容具有积极影响，而社群组调查却并未支持该结论。这种区别可能取决于他们对于功能布局理解差异。游客主要关注园林的空间容量和设施容量，希望其具备便捷的交通流线与齐全的游览设施[143]；而社群希望园林作为居民和旅游者交流的平台，成为可以开展各项户外活动的生活空间[145]。与理论模型一致，功能传承情况与经营管理水平对苏州古典园林功能内容的正向影响均被证实。其中功能传承情况的影响力偏低且组间差异不大。这说明了当代苏州古典园林的功能与园林传统功能存在一定的关联性，但是关系并不密切。

功能效用影响路径方面，两组调查均证实了苏州园林的功能内容与经营管理水平将对其使用效果评价产生正向影响。居民能持续性地观察到园林经营管理水平的影响作用，因此其评价受经营管理水平的影响较大。功能布局合理性与功能传承情况对功能效用影响的组间差异明显。游客调查显示，良好的功能布局将带来较高的使用评价，而社群认为功能与文化的延续性对功能效用有积极影响，同时，以上结论在其对应组中均不成立。长期以来，苏州古典园林以旅游开发为导向的，带来的"旅游绅士化"现象强化了消费导向型活动在社区空间中的重要性[363-364]，而这种功能布局的提升未必能提升社群的满意度。而游客因其对苏州园林文化了解相对肤浅，尚未建立起从文化情感传承到使用效果评价的联系，而更看重休闲娱乐所带来的体验效果。令人诧异的是，调查发现园林肌体质量并不影响使用效果评价，甚至社群组调查发现保存较好、资源丰富的苏州园林的使用效果却较差。事实上该现象也不难解释，部分功能载体保存较好的园林出于经营管理的考虑，在对外开放方面有诸多限制。例如，道勤小筑为私家住宅，每月仅开放 2 天；北半园、墨客园修缮良好，但作为酒店只对住店客人开放；留园、网师园历史遗存丰富，但因为游客众多，空间环境有限，所以游览体验也并不突出。特别是对于居民来说，自身条件越是优越的苏州古典园林，其旅游开发程度往往越高，对于居民日常生活并无益处。

综合效益影响路径方面与理论模型一致，苏州古典园林功能载体质量及功能效用与其综合效益评价的正相关关系被证实。其中，对苏州古典园林综合效益影响最大的是其使用效果，这也符合研究预期。

第三节　苏州古典园林活化规律分析

一、苏州古典园林整体功能价值分析

（一）观测变量权重系数的确定

在结构方程模型的参数估计过程中，路径系数已表征了变量间的因果效应。标准化路径系数越大表明该观测变量对潜变量的贡献越大，其影响作用也就越大。为了更客观地衡量苏州古典园林功能价值各观测变量的影响作用程度，本书参照相关研究经验[365-367]，根据结构方程模型标准化路径系数，计算出各观测变量的权重（表7-5）。

表7-5　苏州古典园林功能价值观测变量的权重系数

潜变量	观察变量编号	社群视角模型		游客视角模型	
		标准化路径系数	权重	标准化路径系数	权重
功能载体	X1	0.731	0.260	0.728	0.251
	X3	0.750	0.267	0.712	0.246
	X4	0.726	0.259	0.810	0.280
	X5	0.600	0.214	0.648	0.224
功能布局	X6	0.719	0.325	0.688	0.307
	X7	0.733	0.331	0.788	0.352
	X8	0.761	0.344	0.762	0.340
功能传承	X9	0.829	0.335	0.651	0.319
	X10	0.861	0.348	0.640	0.314
	X11	0.785	0.317	0.747	0.367
功能内容	X12	0.826	0.259	0.643	0.238
	X13	0.773	0.242	0.672	0.249
	X14	0.795	0.249	0.670	0.248
	X15	0.801	0.251	0.714	0.265
经营管理	X16	0.836	0.263	0.713	0.258
	X17	0.784	0.246	0.724	0.262
	X18	0.743	0.233	0.678	0.245
	X19	0.820	0.258	0.651	0.235
功能效用	X20	0.710	0.306	0.696	0.347
	X21	0.785	0.338	0.645	0.322
	X22	0.826	0.356	0.663	0.331
综合效益	X23	0.769	0.253	0.709	0.255
	X24	0.844	0.278	0.725	0.261
	X25	0.715	0.236	0.728	0.262
	X26	0.706	0.233	0.618	0.222

（二）不同使用群体对苏州古典园林功能价值评价比较

首先，根据各观测变量的权重系数，计算出社群组与游客组对苏州园林功能价值评价指标的评分。其次，以不同使用群体为分组变量，以各潜变量为检验指标，考虑到是两个群组间的比较，因此进行 Mann-Whitney U 检验（表 7-6）。根据检验结果，两组调查对苏州古典园林功能载体、功能布局、功能内容的检验 sig. 均大于 0.05，表示其评判无显著差异。相反，两组调查对苏州古典园林功能传承、经营管理、功能效用、综合效益的评价存在显著差异。社群组对苏州古典园林功能传承的评价较低，一方面是由于社区居民对身边园林的传承发展更加熟悉，易于发现园林功能传承中的文化异化现象，另一方面是社区居民与园林有着更加深厚的地域情感联系，往往对苏州园林文化与功能传承期望值较高，因而评分反而相对较低。社群组对苏州古典园林经营管理、功能效用、综合效益的评分较低，则一定程度上说明目前的苏州古典园林活化利用仍较多地从旅游者需求的角度出发，导致社区居民使用效果不佳，综合效益评价相对较差。

表7-6　不同使用群体评价均值比较与分组检验结果

潜变量	平均值		Mann-Whitney U检验sig.
	社群组	游客组	
功能载体	4.108	4.130	0.533
功能布局	4.032	4.022	0.101
功能传承	3.683	3.973	0.017
功能内容	3.481	3.603	0.888
经营管理	3.633	3.939	0.001
功能效用	3.661	3.969	0.003
综合效益	3.747	4.136	0.000

（三）不同活化用途的苏州古典园林功能价值评价比较

以不同活化用途的苏州园林为分组变量，以各潜变量为检验指标，考虑到是多群组间的比较，因此进行 Kruskal-Wallis 检测（表 7-7）。根据检验结果，不同活化用途园林的评价指标存在显著差异。作为旅游景区的苏州园林在各项指标上均占据首位，其优势在于园林景区化开发历史久远，对外开放的园林资源禀赋较高，历史积淀深厚，在国内外享有较高声誉。同时，传统名园也不断进行功能创新，包含苏式早点、评弹表演、插花体验等内容的定制旅游项目相继推出，以"网师夜花园""问雅拙政"为代表的夜游产品享誉全国，在内容与时间维度上创新了园林旅游功能。其次，具有休闲功能的寺庙园林与改造成文化场馆的苏州园林的评价也相对较高。其中，园林在改造成文化展示场馆的过程中，大多进行了修缮改造与功能布局更新，但其在功能传承、功能内容、经营管理、功能效用、综合效益等指标上依然有所欠缺。虽然近年来出现了柴园苏州教育博物馆等改造精品，但部分文化展示场馆的市场意识不强，经营手段陈旧，功能效用与综合效益仍有待提高。当前，寺庙园林除了礼佛朝圣功能之外，也出现了住宿、餐饮等新的功能业态。例如，西园寺可以提供禅修培训与住宿设施，也有很多市民为其素菜馆与素食商店慕名而来；寒山寺新年听钟声活动、北寺塔社区开讲活动广受好评。使用者对于共享性不足的办公场所附属园林和餐饮民宿利用方式的评价不高。苏州图书馆附属的天香小筑与苏州大学儿童医院附属的遂园虽然对外开放，但是面积较小、功能单一，缺乏针对性的管理手段，导致其功能价值指标较低。同时，访谈中发现改造为餐饮民宿的苏州园林主要对游客开放，作为园林休闲文化与旅游服务相结合的活化利用方式，容易受到旅游者的青睐。然而，当地居民认为此类改造占用了社会资源，造成了园林文化与生活方式的异化，对其评价相对较低。

表7-7 不同活化用途园林评价均值比较与分组检验结果

潜变量	平均值					Kruskal-Wallis 检验sig.
	旅游观光	礼佛朝圣	办公场所	餐饮民宿	文化展示	
功能载体	4.219	4.132	3.634	4.044	4.178	0.000
功能布局	4.107	4.016	3.647	3.958	4.089	0.015
功能传承	4.182	3.953	3.277	3.315	3.757	0.000
功能内容	3.910	3.530	2.824	3.289	3.456	0.000
经营管理	4.056	4.005	3.343	3.123	3.776	0.000
功能效用	4.109	4.013	3.732	3.224	3.627	0.000
综合效益	4.282	4.049	3.441	3.572	3.863	0.000

（四）不同建造年代的苏州古典园林功能价值评价比较

以苏州古典园林的建造年代为分组变量，以各潜变量为检验指标，考虑到是多个群组之间的比较，因此进行 Kruskal-Wallis 检测（表 7-8）。根据检验结果，不同建造年代的苏州古典园林在功能布局、功能效用指标上的检验 sig. 均大于 0.05，因此，建造年代对这两项指标的影响不大。相反，不同建造年代的苏州古典园林在功能传承、功能内容、经营管理、功能效用与综合效益等指标上存在显著差异。存世数量上占据主体地位的清代园林在遗产保护与利用方面表现较好。清代园林建成时间相对较短，一方面是苏州古典园林艺术的集大成期，另一方面许多清代园林经过不断修建而留存下来，在功能载体与功能传承情况方面都得分较高，同时也具有活化利用的条件，因此功能价值较高。始建于清代之前的苏州园林在各项指标上略低于清代园林，一方面在载体条件上因为年代较为久远而有所破坏，另一方面在漫长的历史发展过程中，园林文化的传承与展示并不尽如人意。此外，始建于民国之后的苏州古典园林除了在功能载体与布局方面与其他组别得分相仿之外，在功能传承、功能内容、经营管理、综合效益都显著低于其他组别。

表7-8　不同建造年代园林评价均值比较与分组检验结果

潜变量	平均值			Kruskal-Wallis 检验sig.
	始建于清代之前	始建于清代	始建于民国至今	
功能载体	4.017	4.224	3.903	0.000
功能布局	3.920	4.071	4.075	0.101
功能传承	3.744	4.041	3.288	0.000
功能内容	3.473	3.680	3.174	0.000
经营管理	3.741	3.947	3.401	0.000
功能效用	3.880	3.887	3.581	0.064
综合效益	3.967	4.073	3.596	0.000

（五）不同保护等级的苏州古典园林功能价值评价比较

以苏州古典园林的保护等级为分组变量，以各潜变量为检验指标，考虑到是多个群组之间的比较，因此进行 Kruskal-Wallis 检测（表 7-9）。根据检验结果，不同保护等级的苏州园林在各项指标上均存在显著差异。组间差异主要表现在非文物保护单位的功能价值指标表现不佳方面。政府对非文物保护单位的监管不足，其活化利用方式虽然较为新颖，但功能单一，作为公共空间的共享性不足，经营管理手段目前尚不为使用者认可。同时，国家级、省级、市级文物保护单位的各项指标表现较好，并且差异不大。这一方面体现出各级政府对苏州古典园林遗产保护利用的大力支持，另一方面，也反映了苏州古典园林活化利用正从少数名园拓展到更大规模的园林群体，"百园之城"的群体优势正在逐渐展现并得到使用者的认可。

表7-9　不同保护等级园林评价均值比较与分组检验结果

潜变量	平均值				Kruskal-Wallis 检验sig.
	国家级文物保护单位	省级文物保护单位	市级文物保护单位	非文物保护单位	
功能载体	4.233	3.971	4.221	3.840	0.000
功能布局	4.109	3.865	4.153	3.800	0.002
功能传承	4.022	3.728	4.047	3.036	0.000
功能内容	3.761	3.305	3.764	2.874	0.000
经营管理	4.094	3.731	3.864	2.894	0.000
功能效用	4.040	3.704	3.966	3.181	0.000
综合效益	4.148	3.917	4.048	3.346	0.000

二、苏州古典园林各类活化功能分析

为深入了解使用者对苏州古典园林活化功能的满意度以及对其未来发展的建议，调查时要求使用者对园林功能的满意程度与发展建议进行定量评判。苏州古典园林的现有功能被分为游憩功能、展览功能、购物功能、住宿功能、餐饮功能、服务功能、娱乐功能、宗教功能八种类型。其中游憩功能指园林室内外空间所承载的游览活动，展览功能指园林建筑空间所承载的陈列展览活动，购物功能指园林内的纪念品、书籍等商品销售功能，住宿功能指利用园林建筑提供的住宿服务功能，餐饮功能指园林内提供的餐饮服务功能，服务功能指园林内的游客中心、门票销售、导览解说、卫生设施等对客服务功能，娱乐功能指园林内开展的具有观赏性与参与性的文化娱乐活动，宗教功能指寺庙园林建筑中的宗教功能。此外，不具备大规模调研条件的办公功能、商务会议功能等未纳入测评。首先，功能活化满意程度主要是从品质的角度评判园林活化功能，使用者以 5 分制予以评价，其中，5 分表示非常满意，1 分表示非常不满意。其次，功能活化发展建议主要是从规模的角度评判园林功能的活化发展，园林使用者以 –2 分至 2 分评判各项功能的活化发展建议，其中 –2 分表示该功能应显著减少，–1 分表示该功能应适当控制，0 分表示该功能规模应保持不变，1 分表示该功能应适当发展，2 分表示该功能应大力发展。需要说明的是，因为各园林样本所包含的活化功能不同，使用者对园林功能的理解不同，因此各项活化功能所获得的调查样本数量不同。

根据苏州古典园林活化功能指标分析表（表 7–10），绘制功能活化分析图（图 7–5），其中横轴代表苏州园林功能活化满意程度，纵轴代表苏州古典园林功能活化发展建议，圆圈大小代表样本数量。如图 7–5 所示，苏州古典园林的游憩功能、展览功能、住宿功能、餐饮功能、服务功能、娱乐功能、宗教功能 7 项功能均位于第一象限，属于使用者认为满意度较高，又需要进一步发展的功能。其中，游憩功能、服务功能、展览功能的样本数量较多，餐饮功能与娱乐功能相对较少，而宗教功能与住宿功能的个性化程度则更高。调查发现使用者对于苏州园林中的宗教功能满意度较高，但并不赞成该功能有大规模的发展；同时，人们希望展览与服务功能有较大规模的发展，而对于游憩、住宿、餐饮、娱乐功能的需求与满意度差别不大，均居于居中的地位。购物功能位于第二象限，属于满意度较低，又需要进一步发展的功能。

表7-10　苏州古典园林活化功能指标分析

活化功能指标	样本数量	占总样本数量比例	平均值	
			满意程度	发展建议
游憩功能	1566	99.05%	3.705	0.569
展览功能	1140	72.11%	3.334	0.949
购物功能	966	61.10%	2.792	0.750
住宿功能	180	11.39%	3.533	0.167
餐饮功能	690	43.64%	3.809	0.537
服务功能	1410	89.18%	3.202	0.751
娱乐功能	675	42.69%	3.560	0.455
宗教功能	435	27.51%	4.014	0.118

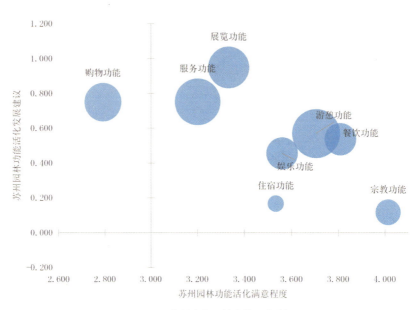

图 7-5　苏州古典园林功能活化分析

（一）不同使用群体对苏州古典园林活化功能评价比较

以不同使用群体为分组变量，以各活化功能指标为检验指标，考虑到是两个群组间的比较，因此进行 Mann–Whitney U 检验，并绘制分析图（图 7-6）。研究发现，社群组与游客组对苏州古典园林活化功能的满意度大体相仿，但游憩、住宿、餐饮三项功能的组间差异明显，且游客组均显著高于社群组。同时，居民与游客一致认为展览、购物

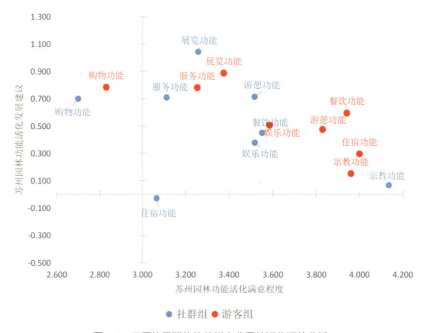

● 社群组　● 游客组

图 7-6　不同使用群体的苏州古典园林活化评价分析

与服务功能应该改善发展，陈列展览方式陈旧、购物功能缺乏创意与服务功能不足是现存主要问题。然而，他们对于游憩、住宿、餐饮、娱乐、宗教等功能的发展建议则具有差异性。社群组更倾向发展游憩功能，但认为园林中的住宿功能应当减少；而游客组则更倾向发展住宿、餐饮、娱乐和宗教功能。这些差异来源于两类人群对苏州园林利用方式的不同。居民在园林中主要以户外休闲游憩为主，不喜欢旅游主导型的住宿、餐饮等利用方式，并认为这会对苏州古典园林宁静自然的环境产生负面影响，所以倾向拓展园林游憩空间并改善功能品质。游客则认为苏州古典园林中的餐饮、住宿、服务与娱乐活动别具特色，应该得到适当发展。

（二）不同活化用途的苏州古典园林活化功能评价比较

以不同活化用途的苏州古典园林为分组变量，以各活化功能指标为检验指标，考虑到是多个群组之间的比较，因此进行 Kruskal–Wallis 检测，并绘制分析图（图 7-7）。从活化满意程度上看，不同活化用途的苏州园林在住宿、娱乐功能的表现上差异不明显，而在游憩、购物、展览、餐饮、服务等功能的表现上差异显著。此外，除了留园仁云庵具有一定宗教功能之外，宗教功能几乎为寺庙园林所独有，其满意程度也更高。作为景区化古典园林的游憩与展览功能评价最高，而作为办公场所附属空间与餐饮民宿的园林得分较低；在餐饮与服务功能方面，寺庙园林与餐饮民宿表现较好，而旅游景区相对较低，办公场所附属园林与博物馆化的园林不具有餐饮功能，在服务方面也得分较低。不难发现，不同活化用途的苏州园林均具有令人满意的特色功能，如旅游景区中的游憩与展览功能、餐饮民宿中的住宿与餐饮功能等。同时，也有令人意外的发现。例如，博物

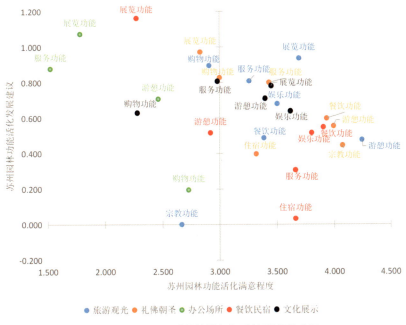

图 7-7　不同活化用途的苏州古典园林活化评价分析

馆化的苏州园林的娱乐功能表现良好，寺庙园林的餐饮功能位居各类苏州园林之首。这一方面说明各类苏州古典园林活化功能的丰富程度不断提升，功能综合性不断增强；另一方面说明特色化与差异化发展对园林功能活化的重要性，这正是柴园博物馆娱乐互动功能与西园寺餐饮服务给使用者留下深刻印象与好感的原因。从活化发展建议上看，使用者对展览功能提升的需求普遍较高，对游憩功能与餐饮功能的提升需求相对较小，并且以上三种功能的活化建议的组间差异性不明显。同时，使用者建议在除办公场所之外的其他类型园林中适度发展购物功能，在除餐饮民宿之外的其他类型园林中提升服务功能。使用者并不提倡在园林中大力发展住宿功能，但寺庙园林自古有留宿香客的传统，可以适当传承发展。娱乐功能被认为并不适合在礼佛朝圣与办公场所活化利用模式中增加，但在旅游观光、餐饮民宿与文化展示等活化类型的园林中可以适当发展。

（三）不同建造年代的苏州古典园林活化功能评价比较

以不同建造年代的苏州古典园林为分组变量，以各活化功能指标为检验指标，考虑到是多群组之间的比较，因此进行 Kruskal–Wallis 检测，并绘制分析图（图 7-8）。从活化满意程度上看，除了游憩与展览功能在近现代园林中表现不佳之外，其他活化功能指标组间差异性不明显。这说明始建于民国的苏州园林的规模相对较小，开发与管理水平还不够高，导致游憩与展览功能发挥不充分；但在其他功能上也具有自身特点，特别是住宿、餐饮功能得到的评价较高。从活化发展建议上看，使用者普遍建议展览功能需要发展，而住宿功能规模应基本保持不变。使用者倾向在建成年代较为久远的园林中发展游憩功能，而始建于民国的苏州园林则更适合发展餐饮与娱乐功能。清代之后，苏州古

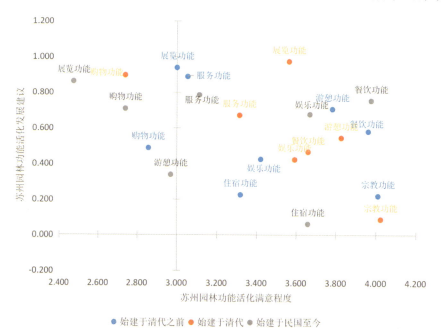

图 7-8　不同建造年代的苏州古典园林活化评价分析

典园林的规模逐渐缩小，宅园中房舍建筑比例大量增加，山林景点面积相对减少，因此游憩功能的发展条件不及早期园林，而民国至今的近现代园林在构造形式与功能上相对更加多样，这些可能造成了使用者对其活化建议的差异。

（四）不同保护等级的苏州古典园林活化功能评价比较

以不同保护等级的苏州古典园林为分组变量，以各活化功能指标为检验指标，考虑到是多群组间的比较，因此进行 Kruskal–Wallis 检测，并绘制分析图（图 7-9）。从活化满意程度上看，不同保护等级的苏州园林在住宿、服务、娱乐、购物、餐饮等功能上的表现相仿，但在游憩、展览、宗教等功能的表现上具有差异性。随着文保级别的下降，园林游憩功能的评价也呈下降趋势。国家级文保单位的游憩、展览、购物功能满意度均居于首位，但在其他功能的表现上优势并不明显；省级文保单位在餐饮、宗教等功能方面表现较好，而市级文保单位的各项功能满意度则处于居中位置；非文物保护单位则在餐饮、住宿、娱乐等功能满意度方面占据优势。从活化发展建议上看，使用者对不同保护等级的苏州园林功能发展建议差异较大。国家级文保单位被认为需要着力发展其展览、购物、餐饮和服务功能；省级文保单位的展览和服务功能，市级文保单位的购物功能需要进一步提升；同时，使用者建议非文物保护单位应加大陈列展览、餐饮、娱乐等功能的活化利用力度。不难发现，使用者对于国家级文保单位的期望值与评判标准较高，希望其在各项功能的开发利用上有更为显著的成效；同时，非文物保护单位因为保护等级较低，该类遗产开发利用的限制相对较少，功能拓展余地较大，这可能是人们认为其适合于发展娱乐、餐饮、陈列展览等功能的原因。

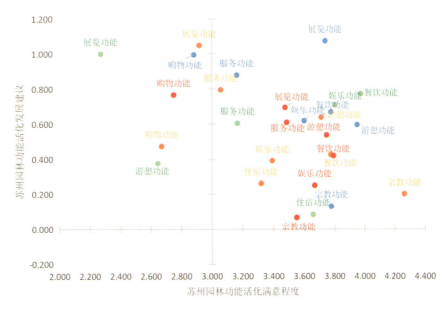

图 7-9　不同保护等级的苏州古典园林活化评价分析

第八章
苏州古典园林功能空间与活化关联分析

通过对苏州古典园林功能价值与活化规律的探索，初步厘清了苏州古典园林功能价值的影响因素与作用路径，探索了不同类型苏州古典园林的功能活化规律。然而，苏州古典园林活化发展必定是以其园林空间为功能载体的，通过空间更新与再利用促进园林传承发展是其功能活化实践的必然要求。为此，不同用途园林的整体空间布局特征、园林中的各类功能空间的布局规律、苏州园林活化效果与空间布局的关联性、园林中各类功能评价与其空间布局的相关性等命题都值得深入探讨。本章将对苏州古典园林功能空间布局进行量化研究，进而探索其功能空间布局与功能活化效果的关联性，以期进一步探索苏州古典园林功能活化规律，为活化实践提供有益的参考。

第一节 研究方法

研究主要分为功能空间布局量化研究、空间布局与功能活化效果关联分析两个阶段。功能空间布局量化研究应用地理信息软件以及空间句法对苏州古典园林空间布局形态与空间拓扑关系进行量化分析；空间布局与活化效果关联分析主要应用非参数检验、相关性分析与回归分析等统计方法探索园林功能活化效果与空间布局的内在联系。

一、空间布局形态研究

首先，研究以《苏州园林保护规划》为基础，依据网师园、耦园等20座园林调查对象的保护范围红线，应用 Autocad 软件勾勒出园林建筑、水域与绿地范围，并依据调研情况，将游憩、展览、购物、住宿、餐饮、服务、娱乐、宗教 8 种功能类型空间与未开放空间范围在图中标明。其次，应用 Arcgis 软件对苏州古典园林矢量图进行处理，对不同类型、不同功能的园林空间面积比例进行分析。最后，借助 Fragstats 软件，选取相关指标（表 8-1），在功能空间与整体布局两个层面进行空间布局形态研究。需要说明的是 Fragstats 虽然作为景观格局分析软件为学术界所熟知，事实上其在小尺度功能空间格局分析中的应用也屡见不鲜。陈鑫[368]、王甜[369]、张莺[370]、程承旗等[371]学者分别应用 Fragstats 软件对南京市高校校园、徐州市街旁游园、武汉市昙华林历史街区、厦门市居住单元绿地进行研究，分析了研究对象的生态环境、功能布局与景观设计情况。

表8-1　苏州古典园林空间布局形态研究指标

研究层面	量化指标	含义说明
整体布局层面	总面积	园林保护范围控制线内的总面积
	功能类型数	园林中所有功能空间类型的总数
	平均邻近距离	各类型功能空间的平均邻近距离值之和除以园林中具有最近距离的功能空间总数。平均邻近距离值大，反映出同类型功能空间相隔距离远，分布较离散；反之，说明同类型功能空间相距近，呈团聚分布
	香农多样性指数	各类型功能空间面积比乘以其值的自然对数之后的和的负值。香农多样性指数越大，说明功能类型增加或各功能类型在园林中呈均衡化趋势分布
	香农均匀性指数	反映园林中各功能空间分布的均匀程度，其值等于香农多样性指数除以给定功能类型数下的各功能类型均等分布的最大可能性。香农均匀性指数越大，说明园林中没有占有明显优势的功能类型且各功能空间在园林中均匀分布。
功能空间层面	总面积	园林中该功能空间的面积之和
	功能类型面积比例	某一功能空间类型的总面积占整个园林面积的百分比
	平均邻近距离	该功能空间到同类型功能空间的最近距离之和除以具有最近距离的功能空间总数；平均邻近距离值大，反映出同类型功能空间分布较离散；反之，则呈团聚分布

二、空间拓扑关系研究

空间句法理论认为空间功能的发挥并非依赖于空间单体本身，而是由空间关系决定的[372]。根据该思想，空间句法以可视化的图示语言进行空间分析，已被广泛应用于城市规划与设计、村落结构研究、游客行为分析等研究领域，成为研究空间组织与人类社会间关系的重要理论和方法之一。近年来，空间句法开始被引入古典园林研究领域[373-375]，为深入理解古典园林提供了崭新的视角与技术手段。本书旨在研究园林功能空间的拓扑关系，因此借鉴陈宇等[376]、徐雷[377]等学者在对甘熙故居和苏州艺圃研究时所采用的凸状空间分析法，即应用 Depthmap 软件将园林空间抽象成凸状几何图形，并建立空间联系网络，选取相关指标（表8-2）对调研样本进行量化研究。需要说明的是，空间句法具有空间分割方式不唯一性的特点，对于园林空间灰空间、半透空间的划分一直存在争议[377-378]。然而，空间句法强调的是空间相互联系，而不是空间本身的大小形态。正如，邰杰等的论述"在拓扑中，图形可以随意伸张、扭曲、拉伸、折叠，即使图形变了，但其点、线、面等的数量和结构关系不变[379]"，因此空间边界划分的不精准不会对其空间拓扑关系产生较大影响[376]。而凸状空间分析法以简单的几何形图块来概括整个空间系统的表达优势是其他研究方法所不具备的[377, 380]；同时在园林空间中依据建筑、水系、主要道路划分凸空间开展拓扑关系研究，已被实践证明具有可行性与有效性[376, 380-381]。

表8-2　苏州古典园林空间拓扑关系研究指标

研究层面	量化指标	含义说明
整体布局层面	连接值	表示园林中各功能空间相连的空间数量平均值，连接值越高说明空间之间关系越紧密，渗透性越强
	全局整合度	表示园林中各类功能空间在无限拓扑深度条件下，空间可达性整体情况
	局部整合度	表示园林中各类功能空间与周边空间的紧凑程度，衡量了空间在一定范围内吸引周边交通的潜力，集成性越高，空间在局部空间中的可达性则越强。考虑到苏州古典园林面积相对较小，因此本书中的局部指3步拓扑关系之内的空间
功能空间层面	连接值	表示与该空间相连的空间数量，连接值越高说明空间之间关系越紧密，渗透性越强
	控制值	表示该空间的连接值与该空间相邻空间连接值的倒数之和的乘积，反映空间之间相互制约的控制力，表示空间对周边空间的影响程度
	全局整合度	表示该空间在无限拓扑深度条件下，在整个园林中的空间可达性
	局部整合度	表示该空间与周边空间的紧凑程度，衡量了空间在一定范围内吸引周边交通的潜力，集成性越高，空间在局部空间中的可达性则越强。考虑到苏州古典园林面积相对较小，所以本书中的局部指3步拓扑关系之内的空间

三、空间布局与活化效果关联分析

以苏州古典园林整体空间布局与各类功能空间布局为两个研究层次，开展活化效果关联分析。在整体空间布局层次上，以苏州古典园林调查样本为研究对象，应用SPSS19.0软件，通过非参数检验、相关分析、回归分析等方法，分析苏州古典园林功能价值观测变量与空间量化指标的内在联系，探究苏州古典园林整体空间布局对其功能价值与功能活化效果的影响作用。在功能空间布局层次上，以调查样本中的各类功能空间为研究对象，分析使用者对园林活化功能的评价与空间量化指标的内在联系，从而厘清空间布局对各类苏州园林活化功能的影响作用。

第二节 功能空间量化分析

一、功能布局总体概况

依据研究方法与步骤，综合应用空间分析软件对调研样本的平面图进行处理（图8-1~图8-20），并将相应指标进行量化和梳理汇总（表8-3）。研究发现调研样本中，园林总面积平均值为8784.84平方米，其中西园面积最大，为63958平方米，北半园面积最小，为758平方米。园林中平均建筑占地面积1942.53平方米，水域面积447.46平方米，绿地面积6394.85平方米，分别占比为25%、8%和67%。每座园林中平均拥有4.6种功能空间类型，其中西园、留园、寒山寺、耦园、墨客园功能类型最为丰富，均拥有6种不同功能类型的空间；而遂园、慕园、北半园则功能较少，仅拥有2种不同功能类型的空间。调研样本中各类功能空间的平均邻近距离值均值为9.87米，其中留园平均邻近距离值为23.74米，同类功能空间分布最为离散；相反，遂园平均邻近距离值为0.48米，同类型功能空间最为聚集。调研样本中功能空间的香农多样性指数和香农均匀性指数均值分别为0.83和0.52，其中墨客园的这两项指标分别为1.56和0.80，居于首位，反映出该园林功能类型数量多，且在园林中呈均衡化趋势分布，而慕园正好相反，居于末位。最后，通过分析苏州古典园林的空间拓扑关系，发现其连接值、全局整合度、局部整合度均值分别为2.66、0.90和1.29；其中怡园连接值最高，功能空间之间的联系紧密，空间渗透性较好；朴园的全局整合度、局部整合度均最高，体现出该园林整体上具有良好的可达性。

二、各类用途园林的布局特征

比较不同用途园林的布局特征，能进一步揭示园林活化后的功能空间布局差异。以苏州古典园林的功能用途为分组变量，以各空间布局指标为检验指标，鉴于是多群组比较，因此进行Kruskal–Wallis检测，判断其功能空间布局指标的差异性（表8-4）。根据检验结果，不同活化用途的苏州园林在建筑占地面积比例、水域面积与比例、平均邻近距离、香农多样性、连接值、局部整合度等指标上的检验sig.均大于0.05，因此，活化用途差异对这些指标影响不大。相反，其在建筑占地面积、绿地面积与比例、园林总面积、功能类型数、香农均匀性、全局整合度等指标上的组间差异显著。寺庙园林的总面积、建筑占地面积、绿地面积均远高于其他功能用途园林，其次为景区化开发的苏州园林，而作为办公场所、餐饮民宿和文化展示用途的苏州古典园林面积则相对较小；同时，功能用途为礼佛朝圣、旅游观光和办公场所的苏州园林的绿地比例相差不大，均达到75%以上，而改造为餐饮民宿和文化展示用途的园林绿地比例则较低。在功能空间类型方面，寺庙园林和景区化开发的苏州园林功能丰富，一般在5种功能类型以上，而作为办公场所的园林功能最为单一。在功能空间布局均匀性方面，活化为餐饮民宿和文化展示用途的苏州园林的香农均匀性指标均值分别为 0.79 和 0.61，说明这两类园林的功能分区不明显，功能较为丰富且分布较均匀；寺庙园林与改建为办公场所的园林的香农均匀性指标均值分别为 0.36 和 0.37，说明其各类功能空间分布较为集中。在空间可达性方面，办公场所附属园林的全局整合度为 1.21，位居首位，其余组别园林的全局整合度在 0.79~0.96，差异不大。

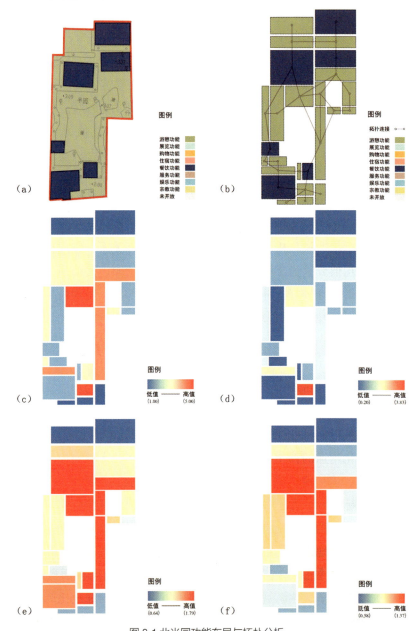

图 8-1 北半园功能布局与拓扑分析
（a. 功能平面图，b. 空间拓扑关系图，c. 空间连接度，d. 空间控制度，e. 局部整合度，f. 全局整合度）

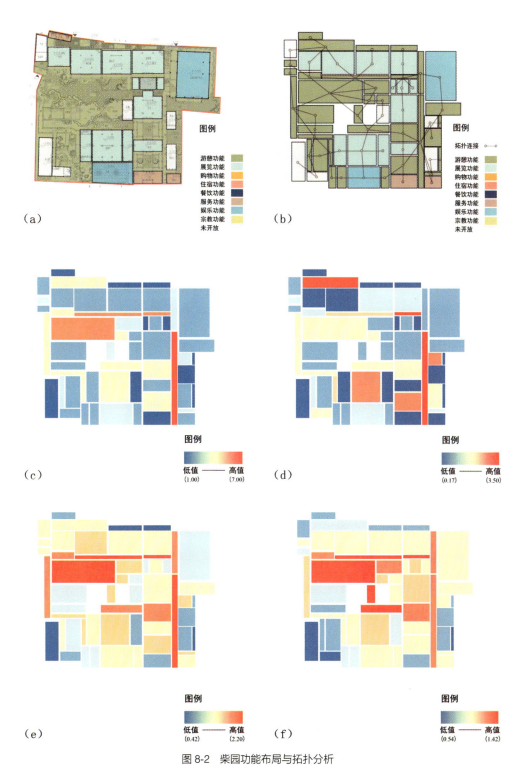

图 8-2　柴园功能布局与拓扑分析
（a.功能平面图，b.空间拓扑关系图，c.空间连接度，d.空间控制度，e.局部整合度，f.全局整合度）

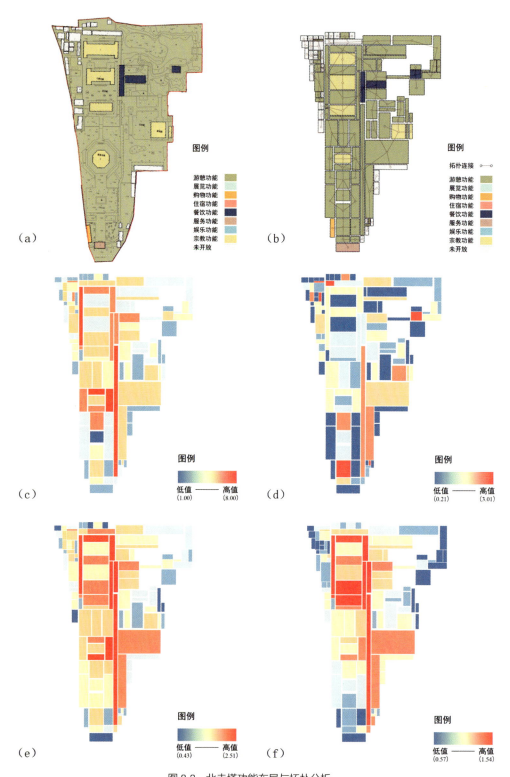

图8-3　北寺塔功能布局与拓扑分析
（a. 功能平面图，b. 空间拓扑关系图，c. 空间连接度，d. 空间控制度，e. 局部整合度，f. 全局整合度）

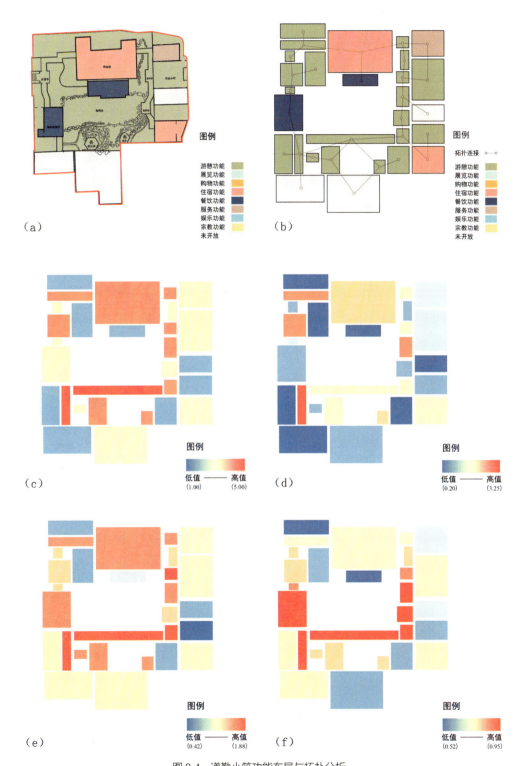

图 8-4　道勤小筑功能布局与拓扑分析
（a. 功能平面图，b. 空间拓扑关系图，c. 空间连接度，d. 空间控制度，e. 局部整合度，f. 全局整合度）

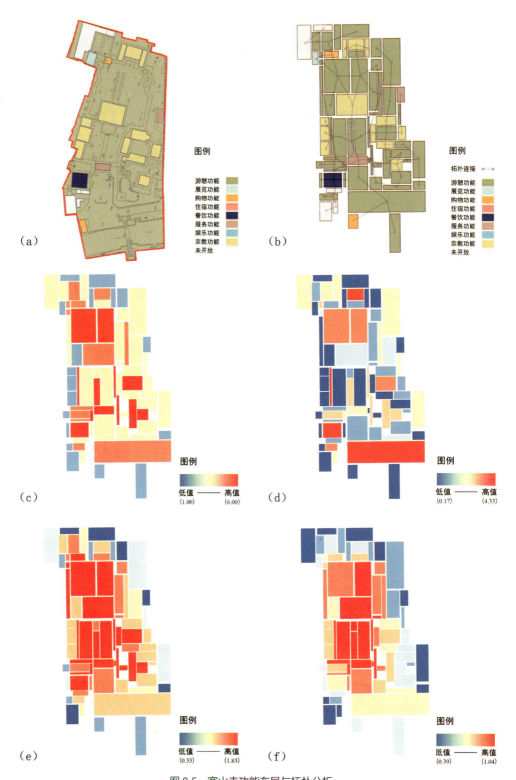

图 8-5 寒山寺功能布局与拓扑分析
（a. 功能平面图，b. 空间拓扑关系图，c. 空间连接度，d. 空间控制度，e. 局部整合度，f. 全局整合度）

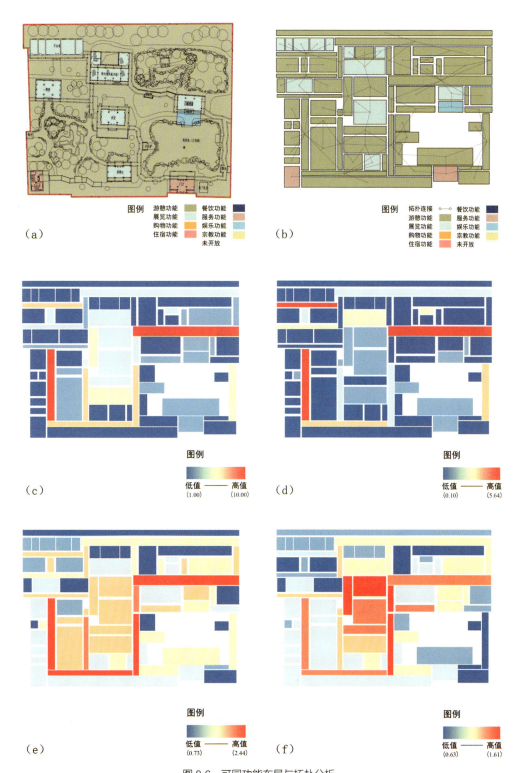

图 8-6　可园功能布局与拓扑分析
（a. 功能平面图，b. 空间拓扑关系图，c. 空间连接度，d. 空间控制度，e. 局部整合度，f. 全局整合度）

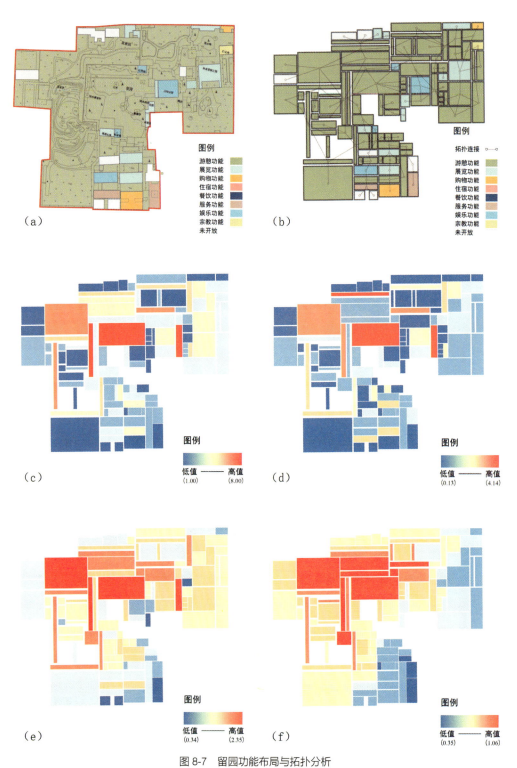

图 8-7 留园功能布局与拓扑分析
（a. 功能平面图，b. 空间拓扑关系图，c. 空间连接度，d. 空间控制度，e. 局部整合度，f. 全局整合度）

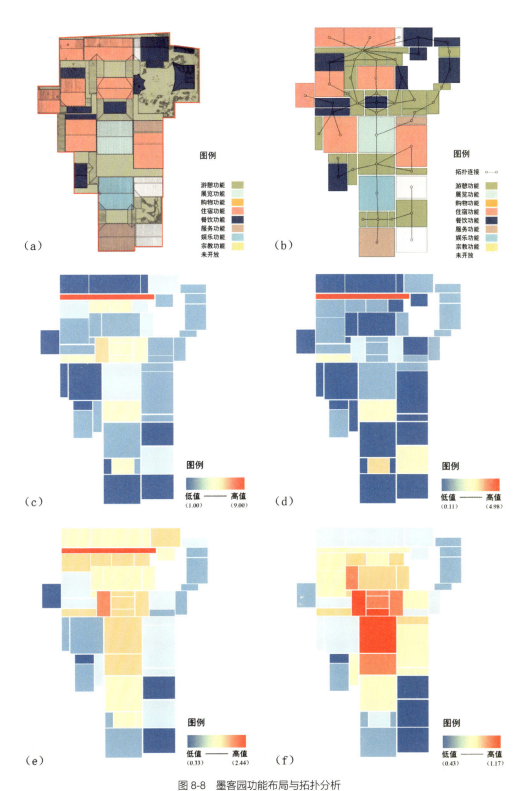

图 8-8 墨客园功能布局与拓扑分析
（a. 功能平面图，b. 空间拓扑关系图，c. 空间连接度，d. 空间控制度，e. 局部整合度，f. 全局整合度）

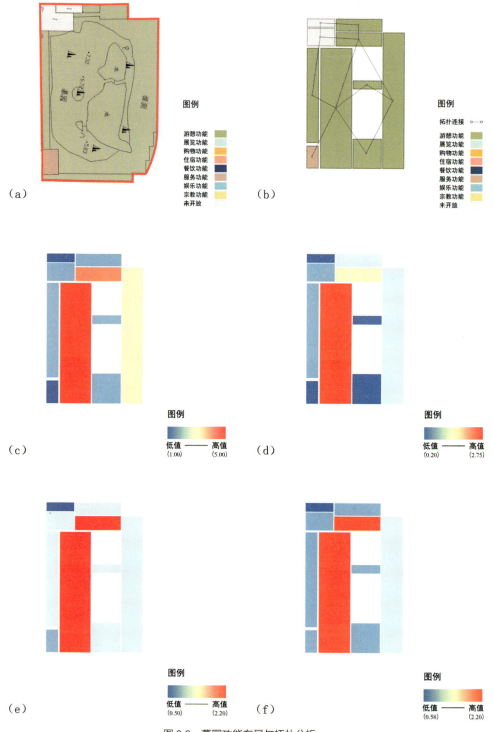

图 8-9　慕园功能布局与拓扑分析
（a. 功能平面图，b. 空间拓扑关系图，c. 空间连接度，d. 空间控制度，e. 局部整合度，f. 全局整合度）

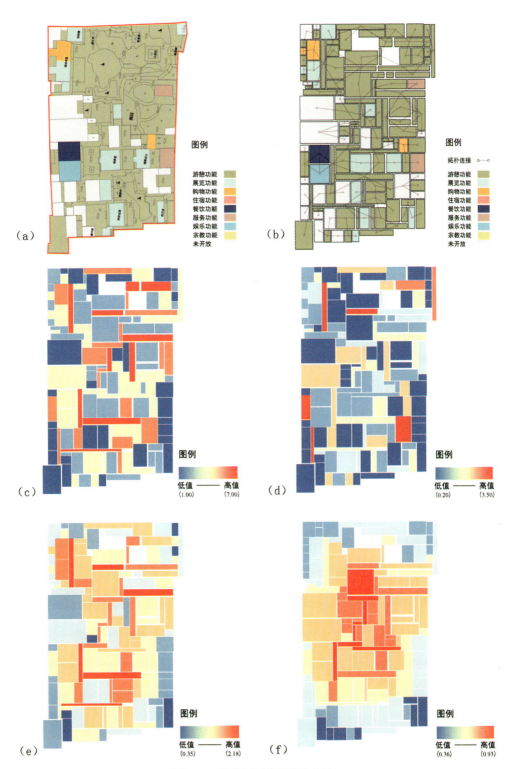

图 8-10 耦园功能布局与拓扑分析
（a.功能平面图，b.空间拓扑关系图，c.空间连接度，d.空间控制度，e.局部整合度，f.全局整合度）

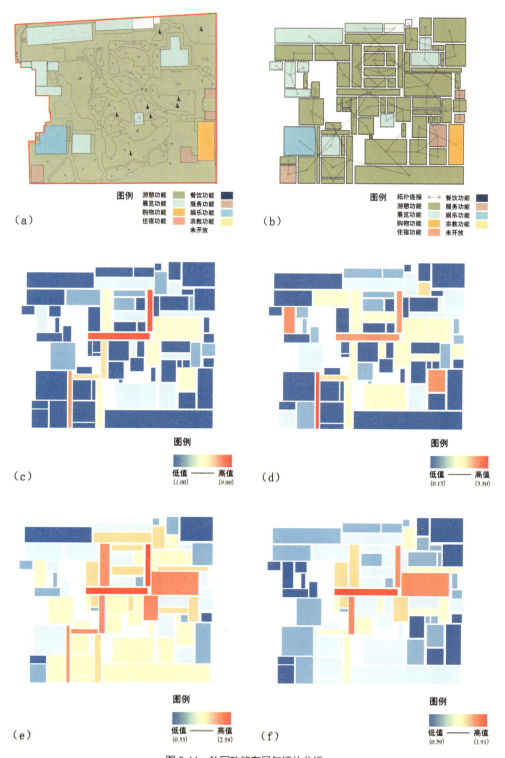

图 8-11 朴园功能布局与拓扑分析
（a. 功能平面图，b. 空间拓扑关系图，c. 空间连接度，d. 空间控制度，e. 局部整合度，f. 全局整合度）

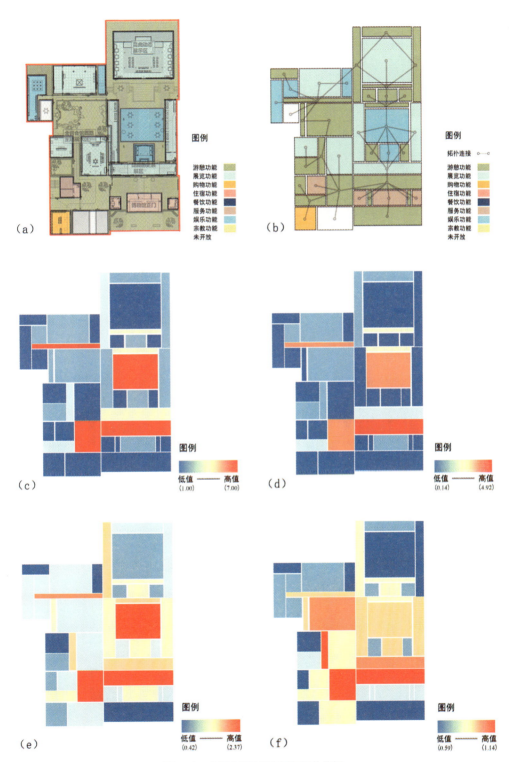

图 8-12　全晋会馆功能布局与拓扑分析
（a. 功能平面图，b. 空间拓扑关系图，c. 空间连接度，d. 空间控制度，e. 局部整合度，f. 全局整合度）

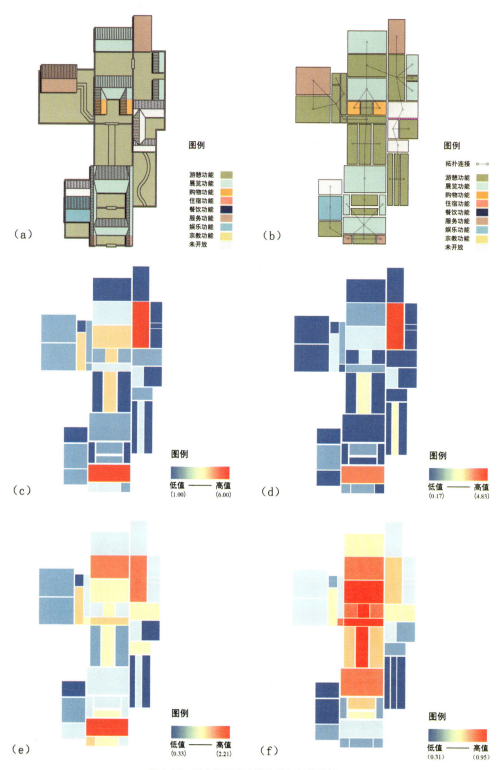

图8-13　尚志堂吴宅功能布局与拓扑分析
（a.功能平面图，b.空间拓扑关系图，c.空间连接度，d.空间控制度，e.局部整合度，f.全局整合度）

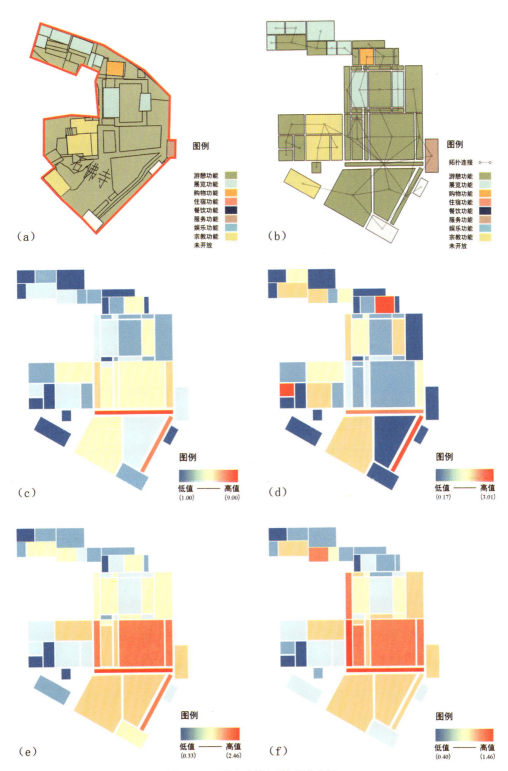

图 8-14　石佛寺功能布局与拓扑分析
（a.功能平面图，b.空间拓扑关系图，c.空间连接度，d.空间控制度，e.局部整合度，f.全局整合度）

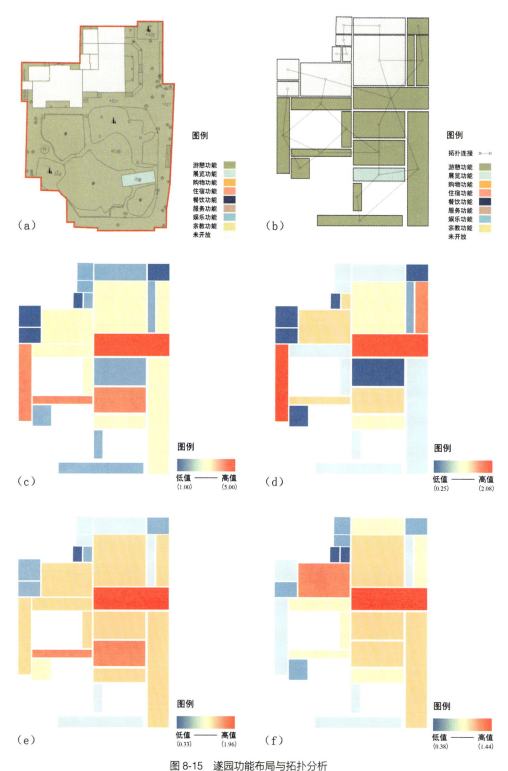

图 8-15   遂园功能布局与拓扑分析
（a. 功能平面图，b. 空间拓扑关系图，c. 空间连接度，d. 空间控制度，e. 局部整合度，f. 全局整合度）

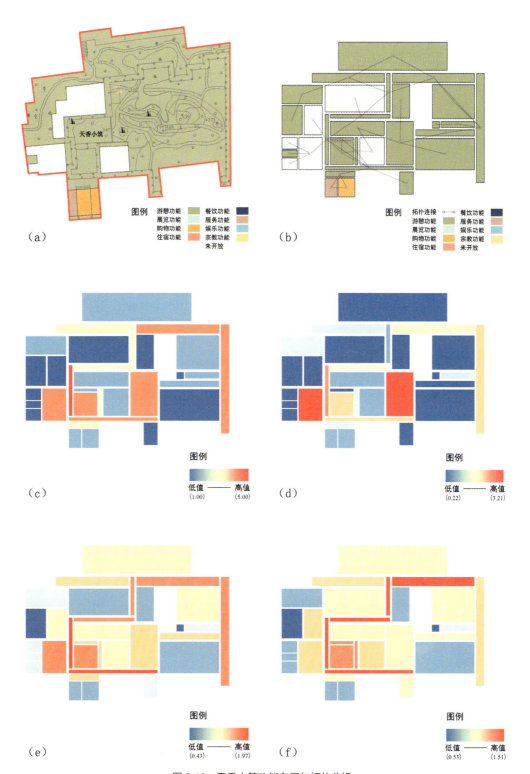

图 8-16　天香小筑功能布局与拓扑分析
（a. 功能平面图，b. 空间拓扑关系图，c. 空间连接度，d. 空间控制度，e. 局部整合度，f. 全局整合度）

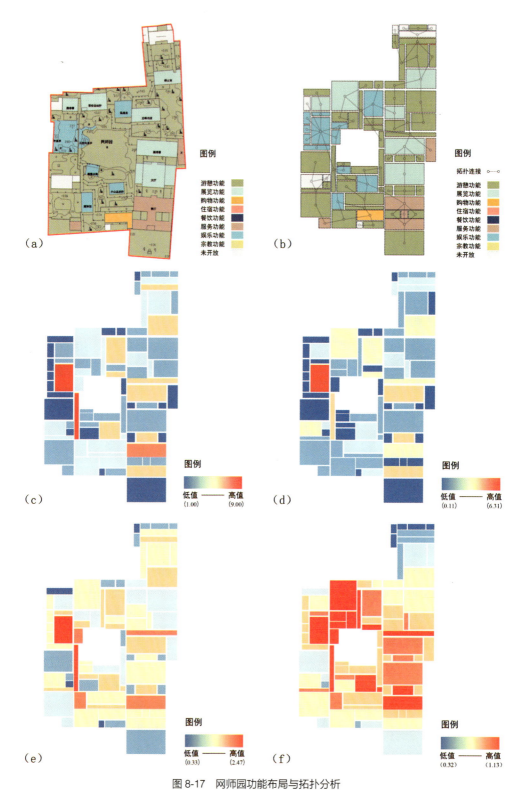

图 8-17　网师园功能布局与拓扑分析
（a. 功能平面图，b. 空间拓扑关系图，c. 空间连接度，d. 空间控制度，e. 局部整合度，f. 全局整合度）

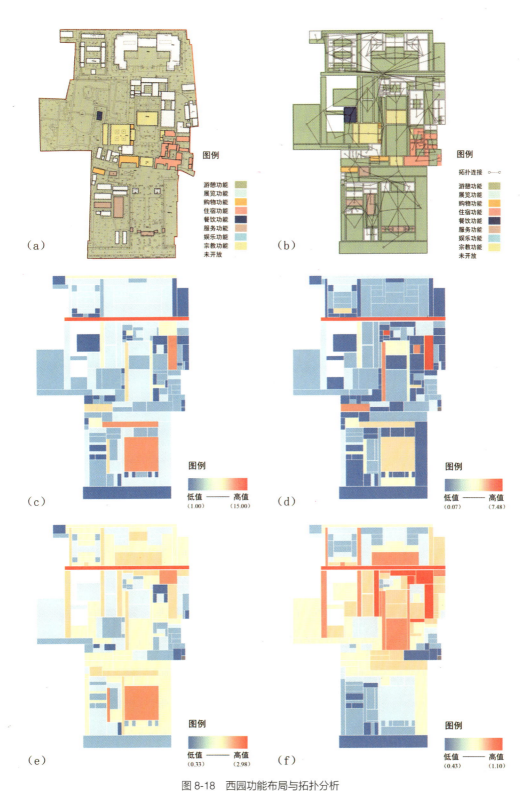

图 8-18　西园功能布局与拓扑分析
（a. 功能平面图，b. 空间拓扑关系图，c. 空间连接度，d. 空间控制度，e. 局部整合度，f. 全局整合度）

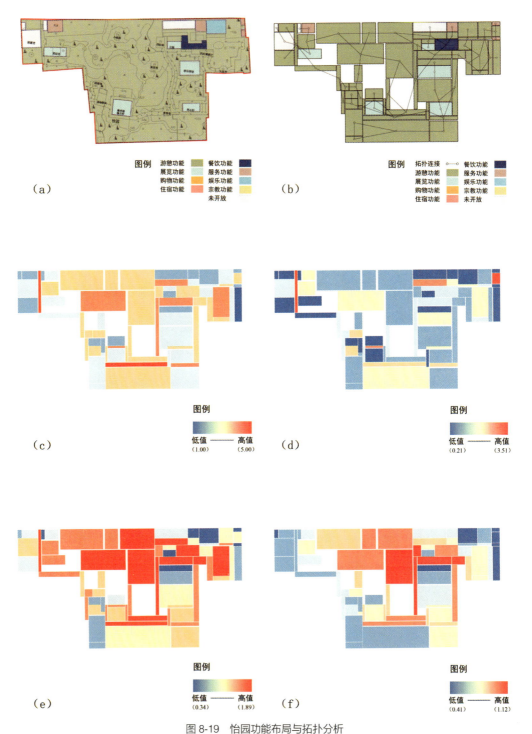

图 8-19　怡园功能布局与拓扑分析
（a. 功能平面图，b. 空间拓扑关系图，c. 空间连接度，d. 空间控制度，e. 局部整合度，f. 全局整合度）

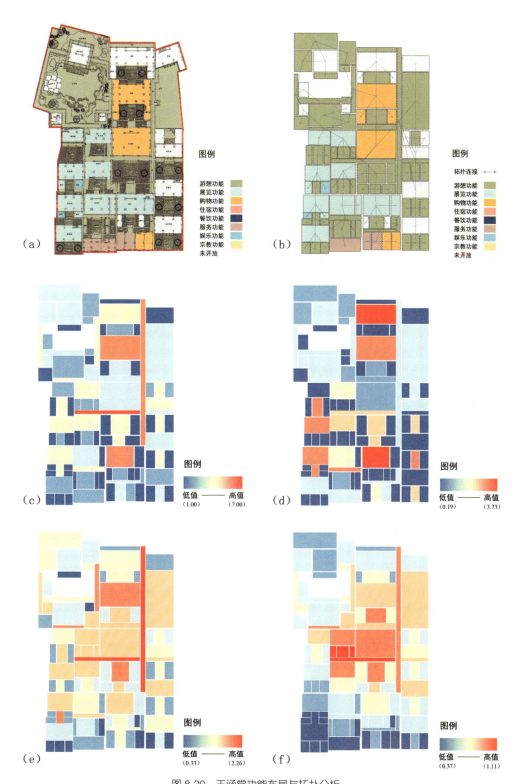

图 8-20　玉涵堂功能布局与拓扑分析
（a. 功能平面图，b. 空间拓扑关系图，c. 空间连接度，d. 空间控制度，e. 局部整合度，f. 全局整合度）

表8-3　苏州古典园林功能空间总体量化指标

园林名称	总面积（m²）	建筑		绿地		水域		功能类型数	平均邻近距离（m）	香农多样性	香农均匀性	连接值	全局整合度	局部整合度 R³
		占地面积（m²）	比例	面积（m²）	比例	面积（m²）	比例							
北半园	758	157	0.21	281	0.37	321	0.42	2	17.11	0.59	0.85	2.29	0.85	1.08
北寺塔	20491	3126	0.15	16107	0.79	1257	0.06	5	13.83	0.62	0.35	2.80	0.90	1.39
柴园	4039	1460	0.36	2470	0.61	109	0.03	4	10.09	0.85	0.66	2.51	0.94	1.25
道勤小筑	1391	524	0.38	722	0.52	145	0.10	4	7.65	1.13	0.70	2.24	0.82	1.10
寒山寺	9323	1710	0.18	7540	0.81	73	0.01	6	19.44	0.70	0.36	2.59	0.75	1.25
可园	7162	848	0.12	5626	0.79	688	0.10	4	19.25	0.87	0.54	2.64	0.84	1.35
留园	20450	2590	0.13	17040	0.83	820	0.04	6	23.74	0.77	0.49	2.65	0.73	1.29
墨客园	1888	945	0.50	842	0.45	101	0.05	6	7.49	1.56	0.80	2.54	0.76	1.24
慕园	979	60	0.06	768	0.78	151	0.15	2	0.30	0.26	0.24	2.40	1.20	1.23
耦园	9050	2704	0.30	6048	0.67	298	0.03	6	8.15	0.99	0.51	3.02	0.67	1.42
朴园	4066	745	0.18	2943	0.72	378	0.09	5	9.45	0.43	0.31	2.98	1.28	1.54
全晋会馆	3068	1393	0.45	1675	0.55	0	0.00	5	6.87	1.32	0.74	2.49	0.99	1.27
尚志堂吴宅	2883	1245	0.43	1638	0.57	0	0.00	5	10.58	1.22	0.68	2.50	0.78	1.18
石佛寺	3679	767	0.21	2634	0.72	278	0.08	5	2.62	0.56	0.33	2.80	0.79	1.33
遂园	2416	467	0.19	1551	0.64	398	0.16	2	0.18	0.53	0.48	2.89	1.21	1.35
天香小筑	3350	565	0.17	2785	0.83	0	0.00	3	5.09	0.55	0.40	2.92	1.23	1.35
网师园	5908	1476	0.25	3985	0.67	447	0.08	5	8.48	1.05	0.59	2.61	0.83	1.25
西园	63958	15467	0.24	45818	0.72	2673	0.04	6	3.56	0.83	0.42	2.67	0.72	1.37
怡园	6128	707	0.12	4971	0.81	450	0.07	5	18.81	0.56	0.31	3.07	0.92	1.43
玉涵堂	4709	1894	0.40	2453	0.52	362	0.08	5	4.27	1.22	0.68	2.61	0.80	1.30
平均值	8785	1943	0.25	6395	0.67	447	0.08	4.55	9.85	0.83	0.52	2.66	0.90	1.30

表8-4　不同用途园林空间布局指标均值比较与分组检验结果

| 园林用途 | 总面积 m² | 建筑 | | 绿地 | | 水域 | | 功能类型数 | 平均邻近距离 m | 香农多样性 | 香农均匀性 | 连接值 | 全局整合度 | 局部整合度 R³ |
		占地面积 m²	比例	面积 m²	比例	面积 m²	比例							
旅游观光	9740	1665	0.18	7534	0.75	541	0.06	5.20	15.69	0.85	0.49	2.80	0.80	1.35
礼佛朝圣	24363	5268	0.20	18025	0.76	1070	0.05	5.50	9.86	0.68	0.36	2.72	0.79	1.33
办公场所	2248	364	0.14	1701	0.75	183	0.11	2.33	2.04	0.45	0.37	2.74	1.21	1.28
餐饮民宿	1346	542	0.36	615	0.44	189	0.19	4.00	10.75	1.10	0.79	2.36	0.81	1.14
文化展示	3753	1347	0.37	2236	0.59	170	0.04	4.80	8.25	1.01	0.61	2.62	0.96	1.35
Kruskal–Wallis 检验 sig.	0.005	0.027	0.055	0.005	0.015	0.143	0.378	0.034	0.091	0.076	0.024	0.097	0.044	0.160

　　结合总体数据对各类用途园林的空间布局特征进行梳理发现，寺庙园林面积较大，可利用建筑空间较多，功能类型呈现多样化发展态势，不同类型功能空间相对集中，园林功能空间的可达性偏低。景区化开发的苏州古典园林面积较大，绿地面积比例较高，功能丰富但功能空间相对分散，且整体可达性偏低。改建为办公场所的园林总面积较小，建筑体量不大，除了基本的游憩功能之外较少有其他功能用途，功能空间相对集中，且可达性很高，表示其空间通行作用明显。餐饮民宿类园林的总面积最小，但建筑占地面积比例和水域面积比例高，绿地面积比例低，功能载体基础与环境开发条件较好，功能空间呈均匀化分布态势。作为文化展示用途的苏州古典园林总面积较小，但建筑占地面积比例高，有利于进行展厅布置，其包含的功能较为丰富，且呈相对均匀化分布态势。

三、各类功能空间的布局特征

　　以苏州古典园林的各类功能空间为分组变量，以各空间布局指标为检验指标，鉴于是多群组比较，因此进行 Kruskal–Wallis 检测，判断其功能空间布局指标的差异性（表8-5）。需要说明的是有 18 个调研样本中存在未对客开放空间，部分作为办公空间或仅为空置区域，因此本书将未开放空间也作为单独类型参加讨论。同时，园林中的游憩功能空间连续不断，可以进行空间拓扑关系探讨，但不宜进行明确的界限划分，因此游憩功能空间的平均邻近距离指标不参与分组比较研究。根据检验结果，苏州古典园林中不同类型功能空间在全局整合度指标上的检验 sig. 值大于 0.05，因此，不同类型功能空间的整体可达性差异不大。除此之外，不同类型功能空间在面积、面积比例、平均邻近距离、连接值、控制值、局部整合度等指标上的检验 sig. 值均小于 0.05，组间存在显著差异。

　　园林中游憩空间的平均面积为 6787.35 平方米，居于首位，宗教空间与未开放空间的面积均值也相对较大。娱乐、购物、服务、餐饮等功能空间的平均面积均在 200 平方米以下，相对较小。游憩空间面积占比均值为 73.61%，处于绝对优势地位，娱乐空间、购物空间、服务空间面积占比均值分别为 3.85%、2.05% 和 3.01%，处于劣势地位。从功能空间分布上看，购物空间分布最为分散，其平均邻近距离均值为 59.22 米，宗教功能、展览功能、住宿功能、餐饮功能空间的分布都较为集中，其平均邻近距离值分别为6.70、6.02、5.96 和 5.00 米。在空间拓扑指标的比较上，呈现出较为相似的规律，游憩功能空间的连接值、控制值和局部整合度分别为 3.05、1.18 和 1.40，空间的渗透性、对周围空间交通的影响程度以及局部范围内的交通可达性均最好。而住宿空间、购物空间以及未开放空间的空间拓扑指标较低，在空间渗透性和可达性等方面处于较低水平。

结合总体数据对各类功能空间布局特征进行梳理发现，游憩空间占据绝大多数园林空间，处于景观基底的地位，其空间连接性与可达性较高，利于使用者游览和通行；宗教空间面积相对较大，寺庙园林中的宗教空间平均在 1000 平方米以上，分布集中；展览功能是园林中普遍存在的主要功能，在具有该功能的园林中，其空间面积占比超过10%，呈集中分布状态；娱乐空间的面积与占比较小，平均邻近距离较大，分布不集中；住宿空间在园林中并不多见，在相应的园林中面积占比为 12.81%，分布密集，但出于安全与私密性要求，其空间可达性与连接性较低；具有购物功能的园林中，购物空间面积与占比都不大，功能活化程度低，平均邻近距离 59.22 米，分布离散且可达性不足；服务空间的布局特征与购物空间类似，只是在分布集中性与空间连接性方面稍优于前者；餐饮空间面积与占比很小，呈现出集中分布态势，其空间连接性较好。令笔者稍感意外的是，18 个苏州古典园林调研样本的保护范围内均有未开放空间，其面积均值达到 931.97 平方米，面积占比均值 7.83%，呈现聚集状分布，可达性不佳，但也说明了现存苏州古典园林具有进一步活化开发的潜力。

表8-5   不同类型功能空间布局指标均值比较与分组检验结果

功能空间类型	面积m²	在具有该功能的园林中的面积比例	平均邻近距离m	连接值	控制值	全局整合度	局部整合度 R³
游憩功能	6787.35	73.61	—	3.05	1.18	0.95	1.40
宗教功能	1013.40	5.75	6.70	2.23	0.82	0.75	1.21
展览功能	473.93	10.42	6.02	2.32	0.75	0.88	1.28
娱乐功能	189.00	3.85	16.56	2.33	0.87	0.84	1.25
住宿功能	689.00	12.81	5.96	1.92	0.67	0.73	1.12
购物功能	170.27	2.05	59.22	1.93	0.63	0.80	1.15
服务功能	188.99	3.01	29.75	2.07	0.82	0.78	1.11
餐饮功能	160.93	6.54	5.00	2.82	0.97	0.81	1.37
未开放	931.97	7.83	10.94	1.82	0.63	0.79	1.07
Kruskal-Wallis 检验sig.	0.000	0.000	0.010	0.000	0.000	0.173	0.000

第三节　功能活化关联分析

一、总体活化效果与空间布局的关联性

以苏州园林调查样本为纽带，将其功能价值观测变量与功能空间布局指标建立联系，进而应用 SPSS19.0 软件进行相关性分析与回归分析，从而厘清功能空间布局对园林功能价值与功能活化效果的影响程度。首先对苏州古典园林功能价值观测变量和苏州古典园林功能空间总体量化指标进行 Pearson 相关性分析，参考检验显著性指标判断其相关性（表 8-6）。本书将具有相关性的关联指标分析如下：（1）苏州古典园林的功能载体指标与全局整合度呈负相关。这个发现虽然出人意料，但也不难解释。苏州古典园林自身曲径通幽的特点决定其空间可达性一般偏低；但随着持续的改建与翻新，苏州古典园林出于便于利用目的，其可达性即全局整合度是在不断提升的，但其功能载体的完好性与原真性却未必得到使用者的认可，易导致得分降低。（2）使用者对苏州园林功能布局、功能传承的主观评价并未与任何客观的布局量化指标具有相关性，说明不同空间构成的苏州古典园林具有不同特色，均有可能被使用者认可或否定。（3）功能内容与功能价值指标与该园林功能空间的平均邻近距离、功能类型数和局部整合度呈正相关。功能类型数量多，同类功能空间分布均匀，局部空间可达性高的园林往往评价较高。（4）经营管理、功能效用两项指标与园林空间的连接性和局部整合度呈正相关，空间渗透性与可达性较好便于经营管理与使用活动的展开；此外，园林中绿地面积占比较高的园林，其功能效用评价也较好。

在对苏州园林功能价值变量与功能空间量化指标的相关性进行分析之后，研究依然对指标间是否存在非线性关系感到好奇。为此，本书以空间量化指标为自变量，以功能价值变量为因变量进行回归分析与二次方程解析，当检验显著性指标 sig 小于 0.05 时，说明二次方程成立，通过线性方程与二次方程模型的 R 方与显著性系数比较，对存在显著二次函数关系的变量进行梳理（表 8-7）。研究发现共有 10 组变量间存在二次函数关系，结合参数估计值发现其相关曲线为正抛物线形态。这说明功能空间平均邻近距离适中，既不过于分散，又不太过集中的情况下，使用者对其功能布局评价较高。同样的，在园林功能空间香农多样性与香农均匀性均值适中的情况下。苏州古典园林的功能载体、功能传承、功能内容、经营管理、综合效益等指标均表现较好。

综上所述，苏州古典园林的总体活化效果与空间布局的关联性呈现以下特点：（1）从功能空间面积上看，园林总面积、建筑占地面积与水域面积及其占比，均与园林功能价值没有相关性，对其活化利用效果影响不大。绿地面积占比与园林功能效用具有正相关关系，使用者希望园林中建筑密度不要太高，保留相对较高的绿地率以利于休闲活动。（2）从功能空间类型上看，园林功能丰富程度对园林功能内容与综合效益的评价有正面

表8-6 功能价值观测变量与功能空间量化指标相关性分析

		总面积 m²	建筑		绿地		水域		功能类型数	平均邻近距离m	香农多样性	香农均匀性	连接值	全局整合度	局部整合度 R³
			占地面积m²	比例	面积m²	比例	面积m²	比例							
功能载体	Pearson 相关性	0.114	0.121	0.326	0.116	-0.079	0.027	-0.331	0.310	0.331	0.409	0.360	-0.075	-0.293*	0.097
	显著性（双侧）	0.631	0.611	0.161	0.627	0.742	0.910	0.154	0.183	0.154	0.074	0.119	0.754	0.046	0.684
功能布局	Pearson 相关性	0.136	0.120	0.238	0.143	0.034	0.075	-0.375	0.314	0.373	0.311	0.260	0.112	-0.162	0.370
	显著性（双侧）	0.566	0.613	0.313	0.547	0.888	0.752	0.103	0.177	0.105	0.182	0.269	0.638	0.495	0.108
功能传承	Pearson 相关性	0.253	0.209	0.016	0.265	0.213	0.220	-0.334	0.348	0.463	0.161	0.084	0.245	-0.362	0.432
	显著性（双侧）	0.282	0.377	0.947	0.259	0.368	0.352	0.151	0.133	0.056	0.497	0.725	0.297	0.117	0.057
功能内容	Pearson 相关性	0.230	0.193	0.095	0.240	0.063	0.207	-0.222	0.298*	0.480*	0.259	0.230	0.230	-0.363	0.455*
	显著性（双侧）	0.329	0.416	0.690	0.307	0.793	0.382	0.347	0.042	0.032	0.271	0.329	0.330	0.116	0.044
经营管理	Pearson 相关性	0.317	0.281	0.054	0.329	0.266	0.231	-0.164	0.414	0.355	0.128	-.0006	0.318*	-0.190	0.572**
	显著性（双侧）	0.173	0.229	0.821	0.156	0.257	0.328	0.059	0.069	0.125	0.591	0.980	0.045	0.423	0.008
功能效用	Pearson 相关性	0.335	0.250	-0.258	0.358	0.488*	0.321	-0.362	0.277	0.316	-0.133	-0.252	0.535*	-0.019	0.692**
	显著性（双侧）	0.149	0.288	0.272	0.121	0.029	0.168	0.117	0.237	0.174	0.577	0.283	0.015	0.938	0.001
综合效益	Pearson 相关性	0.284	0.232	0.051	0.298	0.182	0.256	-.335	0.473*	0.476*	0.216	0.093	0.365	-0.371	0.538*
	显著性（双侧）	0.225	0.326	0.832	0.201	0.443	0.275	0.148	0.035	0.034	0.361	0.696	0.113	0.108	0.014

**. 在0.01 水平（双侧）上显著相关。

*. 在 0.05 水平（双侧）上显著相关。

影响；因此，在保护基础上，合理地增加园林使用功能有利于提高综合效益。然而值得注意的是，香农多样性与功能载体、功能传承、功能内容、经营管理、综合效益五项功能价值观测指标呈正抛物线型二次函数关系。因此，说明园林功能增加后应当进行合理规划布局，如果功能多而杂乱，其整体活化效果反而随之下降。（3）从功能空间分布情况上看，同类功能空间平均邻近距离较大的园林，其功能内容与综合效益评价相对较高，说明同类功能空间集中布局并不一定适合园林活动的开展。功能空间如能结合园林中移步异景的景观游线进行穿插布局，应能收获不错的活化效果。但考虑到香农多样性与香农均匀性指数与多项功能价值观测指标的正抛物线型二次函数关系，苏州古典园林的活化功能空间布局也不能过于分散，应当进行合理分区与有序组织。（4）从功能空间拓扑关系上看，活化效果较好的苏州古典园林，其内部空间并不具备很高的全局可达性，但其局部整合度相对较高；同时，空间连接值对其经营管理与使用也有正向影响。这就说明活化效果较好的苏州古典园林往往具有较好的空间层次感，既不平铺直叙，又不晦涩难懂，同时会考虑经营与使用的需要将高频使用的区域布局在空间渗透性较好的区域。

表8-7　功能价值观测变量与功能空间指标二次方程模型汇总和参数估计值

因变量	自变量	二次方程模型汇总					参数估计值		
		R 方	F	df1	df2	Sig.	常数	b1	b2
功能布局	平均邻近距离	0.366	4.909	2.000	17.000	0.021	3.388	0.121	−0.004
功能载体	香农多样性	0.307	3.760	2.000	17.000	0.044	2.635	3.043	−1.384
功能传承	香农多样性	0.502	8.581	2.000	17.000	0.003	0.991	6.639	−3.514
功能内容	香农多样性	0.328	4.156	2.000	17.000	0.034	0.989	5.580	−2.808
经营管理	香农多样性	0.333	4.238	2.000	17.000	0.032	1.079	6.346	−3.363
综合效益	香农多样性	0.349	4.560	2.000	17.000	0.026	1.661	5.143	−2.642
功能传承	香农均匀性	0.376	5.117	2.000	17.000	0.018	0.145	14.443	−13.100
经营管理	香农均匀性	0.323	4.062	2.000	17.000	0.036	−0.069	15.545	−14.406
功能效用	香农均匀性	0.365	4.878	2.000	17.000	0.021	1.226	11.318	−11.226
综合效益	香农均匀性	0.317	3.938	2.000	17.000	0.039	0.731	12.506	−11.295

二、各类功能活化发展与空间布局的关联性

以苏州园林各类功能空间为纽带，将园林活化功能评价与其功能空间布局指标建立联系，进而应用 SPSS19.0 软件进行相关性分析与回归分析，从而厘清空间布局对苏州园林活化功能的影响程度。应对功能满意程度与发展建设指标和功能空间布局指标进行 Pearson 相关性分析，进而以空间布局指标为自变量，以活化功能评价为因变量进行回归分析与二次方程解析，探究指标之间是否存在非线性关系。从整体上看，使用者对苏

州古典园林活化功能的满意程度仅与该功能的面积存在正相关关系，其他空间布局指标与活化功能的满意程度和发展建议相关性不显著，也不存在非线性函数关系。因此，从整体上看，使用者对园林活化功能的评价，首先还是取决于该功能空间是否完备，而功能完备的基础则需要充足的空间环境支持，但是与其布局形态没有必然联系。

然而，该结果并未考虑不同功能空间的个性化特征。因此，本书使用同样的方法对游憩、宗教、展览、娱乐、住宿、购物、服务、餐饮 8 类活化功能空间分别进行分析（表 8-8），并将存在二次函数关系的对应指标进行梳理（表 8-9）。首先，从活化功能满意程度的方面看，功能空间面积越大，使用者对苏州古典园林游憩、宗教、展览 3 项功能的满意程度越高，但对住宿功能的评价则相反，而功能空间的面积比例与购物功能的满意度呈负相关。空间分布状态只对服务功能满意度有影响，较为分散的空间布局能够得到使用者的认可。空间拓扑关系对宗教、娱乐、餐饮功能的满意度有影响；使用者对餐饮功能的满意度与空间连接度、全局整合度呈显著负相关，说明餐饮功能空间不宜设置在可达性较高的空间；而宗教功能满意度与其空间局部整合度、娱乐功能满意度与其空间连接度的正抛物线型二次函数关系也被证实，因此两类功能空间不宜设置在过于开放或私密的空间中。其次，从活化功能发展建议的方面看，宗教与购物功能发展建议均与其面积比例有关。使用者认为宗教功能空间占比较多的园林应该进一步发展该功能，而对于购物功能的建议刚好相反。服务功能空间的发展建议与其空间连接值与全局整合度呈正相关关系，而餐饮空间的全局整合度越高，使用者对其进一步发展的建议度就越低。

结合总体数据对苏州古典园林的活化功能评价与空间布局指标相关性进行梳理，得到以下结论。游憩活动多开展于园林户外环境中，需要足够的空间面积予以支持，因此面积较大的园林的游憩功能容易得到认可。宗教功能一般在寺庙园林才具备，同样需要较大的面积来彰显宗教的庄严气氛，虽然景区化园林中也少量存在宗教功能，但使用者并不建议发展该功能，同时认为过于分散和集中的宗教空间需要调整优化。展览功能满意度与其面积具有正相关关系，但其空间布局相对自由，未受其他空间要求制约。娱乐功能被认为适合布局在连接度适中的园林区域，如果已经设置在控制值较高的交通节点上，则使用者并不建议其继续发展。住宿功能空间小巧精致才能体现出园林特色，而空间面积过大或者过于集中的住宿环境则会破坏这种意境，导致满意度降低。购物功能的满意度与其面积比例高度相关，使用者认为购物功能应当适度控制，在园林中占据过大面积时容易导致使用者的反感。服务功能空间适合分散布局，从而可以更方便游客使用，在空间连接性与可达性较高的区域被建议设立服务设施。餐饮空间则被适合设置在可达性相对较低的僻静之处，局部区域内可达性适中的环境也被认可，这样既可以避免其他使用者对就餐活动的影响，也可以减少餐饮活动对园林景观与环境的副作用。

表8-8　各类活化功能评价与空间布局指标相关性分析

功能	指标	统计	面积m²	面积比例	平均邻近距离m	连接值	控制值	全局整合度	局部整合度 R³
游憩功能	满意程度	Pearson 相关性	0.475*	0.188	—	0.297	0.103	-0.408	0.329
		显著性（双侧）	0.034	0.428	—	0.203	0.666	0.074	0.157
	发展建议	Pearson 相关性	-0.097	0.202	—	-0.340	-0.267	0.253	-0.161
		显著性（双侧）	0.683	0.394	0.244	0.142	0.255	0.282	0.498
宗教功能	满意程度	Pearson 相关性	0.887*	0.476	0.756	0.422	0.182	0.793	0.673
		显著性（双侧）	0.045	0.418	-0.044	0.480	0.769	0.109	0.213
	发展建议	Pearson 相关性	-0.150	0.890*	0.956	0.368	-0.289	0.559	0.465
		显著性（双侧）	0.810	0.043	0.092	0.542	0.638	0.328	0.430
展览功能	满意程度	Pearson 相关性	0.682**	0.339	0.787	-0.407	-0.329	-0.289	-0.158
		显著性（双侧）	0.007	0.236	0.319	0.149	0.251	0.316	0.589
	发展建议	Pearson 相关性	-0.025	0.093	0.339	0.279	0.101	-0.145	0.160
		显著性（双侧）	0.933	0.751	0.287	0.334	0.730	0.622	0.585
娱乐功能	满意程度	Pearson 相关性	0.368	0.369	0.640	0.546	0.435	-0.058	0.341
		显著性（双侧）	0.265	0.264	-0.141	0.082	0.181	0.866	0.304
	发展建议	Pearson 相关性	-0.106	-0.235	0.821	-0.322	-0.639*	-0.293	-0.061
		显著性（双侧）	0.757	0.486	0.751	0.334	0.034	0.382	0.858
住宿功能	满意程度	Pearson 相关性	-1.000*	0.777	0.459	0.341	-0.112	0.940	0.910
		显著性（双侧）	0.016	0.433	0.033	0.778	0.929	0.222	0.272
	发展建议	Pearson 相关性	-0.704	0.891	0.979	-0.451	-0.800	0.394	0.322
		显著性（双侧）	0.503	0.086	0.646	0.702	0.409	0.742	0.791
购物功能	满意程度	Pearson 相关性	0.134	-0.692*	0.166	-0.174	-0.281	-0.327	-0.047
		显著性（双侧）	0.678	0.013	0.375	0.589	0.377	0.300	0.884
	发展建议	Pearson 相关性	-0.354	-0.863**	0.463	-0.256	-0.446	-0.127	-0.088
		显著性（双侧）	0.258	0.000		0.422	0.146	0.694	0.785

（续表）

		面积m²	面积比例	平均邻近距离m	连接值	控制值	全局整合度	局部整合度 R³
服务功能	满意程度 Pearson相关性	0.115	-0.093	0.569*	0.015	0.073	-0.143	0.035
	满意程度 显著性（双侧）	0.651	0.713	0.043	0.952	0.773	0.572	0.891
	发展建议 Pearson相关性	-0.381	-0.231	0.215	0.615*	0.361	0.655*	0.351
	发展建议 显著性（双侧）	0.119	0.356	0.502	0.043	0.141	0.041	0.153
餐饮功能	满意程度 Pearson相关性	0.436	0.196	0.627	-0.639*	0.269	-0.640*	-0.687
	满意程度 显著性（双侧）	0.280	0.641	0.373	0.028	0.520	0.037	0.060
	发展建议 Pearson相关性	0.207	-0.299	0.577	-0.245	0.230	-0.770*	-0.394
	发展建议 显著性（双侧）	0.622	0.472	0.423	0.559	0.584	0.029	0.335

**.在0.01水平（双侧）上显著相关。

*.在0.05水平（双侧）上显著相关。

表8-9　各类活化功能评价与空间布局指标二次方程模型汇总和参数估计值

活化功能	因变量	自变量	二次方程模型汇总					参数估计值		
			R方	F	df1	df2	Sig.	常数	b1	b2
宗教功能	满意度	局部整合度	0.934	14.231	2.000	2.000	0.036	-110.796	183.260	-72.869
	发展度	平均邻近距离	0.980	12587.059	2.000	1.000	0.006	1.064	-0.245	0.015
娱乐功能	满意度	连接度	0.713	9.933	2.000	8.000	0.007	-0.029	3.507	-0.778
	满意度	局部整合度	0.729	6.737	2.000	5.000	0.038	-2.566	10.284	-4.025
餐饮功能	发展度	局部整合度	0.610	3.907	2.000	5.000	0.045	-5.851	9.738	-3.557

第九章
苏州古典园林活化模式与应用特点分析

　　前述研究中分别讨论了不同用途苏州园林的功能价值与活化规律以及功能空间与活化实践的关联性，而如何从具有理论性的研究结论转化为具有实践性的操作方法，是后续章节需要探讨的问题。实践上旅游观光、礼佛朝圣、文化展示、餐饮民宿与办公场所五种功能用途代表了当代苏州古典园林活化利用的主要模式。本章将结合前述研究结论，借鉴国内外相关案例经验，从适用对象、功能布局、优势特色、问题挑战、发展方向等方面对其活化模式与应用特点进行分析，以期为同类园林活化利用提供参考。

第一节　旅游观光模式

　　旅游观光模式是以苏州古典园林为载体，将其改造为参观游览对象，发挥游憩、纪念和教育功能的一种遗产活化模式。该模式可以追溯到清末民初时期，特别是 20 世纪 30 年代，随着苏州社会经济的恢复发展，以私家园林为主要载体，以"纳资入园"为主要形式的苏州现代旅游业开始兴起[265]。当前，被列入《世界文化遗产名录》的拙政园、留园、网师园、环秀山庄、沧浪亭、狮子林、耦园、艺圃和退思园九座苏州古典园林均作为旅游景区对外开放。《苏州园林名录》中的怡园、畅园、可园等 58 座园林（不含寒山寺、北寺塔、西园等寺庙园林）也均作为旅游景区加以利用，截至 2021 年 9 月，该活化模式的园林数量占《苏州园林名录》园林总数的 53.7%，是苏州园林最常见的活化方式。

一、适用对象

基于前述调研与国内外相关案例借鉴，笔者认为该模式的适用对象主要具有以下特征。

（1）资源禀赋好，历史文化价值相对较高的园林遗产，具有旅游景区开发的历史传统，知名度较高。

（2）园林空间面积较大，特别是户外绿地面积相对较大，便于人群集散与参观。空间层次丰富，变化多样，能够体现苏州古典园林造园艺术特色。

（3）园林周边交通环境良好，具有较为齐备的旅游公共服务设施与功能。

二、功能布局

满足人们的休闲需求自古是苏州古典园林的主要功能之一，这与当代旅游景区的功能定位并行不悖，因此功能布局转化与改造较为简便。然而，因为服务对象从少数的士人群体，转化为社会公众，其在户外游憩空间、展览陈列空间、服务经营空间的功能布局上也体现出一些新特点，需要加以关注。

（一）户外游憩空间

户外游憩空间功能布局的基本原则是充分利用古典园林中的原有庭院空间，保持其基本形态不变，强化其空间层次丰富、富于变化的艺术特色。然而为了适应当代旅游活动需要，可以考虑在以下方面加以适当改造。首先，在保持园林历史风貌的基本原则之下，适当拓展户外游憩空间，满足人们的旅游需求。例如，苏州的启园经过扩建后，以太湖连为一体，兼具湖光山色与园林的小巧雅致（图9-1）；可园在原址西侧扩建1500平方米，内设讲堂、庭院，强化了书院园林特色，在保障园林历史风貌统一性的基础上，更好地服务游客，发挥了社会效益。其次，户外游憩空间功能布局应当考虑开展旅游大型活动的需要，进行多功能的扩建设计与设施改造。例如，拙政园应用3D技术投影、数控灯光营造、现代音响等设施设备，将园林叠山、理水、花木、建筑四要素进行了艺术化，为"拙政问雅"夜花园开放做好准备（图9-2）；耦园则利用"城曲草堂"前庭院组织中式婚庆活动，活动时设置主题合影墙，强化爱情园林的主体氛围。最后，前述调查发现，鉴于苏州园林空间布局的艺术特点，旅游景区的各功能空间可达性并不强，加之古典园林路径复杂又缺乏无障碍设施，会影响游客户外观光的体验。因此，游憩空间应尽可能进行无障碍改造，增加导览与休息设施，以满足当代旅游者需求。

图 9-1　启园风光

图 9-2　拙政问雅
图片来源：https://mp.weixin.qq.com/s/
1U4HmYHkml9XFxIJTbxVjQ

（二）展览陈列空间

苏州园林中的展览陈列空间主要分为两种形式。第一种是原状陈列展，即依据史料文献，复原园林建筑的陈列摆设，重现园林真实的生活场景。这样才有讲述故事的空间，参观者身临其境也更容易联想到这里曾发生的历史（图 9-3）。第二种是园林文化专题展览，从园林的历史沿革、人物事迹、艺术作品等方面阐述展示园林文化内涵（图 9-4）。一般来说，建筑厅堂只要具备一定的面积，就可以作为展览陈列之用，但不宜设置在交通要点，因为观展人群会造成拥堵。从该角度考虑，园林中住宅与祠堂部分，其原本功能已基本丧失，而这部分建筑密度较高，但游客的关注度并不高，适合进行改造，从而丰富游客的参观体验，同时也有助于缓解园林内人流压力。例如，留园盛家祠堂用作留园展示馆，狮子林贝氏祠堂与住宅现被设为民俗主题展览馆（图 9-5）。此外，伴随着当代科技发展与人们观展需求的变化，区别于以藏品展示为主的单向信息传递方式，一些园林也开始积极应用多媒体技术，创造出服务于观众、藏品的多向交流互动场所，从而加深观众对于展览所传播信息的理解。苏州拙政园在北门入口处建成的 VR 虚拟现实体验馆，游客可以乘坐六轴动感花轿，戴上 VR 眼镜领略园林的四季美景，还可通过多感知互动实现历史穿越，与拙政园园主王献臣等历史人物互动。

图 9-3　怡园藕香榭陈设布置

图 9-4　苏州古典园林狮子林入遗 20 周年保护管理成果展

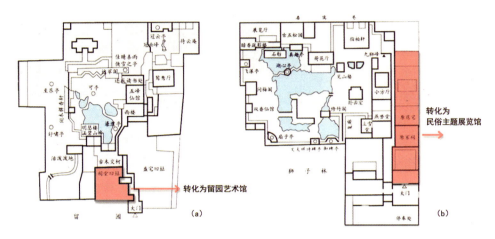

图9-5　利用住宅与祠堂改建为展示空间（a.留园，b.狮子林）

（三）服务经营空间

园林景区中常利用偏辅用房作为服务经营空间，主要包括接待服务、餐饮、购物等功能。前述调研发现，服务功能空间适合分散布局，在空间连接性与可达性较高的区域被建议设置。目前，沧浪亭、耦园、网师园等知名景区在出入口附近都会设置游客服务中心（图9-6），此外，对于面积较大的园林，还应该在园林内部设置卫生间与服务站点。餐饮空间则被认为适合设置在可达性相对较低的僻静之处，局部区域内可达性适中的环境也具有发展餐饮功能的适宜性，这样既可以避免其他使用者对就餐活动的影响，也可以减少餐饮活动对园林环境的副作用。因此，园林边路空间庭院适合作为餐饮空间。例如，留园东北部的冠云峰庭院中的冠云楼茶室、狮子林西北角的暗香疏影楼茶室、网师园西路空间中的露华馆茶室等都位于园林的边隅之地，就反映出这种布局规律（图9-7）。购物空间在园林中占据面积过大时容易导致使用者的反感，一般购物空间会结合其他服务空间统一布置，常位于园林游线末端。例如，网师园将东邻圆通寺的法乳堂加以改造，在北门出口附近扩建"云窟"庭院，作为纪念品商店，既不占用园林内部空间，也保持与园林出入口的有机联系，方便游客在游览之余进行购物。

图9-6　园林出入口附近设置游客服务中心（a.沧浪亭，b.耦园，c.网师园）

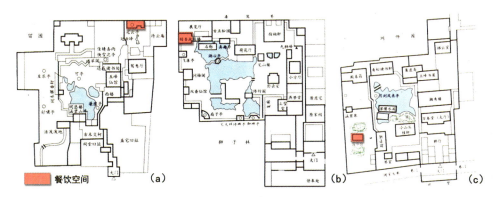

图 9-7　园林边路庭院改造为餐饮空间（a.留园，b.狮子林，c.网师园）

三、优势特色

（一）资源禀赋高，历史积淀深厚

作为旅游景区开发的苏州古典园林是保护状况最好、资源禀赋最高、历史积淀最为深厚的群体之一。留园、西园、沧浪亭、可园等古典园林作为苏州园林功能转型的先驱，自民国时期就作为公共旅游景点为游客所游览。中华人民共和国成立后，中共江苏省委要求对苏州名园速予修葺，以保存文化遗产，并可吸引游客。留园、环秀山庄、怡园、网师园、狮子林等园林在修复后，陆续对外开放。目前，列入《苏州园林名录》中的 58 座作为旅游景区开发的苏州古典园林中，共有 9 座园林入选《世界文化遗产名录》，17 座园林入选全国重点文物保护单位，5 座园林入选江苏省文物保护单位。前述调查研究发现，作为旅游景区的苏州古典园林在各项功能价值指标上均占据首位，这些文化遗产可以最大化地发挥综合价值，向国内外游客展示苏州古典园林的精华所在。

（二）品牌价值高，经济效益突出

以拙政园、留园、网师园为代表的苏州古典园林景区开发历史悠久，作为江南文化意象的一部分早已深入人心。而在其入选《世界文化遗产名录》之后，人们对其综合价值认识得更加深刻，苏州古典园林旅游的文化品牌效益日渐突显，在国内外游客中享有较高的声誉。同时，作为旅游景区，这些园林获得了丰厚的经济收益，据调查统计显示，2012 年，苏州园林门票收入 3.62 亿元，占其总收入的 90.7%，如果考虑附加的餐饮、纪念品销售收入，其经济效益在苏州园林群体中的比重将更加突出。当然，单纯依靠旅游收入来获取经济效益值得商榷，但这些景区化的苏州园林无疑在经济收入方面展现了自身的特色，也为文化遗产保护提供了有力的经济保障。

（三）活动空间大，体验活动丰富

作为旅游景区开发的苏州园林的特点是面积大、绿地多，因此有利于开展各种活动。当前，苏州园林各类体验活动的设计也充分发挥了这一优势，取得了不错的成效。例如，2018 年，苏州打造了浸入式园林版昆曲《浮生六记》，利用沧浪亭园林内仰止亭、面水轩等景观与建筑空间进行实景演出，一改传统剧场式、厅堂式的观看方式，游客可以随着演员的昆曲表演走走停停，沉浸其中，将沧浪亭与昆曲完美融合，让两项文化遗产的古老神韵交相辉映（图9-8）。可园则以小西湖北岸的挹清堂及其水榭为课堂，开展苏州青少年园林实景文学创作大会（图9-9），让学子们在山水花草间阅读自然，在亭台楼阁里畅想诗和远方，激发青少年学习兴趣与创想，达到园林与诗文的完美融合。

图9-8　浸入式园林版昆曲《浮生六记》
图片来源：https://baijiahao.baidu.com/
s?id=1614356787784509100

图9-9　可园青少年园林实景文学创作大会

四、问题挑战

（一）游客数量过多带来的环境压力

苏州园林本是私家所有，其传统服务对象为少数的文人官吏阶层，容量有限，并非为社会公众而设计，因此不适合大量游客集中参观。以狮子林、沧浪亭、耦园三座园林为例，其申遗文本中规定的每日游客量上限分别为2100人、1500人和1000人。然而，根据《苏州古典园林2018年度监测年度报告》显示，以上三座园林的日平均游客量分别为4340人、4794人和1863人，均超申遗文本承诺上限，年游客总量比入选《世界文化遗产名录》时分别增加1.5倍、17.8倍、21.7倍[269]。苏州园林景区的过载状态，导致旅游品质明显下降。在旅游旺季，人满为患，场面拥挤混乱，景区内外的交通、住宿、餐饮等配套设施难以保障正常游览，园林花木、山石等遗产元素常受到人为破坏，对文化遗产保护构成巨大威胁，对园林意境的深度体验更只能成为一种奢望。

（二）旅游景区开发导致的社群矛盾

苏州古典园林景区以旅游开发为主，其环境设施布局与活动组织大多也是为了满足旅游需求，而社区居民希望园林可以成为开展各项户外活动的日常生活空间，因此不同利益相关者的诉求就产生了矛盾，而社区居民的利益往往得不到重视。这也是社群调查中，苏州知名园林功能效用并不理想的原因。同时，景区化开发带来的"旅游绅士化"现象强化了消费导向型活动在社区空间中的重要性，苏州名园周边街区的生活成本被普遍抬高，大量的外来人流挤占了社群生活空间。长此以往，由不合理的旅游景区开发导致的社群矛盾将影响苏州园林可持续发展的外部环境，也有悖于文化遗产活化利用的初衷。

（三）发展的不均衡性与特色性危机

园林景区的发展也呈现出不均衡性，游客集中在知名园林，而部分冷门景区知之者甚少，门可罗雀。例如，江苏省文保单位五峰园坐落在街巷小弄之中，日均游客量仅为五六十人次；无独有偶，文衙弄里的艺圃虽然是入选《世界文化遗产名录》的全国重点文物保护单位，但因为交通不便、旅游配套服务设施缺乏，日均接待游客也仅在二三百人次，与拙政园、狮子林、沧浪亭等知名园林相去甚远。这些冷门园林的自身营收能力弱，政府的补助与支持也比较有限，导致其发展受到制约。此外，苏州众多古典园林均作为旅游景区进行开发，形成了鲜明的群体旅游品牌形象。然而，对于每座园林来说，其自身的环境风貌与活化特色并不鲜明，类似于爱情主题的耦园、书院主题的可园等主题鲜明的园林并不多见，面临着特色性危机的困扰。

五、发展方向

（一）整合园林景区资源，促进均衡化发展

积极借鉴文脉主义理论中遗产要素整合的思想，通过设计标识系统、整合旅游线路、统一营销手段，将片区内的园林资源与城市空间统一规划，将文化遗产要素和当代城市空间凝聚成符合时代发展要求的整体，并促进园林旅游资源特色互补与旅游服务设施开放共享。在此基础上，合理设定环境容量，充分利用旅游资源，从整体上平衡各园林的游客量和利用率。一方面，加快古典园林修复进程，增加开放园林数量，平衡过溢的旅游活动需求；并且对于游客量大、利用率接近饱和的园林，采用提高门票价格、预约入园等方式控制游客数量，采取疏导办法，延长园林开放时间，分散游客入园时间；另一方面，冷门园林应主动对接区域内知名园林，承担其展会、活动、服务等功能，通过发行联票、集章寻宝等活动，引导游客前往参观。此外，政府管理部门应加大对冷门园林的扶持力度，解决其在文化遗产保护与旅游基础设施建设中的短板，使其成为苏州园林旅游的新亮点。

（二）满足社群休闲需求，推动差异化发展

建筑学家刘敦桢先生在中华人民共和国成立初期就曾指出，苏州古典园林是人民游憩的重要场所，然而伴随着景区化开发，大中型苏州园林主要还是为旅游者所使用，如何满足市民日常休闲生活的需要成为急需解决的矛盾。结合前述章节对于冷热旅游景区游客量平衡的讨论，改变中小型园林景区的发展定位与服务面向，积极满足社群需求，不失为一举两得的有效举措。例如，怡园就是主要面向社区居民的苏州古典园林，其游客中散客占90%以上，其中本地老年人占85%以上，设有茶社、书场，可以供当地居民在园林内饮茶、聊天、赏景，进行晨练、舞蹈等各种户外活动。未来对位于街区内部的各类小规模园林，可以充分考虑其地理位置，将其培育为社区居民活动的核心，进而

发展成为城市社区旅游吸引物。这一方面可以促进苏州古典园林景区的差异化发展，起到分流游客的作用；另一方面，社群休闲需求的满足，有助于提高居民对园林活化利用的满意度，强化社群归属感，提高其对于保护园林的积极性与责任心。

（三）引入旅游新兴业态，实现特色化发展

苏州园林景区数量众多，但风格相似，虽然景色秀美、环境雅致，但如果只是单纯的观光旅游，仍易造成审美疲劳，其景区形象不够鲜明、特色不够突出的问题就体现出来。为此，充分挖掘景区文化资源、积极引入旅游新兴业态、推进园林景区特色化发展是未来活化利用的有效途径。例如，2020年，以"姑苏八点半"为主题的夜游活动在苏州园林中逐步推广。除了传统的"网师夜花园"旅游演艺活动之外，沉浸式园林实景话剧《遇见姑苏·木渎往事》在严家花园夜花园开演（图9-10），而拙政园通过灯光设计打造"拙政问雅"夜游产品，让夜间的拙政园呈现出"水墨画"的意境和质感（图9-11）。除促进夜间旅游外，苏州园林会奖旅游也具有发展潜力。当前，苏州网师园的云窟、小姐楼、露华馆，沧浪亭的明道堂，留园的冠云楼、小桃坞等场所都进行了会场改造，可以举办各类中小型会务活动。耦园内的世界遗产监管中心还为会场配备同传设备，每年都要承办国际性会务。此外，如拙政园园林主题图书馆（图9-12）、耦园中式婚庆项目、艺圃特色婚纱摄影（图9-13）等项目也是苏州园林特色化发展方面的积极探索，值得学习借鉴。

图9-10　园林实景话剧《遇见姑苏·木渎往事》
图片来源：https://www.sohu.com/
a/394966482_120693877

图9-11　拙政问雅
图片来源：https://www.meipian.cn/38m7cuzi?share_
from=self

图9-12　拙政园园林主题图书馆

图9-13　艺圃特色婚纱摄影
图片来源：http://www.photomtf.com/news/jishu/532.html

六、案例分析——网师园

网师园位于苏州带城桥路阔家头巷 11 号，为典型的府宅园林，是我国江南中小型古典园林的代表作品。网师园始建于南宋淳熙年间，原为南宋侍郎史正志所筑的府宅园林，因府中藏书万卷，故名"万卷堂"，对门造花圃，号"渔隐"。清乾隆年间，光禄寺少卿宋宗元购万卷堂故址重治别业，筑园其地，取名"网师小筑"。历经时代变迁，园主几经更迭，1950 年，最后一任园主何亚农的后人将网师园捐献给国家。1958 年，苏州市园林管理处对网师园进行全面整修，扩建了梯云室，增修了涵碧泉、冷泉亭，使园林对外开放。网师园面积仅 8 亩多，全园可分作三部分：东部是宅院区，为府第；中部是山水景物区，为主园；西部是内园，即园中园。这一布局，使整座园林整齐均衡，内部又因景划区，境界各异，被陈从周誉为"苏州园林小园极则，是以少胜多的典范"。现网师园作为世界文化遗产、国家级重点文物保护单位，于 2016 年首批入选《苏州园林名录》，成为以苏州园林为载体的旅游景区活化利用模式的典型代表。

（一）亮点一：夜间旅游演艺的创新与探索

1990 年网师园开办了古典夜花园，如今已成为苏州地区开办时间最长的夜游活动，也是苏州经典旅游产品，被联合国教科文组织推荐为特定旅游项目。夜晚的网师园退去了白天的繁华喧闹，收获难得的清静，在静谧的氛围里，更能体会园林独有的苏式情调。苏州古典园林为旅游演艺提供了丰富的舞台空间。自古以来，厅堂氍毹、庭院戏场、亭榭露台、楼船画舫皆是士人观演戏曲的首选场所[382]。网师园夜间旅游演艺由 8 个节目组成，包括江南丝竹、昆曲、评弹、民族舞蹈、民乐独奏等演出类型，演出《游园惊梦》《十五贯》《金蛇狂舞》等昆曲戏剧节目。设计中注重在传统剧场表演编排的基础上有所创新，强调园林旅游演艺产品的情感体验，将表演场所分别设置在各厅堂楼阁以及花园之内，将"小中见大""移

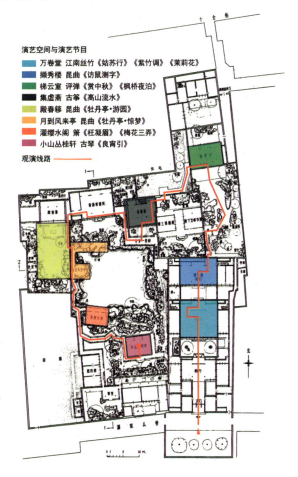

图 9-14　网师园演艺空间与观演路线

步换景"的造园理念运用到表演编排上，既体现园林情境，又展示演艺情趣，通过"以园拢情""以情活园"，最大限度地强化旅游者观演过程中的参与体验感和互动趣味性（图9-14）。通过古典园林步移景异的空间与曲径通幽的路径承载旅游演艺的情韵，进而突显园林文化魅力，帮助游客体味苏州古典园林夜花园之美，感受江南夜文化风韵，是网师园推进园林遗产活化利用、促进文旅融合创新发展的积极探索（图9-15）。

（二）亮点二：多功能的空间活化利用

网师园虽然面积不大，但却对空间进行了巧妙的改造设计，使其具备餐饮、购物、会务、演出等多样化的功能，服务于多样化的休闲旅游活动。餐饮功能与购物功能分据于园林西南角与东北角的露华馆与云窟两处僻静院落，空间较大，但对园林主要景观与游线干扰较少，适合游客停留休憩与购物。网师园撷秀楼去除了二楼原有的屏门分隔，以柱子的动线重新划分室内空间格局，可以举办小型会展活动（图9-16）。万卷堂、撷秀楼、梯云室、集虚斋、月到风来亭、濯缨水阁、小山丛桂轩、殿春簃等园林建筑白天作为展览陈列的空间供游客观光，晚上则转化为实景演剧场所，供游客观赏旅游演艺表演。可见，整个网师园空间布局兼顾了旅游与其他对客服务功能，对空间进行了有效利用与复合化设计，提升了园林活化利用的功能效用。

图 9-15　网师园夜间旅游演艺　　　　　图 9-16　网师园撷秀楼
图片来源：http://www.yuanjianguihua.com/ newsdetail_507.html

（三）亮点三：形式丰富的宣传推广活动

苏州网师园通过丰富多彩的宣传推广活动，展现了自身的文化特色，扩大了知名度，提升了景区的经济社会效益。2019年，网师园以苏州园林申遗成功20周年为契机，充分发挥传统文化展示的载体功能，积极开展"园林文化进校园"系列活动，并通过深度苏州、最苏州等微信公众号，园区志愿者协会，苏州全民阅读促进会等多个渠道进行推广。在旅游产品营销方面，2019年，苏州市园林和绿化管理局联合上海浦东机场，将网师园"搬进了"浦东机场苏州园林体验中心，举办"园林原来可以这样玩"苏州园林旅游推介活动。茶道表演、古筝演绎、古装巡游轮番上演，为中外游客呈现了古老园林的"私人订制"之旅，获得了超 2 万人的关注。同时，还积极走出国门，参与法国巴黎的"世界遗产——苏州古典园林"旅游文化推介会、"苏醒模式开启完美假期"北美旅游推广等国际旅游推介活动，提升了景区的品牌关注度与影响力。

第二节　礼佛朝圣模式

礼佛朝圣模式是以苏州寺庙园林为载体，延续其原有的礼佛朝圣功能，并适当开展观光、游憩等活动的一种活化模式。礼佛朝圣模式与旅游观光模式具有相似性，自古以来，寺庙园林与旅游活动密不可分。明代谭元春记述："梵刹琳宫，虽缁流羽士所潜踪，大约处邑之形胜者居多，以故历代明贤高士多游息矣。[1]"可见寺庙园林的旅游观光、公共集会功能由来已久，也深刻地影响着当代苏州寺庙园林的活化利用。然而，寺庙园林的宗教功能为其所独有，与一般的园林景区在空间布局与功能设置上仍存在差异，因此本章节仍对其个性化特点进行单独讨论。当前，《苏州园林名录》中的寒山寺、西园、石佛寺、北寺塔、高义园、先蚕祠花园、兴福禅寺、铜观音寺花园、方塔园、司徒庙后花园、保圣寺、灵岩山寺花园 12 座寺庙园林的活化利用均可归入礼佛朝圣模式。截至2021 年 9 月，该活化模式的园林数量占《苏州园林名录》园林总数的 11.1%，是苏州古典园林重要活化利用方式之一。

一、适用对象

基于前述调研与国内外相关案例借鉴，笔者认为该模式的适用对象主要具有以下特征：

（1）寺庙园林的总面积较大、绿地面积较大，具有仍在使用的宗教建筑群，宗教建筑与园林空间保存状态良好；

（2）寺庙园林仍由僧众负责管理，原有的宗教功能依然存在，具有常态化开展的各类宗教活动；

（3）寺庙园林在区域内具有较高的知名度，对香客具有较强的吸引力。

二、功能布局

对于当代苏州寺庙园林来说，宗教功能的传承与活化是礼佛朝圣模式的重点。从功能布局上看，礼佛朝圣区与僧众生活区是围绕其宗教功能所形成的特有空间，游憩休闲区与服务功能区与旅游景区较为类似，其功能布局与传统形制并无太大差异，但在一些

1　（明）谭元春《再游乌龙潭记》，收录于《谭友夏合集》卷11。

细节改造上仍体现出新的特点。为此，本章节将有所侧重地对以上空间的传承、转化与利用进行分析探讨。

（一）宗教功能空间

宗教功能区为寺庙园林所特有，然而从活化利用的角度来看，主要是延续寺庙园林的原有功能。一般来说，寺庙园林的宗教功能空间相较于苏州园林旅游景区，更为严谨规整，通常采取中国传统宗教建筑的院落式格局，具有一至多条中轴线。例如，西园寺和兴福禅寺均有着严明的对称轴线秩序，在中轴线上设置山门、牌楼、钟楼、天王殿、大雄宝殿藏经楼等建筑，四周廊院围合，布局规整严正，建筑气势恢宏，营造了宗教功能区庄严肃穆的氛围。因此，在寺庙园林修复改造与活化利用的过程中，需要尽可能地突出中轴线，从而烘托礼佛朝圣的宗教气氛。例如，北寺塔入口中轴线上的弥勒佛与韦驮菩萨雕像均为修复时增建的佛像雕塑小品，虽因空间限制并未另建庙宇，但其空间布置依然尊崇礼佛的中轴线序列。常熟方塔园寺内建筑俱毁，仅存方塔，修复改造时便以塔为中心，重建了园林轴线，据此布置建筑与景观小品，也是展现宗教特色的成功经验。此外，与旅游景区不同，苏州寺庙园林的宗教功能区中多具有僧人的起居活动空间，这些空间一般位于寺庙建筑院落的边路，相对独立，避免与香客朝圣活动相互干扰。例如，兴福禅寺、西园寺主轴线东侧的寮房，都是较为独立的僻静院落；西园寺在扩建过程中也应注意遵循该原则，将新建的三宝楼作为僧人起居活动区，设置在原有寺庙园林的主轴线尽端，并设置独立院落限制香客通行，从而实现了功能划分。

（二）游憩休闲空间

苏州的寺庙园林与私家园林有着深厚的历史渊源，多为士族、富商"舍宅为寺"而形成，因此园林中常有点缀山水，栽植花木的庭院。这些庭院作为宗教功能区的配套与点缀，可以作为游憩休闲区加以利用。与旅游景区活化模式相比，寺庙园林中的游憩休闲区需要在游览路径、景观小品设计等方面更加突出佛教氛围的营造。例如，为了充分培蕴佛徒信众那种宗教体验前的神秘向往，增添佛寺的诱人魅力，苏州寒山寺在入口空间的西南侧花园另辟蹊径，使路径曲折变化、开合有序，借助花园部分的自然植物空间为入口营建出仿佛隐于山野深处的景观效果（图9-17）。又如，苏州西园寺西花园中有放生池，池中有湖心亭一座，供奉佛陀。有石桥与两岸相连，连接茶室、湖心亭和紫藤架三个主要节点，正合佛教"同登彼岸"的禅意（图9-18）。正如花园中砖额对联所云"西已种竹栽花，培心培地；园则放生育物，养性养天"。寺庙园林的游憩休闲空间应当注意体现佛教的意境，天与人、佛国与自然巧妙融合，最大限度地调动人们的主观情感和直觉顿悟，以此来创造寺庙园林独特的佛境美。

图 9-17　寒山寺入口西南侧花园　　　　　图 9-18　西园寺西花园放生池、湖心亭

（三）服务功能空间

与旅游景区化的苏州园林相比，寺庙园林对客服务功能也存在自身特点，前述调研发现，寺庙园林的餐饮功能评分居于首位，寺院住宿、经书阅览、文教讲座等功能也是一般旅游景区所不具备的。这些功能区一般不设置在园林核心区域中，常位于宗教功能区的边路建筑中，改造利用时主要结合建筑的原有功能进行适当转化。例如，苏州常熟兴福禅寺救虎阁原为清代学者陈揆藏书处，《兴福寺藏书目》跋语中写道："吾邑城东子游巷陈氏子准名揆，富收藏……陈氏藏书于乡邦文献致力尤勤，积四百种。先后庋藏破山寺救虎阁，以供众览，早有今日公共图书馆之至意。"[1] 如今，兴福禅寺有效延续了救虎阁的历史功能，将位于兴福禅寺幽静之所的藏书楼作为公共图书馆对外开放，设有古籍部、佛学图书馆和阅览室三部分，馆藏文献 3 万余册，成为弘扬佛学文化的重要基地。西园寺则在西花园与罗汉堂之间整修了一座辅助用房，作为素养生活馆，经营如意面、观音面等各类素食，价格亲民，也符合寺庙文化特色，成为西园寺的文化品牌。可见，礼佛朝圣模式的服务内容应当紧密结合寺庙传统与佛教文化，从而形成自身的特色。

三、优势特色

（一）具有公共开放的历史传统

与服务于帝王生活的皇家园林以及归属于士大夫群体的私家园林相比，寺庙园林从诞生伊始就具有鲜明的公共属性。一方面，寺庙园林以琳宫广刹、梵音呗唱为僧侣创造清寂幽静的修持环境；另一方面，因地制宜地利用园林景观，以集会、游玩、结社等形式将普通民众接纳进来，将宗教的影响力渗透到了世俗的生活中。例如，虎丘云岩寺被《吴郡志》赞为"寺之胜，闻天下，四方游客过吴者，未有不访焉"[2]。其面向社会公共群

1　（清）陈揆撰，瞿凤起跋，《兴福寺藏书目》二卷（民国虹隐楼抄本）。

2　（宋）范成大《吴郡志》卷三十二。

体之广泛、开放历史之绵长，在各类苏州园林中居于首位，有着比皇家和私家园林更为广泛的群众基础[383]。如今，苏州灵岩山寺、报恩寺、寒山寺、宝圣寺、兴福寺都经历了一千多年的历程，依然香烟缭绕，香客云集，为信众们礼佛朝圣活动所利用。寺庙园林公共开放的历史传统延续至今，其园林空间规模相对较大，能够更好地适应当代朝圣活动人群集散的功能需求，比其他私家园林更具有可利用的优势。

（二）承载宗教理想的美好形象

寺庙园林的活化利用为民众所喜闻乐见，一方面是根植于人们内心的文化传统，另一方面也是源于寺庙园林所承载的宗教理想为其营造了独具魅力的美好形象。这种形象有利于寺庙进行文化遗产保护与活动组织管理。例如，寒山寺、兴福寺、北寺塔、西园寺等寺庙均组织有志愿者团队；又如，西园寺定期举办的企业家禅修营，通过行禅、讲座、互动、水边林下禅意读书会等丰富多彩的体验活动，帮助企业家关注自身内心成长和境界提升的同时，也拓宽了寺庙园林善款的筹集渠道，这也得益于礼佛布施的佛教文化熏陶。前述调研中发现寺庙园林的经营管理、功能效用、综合效益等评价指标均位于前列，这也印证了宗教文化对游客行为与经营管理潜移默化的促进作用。

（三）展现宗教文化的特色活动

寺庙园林中的礼佛朝圣活动是其独具特色的文化资源。例如，苏州先蚕祠是蚕农们祭祀蚕丝行业祖师的公祠。相传小满当天是蚕花娘娘嫘祖的生日，因此有先蚕祠拜蚕神，请戏班连演数天戏，祈祷丰收的特色宗教活动。民国沈云的《盛湖竹枝词》里有诗载道："先蚕庙里剧登场，男释耕耘女罢桑。只为今朝逢小满，万人空巷斗新妆。"如今，小满戏已被列入吴江首批非物质文化遗产，每年节庆时由盛泽镇戏曲协会演出10天，游人可以免费观赏。即便是购物、餐饮与住宿功能，在寺庙园林中的表现形式也有所差异。例如，很多市民为西园寺、寒山寺等寺庙的素菜馆与素食商店慕名而来，寺庙园林的餐饮评价在苏州各类园林中位居首位。旅游纪念品服务被赋予了浓厚的宗教文化，被称为"法物流通"，主要从事各类佛教法物的开光与请福服务，收到广大香客的欢迎。同时，很多寺院内还定期举办讲座与禅修培训，讲解宗教知识、宗教教义，让信众切身感受宗教的魅力，这也是礼佛朝圣模式所独有的特色活动。

四、问题挑战

（一）景区化发展的歧途

寺庙的基本功能是满足信众信仰需求和培养佛教人才，过于喧闹的旅游活动与清静庄严的寺庙氛围不相匹配。然而，苏州寒山寺、北寺塔、兴福禅寺等寺庙历史悠久，知名度高，众多游客蜂拥而至，使得寺庙园林与一般景区差异不大。随着游客数量的增多，部分寺庙难免受到经济利益的驱使，使得原有的宗教文化异化，更有甚者，打着佛教的名义敛财，将辟邪转运、经忏法事、佛诞头香等活动明码标价，公开竞标，误导世人。例如，寒山寺因唐代诗人张继《枫桥夜泊》中的名句"姑苏城外寒山寺，夜半钟声到客船"而扬名海内外，其除夕听钟声活动已成为苏州家喻户晓文化品牌。然而，随着敲钟热不断升温，寺庙逐渐将该传统习俗商业化，出现了拍卖钟权的现象。按出价高低进行敲钟排序，让本来充满希望与欢乐的事情弥漫了金钱的味道，这种商业化的行为破坏了新年敲钟的严肃性，与众生平等的佛家思想背道而驰，使得传统宗教在人们心目中失去了那种至高无上的地位。方塔园、寒山寺等寺庙不断地进行规模扩张，其目的也主要是用于景区化发展，真正的宗教功能区反而日渐式微，失去了寺庙园林应有的韵味和特色。

（二）吸引力不足的困境

部分寺庙园林活化利用中的另一个问题是文化展示与传播的手段单一，对青少年游客群体的吸引力不足，即使有较多的走马观花的游客，其礼佛朝圣活动的体验感并不强。调研中发现大部分苏州寺庙园林的文化传播手段仍停留在对文化遗产的静态展示，一些宗教文化故事的内涵也仅仅通过文字标识牌加以介绍，在博物馆、旅游景区中常见的科技手段在寺庙园林中的运用还比较少。这种隔着玻璃欣赏文物、参与文物展览的被动游览方式往往给旅游者以严肃、单调、乏味的感受，无法有效调动旅游者主观体验与感知联想，从而无法让游客体会到寺庙文化的深刻内涵。

五、发展方向

（一）传承与复兴寺庙园林传统功能

寺庙园林秉持着普度众生的宗教情怀，具有独特的情感教化与文化传播功能。历史上的苏州著名寺庙也因其具有的法会朝圣、留宿信众、普法讲习以及各类慈善活动而具有深厚的群众基础，展现出其倡导的慈爱、宽容，追求和平等积极的宗教思想。然而，在寺庙园林发展过程中，其观光游览功能逐渐占据上风，一些传统功能逐步消亡，这些都是亟须关注的问题。首先，可以充分利用寺庙园林的良好环境氛围开展心理咨询活动。宗教的重要功能就是为社会成员提供心理上的慰藉和安全感，因此可以通过禅修班、国学班等形式，面向不同受众开展佛学辅导与心理咨询活动，在这方面，寒山寺的"和合·国学"夏令营、西园寺的"菩提静修营"等活动都做出了很好的探索。其次，留宿僧客本是寺院应有之义，可以传承古代寺观的食宿功能，在有条件的地方，适当接待游人住宿，让其参与宗教功课、品尝特色食品，体验出家人的生活，不仅能满足游客的宗教情感需求和好奇心，还能让他们拥有一次难忘而美好的经历。最后，寺庙的慈善属性也不应该被淡化。苏州兴福禅寺利用寺庙园林组织慈善爱心助学、腊八施粥、扫墓、放生等活动，既复兴了寺庙园林的传统功能，又突显了佛教慈悲普度的宗教情怀，值得提倡与坚持。

（二）丰富与创新宗教文化展示形式

采取信息技术手段，增强宗教文化展现形式的多样化与生动化。在展示文物时可以利用光线、声音、色彩对比来进行巧妙设计，运用虚拟现实、增强现实和全息投影技术将文化遗产、宗教故事场景等重新展现在游客面前，方便游客在互动场景中体验宗教文化。同时，充分运用互联网平台，将宗教文化与文创产业结合起来，打造形象生动又有宗教文化内涵的网红产品，增强寺庙园林对青少年的吸引力。例如，北京龙泉寺创造了爱问"十万个为什么"的小和尚贤二等生动形象，并相继推出漫画书、动画短片等不同形式的衍生产品，开发了包括图书、佛具、公仔、文具、生活五大类的旅游纪念品，并推出了主题素食餐厅。此外，龙泉寺还开发了具有感知功能的贤二机器人，能接受指令做出相应的肢体动作、诵读经文和播放佛教音乐等，并担任首席新闻官，引发 30 多万人围观。这一系列创新使得龙泉寺从高远的庙堂飞入了普罗大众的身边，以民众喜闻乐见的方式促进了宗教文化的传播，2016 年，其获得"全球华人国学年度卓越传播大奖"，值得苏州同类寺庙在未来活化发展中加以借鉴。

六、案例分析——西园寺

西园戒幢律寺，简称西园寺，位于苏州阊门外留园路西园弄 18 号，创建于元代至元年间，始名归元寺。明嘉靖之末，太仆寺卿徐泰时构筑东园时，把已经衰落的归元寺改建为宅园，名西园。徐泰时去世后，其子徐溶舍园为寺，复名归元寺，并于崇祯八年（1635）延请报国禅寺茂林律师任住持，改名戒幢律寺。惜于清咸丰十年（1860），毁于兵燹，只剩下残垣颓壁、荒草萋萋。历经修复之后，现存大雄宝殿、观音殿、罗汉堂、天王殿等殿宇多为清末民初所建，自 20 世纪 60 年代以来，寺庙先后被列为苏州市和江苏省的文物保护单位，是市内规模最大的寺院，以其著名的律宗道场和独特的艺术魅力，闻名海内外。近年来寺院又征用了北侧八千余平方米土地，建立以教育为主体的"三宝楼"建筑群，强化了佛教文化建设与人才培养功能。如今，西园寺作为清净庄严的伽蓝圣地，于 2015 年入选首批《苏州园林名录》，寺内古木幽深，梵宇重重，绿茵曲水，鸟语花香，是以苏州园林为载体的礼佛朝圣活化利用模式的典型代表。

（一）亮点一：合理布局，巧妙融合宗教与世俗功能空间

西园寺以中轴线的形式将不同用途的佛堂串联起来，其轴线上的建筑节点包括上塘河南侧的入口照壁、山门殿前的花岗石牌坊、山门殿、天王殿、大雄宝殿、念佛堂、藏经阁等，形成宗教空间庄严的递进秩序。以中轴线为基础向进深与两侧拓展，新建了用于僧侣起居、修行的三宝楼，天王殿两侧分别布置钟、鼓楼，并围绕其设置游客咨询台与纪念品销售亭。主体建筑两侧，再以院落的方式配置辅助性用房，西侧的西花园与素食馆可以满足游客餐饮与观光功能的需要（图 9-19），东侧的僧寮房等主要为参与禅修班的香客提供住宿服务（图 9-20）。中轴线的拓展区宗教氛围逐渐减弱，世俗功能与传

统建筑的多样化利用开始逐渐出现。同时，园林中丰富多变的廊道将宗教与世俗空间进行了有机结合，促进了不同空间的景观渗透，丰富了寺庙园林的景观层次，体现出古典园林以小寓大的设计理念。在廊道与院墙之间，廊道与附属建筑之间，摘植花木，点缀湖石小品，为寺庙增添了几许自然情趣，也使得人们行走于廊道之中，在观赏花木的同时获得内心的愉悦之感。整个西园寺布局轴线清晰，秩序明确，在不影响宗教功能的前提下，巧妙地利用传统建筑与园林空间植入餐饮、住宿、文教、观光、购物等多样化的功能，实现宗教与世俗功能空间整体风格协调，新建建筑与寺院原有建筑风格及布局的和谐统一。

（二）亮点二：正本归源，主动开展去景区化行动

寺庙园林中开展的礼佛朝圣活动与旅游活动有着本质差异，然而，在经济利益的驱使下，很多寺庙园林也开始进行商业化、景区化发展，使得宗教文化氛围逐渐淡化。在这样的社会背景下，2018 年，西园寺正本清源，勇于担当，主动放弃其 2006 年获得的"国家 4A 级旅游景区"称号，将原有的门票价格从 20 元降低为 5 元，成为寺庙园林去景区化发展的创新典范。西园寺此举致力于佛教寺院功能的转变与回归，将其受众定位于本地及周边地区的香客，而非单纯的旅游者。在进行去景区化发展之后，西园寺找到了自己的优势定位，通过佛学涵养高深的法师在各地开展佛法教育活动，为全社会提供精神层面的公益服务，而得到教育恩惠的信众积极捐款支持寺庙发展，从而形成了以礼佛朝圣、教育弘法、公益服务为主要功能，以大众奉献替代旅游收费的自养模式，实现了西园寺活化利用的良性循环。西园寺主动开展去景区化行动，得到了政府的认可，认为其具有样本意义和示范价值；同时，在网络上引起热议，大部分网友对此事件表示支持，认为寺庙园林作为信仰之地，活化利用应有底线要求和红线思维，西园寺此举体现了一种以退为进的智慧。

图 9-19　西园寺素养生活馆　　　　　　　　图 9-20　西园寺客堂

（三）亮点三：施教弘法，开展宗教文化教育与研究活动

西园寺将寺庙的主要功能定位于佛法研究与施教弘法，并充分利用园林化的优美环境开展各类教育活动。西园寺从 1998 年开始，逐步开展各种弘法活动，经过二十余年

的不断努力和发展，已经形成了具有自身特色的弘法模式和经验，吸引了大量的信众前来体验佛教文化。例如，从 2007 年起开办了菩提静修营，不仅在戒幢讲堂内进行弘法活动，更善于利用大觉堂庭院、西花园等户外园林空间开展行脚、传灯、义务劳动、西园夜话等活动，到达佛法与自然和谐，天人合一的境界。2010 年，西园寺创办苏州西园菩提书院，以"引导人们正确认识佛法，走上生命觉醒之道"为理念，运用自修和共修相结合的方式，每周都举办班级共修和小组共修活动。除了公众教育活动之外，1996年，西园寺创立戒幢佛学研究所，充分利用新建的三宝楼、教育禅修楼以及戒幢图书馆进行佛教研究，开展高等佛教院校四年制本科学历教育与三年制研究生教育，为佛教界培养了大批德才兼备的僧才。不难发现，作为宗教活动的载体，寺庙园林在活化利用中应当突显其教育功能，这既是信众礼佛朝圣的精神需要，也是宗教文化传承的应有之义，值得苏州古典园林学习借鉴。

第三节　文化展示模式

文化展示模式是以苏州古典园林为载体，将其改造为博物馆、展示馆、美术馆或科研展陈场所等进行陈列布展，发挥文化传播、科研和教育功能的遗产活化模式。当前，《苏州园林名录》中的全晋会馆、尚志堂吴宅、朴园、柴园、圆通寺分别改造为苏州戏曲博物馆、苏州工艺美术博物馆、苏州桃花坞木刻年画博物馆、苏州教育博物馆、苏州圆通美术馆；而玉涵堂、忠王府、环秀山庄、拙政园西南部宅院群、狮子林东部宅院群中则分别建有苏州生肖邮票博物馆、苏州博物院（部分）、苏州刺绣博物馆、苏州园林博物馆和苏州民俗博物馆。如果考虑到部分苏州古代宅院府邸也具有鲜明的园林特色，那么苏州文庙府学内的苏州碑刻博物馆、春晖堂中的苏州中医药博物馆、钮家巷潘世恩府邸中的苏州状元文化博物馆等亦可以归入此模式。由此可见，文化展示场馆与苏州古典园林具有密切的联系，是古典园林活化利用的主要方向。

一、适用对象

基于前述调研与国内外相关案例借鉴，笔者认为该模式的适用对象主要具有以下特征。

（1）园林总体规模不大，园林建筑规模常在三路及以下，但建筑占地面积比例高，建筑分布相对集中，空间布局结构清晰，可理解度高，园林绿地比例较低。

（2）不适合利用知名园林进行文化展示，对游客量大的园林来说，游客的观展驻足时间变长，并不利于游客观展的体验以及园林建筑的保护。对于规模较小，游客量不多的苏州园林来说，进行文化展示活化利用，既可丰富园林展示内容，又是吸引参观者的好方法。

（3）园林常位于历史街区等文化遗产分布较为密集的地区，易于形成主题不同、功能互补的博物馆群，从而形成规模效应。

二、功能布局

以苏州古典园林为载体的文化展示活化利用模式除了载体差异之外，其功能组成与一般博物馆、展览馆并无大的区别。主要分为对外的展厅陈列区、交流互动区、观众服务区以及对内的藏品库区、学术研究区、修复加工区、管理办公区等[114]。前述研究中分析的展览陈列功能分布在展厅陈列区，娱乐功能位于交流互动区，餐饮、购物、服务等功能位于观众服务区。对于各类文化展馆来说，因实际功能需求的差异，各功能区的布局与比重也有所不同。通常来看，以苏州古典园林为载体的文化展馆中的藏品文物总量不多，展示对象较为单一，其功能空间需求并不及一般综合博物馆的规模，而园林本身便是一个有完整空间流线的建筑群，可以无须通过新建馆舍来提供展陈空间。同时，也有文化展示馆毗邻于古典园林而建，而交流互动区、观众服务区往往是新馆的主要特色与核心功能。

（一）展厅陈列空间

依托苏州古典园林而改建的各类展馆的展厅陈列空间多利用园林建筑中的厅堂空间。厅堂空间体量较大，且由于其大木构架正贴多采用抬梁的做法，所以其室内空间柱少，较为完整和连续，适用于展厅布展工作。同时，展厅陈列空间希望能吸引观众进入建筑内进行游览，其开放特性要求，在空间布局时将园林中连接度较高、整合度较好的空间加以利用。同时，考虑到改造后的展馆展厅与原有园林建筑在流线与功能上的延续性，往往利用园林建筑群中正路中轿厅、客厅所处的基本单元进行改造。例如，尚志堂吴宅改造而成的苏州工艺美术博物馆的轿厅、客厅院落分别改造为前言厅与珍品展示厅；而玉涵堂西路的第二、三进院落及其主厅桂香楼和杏绣楼也改建为苏州生肖邮票博物馆的主要展厅。此外，园林次要院落建筑组团，连接度与秩序性不强，在改建为展厅的过程中，需要和主要展示空间的厅堂进行流线串联，从而强化展示主题的联系。

（二）交流互动空间

交流互动空间是伴随着当代科技发展与人们观展需求变化而出现的新型功能空间，往往需要较为丰富的虚拟现实、增强现实、多媒体展演等互动式数字展示技术的支持，因而在园林传统建筑空间中较难实现，也易掣肘于文保要求而难以创造良好的互动交流体验。因此，交流互动空间不适宜布局在原有的园林建筑中，同时作为展厅陈列空间的辅助与配套，其空间布局宜临近于展厅陈列空间，但又不能喧宾夺主。鉴于此，苏州园林中的复原重建建筑以及毗邻园林的新建场馆是此类功能的理想场所。一方面，复原或新建建筑中的电路、通信等基础条件易于承载各类现代科技设备；另一方面，其不受到古建保护规定的严格制约，可以在建造时提前考虑交流互动空间的规模与布局，以便更好地适应观众参与的需求。例如，全晋会馆将毗邻主要展示空间的昆曲与生活馆按原有建筑风格加以重建，在内部进行现代科技植入，建成视听欣赏活动室，方便观众身临其境地体验戏曲文化；柴园在改造为苏州教育博物馆之时，对东北角进行了大规模改造与复原，扩建了汉语国际推广中心，并作为游客学习与体验中华文化的重要基地。

（三）观众服务空间

为游客提供服务的功能空间，多用于餐饮、购物等商业经营活动，这是当代文化展馆复合功能发展的趋势，但在苏州古典园林相对局限的范围中却容易受到限制，因此该类空间的面积相对较小，功能也比较单一。同时，不同于展览空间，人置身其中不会主动历遍空间，因此其应该设置在连接度较高的区域，从而避免游客错过，也便于发挥服务效能，但又不能占据主要厅堂建筑，因此出入口附近的空间比较适合进行改造利用。这些空间在明清园林中常作下房之用，改建难度不大，同时又常位于展览流线的尽头，符合游客的使用习惯。此外，需要注意的是，与综合性博物馆中服务空间均设在展馆内部的情况不同，由于苏州园林规模的限制，其游客服务空间多有对城市开放的倾向，从而取得更好的经营效益，并体现出周边环境与文化展馆之间的联系。鉴于此，服务空间距街区外部空间的深度应保持尽可能低，且服务空间的沿街界面应增加透明性，进行适度改造，削弱苏州传统民居中的内向性，以适应新的商业功能。例如，钮家巷潘世恩府邸中的苏州状元文化博物馆在出口处设置纪念品商店和奶茶饮品且对外开放，此举增加了博物馆的经营收益，聚集了博物馆的人气。

（四）内部办公空间

内部办公空间是文化展馆中对内的藏品库区、学术研究区、修复加工区、管理办公区等空间的统称。因为由苏州园林改建而成的文化展馆的体量相对较小，综合性展览不多，陈列展品方式通常为长期陈列，临时陈列的需求较少，故藏品库所需求的面积较小，其学术研究、修复加工、管理办公的功能也相对简单，因此对非对客的内部办公空间进行统一的讨论。内部办公空间的主要特征是远离游客参观流线，强调私密性，并保持自身功能的独立。不难发现，内部办公空间与外部服务空间，这种功能上私密与公共的对立类似于苏州园林中日常生活与会客功能两种情景中公共与私密的关系。因此，将园林中原有的边路空间中连接度较低，空间深度较深的空间单元以及僻静之处的书斋、内厅、卧厅等私密生活空间改造为办公空间具有功能延续上的可行性。例如，尚志堂吴宅改造而成的苏州工艺美术博物馆的办公区就位于东路独立院落之中，而储藏室则位于西路轴线序列末端，均与主要游线相分离。此外，园林中原有辅助用房的可达性、整合度等空间特征符合办公空间需求，同时，对原空间结构的改动较小，改造代价较低，也是常见的活化利用方式。例如，天官坊清荫堂陆宅改建的苏州砖雕博物馆正路单元空间中的两侧厢房为正路中厅堂提供储藏功能；苏州戏曲博物馆中工作用房设置在全晋会馆的原门房处，储物间则设置在正厅厢房处。当然，伴随着文化展馆的不断发展，当古典园林遗产本体无法承载研究、办公、管理、藏储等功能时，或者与对客服务功能产生空间利用矛盾时，就应当考虑另建新馆来满足功能布局的需求了，这将在后续章节中加以讨论。

三、优势特色

（一）园林载体与文化展品的身份交融

文化展示模式中，园林遗产既是文化展示活动的空间载体，又是独具魅力的文化展品。作为展览载体，前述章节的功能布局分析中已经讨论了其建筑空间转化为文化展示区的途径与方法。此外，园林载体与其他文博场馆相比的另一个特点是其室内外展区可以充分利用园林中框景、借景、障景等视线控制的手法，促进室内外空间交融互通，使游客观展之余，切身感受到园林的空间氛围。当然，如果说园林载体只是在空间布局上具有一定特色的话，那么园林独有的文化展品身份则是其活化利用中的鲜明优势。首先，园林遗产本身就具有丰富的文化展示元素，一部分与主题相关的建筑构件、陈设物件、景观小品等往往可以直接还原到其原生园林环境中，给游客直观的体验。例如，苏州园林博物馆家具陈设厅南部的庭院中有湖石牡丹花台、冰裂纹铺地、亭廊模型及各种植物配置等，是仿造留园涵碧山房南侧庭院的景观，是苏州园林造园手法的集中展示区（图9-21）。纽约大都会博物馆中的"明轩"，即以苏州网师园殿春簃庭院为蓝本建造，也作为室外展品进行展出（图9-22）。其次，苏州古典园林深厚的文化内涵在通过楹联、雕刻、陈设、景观等载体表现的过程中，事实上就是对文化展示主题的诠释与补充。例如，昆曲与江南园林关系密切，有着同音共律之妙。苏州戏曲博物馆中的古戏台展区既是游客户外参观的休闲空间，又是园曲同构的典型案例，是戏曲博物馆的镇馆之宝。又如，状元博物馆纱帽厅因梁头棹木像明代官帽的帽翅而得名，体现了学而优则仕的礼制思想与状元文化；其中精细的镂雕飞罩，其雕工精美，烘托了纱帽厅作为状元书房的文化氛围；而庭院园门中的砖雕题字"虚怀"，则展示了状元府邸的胸怀与气度。

图9-21　苏州园林博物馆家具陈设厅南部庭院

图9-22　纽约大都会博物馆中的"明轩"
图片来源：https://www.sohu.com/a/290105068

（二）园林设计与展馆布局的艺术相通

当代文博展馆已经逐渐呈现出小型化、专题化的发展趋势，这就对当代文博展馆的空间体验提出了更高的要求，而苏州园林正是以小中见大的空间特质取胜，强调步移景异的观景效果，使得江南园林作为游观空间为人们所使用，这与人在文化展馆空间中的观赏行为基本是一致的。从这点上看，苏州园林设计与当代展馆布局艺术手法的相通性，也成为文化展示活化利用模式的优势所在。苏州园林平面空间划分与流线设计对文化展馆同样适用，因此易于从造园手法中得到启发与借鉴。例如，博物馆展示场景往往具有相似性，长时间参观容易出现"博物馆疲劳"症状[384]。因此，可以借鉴苏州园林起承转合、欲扬先抑的游线处理方式，既形成连贯的空间路线，又通过大小、材质、明暗来区分不同的展览空间，使得空间相互渗透连接，使得游览路线有一定的随意性和往复性，从而产生趣味性的参观体验。例如，由全晋会馆改造成的苏州戏曲博物馆，其中路参观流线对称平直，以昆曲历史展陈为主；而边路展厅布置则结合园林、庭院空间，曲折多变，生动活泼，从而体现"昆曲与生活"的展览主题，以便激发观众观览的兴趣。园林设计与展馆布局艺术手法的相通性既可以在苏州园林改造为文化展馆时加以利用，也可以在文化展馆拓展空间、扩建新馆时加以借鉴，是苏州园林进行文化展示利用的天然优势与鲜明特色。

（三）文化资源与文化氛围的地域优势

苏州是一座历经千年而保存完好的文化名城，拥有众多闻名于世的文化遗产。在物质文化遗产方面，已列入《世界遗产名录》的有苏州古典园林（9座）、中国大运河（环绕古城的7个点段）；在非物质文化遗产方面，有列入"人类口述及非物质遗产代表作"的昆曲、古琴、传统木结构营造技艺、中国蚕桑丝织技艺、端午节等6项，还有32项国家级非遗代表性项目、116项江苏省级和159项苏州市级的非遗代表性项目，其总数不仅遥遥领先全省，在全国也名列前茅[385]。苏州丰富的地域文化资源为各类文化展馆提供了充足的文化展示题材，而昆曲、古琴、传统木结构营造技艺等非物质文化遗产以及品种繁多的饮食和丰富多彩的民风民俗都与苏州园林有着千丝万缕的联系，都适合以苏州园林为载体加以展示。调研中也发现，除了与园林艺术直接相关的专题展览之外，园林类文化展示场馆还会经常举办各类书画、碑刻、刺绣等文化艺术展览，也会引进其他博物馆的优秀展品进行临时陈列，从而延续私家园林的文化交流氛围，展现苏州的文化魅力。

吴地自古有崇文尚学之风，如今也是我国文化事业发展最为迅速的地区之一。截至2020年年底，苏州已建成博物馆102家，"百馆之城"的建设目标如期完成。苏州市区常住人口中，每10万名苏州市区常住人口拥有博物馆1.2家。博物馆正逐渐融入市民生活之中，"十三五"期间苏州各类博物馆共策划社会教育活动2441场，接待观众3623万人次[386]。以苏州古典园林为载体的各类博物馆更是将其传统的收藏展示功能与园林文化氛围相结合，组织了尚志堂苏州工艺美术博物馆"剪纸体验艺术展"、柴园苏州教育博物馆"古建美育研学系列活动"、狮子林苏州民俗博物馆"闹元宵民俗体验活动"等市民喜闻乐见的活动，培养了一批长期参与文化活动的爱好者，到博物馆听讲座、赏评弹、看碑刻、品雅集正成为苏式生活的新风尚。不难看出，苏州浓厚的地域文化氛围为以苏州园林为载体的各类文化展示场所提供了有力的社会基础，随着苏州市民文化需求的不断提升，这些有着苏州地域特色的"城市名片"必将成为展示城市文化的重要窗口。

四、问题挑战

（一）空间局限与布局转化不合理

以苏州园林为载体的文化展示场馆虽然以精致小巧见长，但毕竟受限于其整体规模难以开展深入的展示活动，加之园林中的亭、廊、台、榭等景观构筑物不利于改造为展厅，因此实际可利用的展示空间就更加有限。同时，也因为没有足够的、标准的仓储空间来进行展览品更换，临时性的布展活动不易开展，从而限制了其展品的更新与发展。当代博物馆的发展还强调对参观者休闲、交流、互动等多样化功能需求的满足，那么其空间就显得更加捉襟见肘。当前的办法是在园林周边新建展馆以发挥文化展示作用，但目前也仅有苏州博物馆、苏州园林博物馆、苏州教育博物馆等少数场馆实现了规模的合理扩容，更多的文化场馆依然受制于场馆空间问题。

前述研究虽然阐明了苏州古典园林与文化展示场馆空间布局的共通性，然而，古典园林建筑毕竟不是为文化展示而建，与当代陈列展示空间还具有一定的差异。同时，园林建筑改造受到文化遗产保护需求制约，从而不利于部分建筑功能的使用。部分实际案例中，功能布局转化不科学，使得功能布局与空间流线在转换中呈现无序性，造成了文化展示功能与文化遗产保护的矛盾。例如，苏州评弹博物馆在改建过程中将备弄空间归并到了正厅空间中，这使得备弄空间的空间形态不复存在，使得文化展示空间难以形成高效的环形流线，也容易造成游客对苏州园林空间逻辑的误解[134]。玉涵堂中路的正厅与茶厅位于园林的核心位置，但并未合理改造为展示陈列空间，而是出于经营需要进行中医药销售活动，而将边路次要建筑作为展览场所，也反映了功能布局转化中的本末倒置现象。

（二）经营管理与发展水平不均衡

苏州地域文化氛围浓厚，博物馆数量众多，由苏州古典园林或苏州古代宅院府邸改造、扩建而成的就达到 16 家。然而，这些博物馆中既有万众瞩目的文化地标，即与太平天国忠王府相连通的苏州博物馆，又有大量散落在民间的规模较小的民办博物馆，经营管理水平差异较大。调查中发现，虽然近年来出现了柴园苏州教育博物馆等一批改造精品，但部分由古典园林改建而成的小型文化展馆的经营管理水平还不尽如人意，例如，报国寺中的苏州佛教博物馆、春晖堂中的苏州中医药博物馆、曲园俞越故居博物馆等市场意识不强，展览陈列与经营手段依然比较陈旧，无论软硬件水平还是先进展馆差距明显。究其原因，这些场馆既缺少有力的政策与资金支持，又缺乏科学的经营管理培训与引导，也导致苏州文博产业经营管理与发展水平不均衡，苏州古典园林文化展示活化利用模式的功能效用仍有待提高。

五、发展方向

（一）顺应文化产业发展趋势，积极探索现代化经营管理路径

园林遗产活化为文博场馆之后，首先应当适应文化产业发展趋势，积极探索现代化经营管理模式。当前，文化展示场馆已不仅是保护、研究、展示文化遗产的机构，更成为服务群众美好生活的文化产业载体，其中公众参与、学习讨论、交流互动等功能显得尤为重要，而休闲、娱乐、文创等功能的发展则进一步推动其融入日常社会生活。苏州园林自古就是休闲生活的载体，具有多样化的使用功能，其中丰富的园林文化内涵为文化展示场馆多功能的现代经营活动提供了大量的素材与创意来源。例如，苏州博物馆以"博物馆是一种生活方式"为主题，结合地域文化，开发了"吴门四家"系列文创产品，覆盖服装、箱包、工艺品等多个门类；又以园林文化为主题，开发了"苏博建筑""梅景书屋"系列文创产品，兼具实用性和审美性。同时，苏州博物馆常态化组织公众体验课程，设立互动活动区、电子互动游戏墙等功能空间与设施（图9-23），让游客有机会亲手参与，体验苏绣、雕版印刷和烫画书签等活动（图9-24），更好地满足公众教育和文化消费方面的需求，值得其他园林类文化场馆学习借鉴。

图 9-23　苏州博物馆互动活动区　　　　　图 9-24　苏州博物馆体验活动
图片来源：https://images.shobserver.com/news/　　图片来源：http://3g.xici.net/iche/article-2501596.html
news/2018/5/19/

以云计算、物联网和人工智能为代表的新技术，不但改变了人类的思维观念和生活方式，同时也驱动着文化展示场馆不断进行创新变革。近年来，作为传承历史文化的重要载体和创造性表达的风向标，文化展示场馆以增强观众体验为导向，实现了运营模式与移动应用、社交网络的紧密结合，用创新科技手段整合线上线下活动的新型发展模式。北京故宫博物院、南京博物院等高水平博物馆都注重展陈设计的情境构建，运用数

字化信息设备，以博物馆实物为焦点，呈现多样态的背景信息，设计趣味性、互动性更为鲜明的互动展陈，营造支持观众观赏、学习、休闲、社交的参观环境。从整体上看，以苏州古典园林为载体的各类文化场馆的展示传播方法相对陈旧、形式雷同，对于传统文化的传承能力有限，难以满足广大人民群众日益增长的公共文化需求。因此，面对日新月异的科技发展与产业升级，应当有前瞻性的思考，主动学习和应用各种新技术，构筑新型展示传播平台，才能把握文化遗产活化发展的历史机遇。

（二）发挥园林遗产活化特色，促进新老展馆融合与博物馆群建设

古典园林类文化展馆需要针对自身特点进行个性化的发展探索，扬长避短，展现自身魅力。苏州古典园林作为文化展馆的载体，虽然具有园林环境与文化氛围的优势，但受到空间局限以及建筑遗产难以改造的制约，在空间布局、功能拓展等方面难以充分发挥作用。为此，促进新老展馆融合与博物馆群建设可能是应对这一挑战的方向。为了破解空间局限与遗产保护限制的难题，该类展馆往往在园林遗产周边新建仿古建筑作为新馆进行配合使用。古典园林作为重要的文化遗产，对参观的游客数量、游览行为应当严格控制，因此只宜将部分展示陈列空间置于原有园林之中，而管理办公、游客服务、交流互动等空间则多利用新建建筑实现。将这些功能空间置于新建建筑中，较之直接置于园林遗产中，能减轻园林保护管理上的压力，也可以更好地适应当代文化展示功能的需求。因此，袁晓君等学者认为新建馆舍是古典园林类文博场馆发展到一定阶段的必然选择[114]。然而，园林遗产的不可移动性限制了新馆的选址范围。新馆虽然独立于园林区外，但应当与园林遗产在空间布局与环境风貌上保持联系。例如，苏州博物馆在毗邻忠王府原址之处兴建新馆，与东部的忠王府流线相通，格局呼应，来实现文化遗产之间的空间联系。在整体布局设计中延续了苏州园林造园艺术特点，重视庭院空间设计，将其穿插于室内展馆之间，改变了博物馆闭塞、单调的空间感受，当游览完西部的主展览区，游客就会被游线引入主庭院之中，欣赏由片石假山、直曲小桥、八角凉亭等景观元素构成的新中式园林，以舒缓身心，获得惬意的观赏体验（图9-25）。这使得新馆在空间感受与环境氛围上与苏州园林若合一契，从而有别于一般文化展馆，能够突出其所要传递的苏州地域文化。

图 9-25　苏州博物馆主庭院
图片来源：https://mobile.zcool.com.cn/work/ZMzQ1NDYxMjA=.html

此外，苏州园林规模体量较小，依靠单一园林推进文化展馆活化利用，很难与综合性博物馆相媲美，也不易形成规模效益。然而，苏州园林遗产的优势在于，其分布相对集中在古城范围之内，尤其以平江路历史文化街区、拙政园历史文化街区、山塘街历史文化街区等地最为密集，可以通过打造博物馆群来发挥苏州古典园林的集群优势与地域文化底蕴优势。例如，伦敦南肯辛顿区便集合了维多利亚与阿尔伯特博物馆、自然历史博物馆、国家科学及工业博物馆等多家大型博物馆以及周边众多的小型博物馆形成了博物馆群[122]。当然，博物馆群的建设不仅是展馆数量的堆砌，作为城市发展的有机部分，规划者应对博物馆群周边环境、功能布局与未来发展进行全盘考虑，以便于形成合力。例如，英国巴斯古城的博物馆群虽然分属于不同管理者，但是拥有统一的质量认证体系，以保证作为世界遗产地应有的博物馆质量水平。各慈善团体信托会和地方政府通力合作，在对外宣传上，建立通用网站，统一发布当地博物馆信息；在基础设施建设上，建立统一的博物馆咨询服务中心、共同组织参观路线、提供串联交通服务等，从而强调古城博物馆群的一体性，为古城建立鲜明的博物馆群形象[122]。苏州可以考虑将苏州园林为载体的各类博物馆整合在一起，打造形成园林主题的博物馆群。为弥补苏州园林基址空间范围的局限性，可以考虑将部分商业经营功能分散安排到不同的博物馆中去，使其可以相互配合、相互补充；甚至可以将对内的办公管理空间与对外展览、互动与服务的空间相分离，以博物馆群为服务对象集中设置办公空间，从而提高了活化利用效率，有利于园林遗产的空间划分和功能转化。

六、案例分析——柴园

柴园位于苏州醋库巷44号，建于清代道光年间，始为姑苏绅士潘曾琦的宅园。清同治中叶，浙江上虞的柴安圃购得该宅，又重修扩建，光绪九年（1883）此园落成，人称"柴园"。柴安圃去世后，其子莲青将园林取名綅园，自号綅园主人。抗日战争爆发后，渐散为民居。1957年后为苏州聋哑学校使用，直至2010年迁出，在此期间，学校于1978年拆除池北楼厅，建三层教学楼。1982年被列为苏州市文物保护单位。1985年市文管会、民政局共同出资重点维修鸳鸯厅、船厅。2010年聋哑学校迁出时，柴园古建筑尚存鸳鸯厅、船厅、水榭、曲廊、半亭等，东部住宅则仅存堂楼。2015年12月，柴园修复及改扩建工程完成，修缮鸳鸯厅、堂楼、船舫、水榭等共计1164平方米；新建门厅、楠木厅、藏书楼、半亭、汉语推广中心楼等建筑共计1754平方米，并完成园林景观改造。修复后柴园被利用为苏州教育博物馆，并于2015年入选首批《苏州园林名录》，成为以苏州园林为载体的文化展示活化利用模式的典型代表。

（一）亮点一：传统园林空间的合理转化

苏州教育博物馆仍保留柴园东宅西园的格局，东部宅园中轴线上依次是中厅、大厅和堂楼，西部花园布局以水为中心，船舫、水榭隔水对峙，厅楼、亭廊迤逦排列。为了合理串联各展厅，充分体现苏州古典园林的布局特色与艺术魅力，博物馆的参观流线并未延续东侧宅园平铺直叙的中轴路径，而是将参观完大厅名人馆的游客引入西侧花园部分，在花园船舫、水榭过渡之后，又转入北侧藏书楼、楠木厅、堂楼等展馆，最终进入新建的汉语推广中心（体验馆）。整个参观过程中展馆与园林相继呈现，展品时间序列从古至今，展览方式从静态陈列至互动体验，设计考虑周密而巧妙。同时，园林中的建筑遗产也进行了有效的转化与利用。例如，鸳鸯厅建筑面积 391.7 平方米，三开间进深十二界，以中屏和罩为隔，分为南北两个空间，南厅为扁作，有雕花，北厅为圆作，无雕花，各具特色。该厅被活化利用为古代馆，改造时保留了原有的鸳鸯厅的空间结构，以中屏为界进行功能分区，在南北二厅分别以"文开吴会"和"道起东南"为主题，四周墙壁按博物馆展厅标准重新装修，展示苏州历代书院的状况（图 9-26）。活化利用过程中既保留了原有的建筑结构与历史文化气息，又满足了博物馆展览的需求，操作简便易行。

图 9-26　柴园鸳鸯厅

（二）亮点二：现代科技设施的有效植入

苏州教育博物馆虽然由柴园改造而成，再现了古典园林的历史风貌，但其在展示方式上却也积极与现代博物馆的发展潮流相接轨，充分利用虚拟现实、体感游戏、移动应用等科技手段，增强游客体验。一方面，在园林建筑展厅中因地制宜地植入特色化的展示设施，从而到达诠释文化展示主题的目的。例如，在大厅（名人馆）设置多媒体互动屏幕，可以通过触屏方式查阅苏州教育名人与教育典故。在藏书楼（近代馆）设置拍照互动体验区，站在"东吴大学"门楼前，可以脚踩按钮，激活照相机，进行自动拍照，并通过扫码方式把照片带回家。另一方面，为了弥补古典园林建筑空间较小，难以开展大规模体验互动的局限性，新建了二层仿古建筑汉语推广中心（体验馆）。在近 200 平方米的数字化汉语教育主题游戏中心中设置有体感游戏展示区、触摸屏汉字听写区（图 9-27）、VR 体验区（图 9-28）等多个体验项目，展现了苏州教育发展的日新月异。

图 9-27　柴园触摸屏汉字听写区　　　　　　　图 9-28　汉语推广中心 VR 体验区

（三）亮点三：文化教育功能的充分发挥

苏州教育博物馆充分发挥文化展示与教育功能，针对不同学段的学生，通过文化展览、体验活动、行走课堂与假期培训等多种形式丰富学生的参观与学习体验。无论是少儿美术教育优秀作品展、德育体验活动"手绘感恩树"，还是结合节庆开展的中秋主题"暖心冰皮、浓情中秋"活动、端午主题"中国心、端午情"活动，都受到青睐。除了现场活动之外，博物馆还充分利用现代通信科技，组织了"诗意春天，书香四月"世界读书日、六一儿童节"我健康、我快乐、幸福童行"等线上活动，丰富了活动形式、拓展了活动的参与范围。同时，作为以苏州园林为载体的博物馆，在文教主题的选择上也融入了园林历史、园林植被认知等园林文化内容，开展了"寻姑苏符号，享苏式童年——缂丝体验""古意盎然——古法香道"等地域文化教育活动（图 9-29），展现了苏州文化特色。此外，博物馆面向社会招募、培训、组织三批次志愿者参与博物馆的文化教育活动，为文化教育功能的发挥不断注入新鲜血液（图 9-30）。

图 9-29　苏州教育博物馆地域文化教育活动　　　图 9-30　苏州教育博物馆志愿者
图片来源: www.meipian.cn/39tq8ost　　　　　　图片来源: https://www.sohu.com/a/329841276_482022

第四节 餐饮民宿模式

餐饮民宿模式是以苏州古典园林为载体，将其改造为餐饮、小型宾馆、客栈、民宿等经营服务场所，发挥休闲服务功能，以获取经济效益为主要目的的遗产活化模式。当前，《苏州园林名录》中的北半园、墨客园、道勤小筑、醉石山庄、维摩精舍都是餐饮民宿模式活化利用的典型代表，截至 2021 年 9 月，占《苏州园林名录》园林总数的3.7%。虽然目前比例尚小，但在苏州民间发展很快，未列入《苏州园林名录》的余宅花园、嘉园、潘祖荫故居、礼耕堂、木渎小隐园、天平山南园等古典园林都是活化为餐饮民宿的实践案例。

一、适用对象

基于前述调研与国内外相关案例借鉴，笔者认为该模式的适用对象主要具有以下特征：

（1）保护等级相对较低，历史价值相对较低的园林遗产，园林载体基础与环境开发条件较好，具有活化利用的政策条件与环境条件。

（2）园林总体面积较小，但建筑占地面积比例比较大的古典园林以及带有庭院空间的古建民居，建筑空间呈分布相对均匀，不宜过度集聚。

（3）具有苏州园林风格的近现代园林，因为其政策限制相对较小，是餐饮民宿模式应用的良好载体。

二、功能布局

基于餐饮民宿模式进行活化利用的苏州古典园林，在功能布局中主要考虑公共休闲空间、住宿功能空间，餐饮功能空间三种功能空间类型。

（一）公共休闲空间

在苏州园林内进行住宿与餐饮活动的人士往往追求特色性体验，因此对于交流和休闲娱乐有着更高的要求，而公共休闲空间则是其感受苏州人文风情的最好媒介。苏州古典园林作为传统的居住游赏空间，本身就有动静区域的划分，其中园林中主要的厅堂建筑空间以及围合型的庭院空间自古就是其相对开放的公共区域。

在室内公共休闲空间方面，一般对位于园林核心位置、入口位置，交通可达性较高的厅堂进行改造利用。例如，墨客园中轴线上的"惠和堂""广德厅"被改造为文化活动与会展表演的场所（图9-31），而嘉园中心位置的建筑则被改造为画廊与酒吧，方便住客共享使用。此外，苏州园林入口处的门厅与轿厅也是改建为接待服务场所的良好载体，例如，木渎小隐园、天平山南园都将入口门厅改造为民宿接待大厅。室内公共空间的改造主要考虑空间面积、环境等条件应当满足公共活动需求；同时，建筑与园林外部庭院的连通度相对较高，从而室内外空间易于配合，便于承载丰富的公共休闲活动。值得注意的是，当代社会中的公共休闲空间功能已不局限于传统的表演、展览与交流活动，应当将文化沙龙空间（图9-32）、影视播放厅、游戏娱乐空间、书吧空间、开放式厨房等新型休闲空间植入其中，强化游客的舒适感、休闲体验感与家庭式的安全感。

图 9-31　墨客园广德厅

图 9-32　苏州嘉园文化沙龙空间
图片来源: http://cdn-img.zanadu.cn/minipackage/3214.html

在室外公共休闲空间方面，前述研究表明改建为餐饮民宿的苏州园林庭院面积较小，因此空间设计需要尤为精巧。庭院作为围墙围合形成的空间，相比于建筑内部，改造设计相对更加自由，表现形式也更为丰富，例如，苏州嘉园在不大的庭院中巧妙布局山石、水体，形成一枯一润的强烈对比，极具中式禅意的味道。同时，室外公共休闲空间要突出自然环境的生态特征，这也是使用者青睐苏州园林的重要原因，庭院、露台、水池、亲水平台的设计，在充分与自然亲近的同时，能提供包括喝茶、聊天、散步等休闲活动。例如，礼耕堂在靠近茶室的室外空间设计了露天茶座，游客围坐喝茶聊天别有一番雅致；墨客园在东花园搭建亲水平台，并设置摇椅、木桌可以供人们赏月、观湖，充分利用了苏州园林的室外公共空间。

（二）住宿功能空间

前述调研表明住宿功能空间应该小巧精致，才能体现园林特色，易于受到青睐；而空间面积过大或者过于集中的住宿环境则会破坏这种意境。一般来说，苏州园林的原有厢房是改造为客房的良好载体，部分位置僻静的书房、厅堂也可以改造为民宿客房，但应当注意客房之间以及其与公共区域、餐饮区域的相对分隔，避免互相干扰。例如，潘祖荫故居改造为花间堂民宿，将原本三开间屋舍的明间改造为公共区域，东西厢分别改造为两间客房，有效地解决客房相互干扰的问题。苏州木渎小隐园则在原有厢房之外，将书房、门厅也改造为主题客房，为客房配套私家庭院，为游客提供幽静的居住环境（图9-33）。除了住宿功能空间的整体布局之外，为适应当代民宿起居功能需求，一般要对客房内部空间进行重新划分改造，需考虑睡眠、工作、起居，盥洗等空间的整体布局。常见的布局方式是将起居空间作为客房的核心位置，将盥洗与睡眠空间分开设置，将最为私密安静的空间布置为睡眠空间。盥洗空间受到房间面积的制约，一般在客房端部采用集中式布局；工作区面积不大，常布置在临窗位置，以保证有良好的采光。例如，木渎小隐园的"茶"主题客房、"书"主题客房、花间堂探花府套房、墨客园客房等大都采取这种布局模式。如果客房整体面积较小，则会压缩客房内的起居空间，以室内公共空间来分担部分客房起居功能，例如，苏州敬彝堂的客房面积不大，而更多的空间都被做成了共享庭院、书房、餐吧等空间，就是这种改造理念的体现（图9-34）。

图9-33　木渎小隐园客房配套的私家庭院
图片来源：http://hotels.lvmama.com/hotel/1678819.html

图9-34　苏州敬彝堂共享空间

（三）餐饮功能空间

前述研究表明餐饮空间并不适合放在连接度较高的公共空间中心，而适合设置在相对僻静之处，局部区域内可达性适中的环境也比较理想（图9-35）。这样设置的目的主要是体现园林餐饮优雅的环境氛围，既可以避免其他活动对就餐活动的影响，也可以减少餐饮活动对园林环境的副作用。苏州墨客园的乐道斋、登瀛水榭都位于东花园一隅，营造了独特的餐饮包间环境（图9-36）；无独有偶，苏州北半园的至乐斋、知足轩也偏居于园林南侧，临水而设，环境清雅。同时，餐饮空间同样是室内公共空间的一部分，需要通过空间改造来满足当代休闲生活的餐饮需求。苏州醉石山庄的餐饮空间把两侧厅堂隔板设计成折叠可移动式的，结合周围收纳空间，餐厅可以通过分隔来满足不同需要。同时，为了在配色和材料选择上和整体建筑环境相融合，也便于游客就餐时观赏园林美景，餐厅外部改造时往往会应用玻璃材质，透明材质让就餐空间显得通透又不拥挤，这在嘉园、小隐园餐饮空间改造中都有体现（图9-37）。

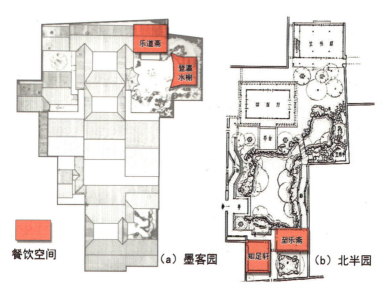

图 9-35   苏州园林中餐饮空间布局（a. 墨客园，b. 北半园）

图 9-36   墨客园登瀛水榭

图 9-37   小隐园餐饮空间
图片来源：http://www.tsingpu.com.cn/

三、优势特色

（一）功能内容具有继承性

自古以来，饮食、住宿都是居家生活的基本功能，在长期的发展过程中，以苏州园林为生活空间的吴地士大夫阶层形成了"好园居""精料理"的生活风尚，园林文化与餐饮、居住习俗的融合，成为苏式生活的特色。不难发现，新时期以苏州园林为载体的餐饮民宿模式是对原有苏州园林功能的传承，是传统餐饮与园居文化的当代演绎，在功能内容上具有天然的延续性与继承性，因此活化利用具有现实基础，也容易为大众所接受。鉴于此，餐饮民宿模式想要发挥优势，体现特色，就应当充分挖掘苏州园林传统文化，力求在风格、文化内涵等方面与传统园林生活相衔接，在展现历史人文风情的基础上有所创新，满足使用者对于苏州园居文化的向往与现代休闲生活的需求。

（二）空间结构具有相似性

餐饮民宿活化模式的空间利用方式与传统苏州园林在空间布局、结构尺度等方面都存在相似性，也为活化利用带来了便利[387]。前述功能布局分析中说明了园林厅堂可以直接改造成民宿的公共活动场所或餐厅，厢房可以改造成客房，厨房可以利用原有功能空间通过加入现代化设施继续使用，办公或储藏空间则可利用仆从房舍区域加以改造。在功能性质上，苏州园林主要由私密空间和开敞空间两部分构成，私密空间主要是厢房，大多位于园林后半部分，开敞空间则是天井庭院、厅堂等，大多位于园林前部，两部分既有联系又不互相干扰。而苏州园林改建为餐饮民宿后，也主要由这两部分组成，客房是私密空间，接待大堂、庭院、餐厅等是开敞空间。在活化利用中，因其两者空间布局基本相同，不需要大的调整即可满足使用功能。

（三）业态发展具有前瞻性

园林中的餐饮民宿具有较强的体验性，使用者参与其中并非为了简单地满足食宿需求，而是希望体验古代文人的园居生活。因此，在体验经济时代背景下，餐饮民宿业态具有巨大的发展潜力。近年来，苏州已发展旅游民宿近百家，提供旅游服务的民宿5000多家，客房10万间，直接从业人员超过4万人，形成了私人独资、公司运营等多种发展模式。2017年，苏州市出台了《关于促进苏州市乡村旅游民宿规范发展的指导意见》，进一步促进旅游民宿规范发展与品质提升。在政策支持与产业发展大势所趋之下，以苏州园林为载体的餐饮民宿活化实践虽然还不多，但作为更具沉浸性的体验旅游方式，不仅符合文旅产业发展趋势，还具有其他民宿所不具备的文化内涵与环境特色，势必会受到行业的推崇与游客的喜爱。

四、问题挑战

（一）经营活动需求与发挥社会效益的矛盾

前述调研发现苏州古典园林改造为餐饮民宿后主要面向游客服务，作为园林休闲文化与旅游服务相结合的活化方式，容易受到旅游者的青睐，然而，并不宜广泛地对社会大众开放。因此，居民认为其侵占了社会资源与公共空间，容易造成园林传统文化与生活方式的异化，因而对其评价较低。虽然，在苏州园林管理部门的鼓励与提倡之下，部分餐饮民宿类园林采用预约开放、限时开放等方式允许市民参观，但是一方面仅有道勤小筑、墨客园等少数园林对外开放；另一方面即便开放，其对公众服务的时间也比较短，因此社会受益面并不大，社会效益也很难充分发挥。

同时，以苏州园林为载体的餐饮民宿服务在体现园林风貌与文化特色的同时，其服务价格也远高于一般的民宿与餐饮场所，调查发现道勤小筑、墨客园、北半园、醉石山庄的平均房价在每晚1000元左右，与五星级酒店相当；北半园"知足轩"的"独一桌"

酒宴价格高达万元。以高档消费为特征的运营模式带动了周边区域的绅士化现象，墨客园、北半园、平江客栈等园林聚集的平江路历史街区的文旅配套产业的价格都被拉高，为社区居民所诟病。此外，经营活动必然会产生噪声、污染或者因为人群聚集造成交通不便，都对居民日常生活产生不利影响。

（二）遗产保护要求与保障使用体验的矛盾

苏州园林大多是不同级别的文保单位或控保建筑，因此在遗产保护方面有一定的限制，不可能为了适应餐饮住宿需求，进行随心所欲的改造。同时，园林建筑大部分属于砖木结构。建筑年代长，结构荷载低，空间格局有传统的规制和章法，建筑内部结构相对固定，在节能、保温、隔音性能等方面存在缺陷，电线老化、消防软硬件条件不足更是带来了安全隐患。同时，大多数苏州园林都集中在古城街巷内，交通不畅、基础设施不完善，使用体验往往不及同等价位的现代酒店与餐饮设施。例如，由明朝望族"方家大宅"和"董氏老宅"改建而成的苏州平江客栈，虽然极富苏州古典园林特色，但使用者普遍评价其在采光、通风、隔音等方面存在不足，缺乏停车场等配套设施，对住客的休息与旅游活动造成不利影响。

当然，矛盾的另一面就是部分苏州园林在进行改造时，为了提高服务档次，适应人们的现代需求，对园林传统空间进行了过度开发，忽略园林本身功能和空间的合理性与文化遗产的原真性。虽然古典园林功能和当代餐饮民宿功能具有一定的相似性，但一个是私密的居住环境，一个是强调开放、个性化公共空间，还是存在不小的差异。因此，只是为了追求利益而进行改造也会带来不少问题，僵硬的"老瓶装新酒"势必会破坏古典园林及其自身的文化特色。例如，苏州嘉园虽然在空间改造方面具有一些亮点，也在园林历史风貌保护方面做出了不少努力，但遗产改造动作较大、文化内涵异化的问题也被部分使用者所诟病。例如，嘉园改造中，在园林原有四座清代木构古建院落之外，又将周边的四座是现代的砖混建筑纳入其中，造成了园林风格的不统一；同时，酒吧、理发室、画廊、厨房除了外表具有古建特色之外，内部装修陈设较为现代，客厅虽然保留了中式的牌匾，但现代风格的沙发座椅降低了环境的和谐度。不难看出，餐饮民宿活化模式的重要挑战就是如何在满足遗产保护要求与保障使用体验的矛盾下，找到平衡点，探索共赢路径。

（三）突显地域特征与展现个性魅力的矛盾

以苏州古典园林为载体的餐饮民宿活化利用方式具有得天独厚的环境条件以及鲜明的地域特征，亭台楼阁、小院轩窗充满诗画意境，让客人在舒适的环境中体悟智慧、闲适的苏式雅致生活。然而，也正是因为得到了市场的认可，不少投资者见有利可图，也纷纷效仿，但往往为了更快地产生经济效益而照搬惯例，造成同类型活化案例形式雷同，创新与突破较少。例如，提及文化氛围的营造，大多数园林民宿常常考虑布置一些匾额、花瓶、茶具等装饰品以及购置 些网红的文创产品，但在跟风模仿之下，常给游客一种"似曾相识"的熟悉感，对园林特色的印象反而不深。在服务方面，多借鉴酒店的管理模式，以提供住宿、餐饮等基本产品为主，作为具有园林特色的文化场所，在体验功能方面显得较为单一。

五、发展方向

（一）加大开放力度，丰富公众活动，促进社会效益发挥

2018 年，《关于加快推进"天堂苏州·百园之城"的实施意见》指出"鼓励具备开放条件的园林开园迎客，开放园林可采取预约开放、定时开放、特殊纪念日开放、特定对象开放等多种开放形式，让更多的参观者从中汲取知识、陶冶情操。"以苏州古典园林为载体的餐饮民宿经营单位应当充分意识到其遗产资源的特殊性与公益性，积极响应政府号召，在不影响正常经营活动的条件下，加大开放力度。一方面，考虑在经营淡季或者低峰时段内对游客进行开放，而政府可以考虑对此予以资助和补贴；另一方面，可以考虑充分利用园林的优良环境，组织老百姓喜闻乐见的文化活动，例如，苏州潘宅礼耕堂推出的研学姑苏"苏州小孩懂园林"活动、墨客园推出的《听大师说》专题讲座活动，都是面向普通公众开放，既取得了不错的社会反响，也是促进园林宣传的有效手段。最后，目前苏州园林的餐饮民宿化利用的实践还不多，规模还比较小，宣传推广力度不足，即便有一些开放惠民的活动，周边社区居民也知之甚少，这也制约了其社会效益的发挥。未来，在运营管理上，应当充分利用新媒体平台来展示推销自己，将公众与客人评价在自媒体中进行转发，从而更有利于获得社会的认可。

（二）加强政府指导，创新运营模式，发挥活化综合效益

遗产保护要求与当代使用需求的矛盾是苏州园林活化利用的共性问题，单独依赖于经营者或开发商进行探索，往往视野局限，效率较低，容易走弯路，因此特别需要政府加强指导。2020 年，国家文物局印发的《文物建筑开放导则》以及配套发布的《文物建筑开放利用案例指南》，事实上就是国家对文物建筑保护利用进行规范与指导的尝试。对于苏州园林中餐饮民宿这样的新型利用方式、政策指导、创新管理等方面的研究与实践方兴未艾。当前，苏州文旅集团正在推进的"姑苏小院"分散式精品酒店建设运营实践。为适应苏州园林分散布局、群体数量众多，但个体体量较小的特点，"姑苏小院"建设运营模式不求在单个院落中过多改建，增设房间，而是讲求因地制宜，发挥群体效益，最大限度地保留了园林群体原有的结构特征与风貌特色。同时，充分利用周边街区的餐饮、娱乐、休闲功能资源，在园林本体小规模改造的条件下，能够通过社会资源共享，满足客人的多元化需求。此外，充分运用现代科技，在客房安装了烟雾探测报警装置和消防喷淋系统，配备了中央空调和现代化卫浴设备，提升了使用者的入住体验。当前，"姑苏小院"在潘宅端善堂、潘宅庆余院、严宅敬彝堂三处古宅院落中开发了 23 间客房，未来可以考虑在经验成熟之后，进一步加以推广。

（三）强化特色营造，展现个性魅力，实现差异化经营管理

苏州古典园林餐饮民宿活化模式依赖于苏州园林的整体品牌效应，但在个体发展过程中还需进一步明确产品定位，可以考虑充分挖掘不同苏州园林的个性化特色，分别针对情侣、家庭等不同消费群体设计浪漫、亲子、怀旧等不同主题的民宿风格。例如，嘉园是民国"颜料大王"贝润生的宅子，可以考虑以色彩为主题进行空间区域划分；墨客园前身是"平江学堂"，可以考虑充分展示苏州文教历史渊源，针对研学旅游的客人提供住宿餐饮服务。同时，民宿内部的主题设计也值得思考，例如，苏州木渎小隐园以"琴棋书画茶香"为主题进行客房的设计，体现了中国传统文化与苏州园林的结合，让客人有个性化的体验。同时，苏州拥有众多的非物质文化遗产和民俗活动，在餐饮民宿活化利用时，可结合不同内容加以设计开发，如加强丝绸、缂丝、苏绣、苏扇、核雕等元素的利用，开展晒书、轧神仙等体验活动等，力求各活化案例之间避免同质化，实现错位发展。除了创意设计之外，提供个性化的服务也是实现差异化经营的重要途径。餐饮民宿经营者应当成为游客体验苏州传统文化的桥梁，应强化展现苏式生活的服务理念，在服务人员的服饰、服务语言、民俗演艺等方面下功夫，让游客在餐饮住宿中感受苏州的生活方式、饮食文化、风俗习惯等，从而让客人获得更深层次的精神体验。

六、案例分析——墨客园

墨客园位于平江路大新桥巷 10 号，始建于明代，为画家文徵明开办的学府，也是"明四家""吴中四才子"经常雅集的地方。在清代，曾是清净庵、六烈妇祠、安节局、保息局、时敏初等小学堂的所在。民国年间，由吴县救济院接管，中华人民共和国成立后改造为大新桥巷小学、中共平江区委党校等机构。2008 年，由张桂华先生买下空置校址，在政府监管与古建保护机构的共同努力下，历十年时间精心打造，依据苏州园林设计手法，运用传统建筑营造技艺对古宅园林进行精心修缮，园子三路五进，东、南、西部皆有花园，有松风涌泉、秀山飞瀑、千莲和合、水殿清凉、半亭问月等景致。于熙攘闹市藏山水之趣，古典园林溢书香之气，完美保存了苏州园林的古典风貌，为世人呈现了一座集"雅园""雅居""雅集"于一体、兼具"精巧""精致""精雅"文化特征的"最美苏式酒店"和文旅产业服务平台。2018 年，墨客园入选第四批《苏州园林名录》，成为以苏州园林为载体的餐饮民宿活化利用的典型代表。

（一）亮点一：雅居——有主题的客房装修陈设

主题文化是园林餐饮民宿服务的核心要素，为了突显苏式酒店的文化内涵与个性特色，墨客园客房采用以苏州古代名人斋号为名的设计理念，引入冯梦龙的墨憨斋、沈德潜的归愚斋、文徵明的停云馆等文化意象，并将与名人文化有关的书法、绘画巧妙地融入客房设计之中，以突显文人主题。例如，魁星阁客房以唐伯虎的名人文化为主题，书案上布置有《落花诗册》《六如居士集》等唐伯虎作品，屏风为后人仿作的唐寅山水画

作，又因其人喜好桃花，因此客房装饰多用桃花图案以突出主题。墨客园客房的内部装修有不同的风格，但都以突出古代文人士大夫的文化生活为主线，根据主题布置雅石、香器、茶具、瓶花、乐器，内部装饰材料搭配苏绣、缂丝、桃花坞年画、宋锦、苏扇等地方工艺，从主题文化上让客人来体验和感知。

（二）亮点二：雅宴——有故事的宴席菜品设计

墨客园地处苏帮菜的中心苏州，饮食上讲究选料严谨，制作精细，更是因材施艺，四季有别。因此，管理者对园中苏帮菜品进行了精致的设计，结合古代中国的"四时八节七十二候"的岁时节令，不断推出时令菜品，分为"春、夏、秋、冬"四篇时令菜单，并充分体现菜品蕴含的风俗特色、宗教寓意。在宴席整体设计上，则植入当地的历史文化故事。一是依据野史记载、民间传说与老艺人口述，再现了传说中明代"吴中四大才子"雅集时所汇集的"姑苏第一宴"（图9-38）；二是围绕吴王阖闾苏州建城的历史，创新设计了"墨客吴王宴"，推出孙武演兵、吴王宝鼎、西施玩月、勾践献宝等特色菜品，让客人用味觉感受两千五百年苏州历史的厚重。此外，来自江苏原产地的土鸡、糕团、茶食、饼点等土特产则作为伴手礼成为饮食文化的重要组成部分。

图9-38　墨客园姑苏第一宴

（三）亮点三：雅集——有品位的文化活动组织

虽然墨客园以餐饮住宿经营活动为主体，但其活化利用的目的并非仅是谋取经济利益，而是试图再现苏式生活的雅趣，倡导"感知生活，品味文化"的生活理念，成为中华文化传承基地与人文艺术聚集高地。为此，丰富多彩而极具文化品位的活动是墨客园有别于其他民宿的主要特色，也是其活化综合效益的重要体现。墨客园开园以来，已举办书法、琴艺、绘画、香茗、民俗等诸多"雅集"盛会（图 9-39），成为苏州市书法家协会创作基地与"姑苏雅集"品牌授权基地，并为当代文人与市民提供了一处交流分享的平台，周矩敏作品暨美学与生活讲座、程宗元园林仕女画展、"梅花三弄"迎新春梅花艺术展、"两全其美"余克危、王鉴伟师生书法联展、濮建生画扇话扇展等高水平的书画艺术展，不定期面向社会各界和市民开放，以吴地文化精髓和苏式生活情趣滋润当代人的心灵。感知生活，品味文化，驻足墨客园，一期一会之中，成为最美的停留。

图 9-39　墨客园古琴雅集

第五节　办公场所模式

办公场所模式是以苏州古典园林为载体，将其改造为或融入行政机构、医院、院校等企事业单位办公环境中的一种遗产活化模式。当前，《苏州园林名录》中的天香小筑、织造署旧址、遂园、慕园、墨园、翁家花园、惠荫园、双塔影园、听枫园、鹤园都可以归入该模式。截至 2021 年 9 月，该活化模式的园林数量占《苏州园林名录》园林总数的 9.3%。当然，依靠古典园林独立承担所有的办公功能一般是不现实的，但园林建筑或多或少地转化为了会议室、办公室或文化展示场馆等办公空间，而园林庭院也美化了办公环境。这些古典园林通常不对外开放，但一些公益性机构的附属园林也开始逐渐采用多样化的形式发挥其社会效益，是古典园林活化利用值得关注的方向。

一、适用对象

基于前述调研与国内外相关案例借鉴，笔者认为该模式的适用对象主要具有以下特征：

（1）该模式中的古典园林与相关单位间一般具有历史渊源，例如，墨园 1952 年归属于苏州阀门厂、遂园 1959 年划归儿童医院、鹤园 1978 年归属于苏州政协等。因此，在当前社会环境下，此类活化方式的载体选择余地不大，多为在原有基础上的传承与延续。

（2）旅游观光价值或历史文物价值相对较低的近现代园林，或交通不甚便利，作为旅游景区或文化展示场馆开发不具备优势的园林。

（3）园林总体规模不大，空间结构不复杂，建筑体量不大，功能空间相对集中。

二、功能布局

苏州园林融入企事业单位的办公环境之中，最主要的功能是为其提供了具有苏州园林特色的休闲环境，以便于工作之余的办公人员休憩放松。同时，根据这些园林建筑的保存完好程度，适当改造为会议室、办公室或文化展示场馆等办公空间。整体上看，由于办公空间的功能需求相对单一，使用者也相对较少，此类园林功能布局改造并不复杂。

（一）景观休闲空间

企事业单位的整体办公环境需求往往较大，而类似于慕园、织造署旧址、翁家花园等归属企业的园林都不同程度遭到破坏，其园林遗址往往庭院山石尚存，而亭台楼阁无多。为此，园林庭院就常作为一个整体的景观小品被植入到办公环境中，以发挥其休闲绿地的作用。出于文化遗产的不可移动性，这类园林的功能布局调整余地不大，但在环境风貌整治、景观修复等方面却有很多工作可做，以重现古典园林的历史风貌。例如，双塔影园主花园的修复参照了《双塔影园记》的记载，采用江南造园手法，园中叠石理水、花木植被、亭廊栈桥等都得到了重新修葺。同时，后花园修复过程中重新梳理了园中水系，积一潭碧水，南绕曲廊，西接"聚秀亭"，北连"悬影轩"，遥对双塔，成为新沧浪房地产公司职工品茗观景的最佳去处。慕园则对不符合苏州园林历史风貌的围墙和廊架进行改造提升，对园路和铺地进行保护和修复，对园林杂乱植物进行清理，优化植物配置，提升其作为苏州电信公司中心绿地的景观效果与使用效能。

（二）文化展示空间

苏州古典园林因其特有的文化内涵与历史风貌成为企事业单位文化特色展现的优良载体。这类文化展示空间往往会利用园林入口附近，或位于中心位置，可达性较好的园林建筑加以改造。例如，苏州织造署遗址入口中轴线上的"太炎楼"就用作苏州第十中学的校史馆，以便于入校参观的嘉宾，在行程之始就对学校历史有所了解。而苏州第一初级中学惠荫园的庭院中心则复建有"岳崎山房"，用以展示一中校友、已故美术教育家尤玉淇先生的画作，成为校园文化的重要展示空间。

（三）行政办公空间

行政办公空间是办公场所中最主要的空间类型，因此该活化模式重点是将可利用的园林建筑进行改造并适应办公功能需求。一般来说，主体建筑厅堂都可以进行办公场所改造。例如，苏州第一初级中学中包含惠荫园、程公祠、昭忠祠等文化遗产，其中程公祠第一进门厅改造为总务办公室，昭忠祠改造为图书阅览室；常熟市第一人民医院中翁家花园藏书楼"挹爽轩"则被改建为医院图书馆，体现出传统功能的传承（图9-40）。此外，近代以后多层洋楼开始融入苏州园林，因其空间规模与条件设施比较符合当代需求，也是办公空间的理想载体。例如，苏州阀门厂中墨园的欧式小洋楼，楼梯扶手精细秀雅，每层楼梯的外沿，均包有铜皮保护，保存完好，稍加装饰翻新就作为办公楼使用。无独有偶，苏州大学附属儿童医院内的遂园西式楼房，颇具古罗马式建筑风格，现亦用作医院的行政楼（图9-41）。

图9-40　翁家花园的藏书楼"挹爽轩"
图片来源：https://www.meipian.cn/20zdtxrn

图9-41　遂园西式楼房
图片来源：https://pic.baike.soso.com/ugc/baikepic2

（四）会议接待空间

会议接待空间是办公场所中不可或缺的重要类型。苏州园林中空间较大、保存完好、规制方正的主要厅堂建筑可以转化为该类空间，从而充分利用园林的优美环境进行会议接待，也能够展现出企业文化。苏州第一初级中学将程公祠的第四进主厅堂改为会议大厅，可以容纳近百人同时参会；苏州市政协联谊会则将鹤园中的四面厅以及中路建筑中的携鹤草堂改造为大小不同的会议室与报告厅，以适应不同规模会议活动的需要。

三、优势特色

（一）有利于彰显单位的文化底蕴

该模式中，部分位于中心位置，可达性较好的建筑空间可以改造为文化展示空间，从而展示单位的文化底蕴。事实上，除了通过文化展馆进行有意识的文化展示之外，苏州古典园林作为文化要素丰富的景观载体，也可以在亭廊小品、对联碑刻、花木山石的修复与营造中潜移默化地体现出单位的文化品位。例如，苏州第十中学校园内的瑞云峰，是太湖石名峰之一，被誉为"妍巧甲于江南"（图 9-42）；而织造署旧址为江南三织造（江宁、杭州、苏州）中保存遗迹最多的一处。校园内的两座国家级文物保护单位，本身就是这座百年名校悠久历史的鲜明写照。双塔影园在修复利用时，将《双塔影园记》与新沧浪公司撰写的《双塔影园重修记》同刻于后花园的游廊之中，以展示该园的历史传承脉络。苏州图书馆内的天香小筑则新建有"苏州历代名人书画廊"，上面有沈周、唐寅、顾炎武等名家名画的石刻，突出了书香萦绕的文化氛围（图 9-43）。

图 9-42　苏州第十中学校校园内的瑞云峰　　　　图 9-43　天香小筑"苏州历代名人书画廊"
图片来源：https://www.meipian.cn/r6jyzd

（二）有利于营造良好的工作环境

对园林进行办公场所化利用，虽然受限于传统建筑的空间、通风、采光、电路改造等问题，使用便捷程度不及现代办公建筑，但坐在古色古香的办公室里，坐拥园林庭院，也有利于员工放松心情，能够营造出舒适惬意的工作环境。例如，苏州市政协联谊会在鹤园中路末端修复了两层小楼作为办公楼，作为全园最高点，可以俯瞰西南侧庭院景致，既是办公之所，也是观景佳处。双塔影园后花园则多设有户外座椅，结合游廊、曲桥、亭台布置可供职工休息。此外，苏州园林环境还有利于激发的工作灵感，特别是对于文化艺术类工作而言。例如，苏州国画院入驻听枫园，园内建筑均划分为各个画室，为画家日常创作之处。正如童寯先生《园论》所言的"造园与绘画同理，经营位置，疏密对比，高下参差，曲折尽致。"苏州古典园林作为无声的诗、立体的画，无疑为进行绘画创作的画家带来不少的灵感与启发（图 9-44）。

图 9-44　苏州国画院以听枫园厅堂作为工作室
图片来源: http://www.szcpi.com/portalSite/page/DetailPage.html?page=news&id=60262

（三）有利于依据单位特点进行个性化利用

被改造为办公场所的苏州园林所有权大多归属于企事业单位，且服务对象大多为单位内部人员，单位改造自主权相对较大，因此可以进行个性化的活化与利用。例如，天香小筑始建于民国时期，见证了南京国民政府时期、抗战沦陷时期的很多历史事件；中华人民共和国成立后，又长期为苏州党政机关使用，直至归入苏州图书馆。天香小筑作为近现代重要史迹及代表性建筑，将其别墅改造为党员组织活动室，有助于更加鲜活生动地讲解党史、国史内容，发挥文化遗产的史迹价值。苏州第十中学和苏州第一初级中学则将苏州园林文化遗产作为学生学习实践的优良场所。例如，苏州第十中学在织造署旧址内设置了"清代苏州织造署研究""《红楼梦》研究"两个研究型学习室，在文化遗产内研究文化，在古典园林中学习园林，充分发挥其在文教方面的功能价值。

四、问题挑战

（一）缺乏政府指导与监管，遗产破坏时有发生

产权归属为企事业单位的苏州园林虽然可以进行个性化改造，但如果完全脱离政府监管，则容易导致遗产破坏。中华人民共和国成立后，大量苏州园林被单位占用，在政府无力监管的状态下，破坏严重；即便是保存至今的部分园林，其基址规模与建筑遗存也大不如前。例如，慕园在中华人民共和国成立后为苏州工艺美术局使用，园中亭榭早圮，也无人修葺，部分建筑则进行了改建；1972 年后，归市邮电局所用，池西池北部

分新建楼房，并建设停车场，园林仅存山池、峰石，园林风貌难觅旧观。根据《苏州园林名录》显示，作为办公场所使用的天香小筑、织造署旧址、遂园、慕园、墨园、翁家花园、惠荫园、双塔影园、听枫园、鹤园以及曾作为上海外贸休养院和苏州市社会福利院使用，但现已闲置的雷氏别墅花园和詹氏花园，其整体保护完好率为41.7%，远低于《苏州园林名录》整体保护完好率85.2%。由此可见，该类园林的保护情况不容乐观。究其原因，主要是园林产权复杂，甚至同一处园林有众多产权单位和使用单位，地方政府协调困难。例如，原属上海外贸休养院的雷氏别墅花园在因故停业之后，苏州市园林和绿化管理局竟然难以联系该单位负责人，导致园林遗产一直闲置。同时，由于地方政府的指导与监管缺位，文化遗产保护利用建设标准与法律法规不健全，导致单位所属园林改造管理具有随意性，难以开展有的放矢的活化利用工作。

（二）以封闭管理模式为主，社会效益发挥不足

苏州古典园林改建的办公场所以封闭管理模式为主，一般不对外开放。前述相关园林中，仅有天香小筑、遂园、翁家花园分别作为苏州图书馆附属园林、苏大儿童医院以及常熟市第一人民医院附属园林对外开放；2020年起，苏州第十中学中的织造署旧址、苏州阀门厂的墨园、苏州电信公司中的慕园限时预约对外开放，但开放时间仅限于每月半天，限额50人，开放范围较为有限。即便加上这些限时预约对外开放的园林，该活化模式中的园林开放率仅为60%，低于《苏州园林名录》中75%的园林总体开放率。可见，相关单位在注重发挥其办公场所功用的同时，容易忽视其作为文化遗产的社会价值。前述调研也发现使用者对于共享性不足的该类活化利用方式评价不高，认为其综合效益低于其他活化利用方式。

五、发展方向

（一）打破行政壁垒，加强引导监管

该类园林的管理难点是其产权主体与政府部门之间的利益矛盾。一些单位认为文化遗产应该由政府出资进行修缮与保护，不愿将过多资金投入其中，或者完全出于单位的经营利益进行改造利用，从而导致遗产破坏。而保护工作的巨大开支给苏州园林部门造成了财政上的压力，对于产权归属为企事业单位的园林，既不便于管理也缺乏相应的责任意识，导致园林遗产生存状态不佳。从国内外实践经验上看，遗产保护由政府进行统包全管显然是力不从心的，而宏观调控、政策引导与监督管理却是其职能转变的应有方向。不同产权主体所有的苏州园林的活化利用实践，更需要加强政府统筹协调，从而保证不同利益相关者都能够从中受益。例如，广州永庆坊以特色产业办公和精品商业业态为主，在街坊内原有的骑楼建筑群和民国建筑中引入文化、设计、广告、传媒、艺术等多类型企业。政府在"永庆片区危房修缮和活化利用项目"中加强政策引导，发布《永庆片区微改造建设导则》《永庆片区微改造社区业态控制导则》等文件，提出微改造建

设方案编制及管理程序，并且对片区内的业态进行规定及引导；而企业作为微更新的实施主体，在环境治理、建筑修缮、配套设施建设、业态创新等方面，既接受政府监管，也发挥市场作用。永庆坊通过实施"政府主导、市场运作、多方参与、互利共赢"的改造模式，不仅营造了特色产业办公的优良氛围，也恢复了文化遗产活力。苏州应强化政府部门在遗产管理中的责任主体地位，建立高效的管理协调机制，对于归属不同产权主体的园林遗产加强政策引导，出台促进活化利用的激励办法，导引规章与保障措施，充分调动产权主体的积极性，依法依规开展活化利用，有效发挥办公场所型园林遗产的综合价值。

（二）结合业务特色，扩大对外开放

苏州古典园林改建而成的办公场所，归属于企事业单位，但不同于一般意义上的工作空间，其所蕴含的文化历史价值具有社会性，应该在一定程度上为公众所共享。2020年，国家文物局印发的《文物建筑开放导则》指出公益办公类文物建筑应当"划定开放区域，明确开放时段，并采取信息板、多媒体、建筑实物展示等方式开放"。而这种开放活动可以结合园林所属单位的特点进行设计。例如，湖南岳麓书院虽由湖南大学进行维修与管理，也保留了其教学与科研的功能，但并没有进行封闭式管理，而是注重发挥其文化遗产的教育属性，强化书院启迪智慧、授业讲学的功能传承，面向社会宣传与推广书院文化和国学，积极引入公益性的文化项目，举办了千年论坛、明伦堂讲会、祭孔大典等具有书院特色的文化活动。岳麓书院对内的教学科研功能与对外的文化展示活动主题统一、特色鲜明、相互促进，成为全国书院的典型代表。这就为苏州第十中学、苏州第一初级中学、苏州图书馆、苏州国画院等文教单位的园林活化利用提供了借鉴，可以结合单位中的织造署旧址、瑞云峰、惠荫园、天香小筑、听枫园等园林景观，在原有文教功能的基础上，适当开放，打造研学教育基地；而苏州大学附属儿童医院内的遂园、常熟市第一人民医院内的翁家花园也可以结合医院的康养特色，设计康复花园，并利用园林空间开展中医坐诊、养生讲座等活动。总之，应当认清古典园林作为办公场所利用之外的功能传承潜力，通过有针对性地建立企业与园林遗产之间的文化联系，丰富其开放形式，展示企业特色，实现发挥遗产社会效益与促进企业品牌发展互利共赢的良好局面。

六、案例分析——双塔影园

双塔影园，又名袁学澜故居，位于官太尉桥 15 号、17 号，在冷香溪旁，紧靠双塔，面临官太尉桥，原为卢氏旧居。清咸丰二年（1852 年），袁学澜购得后加以修葺，奉母迁居城中，因园宅西南毗邻双塔，故名"双塔影园"。园林建筑坐西朝东，面临官太尉河，现有建筑面积 3275 平方米，主要分南北两路。南路第三进为大厅，旧额"馀积堂"，后改为"承德堂"。园林内人文遗迹众多，"云开春晓"砖雕门楼题额，为清朝

著名学者钱大昕题于乾隆五十六年（1791），具有重要的文物价值，展示了高超的传统砖雕技艺。历经变迁，双塔影园几经易主，年久失修，日渐衰败。曾居住有63户居民，非常拥挤，又因无人管理，房屋破败不堪。1996年，由苏州新沧浪房地产开发有限公司投资购得，并进行全面修缮、保养和维护，历时三载，遂复旧观，现为新沧浪房地产公司和"吴都学会"的办公场所。2016年，双塔影园入选第二批《苏州园林名录》，成为以苏州园林为载体的办公场所活化利用的典型代表。

（一）亮点一：创新发展，探索遗产活化市场道路

新沧浪房地产开发有限公司是苏州以古建保护和开发为特色的房地产开发企业。早前参与苏州古城街坊改造，其37号街坊改造项目成为全国旧城改造的成功范例，之后又修复和保护了多处苏州传统建筑。新沧浪董事长史建华先生认为"作为一个现代企业，一方面，要取得最大的经济效益；同时还要承担企业的社会责任"。因此，在双塔影园维修改造遇到保护投入大、居民安置难度大的问题的时候，公司提出的重点保护方案得到了文物管理委员会的支持，也开启了遗产活化保护市场化道路的探索。一方面，由企业在政府的指导下对双塔影园进行保护与利用。在修复过程中新沧浪公司根据各类史料以及园主生平资料，制订了修缮方案，报请文物管理委员会审批通过后，再请香山古建施工队应用传统园林工艺进行修缮。最终历时四年完成了从动迁到修复以及产权转化的全过程[131]。另一方面，政府以当时的市场价格并给予一定的优惠和奖励，将双塔影园的产权转移至新沧浪房地产开发有限公司，作为其办公地点与"吴都学会"的活动基地。双塔影园保护利用开启了苏州园林遗产活化市场道路的探索，2010年获得英国皇家特许建造学会授予的"杰出建设项目管理奖"。

（二）亮点二：因地制宜，合理转化园林功能空间

双塔影园活化利用的成功之处在于，因地制宜，在不破坏建筑结构的前提下，通过布局调整，合理转化利用了古典园林的功能空间（图9-45）。园林入口处的轿厅改作企业文化展厅，布置文化展板与园林修复模拟沙盘，成为介绍企业文化的重要空间。南路第三进主厅"眉寿堂"近可观池塘全景，远能观赏双塔，是全园风景最佳处，因此作为会客厅（图9-46）；"杏花春雨楼"房间较多，空间分隔多样化，因此分别改建为餐厅、咖啡厅（图9-47）；而北路第二进"文绮堂"位置僻静，但建筑体量较大，因此改建为大型会议室，其他园林建筑则多改造为办公室。同时，在传统建筑中，天井本来有着通风和照明的作用，但由于有了中央空调和电灯，天井的实用功能已经不那么重要。而老屋楼梯窄而陡，上下不便，于是公司利用天井搭建电梯，将闲置空间利用起来，提高了办公效率。功能空间转化的同时，修复中还完成了建筑结构纠偏、材质防腐，完善水、暖、电等设备，配备了灯光、空调等设施，满足了现代办公的需要。因此，双塔影园被业界誉为"古建筑与现代办公方式融合的成功探索，是古建如何进行现代化运用的实践突破[131]"。

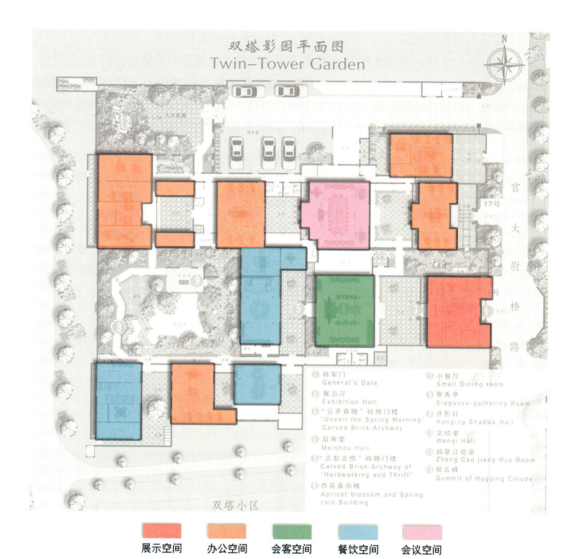

双塔影园平面图
Twin-Tower Garden

① 将军门　General's Gate
② 展示厅　Exhibition Hall
③ "云开春晓" 砖雕门楼　"Unveil the Spring Morning" Carved Brick Archway
④ 眉寿堂　Meishou Hall
⑤ "克勤克俭" 砖雕门楼　Carved Brick Archway of "Hardworking and Thrift"
⑥ 杏花春雨楼　Apricot blossom and Spring rain Building
⑦ 小餐厅　Small Dining room
⑧ 聚秀亭　Elegance-gathering Room
⑨ 悬影轩　Hanging Shadow Hall
⑩ 文琦堂　Wenqi Hall
⑪ 郑草江花室　Zheng Cao jiang Hua Room
⑫ 揽云峰　Summit of Hugging Clouds

展示空间　办公空间　会客空间　餐饮空间　会议空间

图 9-45　双塔影园办公空间改造布局

图 9-46　双塔影园眉寿堂会客厅
图片来源：http://www.wudujt.cn/product/2.html

图 9-47　双塔影园 "杏花春雨楼" 餐厅
图片来源：http://www.wudujt.cn/product/2.html

（三）亮点三：学术交流，积极推广活化实践经验

双塔影园为苏州古典园林活化实践提供了一个成功的范例。可喜的是，新沧浪公司并未满足于该项目实践的成功，而是以此为样本，总结经验，进一步探索文化遗产活化利用的途径。双塔影园除了是新沧浪房地产公司的办公场所之外，也是提供给海内外建筑设计、文化遗产保护领域的专家进行文化交流的活动基地，成功举办了古建筑保护与利用论坛、中国古民居保护和利用论坛、中日古建筑交流座谈会、英国皇家特许建造师学会历史建筑保护性开发论坛等学术研讨活动。双塔影园常年接待来自国内外高等学府、政府、企事业单位的交流来访，让他们可以身临其境地感受园林遗产活化利用的实际效果。此外，新沧浪公司还承担了苏州市科协软科学课题《城市历史街区更新与保护研究》的研究任务，出版《苏州古城控保建筑的保护与利用》等学术专著，通过多种形式积极推广活化成功经验。不难看出，双塔影园的活化利用不仅是企业主导的实践探索，也是具有理论价值的实证研究，对同类苏州园林的活化利用具有较强的借鉴意义。

第十章
苏州古典园林功能传承与创新发展策略

当前苏州古典园林文化遗产的活化实践活跃,功能活化类型丰富多样,在功能传承与创新发展方面进行了大量的探索。然而,对比国内外文化遗产活化理论与实践的先进经验,应当认识到苏州园林文化遗产的活化利用仍处于起步探索阶段,园林之间的发展水平还不均衡,"百园之城"的园林群体活化效益还未充分体现。当前实践主要依赖于各个园林经营管理者的自行探索,功能传承与创新发展尚未形成具有普适性与可借鉴性的方法与策略体系,而这恰是本研究的落脚点。鉴于此,本章在遗产活化模式分析与应用特点研究的基础上,充分借鉴相关学科理论与国内外园林活化实践先进经验,从功能空间的转化与利用、功能内容的传承与创新、综合价值的挖掘与实现、活化实践的支持与保障四个方面探索苏州园林文化遗产功能活化的创新发展之路。

第一节 功能空间转化与利用策略

一、空间载体的选择

前述研究表明,苏州古典园林的活化效果与其空间布局具有相关性。雍振华认为现代社会中古典园林面对的观光游览和过去家族、友人间的游憩存在本质差异,并不是所有的古典园林都可以改作公众活动场所。选择的标准不仅要看园林的艺术特色,还必须考虑空间规模[388]。因此,研究需要进一步了解,苏州古典园林中的哪些空间更适合进行遗产活化实践以及适合于什么样的遗产活化类型。首先,对园林遗产的现存状况进行考量。通常来说保护等级较好、保存相对完整的苏州古典园林,其遗产价值固然较高,但从活化利用的角度来看，其开发利用的余地并不大。同时，前述调查研究已经证明了社群与游客对此类园林的价值效用评价并不一致，特别是居民认为遗产载体保存良好的园林多已进行了旅游开发，而并不适合日常活动。因此，对于此类园林遗产来说，应当以保护为主，适当地增加休闲游憩功能，同时注意游客容量的疏导，不宜进行大幅度的功能更新与置换。与之相反，一些相对比较残破、保护等级较低的园林其实是园林遗产活化的良好载体。正如学者姚远通过调查分析，认为苏州城内的结构较差、风貌破坏严重的古建老宅以及尚能和传统风貌协调的一般建筑可以作为功能更新设计的案例[389]，而其功能活化也可以同时促进园林遗产的修复与保护。例如，苏州柴园和北半园均为市级文保单位，根据1982年《苏州市文物园林古建调查资料汇编》记载，两座园林当时的保存状态均为"半废"[267]，相比于苏州众多的国家级、省级文物保护单位，保护基础并不出众；然而，实践证明其活化利用后建成的苏州教育博物馆和书香世家平江府酒店使得园林历史风貌得以重现，园林的功能价值得到提升。

其次，在园林空间布局的考量方面，园林总面积并不直接影响功能价值。从实践上看，一般对面积较大的园林进行景区化开发或用作宗教用途，而从创新发展的角度来看，面积相对较小、建筑密度较高的园林活化利用可能性与适宜性相对更强，适合改造成会所、餐饮、酒店、博物馆等类型。马晔箐的研究也证实较小规模的园林空间与建筑布局，可理解度越高，也就越适合改建为博物馆[134]。同时，前述研究也证明建筑布局不宜过于集中，不论从展览线路串联，还是功能分区避免干扰的角度来看，功能空间均匀分布有利于功能价值评价的提升。此外，从功能空间拓扑关系上看，活化效果较好的苏州古典园林全局整合度低，但其局部可达度较高。说明内部空间过于开放、整体可达性较高的园林不适合进行活化利用，此类园林一般只在单位附属园林中出现。然而，层次感强、具有丰富的院落结构，便于进行合理分区与有序组织的园林遗产则适合进行活化。

最后，还应该对园林周边环境进行评估。苏州古典园林相对较小，单一园林的包含功能内容不宜过多，可以考虑对遗产资源丰富的区域进行统一活化利用，将众多园林遗产项目加以整合，一方面，可以形成完整的街区风貌，展示历史文化名城的氛围；另一方面，可以形成功能互补的苏州园林遗产活化群体，彼此相互依存，提高服务效能与功能效用。《苏州市古建筑保护条例》中就建议在古建老宅修缮中优先选择"相对集中、能成片改造的古建老宅"，并"希望通过项目延伸扩展，能尽快形成规模效应"。此外，也要注重周边交通区位的选择，周围交通条件较好、车流量较大、靠近商业区的苏州园林，由于其经济价值更高，更适合进行商业、旅游方面的利用；而周边车流量小、环境安静的苏州园林可以考虑进行文教场所的设置、民宿的改建或者社区活动场所等方面的活化尝试。

二、功能空间的转化

园林遗产具有建筑空间与自然环境相结合的空间特征，而作为功能空间，园林中的室内建筑空间与室外庭院空间都可以作为各类功能的载体。同时，金学智先生在《中国园林美学》中指出园林建筑因其在园内所处的地位以及体量的大小，可以分为"堂正型"建筑和"偏副型"建筑两类，其中苏州园林中的厅、堂、楼、阁等主体建筑一般属于前者，而亭、台、馆、轩、斋、室等建筑通常属于后者[221]。因此，本节将针对不同功能空间的转化利用提出相应的策略。

（一）主体建筑

1. 空间特点

园林中的主体建筑主要指空间体量较大，在园中居于主位的宫、殿、厅、堂等建筑类型[221]。从功能地位上看，厅堂是十分重要的功能性建筑。唐代苏鹗在《苏氏演义》中记述："堂，当也，当正向阳之屋。又明也，言明礼义之所。"[1] 在苏州古典园林中，厅堂是供园主团聚家人，会见宾客，交流文化，处理事务，进行礼仪活动的重要场所[221]。从空间特点上看，厅堂一般为园林中最具特色或制式最高的建筑。内部空间宽敞，视线开阔，装修较端庄华丽，兼有观赏和配景的功能。正如文震亨《长物志》记载："堂之制，宜宏敞精丽，前后须层轩广庭。廊庑俱可容一席。"[2] 明代以前的建筑厅堂一般不分间，以屏风和帏帐作灵活的隔断。之后，厅堂多用屏门等装修将厅堂一分为二，形成较为丰富的室内空间环境与复杂多变的环行流线。厅堂的陈设摆放讲究均衡对称，多以桌椅等高型家具作为陈设的中心，装饰风格庄重大气而不失风雅[390]。从在园林空间布局中的位置来看，作为礼仪化的空间营构，厅堂通常在园林中占据显要地位。清代沈元禄的《猗园》记载"奠一园之体势者，莫如堂"[3]。例如，苏州拙政园中的"远香堂"是园的主体建筑，居园之中，收四面之景。《园冶》记载"安门须合厅方"，就表明了园门应当与厅堂的方向相符的原则，也表明了厅堂布局的秩序性。前述章节研究发现厅堂建筑在布局中的连接值与控制值较高，具有良好的全局整合度或局部整合度，一般位于全园或局部的中心位置，也验证了先人对园林厅堂位置的理解。

对于楼阁来说，《园冶·屋宇》转引《说文》的解释认为"'重屋曰楼'……言窗牖虚开，诸孔偻偻然也。造式，如堂高一层者是也[391]"。这说明楼与堂的空间结构具有相似性，但楼是多层建筑，可供人更上一层，凭槛极目四望的功能空间。阁的整体特征与楼较为相似，但其布局更具灵活性。此外，从功能的角度上看，楼阁在古代园林中除了观景之外，常具有藏书与读书的功能。明代陈继儒《小窗幽记》中记载："读书宜楼，其快有五：无剥啄之惊，一快也；可远眺，二快也；无湿气浸床，三快也；木末竹颠，与鸟交语，四快也；云霞宿高檐，五快也。"[4] 圆明园的文源阁、避暑山庄的文津阁、怡

1　（唐）苏鹗《苏氏演义》卷二。

2　（明）文震亨《长物志》室庐卷·堂。

3　（清）沈元禄《古猗园记》。

4　（明）陈继儒《小窗幽记》卷六《集景》。

园的过云楼以及王献臣时期拙政园的临顿书楼，均曾藏有大量珍贵古籍。

2. 适用功能

厅堂建筑空间体量大，且由于其建筑结构多采用抬梁式的做法，所以其建筑中柱子较少，空间较为完整。同时，此类空间常居于全园中心位置，因此在旅游景区类或博物馆类的苏州园林中常作为主要陈列展厅进行布展，或者作为多功能活动空间加以应用。例如，柴园的鸳鸯厅改造为苏州教育博物馆的古代馆展厅；耦园居宅楼大厅则改造为具有购物、表演与会展功能的活动中心（图10-1）；网师园万卷堂白天保留原有厅堂陈设供游客参观，晚间则稍加调整，变为戏曲演艺的场所。

苏州园林中的楼阁建筑一般继承了原有的观景功能或以陈列展览为主。例如，留园远翠阁取唐诗"前山含远翠，罗列在窗中"之意命名，楼阁三面明瓦合窗，收园林四方佳境，供游人远眺；而拙政园倒影楼又名"拜文揖沈之斋"，收藏有八块书条石，印刻有薛益书《文先生传》、幼溪摹沈周小像等书画，成为纪念文徵明与沈周先生的小型展馆。同时，留园冠云楼、耦园双照楼等建筑则利用其观景条件，将其转变为茶室等休闲空间（图10-2）。此外，楼阁的二层空间因为与外界相对隔离，干扰较少，适合作为私人定制旅游或会议活动的场所。例如，拙政园见山楼二楼被开发为"私享拙政园"特色游园活动的新产品，游客可预约进入，进行品茶、听琴、读古籍的活动；而网师园撷秀楼修复时将其二楼空间改造为会议室，满足了现代商务会奖活动的需求。

图 10-1　耦园居宅楼大厅　　　　　　　　　图 10-2　耦园双照楼茶室

3. 改造方法

苏州园林的厅堂与楼阁建筑主要为四面或前后开敞形式，开敞部分一般安装能拆卸的门窗，房屋主要依靠柱子承重。分隔内部空间的通常是屏风和帏帐等可拆装式的隔断，为主体建筑的活化利用提供了改造的可能性。对于大型厅堂与楼阁来说，空间改造主要有两种方式：一种较为简便的方法是保留原有厅堂中部的隔断与屏门，延续"回"字形参观动线，只是对厅堂中的陈设稍加调整，减少不必要的长几供桌与椅凳数量、扩大旅游者参观面积、增加墙壁的陈列展览等，该方法的主要优点是活化利用过程中基本保留了原有的建筑结构与历史文化气息，操作简便易行。另一种方法是去除原有的隔断与屏门，适当将某些开间进行合并或是将大开间进行重新划分，以方便园林主体建筑的多功能使用。这种空间改造方式其实古已有之，邰杰等学者在《旧式迷宫：苏州传统园林空间设计研究录》中记载清代苏州士绅家庭在婚丧嫁娶时往往举行"唱堂会"活动，此时会将厅堂中的屏门移除，垂以竹帘，改为女宾观戏之处[379]。在当代实践中此类案例也不鲜见。例如，网师园撷秀楼去除了二楼原有的屏门分隔，以柱子的动线重新划分室内空间，从而植入会议功能。入口设置宽敞的公共区域作为签到区，音控室、资料室、茶水间设在空间末端，使得中部的会议室方正宽敞，可以容纳 48 个座位，满足会议室的配备需求（图 10-3）。家具陈设采用宋氏席面圆椅以及条案等，照明使用蚕丝灯，连坐垫也融入了苏绣工艺，古色古香。在承办会议之余，游客可通过预约，享受私人订制的品茶、赏景、花艺表演等服务。这种改造方式的主要优点是可以适应多种功能用途的需要，较为灵活自由；同时，在不破坏原有建筑立面和结构基础之上，对平面进行重新划分，在建筑技术处理上也并不困难。

图 10-3　网师园撷秀楼
图片来源：http://news.artron.net/20181021/n1027916.html

（二）辅助建筑

1. 空间特点

苏州园林中的亭、台、馆、轩、斋、室等建筑通常属于辅助建筑。这些建筑比厅堂、楼阁来说，在体量与级别上有所逊色，在空间布局方面的特征也有所差异。例如，轩一般指次要或体量较小的厅堂。拙政园远香堂附近的倚玉轩，体量小于远香堂；东南隅的听雨轩，则更小更偏，都显现出陪衬的性质。而亭廊等建筑类型体量小，施工方便，只要借片隅之地，就能形成独特的景观之美[221]。辅助建筑与主体建筑相比，布局更加灵活，适应性也更强。《园冶》"立基"篇记述："凡园圃立基，定厅堂为主，先乎取景，妙在朝南。……择成馆舍，余构亭台，格式随宜，栽培得致。"计成认为书房应"择偏僻处，随便通园，令游人莫知有此"；廊房可"蹑山腰，落水面，任高低曲折，自然断续蜿蜒"；亭榭应"通泉竹里，按景山颠；或翠筠茂密之阿，苍松蟠郁之麓；或借濠濮之上，入想观鱼；倘支沧浪之中，非歌濯足"，少受规则拘束。前述章节分析也发现，辅助建筑的空间整合度、连接度与可达性相对较低，也反映出此类建筑常位于园林偏僻之地。例如，狮子林卧云室被包围在湖石峰构成的"云海"之中，体现出"卧云"的环境特征；与之类似的，《园冶》"屋宇"篇记述："斋较堂，唯气藏而致敛，有使人肃然斋敬之义。盖藏修密处之地，故式不宜敞显。[391]"反映出"斋"深藏而不显露的建筑性格。

2. 功能适用

苏州园林中的辅助建筑因其类型较多，空间布局形式多样，因此功能更加丰富。例如，馆最早为接待宾客的房舍；轩以其空敞而又成为纳凉赏景的好处所；斋的典型功能是使人聚气敛神、静心养性、潜心攻读或进行祭祀活动的场所。还有亭廊、轩榭等辅助建筑，具有览聚景观、标胜引景、吐纳生气、创造意境等方面的深层功能[221]。依据辅助建筑的体量、布局特点与功能传承的可能性，在园林遗产活化的过程中，可以从三个方面对其植入功能的适宜性进行考虑。首先，考虑到其建筑体量不大、位置相对灵活的特点，安排辅助性的服务管理功能与经营活动项目。例如，耦园将入口内侧的辅助用房，改建为门票销售与服务中心（图10-4）；网师园则将"集虚斋"与"琴室"附近的下房区改造为具有商品销售功能的"瓷器馆"与书画商店（图10-5）。其次，餐饮与住宿功能要求环境相对安静，也适合于利用辅助建筑加以改造。例如，北半园中的"知足轩""至乐斋"，墨客园中的"乐道斋""登瀛水榭"等园林建筑均被修缮成为餐饮区；

图10-4　耦园入口改建为服务中心与管理用房　　　图10-5　网师园下房区改造为"瓷器馆"

而木渎小隐园的"小隐斋"与书房则分别被改造为"书"与"茶"主题客房。最后，园林的亭廊水榭，应当传承其历史功能，供人在游览中休憩、流连、赏景，从而展现园林的功能特色与艺术面貌。

3.改造方法

辅助建筑空间的改造方式大致可归纳为以下几种。首先，辅助建筑受到房间开间和进深尺寸的限制，往往难以满足现代服务接待或商业经营的需求，因此有必要对空间进行适当拓展。例如，苏州天平山南园的酒店接待厅，为满足集散与服务的需求，在原结构基础上进行外扩，同时为了保留原有古建筑的形态特征，选用了透明落地玻璃作为空间拓展的材料，既满足了功能需求，又将室内外景观融为一体。无独有偶，木渎小隐园将其"绣亭"三面以通透的落地玻璃进行围拢，改造为餐厅（图10-6）。同时，园林入口附近的空间整合度低，是偏离园林核心区域的部分，在明清时期常作下房之用，也是活化利用的良好场所[134]。苏州潘世恩故居在改建为博物馆的过程中，将出口处的两座偏房打通，扩大了空间面积，满足了纪念品与咖啡饮品销售的需求（图10-7）。其次，辅助建筑的原有空间划分相对简单，因此需要对其空间布局进行改造。小隐园"小隐斋"进行了重新设计，依据立柱位置，将其划分为居住区、书画区与洗漱区三个功能空间，又细化了家具陈设的布置，从而营造了"书"主题客房的文化氛围。天香小筑将原有书房改造为休闲书吧，利用书架对空间进行了重新分隔与布置，形成了书籍展销区、休憩阅读区、饮品销售区等功能空间，既延续了传统功能，又满足了当代社会的需求。最后，对于辅助建筑中的游赏观景建筑，一般继续保留其原有功能与建筑风貌，并不对其进行大规模改造；然而，这也并非一成不变，通过装饰、陈设的修复与布置也能够达到活化利用、丰富功能的目的。例如，苏州道勤小筑于游廊之上，装饰了主人所写的《勤园赋》与名家书画石刻，赋予游廊观景之外的更多文化气息；而南京瞻园在三期扩建之时，于画舫中筑一小月台，可供游人品茗赏景。这些改动虽然微小，但是运用巧妙则可成画龙点睛之笔，为园林复合功能空间的打造也有益处，值得学习借鉴。

图10-6　小隐园餐饮空间　　　　　图10-7　苏州状元博物馆咖啡厅
图片来源：http://www.tsingpu.com.cn/

（三）庭院空间

1. 空间特点

自然环境与建筑空间相结合是园林遗产的重要特征，而园林中的自然环境主要是以庭院空间形式呈现的。我国传统单体建筑的平面相对简单，建筑之间需要依靠院落连接才能构成功能完整的有机体。刘敦桢先生认为"院落是苏州古典园林的一种建筑组合形式。由于园林面积不大，须在有限的空间内创造许多幽静的环境，或在连续的建筑之间插入不同的过渡空间，增加园景的变化，因而以院落来划分空间与景区[62]"。从空间布局的系统性上看，苏州园林实际上就是一个"园中有院"的大小庭院空间的嵌套式结构，而整个园林就是一种环环相扣的"院群"的集结[379]。陈莺通过对 13 座苏州古典园林黑白图底关系的分析，认为园林庭院布局体系可以分解为"天井""庭""院"等大小、功能、形式不同的空间单元，从而组成园林空间体系[397]。例如，苏州网师园就是由 1 个中部院落、17 个二级院落、30 多个三级院落共同构成的，人们穿行期间，空间的层次感与丰富度就自然呈现出来[379]。从空间环境的特征上看，庭院空间虽然具有层次性与系统性，但与建筑空间的明确划分相比，更具有灵活多变的特征，也成为园林中的主要游赏空间。例如，狮子林院落空间分布疏密有致，其建筑要素集中分布在北部和东部，"燕誉堂""指柏轩""立雪堂"等处庭院各具特色，又相互嵌套，各院之间、院与边角空间之间并非完全分隔，而是相互咬合与贯通，从而形成丰富的空间体验；而园林的西部和南部，庭园空间开敞，由水面、小桥、亭廊分隔空间，自然写意，则让人体验到步移景异的空间乐趣。事实上，在东方园林"山水为主，建筑为辅"的设计理念下，园林中的庭院空间是其空间构成的主体，在活化利用中也应当加以重视。

2. 适用功能

我国古典园林被称为可居、可游的立体图画，园林中的庭院空间自古就是具有生活、娱乐与游赏功能的场所。前述章节中已经说明，园林中的亭台楼阁、山水花木不仅能供主人游赏，更常常定期向游人开放，成为古之风尚。事实上，庭院不仅有游赏功能，也是古人举办节庆、祭祀、娱乐等主题活动的场地。《吴郡岁华纪丽》中就记载了园林庭院中举办乞巧会的场景。"闺中儿女，陈花果香灯、瓜藕之属，于庭中露台，礼拜双星，为乞巧会，令儿女辈悉与，谓之女儿节。以青竹戴绿荷，系于庭，作承露盘。……贵家巨族，结彩楼于庭，为乞巧楼；穿七孔针，名曰弄影之戏。[393]"而清初网师园主人瞿远村则常在园中濯缨水阁、蹈和馆和小山丛桂轩围合的庭院空间中举办雅集活动，形成宴乐区[379]，适时"宾主雍雍，当风清月满之时，相与回旋台榭间"[1]。当代实践中，可以从三个方面考虑庭院功能植入的问题。首先是传承其原有功能，在持续维护自然空间或庭院环境的基础上，开展公众游赏活动。其次，将其作为主题性活动的举

1　（清）达桂《网师园记》。

办场地。例如，网师园梯云室庭院就作为"'灵感园林'网师园当代建筑艺术展"的展览场地（图10-8）；墨客园的惠和堂庭院则作为古琴雅集活动的空间。最后，庭院空间也可作为室内功能的配套与拓展。例如，北半园的芷书楼改建为茶室对外开放，而芷书楼入口处庭院也作为室外茶座加以利用，与室内空间功能相互配合（图10-9）。小隐园的书房已经改建为主题客房，其庭院空间也作为客房的配套空间加以修缮。

图 10-8　"灵感园林"网师园当代艺术展　　　　图 10-9　北半园的芷书楼庭院
图片来源：http://www.szwsy.com/ShowNews.aspx?newsid=454

3. 改造方法

面对庭院空间功能植入的三种方式，也可以有针对性地提出改造方法。首先，积极适应当代社会的休闲游览需求，进一步发挥其游赏功能。虽然在传统园林空间中，花园空间面积大，连接度高，常作为主人社会交往与喝茶赏花之所，但面对使用人群与强度的变化，庭院空间也需要做一些改变。一方面，可以在保留原有庭院格局与造园意境的基础上，对部分次要空间进行改造，使之利于人群集散，以提高空间容量，便于开展游览活动。例如，刘敦桢先生在南京瞻园静妙堂北庭院及瞻园东部的中区采用较为开敞的草坪对空间进行改造，以适应其作为爱国主义教育基地的功能需要，创造性地继承和发展了我国的优秀造园艺术，可作为苏州园林庭院空间创新改造的借鉴[394]。另一方面，庭院设施布局也可以相应调整，例如，网师园由私家园林转变为公园的过程中，为了给游客留出更多停留空间，移去了殿春簃前的树木，增设平台和供游人休息的石凳。当然，庭院空间改造应当适度，如果违背传统园林手法，丧失古典庭院的意境则得不偿失。其次，将庭院作为主题性活动的举办空间加以利用时，应当注意在设施设备上加以支持，一般可以采用增设可移动设施的方式进行处理。例如，墨客园中秋雅集之时，于惠和堂外庭院中增设座椅、琴台以作雅聚之用。网师园殿春簃庭院在举办昆曲表演时，则增设了灯光、音响等舞台设备，以便为人们营造更好的观演氛围。对于大型主题性活动来说，户外空间利用时还要考虑空间序列与活动开展进程相吻合的问题。例如，顾至欣等学者通过对网师园演艺活动的研究发现，其演艺节目的编排顺序与表演场所的安排存在园曲同构的关系；而空间层次丰富，具有"可见而不可达"特点的园林庭院空间是创造旅游演艺体验高潮的理想舞台[382]。最后，当庭院空间作为室内空间的功能延续时，应当设置相应的隐性界限来暗示功能的延续与转换。通过铺装变化来体现是常见的做法。孙剑冰援引《园治》中有关铺地"吟花席地，醉月铺毡"的描述，认为铺地不仅具有装饰效果，更使户外空间在功能上成为室内空间的延伸[77]。此外，已改造为民宿的木渎小隐园，在部分主题客房的外围通过虚墙围隔出庭院，通过玻璃与室内联系，也是进行室内外空间过渡的一种方式。

三、空间效用的提升

（一）加强建筑修缮改造

苏州园林建筑多为木结构，受限于传统建筑材料和工艺水平，难以满足现代功能空间的采光、通风、防潮等需求。因此，如何利用现代科技进行修缮改造，提高其建筑肌体对现代功能的适应性是值得探讨的课题。从采光的角度看，宋代之后苏州园林建筑日渐稠密。一方面，很多园林建筑因受礼乐制度的影响，强调空间等级秩序而忽略了房间的朝向、采光等因素；另一方面，造园者重视对私家园林幽静、内敛的环境意境营造，也使得园林建筑幽曲者居多，开敞者为少。刘敦桢在《中国古代建筑史》中说明："私家园林产生了很多曲折细腻的手法，也带来了幽曲有余而开朗不足和建筑稠密的缺点[395]。"为此，在建筑修缮改造时应注重改善其采光状况，可通过增设适量反光板，将采光不好的空间通过光线反射获取阳光，也可适当运用通透的隔板材料来提高透光度，或者对于传统古建筑的屋顶部分进行开窗，增加自然采光面积，提高空间的光照度。从保温隔热的角度看，古建筑通常不能满足热工节能标准，例如，网师园的集虚斋为园主养心之所，其楼上为小姐闺房，构造相对封闭，因此房间夏天比较闷热，墙体都为木结构，没有特殊的保温隔热层，导致房间冬天也相对较冷。为此，修缮中对木墙气密性进行改进，在其墙体的外层添加了保温隔热的涂料，从而增加空间的保温隔热效果。此外，古建筑也可以安装控光隔热的透明性窗帘，既可起到保温隔热的效果，同时因透明性也可以保证自然采光。最后，改建为展厅是园林建筑常见的利用方式，但展览空间对于通风潮湿要求较高，柴园（苏州教育博物馆）、全晋会馆（苏州戏曲博物馆）的展厅中都布置有除湿机，并引入新风系统以促进空气循环流通，从而在古建筑内创造利于文物保护的展览环境。

（二）重视空间复合利用

苏州古典园林面积较小，为了提高空间利用效率，可以考虑对空间进行复合利用，从而充分发挥园林空间灵活多变的特点，也能够满足园林活化利用的多样化需求。事实上，该做法古已有之，前述章节中介绍的清代苏州士绅对厅堂屏门的安设与移除，就是为了满足日常生活与"唱堂会"活动的不同需求。在此基础上，在庭院中用屏风隔断进行临时性的分隔，则可以扩大娱乐活动的空间范围，使之与厅堂空间连为一体，从而将传统的游赏空间转变为社交活动空间。《点石斋画报》中对清代苏州园林中祝寿场景的描绘，正是展现了园林空间灵活转变与复合利用的场景（图 10-10）。在当代活化实践中，空间复合利用主要包括空间重新划分与灵活转换两种。一方面，对于面积较大的建筑或者庭院空间可以重新划分以植入多种功能，例如，耦园的居宅楼大厅被改造为多功能的休闲活动场所，其中部为休闲茶座，两侧为纪念品销售，同时搭建舞台，举办青年联谊与集会活动。另一方面，为适应临时性活动的需要，园林空间

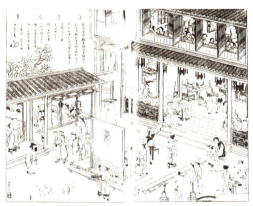

图 10-10　庭院与厅堂的灵活组合
图片来源：《点石斋画报》

的功能也应具有调整的灵活性。例如，苏州怡园湛露堂以"画室""琴室""茗茶"等功能性进行空间处理，营造可大可小，可分可合之氛围，成为书画、诗会、琴会雅集之地，还可举办精品展览、艺术展览等活动。值得注意的是，在对空间进行功能复合利用时，应当考虑不同功能间的适应性，避免相互干扰。苏州西园寺的抄经堂在供香客抄经的同时，也同时提供茶饮服务，其功能布局的初衷应该是出于"禅茶一味"的功能相似性考虑，但是由于游人众多，使得餐饮与休憩功能被放大，从而干扰了抄经所需要的安静氛围。因此，复合空间的功能匹配度问题是活化中应当考虑的。

（三）挖掘空间活化潜力

截至 2021 年 9 月，《苏州园林名录》中的 108 座园林，仍有 27 处未对外开放，其占比达到 25%。20 个调研样本中，18 座园林的保护范围内有未开放空间，其面积均值达到 931.97 平方米，面积占比均值达 7.83%。这些空间部分作为办公管理空间所利用，也存在空间闲置的现象。例如，玉涵堂中真趣园是园林内面积最大的一块户外庭院，其中梅林草堂、玉溪风荷、金秋待月、疏影亭等景点错落有致，但调研时其中主要建筑均空置，并不对外开放。耦园西北部藏书楼"鲽砚庐""锁春"一带有七座建筑构成的院落组合也处于闲置状态，并未加以利用。2018 年，苏州市政府印发的《市政府关于加快推进"天堂苏州·百园之城"的实施意见》强调要"推动园林开放扩面工作，积极践行文化惠民战略，鼓励具备开放条件的园林开园迎客"，这无疑对苏州园林功能价值的发挥起到了积极的作用。此外，研究建议对于已开放的园林，也应当充分挖掘其空间活化潜力。首先，对于管理办公用房较多的园林遗产，可以考虑采用管理机构与遗产地分离的方式加以处理，将部分非对客功能加以转移。例如，威尔士凯尔菲利城堡在遗产保护范围之外新建了参观中心，具有办公、管理与对客服务功能，新建筑充分利用历史传统材料，与遗产环境相协调，既满足了现代化办公管理的需求，又避免对遗产空间过多的占用[199]。其次，对于园林中暂未开放的空间，应根据其历史传承、环境位置与空间布局等特点有效加以利用。一方面，对于热门园林来说，能够缓解容量压力，疏散参观

客流；另一方面，对于相对冷门的古典园林来说，也能够通过空间利用与功能创新来激发活力。

（四）协调区域功能布局

空间效用的提升不仅有赖于单个功能空间的合理利用，而且需要对园林内外部功能布局进行统筹协调与管理，使之功能相互促进、相互配合。对于内部功能空间布局来说，前述研究发现，不同类型功能空间所需要的功能环境有所差异。例如，展览功能的满意度与其空间面积正向相关，娱乐功能适合布局在连接度适中的园林区域，餐饮空间则适合设置在可达性相对较低的僻静之处，住宿功能空间不宜过于集中，购物功能空间面积比例不宜过大，服务功能空间则适合分散布局等。不同空间的适应性特征都应当在布局整体协调中加以关注，相互之间的关联性或者矛盾冲突也需要考虑周全。例如，墨客园惠和堂作为主人收藏画作的展厅，当有雅集活动时则可以在其前庭中布置会场，或在厅堂中增设会议桌，从而营造具有浓郁文化氛围的活动环境，达到会展一体的目的（图10-11）。而玉涵堂的三进院落，分别作为邮票展览、中医药诊所与茶弥道文化馆加以利用，各功能区块之间难以建立主题联系，则显得零散而缺乏整体性。在内部空间布局优化的基础上，还要考虑内外部功能布局的统筹协调。单体园林的面积通常较小，如果功能过多则显得零散，如果功能单一，则容易影响使用。对于"百园之城"苏州来说，可以将一定区域内的苏州园林进行整体打造，形成功能互补的园林遗产群。目前，狮子林与苏州市民俗博物馆、忠王府与苏州博物院、沧浪亭与可园等园林之间均在空间与功能上强化了联系；平江路历史文化街区、拙政园历史文化街区等园林密集区均建有统一的游客服务中心（图10-12），未来可以建立旅游文创研发、遗产管理等区域性功能区，而将各具特色的表演、餐饮、收藏、雅集等功能分散实用到各个园林中，既避免园林之间主题功能的重复，又可以强化区域功能布局的统筹协调，也便于对部分可能对遗产环境造成负面影响的功能进行统一管理。

图 10-11　墨客园惠和堂作为主人收藏画作的展厅　　　图 10-12　平江路统一的游客服务中心

第二节　功能内容传承与创新策略

　　苏州古典园林所承载的功能处于不断的发展与演化之中。特别是近代以来，固有的封建社会环境不复存在，园林功能能否适应当代社会需求就成为其活化的核心问题。未来实践中既要从园林传统功能的传承中找灵感，又要从新兴业态的需求中谋创新，使之相互促进，共同推动遗产活化利用与可持续发展。同时，苏州园林功能内容的表现形式具有多样性与灵活性，相对固定的经营业态与组织灵活的各类活动都可以成为其功能传承与创新的着眼点。为此，本书在前期调研成果与国内外经验借鉴的基础上提出相应的发展策略。

一、功能传承与业态更新

（一）去芜存菁：传统功能的传承发展

1. 传统功能的取舍与继承

　　历史上，苏州园林具有丰富多样的使用功能，但这些功能是否都应该继承与发展却值得思考。苏州园林作为文人生活空间，居住、餐饮、读书、收藏等功能体现了苏式生活的雅致，值得作为地域特色文化加以传承；游赏、观戏、雅集等社交活动符合现代人对公共空间的功能需求，值得弘扬与发展；甚至一些府衙园林、宗教园林中特有的文教与宗教功能，饱含了地域文化的特色与精髓，也可以得到继承与展示。然而，苏州园林中曾经出现的农耕生产活动，或以隐居避世为目的的清修活动，就与当前时代背景不相适应，缺乏传承的文化环境与社会基础；而在封建时代产生的，苏州园中文人们竞尚浮华、流连风月、沉湎花柳、纵情声色的各类活动则应当加以摒弃。

　　当前实践中，部分园林传统功能得到了很好的发展。游赏功能被当代园林景区所继承，拙政园、网师园等9座古典园林入选《世界文化遗产名录》，提高了苏州园林的全球知名度；起居功能发展为北半园、墨客园、道勤小筑、醉石山庄、嘉园等一批各具特色的酒店民宿；收藏功能转化为柴园苏州教育博物馆、"尚志堂吴宅"苏州工艺美术博物馆、"全晋会馆"中国昆曲博物馆等形式丰富的各类博物馆，体现出文物收藏、展示与文化传播的社会功能。然而，在功能发展与转化的过程中，也存在不尽如人意的地方。例如，苏州桃园发展为社区活动场所，传承了传统的园林社交活动功能，并建有"清风苑"廉洁文化基地，这本是遗产功能活化的优秀案例，然而因为产权与所有权的归属分歧以及修缮经费缺口，导致其在2016年后一直闭园不开，虽在2020年重启修复工程，但长时间的资产闲置，无疑是浪费了宝贵的遗产资源。曲园、报国寺、春晖堂等在转变为俞越故居博物馆、苏州佛教博物馆和苏州中医药博物馆时展览方式陈旧、展品并不丰富、参与体验性活动较少，参观人数寥寥无几，也难以发挥应有的功能价值。

值得注意的是，社群对身边园林有着更深厚的了解与较为紧密的情感联系，因此，对传统功能的延续性颇为看重。同时，对园林特色性也提出了更高的要求，认为千篇一律的旅游开发或许能适应游客体验的需求，但对于社群来说吸引力不大。社群是遗产的真正主人，其需求体现出遗产功能传承的重要性，但墨守成规、千园一面又是行不通的，所以如何通过创新展现传统功能的特色与魅力，应是当代活化实践思考的问题。

2. 传统功能的改造与创新

面对时代的挑战，我们应当思考，传统的功能未必一定以传统的形式展现，而其服务的对象也必然发生了变化。因此，当代苏州园林中的传统功能只要保持文化底蕴与精神内涵的延续性，其活化方式可以创新。对于传统功能来说，首先需要考虑的就是应对服务对象的变化。例如，苏州园林自古具有文人雅集与社交活动的功能，但这种社交功能在封建时代是服务于少数士人阶层的，而当代的园林社交功能则要考虑社群公共活动的需求。事实上，古典园林改造为社区中心是遗产融入社区的创新方式，也有利于调动居民保护遗产的主人翁意识。例如，上海的张园（味莼园）在清末民初之际，与愚园、徐园并称为"上海三大名园"，伴随着时代变迁，其中的一部分已改造为文化互动空间"张园大客堂"，通过定期举办社区音乐会、传统民俗活动、文化体验活动，成为游客、社区居民、艺术家彼此乐见的文化活动空间。无独有偶，上海宝山路街道将湖州会馆改建成群团活动中心对外开放，芷江路151号的残存的园林建筑被改造为社区活动中心，而苏州的李氏祇遹义庄则被改造为山塘社区居委会，服务于社区居民活动。再比如，读书是文人园林起居生活中的重要功能，但当代社会的园林已不再是私人的书房，而应该成为全社会的文化基地。苏州首家园林主题特色图书馆就于2017年诞生于苏州园林博物馆的文化厅，免费向市民提供借阅服务的同时，也让游览园林的游客有了可以了解苏州园林文化的场所（图10-13）。馆内拥有各类书籍近两千册，内容涵盖园林文化、人

图10-13 苏州首家园林主题特色图书馆

文艺术、苏州地方民俗等多个方面，同时采取预约制和分时限流制，也便于给读者提供更好的读书环境。然而，相对于西班牙戈马尔多纳多官邸以及荷兰多米尼加教堂改造而成的公共图书馆来说，类似于园林图书馆的探索的规模与影响力还相对较小，旅游者大多仍是通过参观静态的园林书斋陈设来了解古人读书的生活，而如果给他们更多的机会在情境中进行亲身体验，应当更能了解其中的乐趣。以上两方面的例子，想表达的是，即使是园林中传统功能的延续，其使用对象的变化也给其活化创新带来了挑战与机遇。在活化实践中，既应保留雅致的园林生活情趣，又要体现其功能的公共性与形式的创新性，以满足当代使用者的需求。

其次，活化与管理方式可以进行创新。苏州古典园林开发利用在国内处于领先水平，但依然无法摆脱传统功能给使用者带来的固有印象。事实上，即便是古已有之的功能内容，即便是面对相似的服务对象，也可以通过活化与管理方式的创新，带来别样的效果。例如，寺庙留宿客人的传统由来已久，韦应物"独寻秋草径，夜宿寒山寺"，白居易"高高白月上青林，客去僧归独夜深"的诗文就描绘了他们夜宿苏州寒山寺、灵岩寺等地的场景，然而这种传统功能能否在新时代重现活力呢？日本寺庙宿坊文化的活化或许可以给我们提供借鉴。日本佛教寺院中的"宿坊"是专为云游的和尚以及参拜的教众准备的住宿地方，从江户时代开始，逐渐开放给贵族、武士、参拜者以及观光客。2018 年，日本颁布《住宅宿泊事业法》鼓励利用空闲房间、古民家改建为住宿设施，在政策支持下，日本寺庙将原有空置房屋或僧房，改装成符合游客住宿条件的"民宿"，并建立了"寺泊テラハク Terahaku"的预约网站，目前已有长野善光寺、高野山福智院、京都妙心寺花园等百余家知名寺庙可供选择，住客可以跟随僧人抄写经文、早课诵经并在园林庭院中进行坐禅体验。反观苏州同类实践中，西园寺是可以留宿客人的，但仅是面对信徒开放，更多的寺庙则并未提供此功能。事实上，寺庙园林除了宗教参拜之外，普度众生，让更多的人深入感受佛教文化本就是佛家宏愿。寺庙留宿功能的活化既是其传统文化的忠实再现，又是当代寺庙园林活化经营的创新举措；既为游客住宿提供了更为丰富的选择，也可以帮助他们体验佛教文化生活，又扩大了寺庙的影响力，带来一定的经济效应，为其保护与发展提供坚实的保障。可见，园林遗产传统功能的继承中，如果书院园林只陈列书院的桌椅，博物馆仅仅展示收藏的文物，而寺庙留客也只停留在历史传说中，即便遗产肌体保存得再好，文化再博大精深，也很难得到当代使用者的认同。因此，在体验经济时代，苏州园林功能活化更需要围绕开发模式转变、活化方式创新做文章，从而打破思维定式，实现传承与创新的有机统一。

最后，科学技术的发展成果应当被借鉴与应用，服务于园林传统功能的创新。例如，虚拟现实技术、无人机拍摄技术对园林游览功能的促进就是典型案例。特别是新冠肺炎疫情期间，通过虚拟现实技术、视频直播技术进行"云"旅游，为人们所青睐，也成为园林旅游转型升级的突破口。苏州市在疫情期间推广"AR 看园林"服务，通过微信公众号和手机 App，及时推送园林景区 AR 产品。"耦园 AR" App 可真实还原耦园黄石假山，山水间、城曲草堂等景点原貌，还有真人讲解和换装拍照等功能，为用户带来体贴周到的"云"游体验；虎丘景区公众号"虎丘虚拟游"小程序具备 720° 虚拟导览功能，用户可跟随导览路线，鸟瞰山景全貌，欣赏名胜古迹，领略不一样的"虎丘春色"。事实上，2015 年，《苏州市旅游业发展"十三五"规划》就提出利用 VR、AR 及互联网先进技术，优先推动已列入世界文化遗产的拙政园、留园、耦园、狮子林、环秀山庄、网师园、沧浪亭、艺圃等园林的主题化打造，形成"一园一品"式深度体验。这无疑说明苏州园林在科技推动遗产功能活化方面的前瞻性与先进性。然而，调查研究发现，目前的科技应用仍处于初级阶段，科技应用潜力仍未充分发挥。例如，苏州拙政园虽然建立了拙政园 VR 馆，游客可以模拟坐着轿子逛园子，但其 VR 资源更新不及时，游客能够体验的时间较短，在丧失新鲜感之后，经营状况并不理想。未来的科技应用应当以物联网、云计算、大数据挖掘等技术为手段，使园林遗产的实体资源和信息资源得到高度系统化的整合和深度开发激活，打造集 3D 拍摄、交互地图和虚拟导游为一体的交互平台，全方位增强苏州园林的游览功能体验。进而，利用 5G 通信网络与光存储系统帮助游览者个体，乃至于社群存储游览记忆，融合和分享游览资源与体验，将游览过程中的照片、视频和故事等作为园林遗产发展的云媒体资源进行收集和展示，并与微信、微博等社交平台建立链接，使得民众的记忆活态保护与遗产的功能传承相辅相成，从而实现传统功能多维度的可持续发展。

（二）与时俱进：新型业态的合理植入

1. 新型业态的选择与融合

苏州古典园林功能的传承与创新，不仅要关注传统功能，也可以考虑与时俱进地植入新型业态。《苏州市旅游业发展"十三五"规划》提出"根据园林景点本身的保护等级、环境容量及文化底蕴，尝试园林 MICE、企事业活动、文创办公等的多样化利用"。但对于新型业态来说，首要问题是其功能特质与园林载体之间的契合度与适应性。其业态的选择首先应该避免对园林遗产的破坏，如果涉及较大规模的空间改造，或者功能植入后会带来容量超载，就应当慎重考虑。其次，要符合苏州古典园林的文化性格。苏州园林是充满诗情画意的写意山水园林，是中国文人哲理观念、文化意识和审美情趣的集中体现。因此，从文化性格上看，会展、婚庆、文创、办公、影视等文化产业的植入较为合适。但对于具体案例来说，还应当考虑园林个性化特色与空间环境条件。例如，耦园取名通"偶"，寓意"佳偶连理"，因此以"江南传统婚庆"为主题，植入婚庆功能正是园林传统特色的体现；朴园则靠近桃花坞大街，建立桃花坞木刻年画文创基地也能够契合地域文化特征。相反，苏州玉涵堂本是明代吏部尚书吴一鹏的故居，现植入的邮票展览与中医药诊所等功能与园林历史关联不大，业态植入的合理性值得商榷。

对新型业态加以选择之后，如何将其融入原有的园林遗产环境中，则是需要关注的第二个问题。一种方式是将园林遗产进行整体化改造，使之服务于新型业态。这种方式在民宿、博物馆等业态功能的传承中有所体现，但考虑到居住、收藏等传统功能与苏州园林具有天然的联系性，这种整体性改造的难度尚可控制；而如果是其他业态的话，就具有较大的挑战性，实践中双塔影园改造为办公场所就是为数不多的尝试。西方园林遗产在技术应用与改造上更为大胆，有一些成功的案例可供借鉴。1961 年，意大利里沃利城堡不拘泥于原有的功能和形式，被整体改建为当代艺术馆（图 10-14）。虽然尽可能地保留着传统、古典的外表，但内容却是现代和前卫的。2013 年，西班牙加尔西穆尼奥斯城堡则采用更为大胆的改造策略，通过独特的几何结构进行改造，将遗产空间改造为休闲展示区域，可以播放电影、进行讲演，为社群提供丰富的社会活动（图 10-15）。当然，西方园林遗产中的建筑多以石材砌筑为主，这就为更新、利用提供了比亚洲木结构建筑更加有利的条件和更丰富的选择可能性。不过，其富有创意的活化思路，依然为新型业态活化实践提供了借鉴。

图 10-14　里沃利城堡改建为当代艺术馆
图片来源：https://www.archdaily.cn/cn/910306/du-ling-de
-castello-di-rivoli-yong-jian-zhu-jiang-shu-dang-di-li-shi

图 10-15　加尔西穆尼奥斯城堡休闲空间
图片来源：https://img1.jiemian.com/101/
original/20160707 /146786333363050400_a700xH.jpg

　　另外，更为常见的方式是通过复合式的功能空间利用，实现新旧业态的融合与共存。例如，多数苏州园林中具有文创纪念品购物的功能；网师园、留园、耦园等在园内开辟场馆，植入了园林会奖的功能；西园寺、寒山寺、拙政园等也在园内植入了茶馆、简餐等餐饮功能。然而，调研发现，这些植入的新型业态并未形成个性化特色，形式与内容还比较单一。这方面，新加坡博物馆群的复合化利用值得借鉴。为提高新加坡各类博物馆等文化遗产的空间活力，在社会多样化需求面前，新加坡各类博物馆不断拓宽视野、延伸功能，从"文物藏品导向"转向"满足社会需求导向"，通过特色化、社区化和人性化发展，用丰富多彩的业态功能、全方位的社会服务满足大众需求，焕发自身活力[396]。例如，新加坡国家艺术博物馆开发当代艺术设计专卖店，设置多用途展厅，完善艺术设计商业开发产业链；赞美坊教堂以主教堂为核心，进行了商业购物、娱乐、休闲开发，使得原本肃穆的空间特质，平添了一些人性化的味道^[396]。苏州园林遗产也可以拓宽思路，摆脱粗放式、同质化的固有理念，因地制宜地引入新的业态功能，并与园林原有的特色与功能相结合，为园林遗产增添活力。

2. 新型业态的经营与管理

相对于传统功能来说，购物、文创、展会等新型业态是当代社会的产物，与园林遗产以及当地社群缺乏天然联系。同时，新型业态的经营性质比较浓，容易对园林遗产产生不良影响，也较难获得社群认同。因此，如何对新型业态进行科学的管理，也是其面临的重要挑战。实际上，新型业态的经验与管理需要处理好两个方面的平衡，即保护与开发的平衡以及当地社群与经营业主之间关系的平衡。

首先，就是处理好保护与开发的平衡。虽然，苏州园林遗产保护大多由政府部门一力承担，但放眼全球遗产活态保护实践，大多是由政府机构和民间资本共同协作完成。2016 年，欧盟《创新的资金和管理模式，为保护和增值》报告中就提出"在公共建成文化遗产的适度利用过程中鼓励私有资源参与和采用新型商业模式^[397]"。这种协作关系的建立正是为了实现遗产保护与开发关系的制衡。西方许多国家在遗产业态经营中都采取了公私协作的特许经营模式，即将购物、休闲娱乐、纪念品开发等文化遗产的服务性、支撑性经营项目交由企业进行特许经营，遗产管理者可以通过控制经营项目的规模、质量，避免商业化经营对文化遗产的影响。这种模式可以更好地提供遗产旅游服务，满足文化旅游者需求，同时通过收取企业部分特许经营费加强对文化遗产的保护^[338]。从苏州实践方面看，21 世纪初，曾经试行所有权与经营权分离的苏州耦园和怡园，其经营权又相继被政府部门收回，这体现出苏州对园林遗产保护的高度重视，但还应当考虑探索的停滞究竟是方向的问题，还是方法的问题。事实上，只要明确政府部门与企业的权责，做到产权明晰，权责恰当，并制定严格的法律法规规范企业经营行为，就可以在保证文化遗产社会效益的前提下，进行新型业态的经营与管理。例如，意大利蒙扎皇家别墅和公园通过特许经营方式引入了临时展览、活动、会议、餐厅和商业活动等新型业态，但特许经营者需要提供详细的、有关文化发展和整个区域适度利用的计划与整合性管理办法，并通过政府部门的监管与审核。2014 年，我国厦门颁布了《鼓浪屿商业业态控制导则》，规定经营者应当依照遗产区商业业态导则开展经营活动，通过科学规划、合理引导、严格规范、依法管理遗产区内的商业经营活动。事实证明这一实践是成功的，联合国教科文组织高度评价了鼓浪屿文化遗产活态保护的多样性实践，并于 2019 年将其选入《世界文化遗产名录》。相比之下，苏州虽然鼓励社会资本参与园林遗产的活化利用，但并未制定具体政策细则，也导致其在业态创新与功能发展方面突破较少。

其次，就是处理好当地社群与经营业主之间关系的平衡。各类新型业态的经营性质较强，片面迎合旅游者或资本利益的开发行为，即使并未对园林遗产本体造成破坏，也会导致社群对遗产开发的不满，而这种遗产与社群之间关系的割裂显然不利于园林遗产的可持续发展。目前，苏州园林管理部门通过宣传与倡议来尽可能地维系这种平衡。例如，道勤小筑、墨客园等酒店民宿虽然由民间资本进行了功能置换，但依然采用预约制对苏州市民免费开放；苏州双塔影园虽然已经改建为单位办公场所，但也作为"吴都学会"的活动基地有条件地对外开放。不过，仅仅将园林遗产作为公共空间提供社区居民是不够的，特别是在新型业态的经营利益与社群需求产生矛盾时，社群依然不可避免地处于弱势地位。因此，目前苏州的实践还不够充分，依然应当加强对遗产资源价值与功能的认识，更加深入地将社区与业态创新联系在一起，使之成为利益共同体。例如，苏州礼耕堂、朴园等园林遗产中都融入了一定的文创基地功能，狮子林也设计推出了文创品牌，而"文创 + 社区"恰恰是用文化创意赋能，为社区居民带来文化与消费新体验的途径。北京史家胡同打造文创社，开发了"胡小同"文创 IP，推出"社区艺术家计划"，挖掘出 100 位生活在社区内的艺术家，由文创社对社区艺术家的创意进行包装和推广，将其制作成为文创产品。这一方面，将社群深度融入文创产业的发展之中，与社群分享经营利益；另一方面，也强化了社群的主人翁意识，允许他们用多元的艺术形式展现对遗产文化和家园的热爱。社区是融合人、遗产和社会的纽带，充分调动社群的积极性，促进社群与新型业态的融合，让其参与经营管理是遗产可持续发展的新趋势。

二、活动策划与组织管理

（一）打造特色化的活动品牌

功能内容的传承与创新依赖于业态功能整体上的创新发展，同时也需要丰富多彩的活动来加以补充。国内外实践证明，丰富多彩的活动项目不仅能展现园林遗产的功能特色，还能够促进园林品牌的宣传与推广。前述调研发现，部分苏州园林的活动策划比较成功，例如，包含昆曲、评弹以及各类器乐表演的"网师夜花园"活动起始于 1990 年，是我国最早的园林旅游演艺项目，深受海内外游客喜爱；耦园组织"耦园追梦"系列活动，通过举办最美情书展、江南传统婚庆、穿越游园等项目，展示吴地传统民俗文化及耦园浪漫爱情的历史人文特色。但是，总的来看，苏州园林的活动体系尚不完整，活动主题的范围还比较局限，园林活动特色还不鲜明，同质化竞争时有发生，在未来发展中仍有较大的提升空间。

2015 年，苏州在网师园、留园、耦园中率先展开会奖活动品牌的打造，除了举办定制的雅集之外，还可服务于精品展览、艺术展览、时尚发布会、沙龙、企业年会等各类活动。然而目前，除了网师园"会唐之夜"、拙政园龙湖地产发布会、阿玛尼香水发布会等少数会展活动之外，苏州园林会奖品牌的整体影响力还比较小。苏州园林会奖活动的组织受限于其相对局限的空间范围，但更多的是因为其相应服务尚不到位，导致其影响力与知名度不足。例如，《伦敦会议展览官方指南》中就详细注明了汉普顿宫、肯辛顿宫和基佑宫等园林遗产可以举办会展的时间范围、会场特色、空间面积、参会容量与价格等信息，以及附近的交通、住宿设施信息。同时，英国历史皇家宫殿组织联合活动管理公司，为各类活动提供前期创意策划、现场实施承办和后期评估报告等一条龙服务。这些细致的考虑，对于尚处于初级阶段的苏州园林会奖活动组织具有借鉴价值。

此外，还可以从苏州园林研学活动品牌方面进行思考。苏州园林与教育具有天然的联系，不仅具有可园、文庙等书院园林，而且潘世恩故居、施槃故居等众多园林化的状元府邸都具备深厚的文化底蕴。同时，苏州织造署旧址、惠荫园等园林分别位于苏州十中、苏州第一初级中学等名校校园之中。然而，坐拥丰富教育资源的苏州园林并未进行体系化的研学品牌打造。反观国外各类历史园林，遗产教育活动一直是其开发的重点，前述章节园林案例借鉴中的英国诺丁汉沃莱顿庄园、法国阿尔伯特·卡恩花园都有系统性的园林教育活动体系。苏州未来可以考虑依托可园、文庙等书院园林开展"琴、棋、书、画"等国学教育，进行"礼、乐、射、御、书、数"等古代礼仪的体验活动，创造文化情境，通过形式丰富的读书会、研讨会等活动促进学生之间的文化交流。同时，可以考虑采用限时、限定面向人群的方式，开放校园，组织冬令营、夏令营，让沉寂在校园中的姑苏名园发挥其社会价值。当然，苏州园林活动不应也不可能局限在特定的几种主题之中，而应该结合园林的空间与文化特色，敢于创新，从而让"百园之城"的园林活动体系也呈现出百花齐放、各领风骚的特点。

（二）注重体验化的活动策划

在明确了打造苏州园林活动品牌的目标之后，还应当注重活动策划的体验性。苏州园林中传统的各类雅集活动虽然能够传承地域文化，但面对需求差异性较大的当代参观者，即便希望引导大家体验与参与，但也有可能受制于阳春白雪的欣赏门槛，而显得曲高和寡。调研中发现园林中的昆曲表演、文化雅集活动的参与者并不算多，而市民更希望活动能够寓教于乐，通过通俗易懂的形式让大家感受文化内涵。事实上，苏州园林本不是高高在上的文化标本，历史上的苏州园林中也多有丰富有趣的活动。例如，《苏州旧闻》记载有园林中"斗草"的游戏活动，"异卉奇葩，陈列于庭，互争胜负，衣香鬓影掩映于花光草色间。[398]"（图10-16）《清嘉录》则

图 10-16　苏州园林中"斗草"游戏活动

图片来源：王稼句. 苏州旧闻 [M]. 苏州：古吴轩出版社，2003.

记载着"琳宫梵宇，水窗冰榭，随意留连。作牙牌、叶格、马吊诸戏，以为酒食东道，谓之斗牌"的娱乐场景[399]。但是，目前的苏州园林活动设计更多地注重对高雅文化的传承，对娱乐性活动的发掘还不充分。而实际上西方文化底蕴深厚的大英博物馆、凡尔赛宫苑等历史遗产也设计有非常轻松有趣的 Cosplay 活动、寻宝探秘活动以及凡尔赛儿童假期日活动。苏州园林的文化传统中既然包含丰富的娱乐活动，就不妨在开发中也加以关注，让文化遗产不再有高高在上的距离感，从而营造"平易近人"的体验感。

此外，近年来苏州园林虽然设计了一些富有特色的文化活动，也不乏留园非遗缂丝体验、耦园"佳偶天成"中国传统插花表演、可园实景作文比赛等参与性项目，但对使用者的体验调动主要局限在视听方面，对其他感官体验的关注与项目设计创新还不多，具有沉浸性、故事性的体验活动还比较缺乏。这方面，国外园林遗产实践中的先进经验值得借鉴。韩国景福宫专门为残障人士设置了通过视觉、听觉、嗅觉、味觉、触觉五感来体验博物馆文化的特色课程；巴黎皇家宫殿花园组织则在 2017 年欧洲遗产日期间，举办了富有特色的"嗅闻"展览，展示历史园林中曾经生活过的人物身上的气味。英国莎士比亚故居则为开设戏剧课程、艺术教育研讨班，邀请居民和专业艺术家共同改编和参演的系列莎翁经典剧。事实上，遗产文化活动的体验性主要体现在供需双方的互动性中。传统的活动设计到项目组织，往往都是旅游供给者的"独角戏"，即便试图刺激参观者的感官体验，但因其被动的从属地位，也难以真正融入其中；加之，旅游者对视听刺激已经有较多的先验性经验，从而难以对类似活动多加青睐。未来，苏州园林体验化活动设计应当综合利用声、光、电、味等技术手段，从环境氛围、建筑设施、活动项目、解说系统、服务程序等方面全方位刺激旅游者的感官和心灵；同时，改变策划理念，促进供给者和体验者的合作，共同"编写"能让体验者产生"情感共振"的"剧本"，共同"导演"并合作完成精彩的"演出"，从而使其获得更大的满足感和成就感。

（三）完善科学化的活动组织

首先，科学化的活动组织是打造活动品牌的有力保障，也是进行体验化的活动策划的必要条件。目前，苏州园林的活动组织日趋完善，但其运行与管理还多停留在园林个体层面，如何在众多园林之间形成合力，既展现园林自身特色，又共同打造活动产品体系，是值得思考的问题。截至 2020 年，日本的"文化遗产保护强化周"已设立 66 届，各遗产地都会围绕统一的主题组织开放历史建造物、展示工艺美术品，进行史迹踏寻、传统艺能展演等活动，在民众中的影响力很大。在 2020 年的欧洲博物馆之夜中，全欧洲 98% 的博物馆在 18 小时至午夜之间免费向公众开放。大多数博物馆为这个原创晚会提供特别活动，包括故事讲述、手电筒访问、儿童工作坊、烟火表演等活动，年轻人和老年人、音乐爱好者都对这个独特的夜晚保有浓厚的兴趣。从这个角度上看，苏州园林虽然也会在每年的"文化和自然遗产日"组织主题活动，但这个节日设立的时间并不长，"百园之城"的大多数活动依然集中在少数的十几处园林中，并未得到大多数园林的响应，同时各个园林之间的活动策划与设计能力还不均衡，在统一组织与有效管理方面与国外的管理经验依然存在差距。

其次，苏州园林在活动管理的制度设计上也存在提升的空间。苏州园林中的大多数活动是不定期举行的，因此部分园林通常为了临时性的活动设定相应的管理规定，这些规定在活动结束后往往难以固化下来，进而形成一套完备的活动管理制度。事实上，严密的管理制度是实现保护与利用双赢的有力保障。前述案例借鉴中介绍，在国家层面，日本颁布了《关于利用地域传统艺能等资源、实施各种活动以振兴观光产业及特定地域工商业之法律》，鼓励并规范各类文化活动的开展。在园林遗产组织方面，英国皇家园林委员会对旗下各类历史园林设定了严密的活动管理规定，明确了遗产保护与可持续发展以及利益共享型活动组织的总体原则，对各类园林可以承载的活动的内容、时间、主题以及开展方式进行了详细规定，无论是由管理部门发起的活动，还是民间租用其场地开展的活动，无一例外都要遵循这些严格的规定[400]。在单体园林的层面，我国台北的林本源庭院制定了《林本源园邸场地使用管理要点》，明确机关团体、学校或个人在园内举办活动、庆典、集会或研习会时皆需要遵循活动管理规定[81]。严格的活动管理规定并未限制遗产活动的创新与发展，有法可依反而让园林遗产地在规定框架范围内可以放开手脚，组织丰富多彩的活动。

最后，活动的组织管理还应当关注不同使用者的需求，进行更为细致和周密的组织。德国霍亨索伦城堡在中秋节期间，组织参展商为小学生、初中生、高中生、成人和残疾人等不同人群提供了丰富多彩的现场音乐、徒步行动、学习体验型课程等活动，在举行农作物展览与美食推介时，也针对不同人群设计了方案。瑞典消夏别墅索菲耶罗城堡为不同年龄层的儿童设计了富有想象力和安全的游戏区与游戏项目；同时，针对不同类型的游客，设计了"国王""王后""王子""公主"4个团队旅游活动套餐，并详细注明了费用、时间、活动内容与游览线路，方便游客们自主选择。因此，苏州园林遗产的活动组织也应当更加关注目标人群，细化活动组织方案，有针对性地为参与者提供更多选择，从而提升他们的体验感与满意度。

第三节　综合价值挖掘与实现策略

无论是园林遗产功能空间的改造与利用，还是功能内容的传承与创新，其目的归根结底是实现遗产功能价值的提升，然而在当代社会中，苏州园林遗产的功能价值挖掘与实现是一个综合性的命题，如何把园林资源优势转化为功能价值优势，实现遗产综合效益是苏州园林传承与发展的最终目的。为此，本书以遗产综合价值挖掘与实现为目标，从社会价值、经济价值、文化价值、生态价值等方面，探讨园林遗产活化策略与实现途径。

一、社会价值的挖掘与实现策略

苏州古典园林文化遗产是全社会的宝贵财富，而遗产功能活化的最主要目的就是能够让遗产更好地融入当代社会。因此，社会价值的体现一直是遗产地社群关注的热点。为此，本书由小及大，从遗产本体、社区、城市三个层面分析遗产活化对遗产保护、社区复兴以及城市发展的社会价值及其实现途径。

（一）促进园林遗产保护

从社会价值的角度上来看，遗产本体的保护既是其功能价值的重要体现，又是其实现价值的前提条件。在传统观念中，遗产的利用与保护总是以一种对立姿态出现的，似乎只有将其封闭起来，与民众使用和当代生活隔绝，才能避免被破坏。然而，事实却并非如此。在前述调查中，研究发现已经列入《苏州园林名录》的园林中，凡是进行活化利用的园林的遗产本体的保护效果相对较好，而部分并未对外开放的园林却由于缺乏足够的管理与养护，在人为或自然因素的破坏作用下，其物质形态都受到不同程度的损坏。如果与明清鼎盛时期的园林数量相比，那么众多遗留在民间的小型园林、庭院的生存状态就更不容乐观了。面对"百园之城"数量众多的古典园林，单纯依赖于政府主导的保护措施，精力与资金就显得捉襟见肘。面对挑战，园林遗产功能活化其实开辟了一条遗产保护的创新道路。单霁翔教授就认为"在物质文化比较发达、精神需求日益增长的当代社会，经过科学规划和管理对文化遗产进行合理利用，无疑是对文化遗产的积极保护[401]"。例如，改造为餐厅、茶室、画廊与公共艺术空间的北京智珠寺，因其在活化利用中创新性地保留了古代的寺庙与近代工业的双重历史，并注入多重现代功能，2012年获得"联合国教科文组织亚太地区文化遗产保护奖"。

社会价值的实现需要全社会的共同努力，即使在文化遗产事业发展较为先进的苏州，政府、规划师、投资方以及市民对园林遗产保护的理念也并不统一，以活化带动保护的理念并未被大众所普遍接受。因此，应当积极利用园林遗产活化成功案例进行宣传推广，来实现保护理念的更新，从而促进园林遗产与区域社会协同发展。例如，苏州的双塔影园在活化利用前年久失修，日渐颓败。1996年，苏州市新沧浪公司对双塔影园进行了历时三年的修复，并将其作为办公场所进行利用，帮助该园林由"苏州市控制保护建筑"升级为"苏州市文物保护单位"，这无疑是通过活化带动园林保护的优秀案例。然而可惜的是，调研中发现，苏州市民对此知之甚少。其工程完成二十余年后，类似案例也并不多见，在社会价值发挥中的带动效应体现的不够充分。应当进一步加强政策引导与宣传力度，通过国内外成功案例的推广与介绍，让更多的人认识到，园林遗产保护并不是"静态化"与"古董化"的，而是可以通过给遗产赋予新的功能，使其产生综合效益，从而为苏州园林遗产活化营造良好的社会氛围。

同时，遗产活化实践的成功基础是良好的多方合作，负责任的活化与保护态度以及详尽开发与保护方案。在这方面，国外的一些先进经验也值得我们借鉴。例如，历经千百年的风雨侵蚀，意大利多数园林与建筑遗产都存在一定程度的损坏，需要及时进行检查和修复。政府虽然重视遗产保护工作，但仅靠财政拨款和遗产景点的门票收入，根本无法支撑庞大的修护开支。遗产认养制度则通过公私合作有效解决了这一难题，即公共部门负责保护，私人或企业进行管理和经营，实现了建筑遗产保护与经济发展的良性互动[402]。而英国伯肯海德公园在活化利用中，基于公园历史风貌的保护和满足当代使用的需求的双重考虑，分别对园内植被空间、历史建筑、新增建筑、改造建筑、建筑细部、建造材料、公共设施等具体内容提出了对应的解决方案，并保持着每三到五年更新一次管理方案的频率[197]。俄罗斯圣彼得堡夏宫的修复过程中，有效保护了历史园林的传统格局，并进行了富有创意的活化利用，通过现代科技丰富历史建筑中的博物馆呈现内容，赢得了市民与专家的好评，荣获 2013 年欧洲园林荣誉奖[107]。

纵观世界各国加强文化遗产"活化"保护的实践，不难发现，活化保护的渠道拓展得越宽阔，文化遗产保护就越有效。苏州应当充分认识到功能活化为园林遗产保护所创造的良好契机，既加强遗产保护理念的宣传与推广，又通过多方合作，以严谨的态度与科学的方案将活化与保护有机结合起来，为其社会价值的实现打下良好的基础。

（二）助力遗产社区复兴

园林遗产的社会价值不局限于其本体的保护与利用之中，更是通过活化来促进公众使用，提振社区经济，改善社区风貌，从而实现遗产社区的整体复兴。我国遗产保护实践中往往缺乏有效的手段来培养居民的认同感和主权感，从而出现居民对遗产保护漠不关心的现象，难以建构社区与遗产命运共同体，导致遗产社会价值难以充分发挥。这种情况，即便在以世界文化遗产著称的苏州园林活化利用中，也有所体现。长期以来，苏州古典园林遗产的利用主要是以旅游开发为导向的，带来的"绅士化"现象以及消费导向型活动对社区生活产生了冲击，影响了社群对公共空间的使用，并对周边环境带来不同程度的负面影响，因此社区居民对此的满意度并不高。孙剑冰教授认为物本主义的城市旅游模式缺乏对古城区街区居民生活的关注，使得苏州园林成为与居民生活相隔离的空间[145]。事实上，遗产对所在社区的重要社会价值早已为国际社会所公认，从 1987 年的《华盛顿宪章》首次提出"居民的参与对保护计划的成功起着重大的作用应加以鼓励"，到 2012 年的《世界遗产可持续发展无锡倡议》提出"积极构建社区发展与遗产保护的良性互动，实现共生共济"，都体现了该原则。不难理解，只有当社区意识到遗产活化符合其利益时，遗产的保护与活化才是可持续的，遗产及其所承载的生活方式才能真正融入社会。

首先，在进行园林遗产活化时，应当着眼于社区整体复兴制定周密的开发与保护计划。例如，意大利蒙扎皇家别墅进行修复利用时，提供了一个详细的、有关文化发展和整个社区发展的战略计划，并建立一套整合性管理办法，使得该项目作为一个更广泛的区域系统的支点，可以在当地经济发展中发挥核心作用。同时，还设立了科学委员会，负责评估这些举措的质量和跟进监督实践活动的情况[397]。反观 2016 年编制的《苏州园林保护规划》，其重点依然是单个园林保护范围内的空间与建筑风貌规划，对于如何在更大范围中促进其社会效益的发挥并未过多涉及。这可能是未来活化实践中需要重视的内容。

其次，在活化实践过程中，应统筹考虑园林遗产内外部风貌的一致性，将遗产活化项目与社区环境提升联系起来。这既有利于园林遗产形象与风貌的整体提升，也有利于居民生活环境的改善。在这方面，苏州园林曾经因为旅游的发展而对周边环境造成负面影响，不过，近年来已有效改观。例如，苏州古城 12 号、13 号街坊在改造过程中，提出了"疏径""造景""构境"三大设计理念，通过景观带将拙政园、忠王府、狮子林等园林遗产串联起来的同时，注重对局部空间进行针对性的特色提升。例如，将拙政园原有停车空间引入地下、建立旅游综合服务中心、科技化打造狮林寺文化广场等，强化了街区"园林集聚"的特色，也更好地服务于社区居民生活。事实证明，优美的社区氛围是苏州园林城市遗产特色不可分割的组成部分，而园林活化带来的景观提升又能切实改善社区和当地民众的生活环境，最终让游客和居民共同受益。

再次，前述研究表明功能价值很大程度上取决于遗产的功能效用。从这个意义上看，遗产活化实践仅依靠科学的开发与保护计划，且社区环境整治工程还未完全落到实处。如何将遗产作为社群生活的日用必需品而并非华而不实的装饰品，也是需要思考的命题。调研中，很多苏州名园被游客所占据，无法发挥其公共空间作用，一直是被居民所诟病的问题。欧洲很多历史园林因为其空间较大，往往直接改造为免费的市民公园，容易受到社群的欢迎；而苏州园林遗产面积较小，又以经营性质为主，则需要制定特别的政策来保障社群权益。在这方面，苏州园林现行的政策主要是针对本地居民推出游园年卡制度，给予相应的价格优惠。类似的平行定价系统在许多国家的景区中都有出现，价格差异在当地人和外国人之间甚至可以达到 10~20 倍，从而保障当地人参观文物古迹的机会[321]。但是，价格优惠有时并无法平衡容量上的冲突，在空间或时间上对社群加以保障也是可以考虑的策略。例如，尼泊尔加德满都的兽主庙对游客与本地居民划分不同的出入口与游览路线，有些具有宗教祭祀功能的区域限制旅游者进入；而佛山和园规定在非国家法定节假日对本地市民免费开发，从而引导游客与市民分时错峰使用园林。

最后，苏州园林遗产除了具有作为公共设施的使用价值之外，社区最直接的获益还可能来源于经济方面。通常来说，遗产活化可以吸引商业投资，创造就业机会，有助于区域产业转型，而其中有助于经济效益发挥的策略研究将在下一节具体讨论。对苏州园林活化实践来说，应当建立让利于民的遗产活化理念，辅之以行之有效的政策设计与实施，从而建立良性的遗产与社群关系，在社区中充分体现遗产的社会价值。

（三）推动城市整体发展

2011年，联合国《关于城市历史景观的建议书》的引言中写道"要实现从主要强调建筑遗迹向更广泛地承认社会、文化和经济进程在维护城市价值中的重要性这一重要观念的转变。[403]"该文件标志着城市历史景观保护已成为促进城市发展的新方法，从而在更广泛的层面发挥其社会价值。古典园林遗产毫无疑问是城市历史景观的重要组成部分，不管是"城市触媒"理论，还是南京以愚园活化带动城市更新的实践都证明了遗产活化具有巨大的能动作用。

实现文化遗产在城市层面的社会价值，要认识到文化遗产在城市空间结构中的地位与作用，运用文化景观的方法构建城市历史景观网络，从而促进整个城市的活力提升。苏州园林遍布苏州主城区，在周边郊县亦分布颇广，其个体体量较小，但群体分布广泛的特点，应当通过合理的城市空间结构进行组织与串联。然而，目前其对苏州城市发展的促进作用，还比较有限，虽然在平江路、山塘街等园林资源丰富的区域划定了历史文化街区，但主要是考虑空间的整合关系。即便是在2018年颁布的《市政府关于加快推进"天堂苏州·百园之城"的实施意见》中，也只是将"划定核心保护区和周边控制地带，严控周边建筑高度、形式、体量、色彩，确保园林本体及周边景观风貌得到有效管控"作为苏州园林保护规划的编制目标。将遗产保护的内涵局限在遗产本体以及空间环境的保护与管理，与当前所提倡的综合性城市历史景观保护还有一定的差距。西班牙格拉纳达的阿尔罕布拉宫在保护规划中设计了五条古城历史轴线，将古城和邻近的居住区连接起来，对历史轴线周边的产业、生态、景观、旅游等内容进行系统的规划，增加了游客停留和参观遗产所在城市的时间，将文化遗产对城市发展的能动作用较好地发挥了出来。德国的波茨坦柏林宫殿及公园作为世界文化遗产，综合考虑影响城市历史景观经济、社会发展等多方面因素划定遗产边界、核心区与缓冲区，建立完善的管理体系，城市建设、旅游、自然灾害、所在地社区、商业发展等因素与历史园林可持续发展的相互关系得到全面的论证[213]。应当认识到苏州园林遗产资源与城市发展的结合，不仅仅是空间上的结合，更是经济、社会、文化等全方位的融合共生，更应当以全局性、综合性的视野进行考虑与规划。

此外，"园林城市"本就是城市品牌形象的推广名片。苏州园林文化遗产资源禀赋好，集聚度高，已经远远超越一般意义上的"园林城市"，更应当复兴"百园之城"的历史荣光，彰显"天堂苏州"的时代精神。苏州围绕园林遗产进行城市品牌推广无疑是科学而恰当的，但调研中也发现即使是苏州市民也仅是对部分知名园林比较熟悉，"百园之城"的知名度依然是一种朦胧而含混的印象，苏州"百园之城"城市品牌仍有巨大的提升空间。首先，有必要从整合城市文化品牌资源入手，改变目前苏州城市品牌小而全、多而杂的现象，可以考虑以意大利威尼斯、波兰华沙古城、日本京都、越南会安古城等入选联合国教科文组织《世界文化遗产城市名录》的古城为榜样，以古典园林文化遗产为核心，整合众多文化资源，形成集聚效应，提升品牌影响力，积极争取国际组织认可，力争入选《世界文化遗产城市名录》。其次，不管是"天堂苏州·百园之城"，抑或是"世界文化遗产城市"，都必须作为一种城市的文化基因，深入人心，面对当前园林遗产认知不平衡、不普及的现象，应当进一步加大对城市品牌的宣传力度，充分利用新媒体开展"百园之城"系列宣传活动，如有奖知识竞赛、社区知识普及、科普图书出版、苏州园林主题歌曲选编等；针对"百座园林"进行系列主题宣传，广泛介绍每个园林的特色，邀请专家点评园林文化艺术特色、保护管理成就，提升苏州园林的传播力和美誉度，让苏州"百园之城"的"金字招牌"在时代大潮中更加闪亮。

二、经济价值的挖掘与实现策略

经济价值是文化遗产价值的重要属性之一。特别是在市场经济日益发达的今天，文化遗产活化利用无疑会对经济活动与消费行为起到促进作用。美国历史学家巴巴拉·塔奇曼说过："哪里有文化关系的渊源，哪里就有经济关系的发展。[404]"然而，在文化遗产的活化实践中则常常出现两种倾向：一种是盲目追求经济效益，将文化遗产资源完全商品化，从而忽视对遗产的保护与其综合价值的实现；另一种则是将商业活动视为洪水猛兽，将遗产保护与经济效益完全割裂开，但是由于公共资助难以维系，也达不到遗产保护的目的。事实上，文化遗产的经济价值既然是其综合价值的有机组成部分，就并非站在遗产保护的对立面上。只要处理得当，文化遗产的经济收益不仅可以反哺遗产保护，同时也可以带动整个区域的经济发展，从而成为实现遗产综合价值的重要力量。

（一）合理获取直接经济收益

直接经济收益一般指文化遗产资源活化利用后所带来的直接收入，主要体现在遗产地运营管理机构所获得的门票收入和直接经营收入。卢刘颖通过对我国世界文化遗产地的调研发现，当前文保系统直属的遗产地保护资金来源相对有限，非文保系统直属的遗产地保护专款来源不稳定[405]。因此，许多历史遗产必须寻求维持自身运营的可行途径，以收取门票、赞助和举办会展等活动来获得经济收益，已经成为历史遗产地经营的惯例。在这方面，苏州园林也并不例外。2014 年，苏州园林价格调整论证会上指出，苏州园林系统全年资金缺口达到 2.97 亿元，游客对景区环境和配套服务的要求越来越高，各景点在软硬件方面都需要大量投入。同时，随着原材料、人工成本等价格不断上涨，景点的建设资金支出、日常维护管理支出等成本也在不断攀升，因此单一依靠政府拨款难以维系整个苏州园林系统的有效保护。因此，通过门票收入与其他经营渠道来增加遗产地收入无可厚非，但应当建立在尊重遗产综合价值，建立理性的经济价值观的基础上，同时需要通过拓展经济收益来源、适应活化模式差异来科学合理地获取直接经济收益。

1. 尊重遗产综合价值，建立理性的经济价值观

文化遗产是全社会的宝贵财富，虽然其本身具有重要的经济价值，但又无法完全用金钱去估量。因此，在遗产地开发中，必须保持清醒的头脑，应当意识到，商业经营活动的最终目的是遗产保护与可持续发展，而不是实现经济效益最大化。然而，一些由私营部门所主导、受利益驱使的商业活动，往往存在明显的短期行为或违规行为，从而偏离了遗产活化的初衷。例如，虎丘镇政府引入民间资本加以开发的苏州定园，因为管理混乱，唯利是图，将园林改建得不伦不类，同时存在旅游欺诈行为，影响了游客对苏州园林的整体印象，而被上级主管部门于 2019 年吊销了营业执照。文化遗产是具有特殊价值和不可再生性的物品，因此其经营活动的管理必须更加严格，以文化遗产生态环境与历史风貌保护为优先，不可喧宾夺主。日本京都世界遗产"平等院凤凰堂"所引入的星巴克咖啡店以日式庭院风情为主题，在店内庭院用砂石铺地打造的"枯山水"与平等院凤凰堂中的园林风格相契合（图 10-17）；同时，为了不让经营活动破坏园林遗产的环境氛围，咖啡店会在高峰时间段限制顾客进入，体现出尊重文化遗产保护的经营理念。除了环境风貌之外，经济利益的获取应当建立在尊重当地社群利益的基础上。英国哈德良长城通过遗产解说信息加强了世界遗产保护地与社区的联系，使遗址与当地产业供应链相联系（图 10-18）。通过解说系统的导向作用，让游客不仅仅知道去哪里参观游览遗址，还知道到周边乡村有哪些特色产业，可以在哪里停留、购物、就餐，以及怎样到达这些地方。该项目促进了哈德良长城 10 英里内 750 家中小企业的发展；反过来，整个计划增强了当地居民对哈德良长城的认知，恢复了居民对于拥有哈德良长城的自豪感。因此，在苏州园林的经营管理中，政府应该加强管理和监督，制定法律法规规范企业经营行为，从而实现文化遗产保护和利用的良性循环；同时，在园林相关经营权招标过程中，应当保证当地民众的优先权，并在一定程度上予以优惠，并引导当地居民开展具有地域文化特色的经营活动，以保证园林遗产活化的经济价值与遗产惠民的文化与社会价值相统一。

图 10-17　"平等院凤凰堂"星巴克咖啡店　　　图 10-18　英国哈德良长城解说系统
图片来源：https://www.sohu.com/a/303400238_612591 图片来源：https://www.vertigo-creative.com/wp-content /
uploads/2019/01/Hadrians-Wall-B6.jpg

2. 拓展经济收益来源，提升文化遗产创收能力

门票收入是景区最直接、最快捷的获利途径，容易成为谋求回报的首选方式，但如果单纯依靠门票收入获得收益，不仅有悖于世界文化遗产的公益属性，影响文化遗产社会效益的发挥，也不利于园林遗产活化利用方式的创新。苏州园林文化遗产的经济收益不应仅关注于门票收入，而是应该放在延伸的产业上，深化私人订制、会奖旅游，积极谋划富有园林文化创意的旅游纪念品、配套交通、旅游讲解等服务配套设施和项目，加强旅游业与其他产业融合，挖掘旅游的体验、休闲、商务、研学等多种功能，进一步满足广大游客多元化的消费需求，促进园林遗产通过多样化的渠道获得更多的收益。国内外园林遗产活化实践中，一些对外开放的园林遗产仅收取非常低廉的门票价格，但完全可以依靠多样化的创意经营模式来获取经济收益。例如，台湾林本源庭园免费开放参观之后，一度出现财政困难。为了增加收入，也助推台湾文化产业，林家花园成立了"观稼楼文化商品概念馆"，将园邸内风景制成上百种文创商品。其中小如明信片、书签枝仔冰，大如仿古琉璃制品等，各有特色，颇受游客欢迎，不仅成为这座百年老园的主要收入来源，更让林本源庭园的文创产业声名鹊起[81]。意大利世界文化遗产卡塞塔王宫的门票价格仅为 14 欧元，但从 2018 年开始利用园林中闲置的房屋举办婚礼，同时承接《星球大战》《天使与魔鬼》等电影拍摄任务，其场地租用年收入可达 400 余万欧元，并用以补贴遗产保护的开销。

3. 发挥园林集群优势，创新经济合作共赢模式

提升苏州园林的整体经济效益，就不能只关注少数入选世界文化遗产的苏州名园，还需要不断深化园林之间的合作机制，形成市场联动效应，实现合作共赢。目前，苏州旅游"一卡通"产品，仅包括拙政园、寒山寺、沧浪亭、艺圃、可园、耦园、怡园、环秀山庄 8 座苏州古典园林，仅占当前《苏州园林名录》中园林数量的 7.4%，其覆盖面较小；2018 年，苏州市园林和绿化管理局推出"苏州园林纪念护照集章兑奖活动"，但护照发行量仅为 1000 本，一年内完成所有园林集章的人数仅有 200 余人，活动的影响力还不够显著，也尚未固化下来，形成长效机制。可见，苏州园林的经营活动还大多处于各自为政的状态，集群优势尚未充分体现。相比之下，西班牙格拉纳达则以其最为著名的阿尔罕布拉宫与赫内拉利费花园为核心，建立了多条连接文化遗产地的公交线路，开发主题性的园林遗产游旅游线路，并在对外宣传推广时采用统一的品牌形象，同时采取差异化的定价策略，并发行极其优惠的通票来积极开发那些被遗忘的景点。事实证明，通票系统以及良好的公共交通大幅提高了参观古城的游客数量，增加了游客的停留时间，促进了古城相关产业的发展[406]。苏州园林可以考虑以整体形象进行市场推广与宣传，在现有苏州园林主题旅游线路的基础上，进一步开发寺庙园林游、状元府邸游、民国园林风情游等特色产品；在现有的狮子林与苏州市民俗博物馆、忠王府与苏州博物院、沧浪亭与可园之间的景区联票基础上，加强热门与冷门园林间的合作，从而既可以

缓解著名园林过度拥挤的现象，又可以增加冷门园林的收入；同时，发行覆盖面更广的苏州园林一卡通，品牌化打造"苏州园林纪念护照集章兑奖活动"，从而促进市域层面上园林经济收益的整体提升。

（二）充分发挥附加经济效益

世界文化遗产地往往在文化、旅游等创意经济产业方面具有优势，因此在城市知名度的提升、吸引商业投资、引导产业升级转型、创造就业机会等方面可能产生附加经济效益，而这些经济效益又能够反哺当地的文化遗产保护事业，从而进一步彰显文化遗产的综合价值，使文化遗产保护工作和经济发展实现双赢。

1.利用遗产品牌效益，吸引商业投资

苏州作为历史文化名城，文化始终是苏州的核心竞争力，苏州围绕"百园之城"所打造的城市品牌，无疑是其历史文化名城个性特色的亮点，也是与苏州未来经济发展相适应的品战略牌。如何进一步充分利用该城市品牌，增加经济吸附力，大力发展文化产业与现代服务业，通过吸引投资来促进苏州经济的高质量发展是值得思考的问题。首先，可以考虑围绕园林遗产对城市空间环境进行个性化的打造，从而有针对性地吸引投资。例如，印度布兰普尔古城聚焦波斯历史园林资源，创造明晰而又可识别的街区形象，并强化其文化活动的氛围和特色，吸引了大量的文化产业投资，从而促进就业市场并激活社区经济[340]。还有，可以通过举办各类展销活动来进一步展现文化遗产品牌，扩大遗产地的影响力，从而创造商业合作机会。例如，哈德良城墙遗产有限公司以及多家合作伙伴在大英博物馆举办了名为"哈德良：帝国与冲突"的展览，并将48张展览海报张贴在伦敦中心19个地铁车站。此举使得民众对于哈德良长城地区的投资意向提升了40%，潜在的经济效益提升达到170万~300万英镑[406]。此外，在文化遗产活化利用中，注意为相关产业发展创造有利条件也是吸引商业投资的重要手段。例如，美国克莱德·沃伦公园在沿街的场地旁设计了集中的餐车泊位，并提供活动的水电接口，从而吸引了众多知名餐饮品牌与公园运营方签约，而在天气晴好的用餐时间中，这条公园边的"移动美食街"就成为深受民众欢迎的经营项目。

2.发挥遗产带动作用，引导产业升级

历史上，苏州古城范围内主要是居住和服务业功能，但由于在一段时期内片面追求GDP增长，古城内划地建厂、破墙开店，工业制造业遍地开花，甚至利用园林遗产作为厂房的情况也并不少见。这一现象，虽然在近年来的苏州规划布局调整时得到改善，但城市中的第二产业比重仍然偏高[405]。作为中国文化底蕴最为深厚的地区之一，苏州，特别是苏州古城范围内，应当以商贸服务、旅游休闲、文化创意等产业为主，但目前这些产业与苏州园林文化遗产的关联性并不强，发挥遗产的带动作用，引导产业升级的能力还有待增强。首先，应当围绕苏州园林制定文创产业发展规划，坚持保护与发展并重的原则，深度挖掘园林历史文化内涵，发挥"百园之城"的作用和独特魅力，大力弘扬戏曲文化、园林文化、府学文化等特色文化内容。这一方面，承德避暑山庄的成功经验值得借鉴。承德市积极制定文化产业规划，成立了文化管理公司负责对传统民族文化的挖掘整理与保护开发，其文化产业类型已涵盖了广播电视服务、文化创作表演、文化社团服务、旅游娱乐、广告、会展文化服务、文化用品生产和销售等众多门类。该市在避暑山庄申遗成功后的 12 年内，旅游业占 GDP 的比重上升 17%，第三产业就业人口上升 22%，促进了传统工业城市的转型发展[405]。其次，要以文化遗产为核心，加强产业联动，发挥其积极带动作用。波兰耶莱尼亚古拉山谷利用区域内的 28 处历史宫殿与园林的资源优势，与周边乡村地区的各类餐饮与民宿广泛合作，鼓励参观文化遗产的旅客在周边留宿并体验当地风情，促进了乡村产业的多样化发展[33]。最后，法国世界文化遗产魔鬼桥，将埃罗峡谷、周边村庄等自然景观和民间技艺等自然和文化资源进行整合并总体规划，将文化遗产与具有地方特色的陶艺工艺与举世闻名的法国香水相结合，以促进当地休闲旅游业、文化产品制造业的发展，产品远销欧洲各国，从而发挥遗产的带动作用与品牌效益，有效支持了地方经济[407]。

3. 展现遗产惠民功效，创造就业机会

文化遗产在活化利用的过程中，遗产保护、旅游、交通运输等相关产业均可为所在城市提供相应的就业岗位。其中，直接就业一般体现在世界遗产管理部门及其下属单位就业，就业人员相对稳定；而间接就业是指在世界遗产衍生出的各种旅游服务、特色产品制作与销售、交通服务等行业就业，主要围绕世界遗产提供服务，具有较大的发展与提升潜力。根据联合国教科文组织的统计，入选《世界文化遗产名录》可以使遗产地人均收入提高 10% 以上[408]。波兰耶莱尼亚古拉山谷系列园林的活化为当地新增了341 个就业岗位，其中相关产业的就业带动系数达到 1.98[33]。然而，本调查中发现苏州园林大多属于事业单位管理范畴，通过活化利用直接创造的就业岗位并不多；而景区周边由非外来经营者占据大多数商铺，旅游绅士化现象推高了当地居民的生活成本，对当地居民就业创业的拉动作用却有待提升。在这方面，一些国外的经验或许值得借鉴。瑞典布恩斯柏肯公园不仅规定公园的特许经营权必须赋予当地企业，还将包括公园管理者、公园护林员、商店服务员等工作岗位面向社区招聘。他们认为这不仅是提升社群遗产主人翁意识的良好途径，同时由本地人提供的服务也更有利于将园林遗产的特色与文化展示给外来游客。

三、文化价值的挖掘与实现策略

美国学者蒂莫西在《文化遗产与旅游》一书中写道，"遗产活化的重要作用之一就是在国家内树立民族主义和爱国主义……通过文化遗产运动和与之相关的团结活动，人们的传统思想、习俗及其文化凝聚力都得以加强[321]"。调研中也发现，无论是社区居民还是外来游客视角下的功能价值结构模型中，文化效益对综合效益的影响都排在首位，可见使用者对于苏州古典园林文化价值的重视程度。苏州不仅园林文化资源丰富，还拥有门类齐全、品种繁多的传统工艺、饮食和丰富的民风民俗，其中昆曲、古琴、传统木结构营造技艺、中国蚕桑丝织技艺、端午节等6项入选了世界"人类口述及非物质遗产代表作"，入选省级以上非遗代表性项目多达148项，具备能够与园林文化进行融合互动的潜力。如何通过古典园林文化遗产活化，推进苏州文化生活的传承与发展，扩大苏州文化的影响力，是苏州园林发展创新需要考虑的问题。

（一）文化生活的传承与发展

苏州园林的文化效益不仅是通过以面向游客为主的文化活动来体现，而更多的是要将传统苏式生活的精髓复苏。苏州园林在文化旅游活动中做了很多尝试，从文化雅集到研学活动、从曲艺表演到节庆活动都展现了地方文化的特点，但是从文化活动到文化生活的传承，再到"苏式生活"品牌的打响，还有较长的路要走。所谓"苏式生活"主要体现为一种精致的生活态度，体现为"好园居""乐山水""着华衣""精料理""习书画""喜吟唱"六个方面[409]。苏式生活的传承强调"苏式"特色的彰显和"生活"体验的结合，包含市民生活与游客体验等两个方面。目前，针对游客设计的体验活动比较多，但对市民生活的关注较少，旅游文化活动的展示与表演性较强，然而生活性元素还有待挖掘。一项挪威历史园林的调查表明，市民所看重的园林文化生活主要是园林所赋予自由感、休闲时光以及家庭活动的空间，与刻意设计出来的旅游产品并没有必然的联系[110]。戴斌教授则指出苏州的历史文化底蕴应当融入老百姓的日常生活之中，需要重视以市民休闲为主的非传统旅游，做历史文化、市民休闲、工业创意、群众文艺等多方面的大文章，也只有这样，传统、精致、时尚且生生不息的"苏式生活"才能传承与发展[410]。从这个意义上看，苏州老百姓喜闻乐见的庙会、采莲、轧神仙等群众性活动应是文化生活要义所在。社群不仅是苏式文化生活的体验与享有者，更是对外展示生活风尚的主人翁。英国哈德良长城积极将当地社区和学校融入文化推广活动中来，让当地居民参与考古项目和地方解说服务；同时，以舞台剧的形式开展社区艺术项目，以城堡历史和民间传统为舞台剧内容，由当地学校的学生进行演出。遗产与社群建立情感与文化上的联系有助于形成一种文化自豪感，从而促进对遗产文化的活态保护。此外，"苏式生活"内涵所包括食、住、行、游、购、娱等功能环节与园林联系的紧密程度并不均衡，除了游玩和娱乐之外，餐饮、住宿、交通、购物等方面的园林文化意象特色不鲜明。未来可以考虑在园林资源密集的区域，打造功能完善的当代苏式生活功能区，利用或围绕苏州古典园林打造苏帮菜、苏式小吃等餐饮服务，推动苏州特色主题客栈的建设，在园林遗产之间设计以人力三轮为特色的陆上交通和以小船画舫为特色的水上交通路线[411]，创新传统文化、风俗节庆和现代节事、会展活动中的休闲娱乐形式，全方位展示苏式生活。

（二）文化品牌的传播与应用

苏州园林作为世界文化遗产享誉海内外，但其文化品牌影响力仍有提升空间，需要更好地融入时代，让具有深厚历史底蕴和文化魅力的园林文化鲜活起来。从文化品牌传播的角度来看，传统媒体由于信息来源集中、传播平台单一等先天不足，往往无法形成对文化品牌的多元表达和充分诠释，难以深入挖掘其文化价值和体验特征，从而使遗产地品牌吸引力较难被受众所直接感知[412]。鉴于此，苏州园林可以考虑广泛应用社交网站、视频网站、微信公众号、自媒体平台等新型媒介宣传文化品牌。同时，通过积极举办民俗节事活动、开展国际影视文化节、摄影展、戏曲艺术节等大型活动，扩大品牌影响力。从文化品牌应用的角度来看，古典园林与文创产业具有服务于人们休闲审美需要的共同目标，指向精神世界对美的追求和体验，因此，文化创意产业成为苏州园林品牌应用的最佳载体。苏州在园林文创产品的开发上一直在进行着探索，建立了文创购物品牌"苏州好风光"，也通过中国（姑苏）文创精英挑战赛、苏州市文化创意设计大赛等活动为退思园、拙政园等园林征集文创产品设计方案。但总体来看，停留在创意层面的比较多，文化品牌的落地应用相对较少。例如，2015 年推出的"狮子林·好风光"园林文创品牌也仅停留在首季的产品中，并未再有较大的创新与突破。此外，园林遗产的文化品牌应用也并非局限在狭义的文创纪念品中，北京的"三山五园"文创品牌就联合北京中创文旅文化产业集团与浙江天猫技术有限公司，甄选出上海相宜本草、广州立白、四川水井坊、颐莲化妆品、维达商贸、得力集团等 14 个中华民族品牌，以"三山五园·皇家园林"为主题进行开发运营，把品牌的产品进行重新包装设计，开设三山五园天猫旗舰店，销售和推广三山五园主题系列产品（图 10-19）。预期至 2022 年，"三山五园"品牌将在文创、食品、日化、文具等领域达到超亿元的产业规模。苏州园林的文化内涵与资源禀赋毫不逊色于北京的"三山五园"，未来应在文化品牌与旅游融合发展的基础上，重点将刺绣工艺、装饰艺术、琴棋书画等传统技艺与流行元素、时尚文化加以有机融合，拓展其文化品牌的应用范围与规模，加强与百姓生活的密切联系，并在国际舞台上加以展示与推广。

（三）文化交流的优化与拓展

作为世界文化遗产中的杰出代表，苏州园林积极走出国门，自 1980 年"明轩"落户美国纽约大都会艺术博物馆以来，已有 60 余座苏州园林落户世界五大洲 20 多个国家，每年约接待游客 1800 万人次。40 年来，已经有数亿人次游客走进这些园林，探寻中国传统文化，了解东方造园艺术，为中国文化赢得世界认同做出了不菲贡献。在近年来苏州推出"天堂苏州·园林之城"的发展战略之后，网师园国际文化交流项目、"苏州虎丘斜塔—比萨斜塔"国际海报邀请展等文化交流活动相继展开，使更多的西方人士和海外华侨感受和领略到中华文明的深邃与博大，成为当之无愧的文化交流大使。

苏州园林文化走出去虽然取得了突出的成绩，在国内也处于较为领先的地位，但依然存在着有待优化与发展的地方。首先，苏州园林文化出口过程中，一些文化异化现象不容忽视。例如，龙的图样作为中国皇室的代表与象征不可能出现在私家园林之中，而荷兰格罗宁根市谊园作为江南风格园林，园内有主楼"龙吟楼"，楼对面有九龙壁，与苏州园林文化差异明显[413]。在这方面，日本学者后藤在调查海外日本园林修复实践中发现园林营建中存在的文化错误，会导致国外民众对日本文化的误解，甚至影响种族与社群关系[32]。因此，在文化交流中应当坚定文化自信，加强对文化交流形式与内容的监管，将苏州园林文化的特色与魅力有效传播到世界各地，不能为了迎合部分国家的审美口味，而影响苏州园林文化的原真性。其次，交流范围仍然有所局限，与日本以及欧美发达国家的交流与互动较多，据统计，截至2012年，我国海外苏州园林中位于日本的占21.6%，位于美国的占19.6%，位于欧洲的占27.4%，在其他国家的分布并不多见[413]。同时，苏州园林在国内的交流与推广活动还有待拓展，类似于"一园南北、三狮竞秀"南北方狮子林联展活动还不常见（图10-20）。未来，苏州园林应当积极响应国家的"一带一路"倡议，拓展文化交流渠道与范围，通过海外园林营建、园林文化展示和主题体验活动，在东南亚、中亚、非洲、南美洲等地域积极传播苏州园林文化，寻求文化合作与融合发展的创新途径。在国内积极拓展与其他文化遗产旅游地的交流与合作，通过交流展览，分享园林保护与发展成就，构筑古典园林文化的传承与创新桥梁。

图 10-19　"三山五园"文创品牌巴黎展　　　　图 10-20　苏州园林文化交流活动
图片来源: http://www.zhongfuguanjia.com/71538.html　图片来源: http://js.cri.cn/20190606/314ca5a0-9bfc-b50d
　　　　　　　　　　　　　　　　　　　　　　　　　　　-5d14-2715e17417fa.html

四、生态价值的挖掘与实现策略

　　活态特征是园林文化遗产的特色与魅力所在，而遗产活化的生态效益则是其区别于其他文化遗产类型的价值要素。《佛罗伦萨宪章》指出，"历史园林必须保存在适当的环境之中，任何危及生态平衡的自然环境变化必须加以禁止"。因此，在园林活化利用中应当重视其活化特色的保持，并通过积极融入城市绿地系统而尽可能地发挥其生态效益。同时，园林遗产活化项目的示范作用，以及借此平台开展的生态教育活动，有助于提升市民的生态环保意识，也在潜移默化中彰显了园林遗产的生态价值。

（一）尊重生境历史风貌，保护活态遗产特色

园林遗产的活化实践需要持续管理由不断演变的植物所组成的艺术杰作，从而保持其活态特色，然而相对于其他文化遗产来说，这种对生命要素的处理就更具挑战性。目前，苏州园林建立了全面的动态监测预警系统，借助信息技术对园林植物进行管理与保护。然而，相对于园林构筑物，目前植物养护的重点是对其生物学、生态学属性的监测，重视古树名木个体保护，但对植物景观的整体历史风貌记录翔实度不高、原真性重视不够。朱灵茜等对近百年拙政园平面测绘精度评估与研究发现，现有园林平面图中植物要素的株树、冠幅、树木覆盖面积等信息往往与实际情况不符 [414]，很难为园林遗产植物修复与保护提供可信的依据。同时，实践中对如何恢复植物景观意境，更好地平衡原真性保护与活化利用考虑不足。例如，怡园的玉延亭、四时潇洒亭本是园主赏竹之所，有"旧家三径竹千竿"的记述，但在历次改建修复中，竹林面积大大缩小，已难再现旧时设计意境（图10-21）；而留园"古木交柯"以云南山茶代替枯死的女贞树，开花时虽一片烂漫，却失去了景点原有苍古的意蕴（图10-22）。在这一方面，法国凡尔赛宫在进行植物景观修复时，对其各个历史发展阶段展开系统而细致的考证，修复中的每幅参照图纸都经过谨慎筛选，力求保持花园历史原貌和自然兴衰间的平衡，基本再现了路易十四时期辉煌的植物景观原貌 [223]。因此，在苏州古典园林活化实践中，对于植物的养护还需要更加的严谨。一方面，应当完善风景园林绿化动态信息系统，综合卫星遥感影像、三维扫描数据、专项普查成果数据等信息加强对植物生长状态的精细化监测；另一方面，要重视活态遗产在意境营造方面的原真性，制定适合本土的、合理的保护和管理机制，应用兼顾科学和美学的修复手法，在尊重植物自身的生长规律与生态效益的基础上，展现古典园林原有的生态意境魅力。

图 10-21　四时潇洒亭竹林氛围淡化　　　图 10-22　"古木交柯"以云南山茶代替枯死女贞

（二）融入城市绿地网络，发挥绿地生态效益

园林作为城市绿地的重要组成部分，其活态特色与生态效益不仅体现在园林遗产内部，同样也可以融入城市的绿地网络，从而在更大的范围中发挥生态价值。英国伦敦海

德公园、肯辛顿公园、圣詹姆斯公园、摄政公园等八座皇家园林，深刻地影响了伦敦城市用地规划和城市形态，其市区内大于 20 公顷的大型成片绿地占总绿地的 67%，其中历史园林所占比重很大，园林中有丰富的草坪、湿地和森林，为野生动物的栖息提供了优良的条件，维持了园内生物多样性的平衡。因此，英国民谚有云"如果没有历史园林，伦敦将会是一个灰色的城市"。同时，伦敦通过绿道规划将城市内部的历史名园、大型公园、林荫干道、绿色广场、居住区绿地、街道绿地和市郊的郊野公园、森林融为一体，形成一个自然、多样、高效、有一定自我维持能力的动态绿色网络体系。经过这种改造，伦敦人均公园绿地面积为 24.6 平方米，绿地率达到 42%[415]。当然，苏州园林的特点与伦敦历史园林有较大的差异，主要体现在空间分布较为分散、面积较小、在城市绿地系统中所占比例不大。因此，苏州并未从生态角度对古典园林进行特别的考虑与安排。《苏州市城市绿地系统规划（2017—2035）》中将部分苏州古典园林纳入"古城风光环"，重点也是考虑古城环护城河绿化景观带的打造，对古城之外的园林则并没有详细的设计与规划。诚然，作为市域层面的绿地系统规划，不可能对单体园林进行细致的设计安排，但在实施过程中，应当重视苏州"百园之城"聚少成多的群体生态效益，通过小气候改造、绿道串联、区域联合造绿等手段，发挥古典园林在城市绿地网络系统中的关键性结点作用，最终形成园林遍地，绿树成荫，历史名城与绿水青山交相辉映的景观面貌。

（三）开展生态教育活动，宣传生态保护理念

园林文化遗产的生态价值不仅体现在物质层面上，也可以落实在精神层面上，通过增强人们的生态环保意识来加以实现。一方面，注重生态保护的活化实践，其本身就是鲜活的生态理念宣传案例与教材；另一方面，在园林中开展生态教育活动，更是具有先天的优势，容易达到事半功倍的效果。苏州园林在活化修复的过程中，虽然也在生态保护方面下了很大的功夫，但在宣传推广中主要突出其在历史文化保护方面的作用，对生态保护的宣传相对较少。同时，出于专业性与技术性的考量，苏州园林生态保护主要由专业人士负责，并未积极创造途径，将市民与志愿者融入进来。相比之下，法国凡尔赛宫苑在 1999 年的园林修复过程中，没有采取封闭式的修复方式，而是邀请不同人群进入公园参与种植工作，公园接待来自法国各地的代表，也邀请学生团体参与工程并亲手种植树木，并通过捐赠和认养方式让更多民众参与园林的植被保护[223]。不难发现，园林遗产的保护与修复过程也成为公众生态意识的培养过程。以园林遗产为载体的园艺、生态保护与环保教育活动也是生态理念宣传的有效途径。然而，调研中发现苏州园林中的这类主题活动还比较少。反观国外历史园林无不以生态环境保护为遗产保护的重要目标，同样重视将使用者融入生态教育活动中去。例如，英国布莱尼姆宫设立了可持续发展的目标，通过组织减排步道远足、户外自然探险、家庭森林学校学习、花园设计师竞赛等活动来让游客身体力行环境保护的职责。而荷兰哈勒姆市泰瑟花园从 1925 年建立

之初就一直发挥着生态教育的作用，每个季节都有 900 多名小学生来此上自然课，其生态教育理念和实践在荷兰产生了广泛的影响 [416]。因此，苏州园林可以充分借鉴国外先进经验，创新设计包含生态科学、生态审美与生态道德等主题的生态教育活动，开展面对不同年龄段人群的生态实践项目，如古树名木保护的志愿活动、苏州地域植被的认知教育活动、中国园艺文化的传承体验活动等，并通过媒体、出版物和周边产品推广生态教育，将"虽由人作，宛自天开"的生态理念发扬光大。

第四节　活化实践支持与保障策略

一、优化政策供给

苏州古典园林保护以《中华人民共和国文物保护法》为法律基础，《苏州园林保护和管理条例》《苏州市古建筑保护条例》等地方法规均以"文物保护单位"为核心，难以适应时代快速发展的需求。"十三五"以来，苏州在旅游发展、园林绿化和文物保护等规划中开始关注园林遗产活化，积极调动社会力量开展活化实践的相关政策开始出台。2016 年，《苏州园林分类保护管理办法》提出"鼓励公民、法人或者其他组织通过捐赠、资金支持、举办公益性园林保护宣传活动等方式参与园林保护"。2018 年，苏州市政府《关于加快推进"天堂苏州·百园之城"的实施意见》提出"每年安排 500 万元，采取'以奖代补''先修后补'的办法，充分调动社会各界参与园林修复和开放工作的积极性；探索建立新型投资融资模式，采取政府购买服务、产权置换、个人捐赠等形式，鼓励各类社会资本参与园林保护和园林资源活化利用"。2020 年，《苏州市历史建筑保护利用管理办法》提出"发挥历史建筑的社区服务、文化展示、参观游览、公益办公等公共服务功能以及开展符合产业引导的特色经营活动，促进活化利用"。虽然，这些政策积极鼓励社会资本投入苏州园林遗产活化实践，但目前仍以思想引导为主，缺乏具体的实施细则，奖励与补助的金额相对较少，导致社会资本仍多处于观望状态。目前，苏州古典园林产权归属大都为政府部门，截至 2021 年 9 月，列入《苏州园林名录》的 108 座园林中，产权归国有的达到 83 处，占比 76.9%。该现象不符合世界遗产保护的发展规律，也不利于苏州园林的群体性活化利用。

国家政策是推动文化遗产活化利用的重要驱动力。1984 年，英国颁布的《关于刺激企业资助艺术的计划》规定，政府鼓励企业或个人投资文化遗产活化利用事业，并采用"陪同投入制"进行经济补贴。企业第一次资助文化遗产事业，政府要投入和企业相同的资金量；企业第二次资助，政府则出双倍资金 [417]。2000 年，意大利颁布《资助文化产业优惠法》，规定企业投入文化资源产业的资金一律不计入企业税款基数，调动了企业参与建筑遗产修复的积极性[402]。然而，国内仅通过宣传手段和市场机制很难吸引大量社会资本投入。目前苏州园林的市场化实践也仅局限在双塔影园、蒳湄草堂等少数案例中。当前，文化遗产活化实践受到法律条例的制约较大，开发商按限制的开发方式很难得到利益回报，因而积极性不高。未来，应完善我国有关文物保护单位与国有文物的规定，对遗产活化利用进行顶层设计，考虑采用所有权和用益权分置的方式推动遗产用益权的设立和转让，在不改变文物国家所有权性质的前提下，解决遗产保护资金不足、社会效益缺失等问题[276]。

　　加大政府对遗产活化实践的补贴与奖励是优化政策供给的重要内容。税收政策是政府能提供的常见鼓励措施。1973 年，法国制订了《文物建筑及类似历史建筑修缮工程的税收减免特殊制度》，该政策主要根据产权人的性质、文物建筑的保护级别、修缮工程的性质、修缮后文物建筑的使用性质、向公众的开放程度等获得个人所得税、遗产税等的减免，从而有效地鼓励了产权人对财产的保护和升值的投资[418]。1981 年，美国出台了《经济复兴税收法》，规定列入国家历史场所登记名单的建筑遗产以及国家指定历史地段的建筑遗产，私人业主对其进行保护和修缮将获得 25% 的税额抵扣。政策颁布后的二十年间，已为建筑保护与再利用吸引了超过 23 亿美元的个人投资[419]。容积率转移则是指把重要遗产基地上被限制的开发权益转移到其他基地，新基地可在容积率控制外增加一定的建筑面积。通过这种转移和补偿，文化遗产地域得到严格的保护与利用，遗产活化投资者的权益也受到了尊重[157]。美国于 20 世纪 70 年代开始推行开发权转让制度，旨在对具有历史价值的建筑进行保护和保障历史建筑业主的开发权益。纽约市南街海港古迹区规划有保存区和发展区，凡对保存区投资进行保护利用的企业，其容积率权益均可由保存区移转至发展区，银行也同意开发商以容积率交换原有的未偿还贷款。该政策使得海港古迹区重新复苏。我国台湾地区颁布的"文化资产保护法"也规定"经指定为古迹的私有民宅、家庙、宗祠所定著的土地或古迹保护区内的私有土地，因古迹的指定或保护区的划定，致使原依法可建筑的基准容积受到限制部分，可等值移转至其他地区建筑使用或予以补偿"。该政策鼓励了多方利益主体的参与，使得台南赤崁楼、安平古堡等历史遗迹得以妥善保存[421]。

　　反观，苏州虽然出台了不少支持文化遗产活化利用的制度，但相关政策中仅有《苏州市区古建筑抢修贷款贴息和奖励办法》涉及对古建筑保护的具体奖励措施。但该办法中，贷款贴息仅提供三年，并不超过 100 万元，奖励最高标准也仅为工程维修总额的10%，而国际通行的税收政策与容积率转移政策均未涉及，给开发商带来的收益空间非常有限。2021 年，自然资源部、国家文物局《关于在国土空间规划编制和实施中加强历史文化遗产保护管理的指导意见》提出"鼓励各地自然资源主管部门商文物主管部门结合实际探索历史风貌分类管控机制，研究制定引导历史文化遗产合理利用的规划、土地等支持政策"。2022 年，国家文物局印发《关于鼓励和支持社会力量参与文物建筑保护利用的意见》提出"各地可按有关规定，通过投资补助、运营补贴、资本金注入等方式支持社会力量参与，对文物建筑保护利用给予引导资金和项目支持。对社会力量参与成效显著、具有示范推广价值的文物建筑保护利用项目，可通过文物保护基金等给予必要的奖励。"证明国家层面已经关注到了未来政策改革的重点，研究也期待看到此类政策为苏州古典园林遗产活化实践带来的创新与帮助。

二、推进管理革新

（一）规划编制与活化功能引导

我国现行的文化遗产保护规划主要是针对遗产物质肌体保护来进行编制的，对于遗产活化的引导规划、经营管理涉及不多。苏州编制的《"天堂苏州·百园之城"苏州园林保护规划》，主要目标是划定核心保护区和周边控制地带，严控周边建筑高度、形式、体量、色彩，确保园林本体及周边景观风貌得到有效管控。当前规划还不足以适应新时期遗产全面活化利用的要求。可喜的是，国家层面已经注意到对遗产经营管理引导的重要性，2020年，国家文物局印发的《文物建筑开放导则》就强调了对文物建筑开放的指导性和实用性，以服务公众为出发点，提出社区服务、文化展示、参观游览、经营服务、公益办公五大功能，并对功能内容、适用范围和注意事项进行了详细的规定。同时，鼓励各级地方人民政府出台促进文物建筑开放的激励办法和保障措施。在园林个体层面，在制定活化方案时也应充分考虑活化利用的影响因素以及其可能产生的综合效益。意大利蒙扎皇家别墅和公园项目规划中考虑了活化功能、活化空间的利用率、活化项目的收益率以及管理方法，并对未来发展与遗产保护现状进行了综合评估，从而根据可持续发展目标，编制总体规划[397]。可见，在推进苏州园林活化利用过程中，一方面，政府部门应当立足园林文化遗产特点，科学规划、合理引导、严格规范、依法管理遗产区内的商业经营活动，促进保护规划向发展规划转变，合理编制苏州园林商业业态导则，制定产业引导负面清单，满足社会对苏州园林文化遗产的时代需求。另一方面，经营管理者应当科学谋划园林遗产的可持续发展路径，积极借鉴国内外先进经验，依照上位文件的业态导则要求，在发展规划中将遗产保护与活化利用统一考虑，从而在保证文化遗产社会效益的前提下，进行各类新型业态的经营与管理。

（二）分级登录与活化效能提升

分级管理与登录注册制度是被国际实践证明了的行之有效的文化遗产管理制度。所谓分级管理就是针对不同价值的文化遗产采取不同的管理方式，以便于提升管理效能，促进遗产活化利用。例如，意大利将建筑遗产划分为四个等级。第一级是具有重大历史价值的建筑艺术精品，保护标准严格，原样保存，不得改变。第二级是"特色建筑"，室内外的可见部分不可改动，但结构可以更新。第三级是"地方价值建筑"，仅保存外观，室内可以改动并加入现代化设施，以更好地利用。第四级是指上述建筑遗产周围的

"近现代一般建筑"，只保存外形，可原样重建[402]。英国建立注册历史公园与园林制度，以其历史品质为依据，将其分为三个等级，其中前两个等级由英国遗产部门直接管理，而第三等级则委托地方政府管理[199]。与文化遗产分级制度相配套的是遗产登录（注册）制度。该制度区别于针对特别重要的文化遗产所设计的国家认定制度。文化遗产的所有人可以提出登录申请，经过国家管理部门审核后，所有者在接受政府指导和建议的条件下，对其登录文化遗产进行较为缓和与宽泛性的保护。登录制度具有较大的弹性和变通性，其特点是在把文化遗产作为"资源"继续予以积极活用的同时，也予以必要的保护。日本与西欧的实践表明，登录制度可以极大地提高全体国民对于文化遗产的关注度，更大面积和最大限度地保护更多的文化遗产[422]。

2003年，我国著名古建筑保护专家罗哲文先生就系统提出了建筑遗产"分级保护、分档利用"的理论，建议在保护方式上，从一刀切式的"绝对保护"向有选择性地"风貌保护"转变；在利用方式上，从单一的"公益式利用"到多元化的"经营式利用"转变[423]。建议高级别遗产由政府保护，低级别遗产由社会认养，因势利导地以市场化方式将社会力量引入遗产活化领域。目前，苏州古典园林大多还是依赖于各级文物保护单位的政府扶持模式。2016年编制的《苏州园林分类保护管理办法》也仅仅是对园林进行了分类管理的探索，并未研制等级标准与相应管理规定，更未涉及登录注册制度。事实上，苏州古典园林资源丰富，覆盖面积广，活化利用潜力大，完全有条件借鉴国外先进经验，推行分级登录的文化遗产管理模式，通过创新市民自发申请、专家把关、国家管控的多元合作保护模式，配套以经济资助和税制优惠等政策，破解文化遗产保护的资金和人力困境，实现"百园之城"的园林遗产群体性保护与持续性发展。

（三）职能转变与持续监管保障

在文化遗产范围不断拓展，保护与活化要求不断提升的时代背景下，单一依靠地方政府统包全管显然是不符合时代形势的，也肯定是力不从心的。政府不是全能的，对于不该管也管不好的事务应当出让给其他社会组织，其职能也应及时转变，把工作重心放在宏观调控、协调和服务工作中，并且加强对遗产保护与活化实践的监督。前述章节中提到了欧美国家对文化遗产活化利用的各类激励政策，但也应当注意到，与激励政策相对应的是严格的政府监督，从而保证无论是非政府组织、私营组织还是公民个人的遗产保护行为，都能够达到政府所提倡的标准，从而既使得多元化的实践主体可以分担政府的压力，又不至于让政府失去对遗产保护的有效管控。例如，欧洲荷兰、比利时、意大利等国家都建立了"文物古迹监护"制度，其核心理念是"预防胜于治疗"，政府从考古学家、建筑师、历史学家、环境学家、艺术家等高知群体中选拔"督查巡视专员"，赋予执法权，专门对文化遗产进行定期检查、监测和维护。英国则对登录遗产的管理者进行严格的法律监督，其法律规定维护修缮属于文化遗产所有者的法定义务，任何可能会影响遗产结构与特色的工程，需向政府取得施工许可。进行未经批准的工程，可被处以高额罚款或监禁达 12 个月。严谨完善的法律为英国文化遗产保护提供了有力的制度保障[424]。正如莫伊奥利（Moioli）等学者所说："如果公共部门能够提出一种基于文化科学内容以及严格控制履行协定条件的方案，那么政府与民间在文化遗产保护中的合作就能够成功。[397]" 未来，苏州应当积极转变政府职能，以公众参与为主导，以政府管控为保障，完善现行园林遗产保护法规，明确园林遗产利用途径。保护方案、施工过程以及经营管理行为要接受政府全过程审查与监管，同时充分利用制度支持，引导、帮扶遗产管理者明确经营定位，创新运营模式，从而促进苏州园林文化遗产的科学保护与利用。

三、加强资金保障

由于文化遗产地对公众和国家的重要价值，因此不可能完全实现市场化，政府财政投入也必然成为遗产地保护和运营的重要保障。根据《苏州古典园林 2018 年度监测年度报告》显示，苏州政府对 9 个入选世界文化遗产的苏州园林的保护资金投入为 9391.11 万元，占当年苏州市园林和绿化管理局业务支出的 29.6%，考虑到苏州市园林部门的管理范畴不局限于古典园林保护，因此，投入到"百园之城"其他古典园林的保护费用就显得捉襟见肘。政府财政投入的不平衡性，使得更多的苏州园林需要通过拓展公共投资渠道来获得资金。通常情况下，除了政府资金投入之外，设立公益基金会、发行债券与遗产彩票以及政企合作进行招商融资都是国内外遗产保护的常见做法。

1907 年成立的英国国家信托是独立于政府之外的私人基金会，通过遗产、捐赠、会员费、税收和经营来取得资金，并致力于历史建筑与优美环境的保护，成为英国最大的遗产保护慈善组织；对于布莱尼姆宫这样的著名园林，国民信托还设立专门的布莱尼姆宫基金委员会，负责资金筹集。该基金会每年的会费、捐款收入大大超过了其门票和其他收入，确保该处遗产能长期得到良好的保护和管理[425]。而该国 1980 年创立的国家遗产纪念基金则由英国文化、媒体和体育部负责投资与运营，用以拯救全英优秀的濒危遗产，截至 2006 年已投资 22 亿英镑用于 1200 个项目的抢救[199]。1996 年成立的法国遗产基金会，致力于通过合作方式为具有遗产或社会价值的项目提供服务，其资金来源包括基金会会员费、财务收入、基金投资产出、公共资金、企业和个人捐赠，以及由其活动产生的所有收入。据统计，2005 年该基金会资助项目就达到 1700 个，修缮工程动用 1.002 亿欧元资金，创造了 3006 个就业岗位。目前，法国共有 352 个基金会活跃于文化领域，包括美术、建筑和遗产、戏剧和文学等，构成了法国遗产保护资金保障体系的重要组成部分[418]。

债券融资也是文化遗产保护产业不可缺少的融资方式之一。2018 年，美国加利福尼亚州就授权发行 2.18 亿美元债券，用于修复、保存和保护州立公园设施，修复自然、历史和文化遗产。我国从 2000 年已开始安排国债用于旅游基础设施建设和生态环境保护以及重点经营性项目投资，2017 年起，国家先后在土地储备、乡村振兴、生态环保等领域试点和发行专项债券。2019 年，文化和旅游部办公厅下发了《关于用好地方政府专项债券的通知》，布置各地文化和旅游部门积极用好地方政府专项债券支持各地重大文旅项目。2020 年，江苏省大运河文化带建设专项债券成功发行，募集的 23.34 亿元将用于 13 个文化建设项目，涵盖遗产遗迹保护修缮、文化旅游融合发展、环境整治等多个领域，为江苏文旅注入了一针"强心剂"。2019 年，曲江文化控股有限公司 3 年期 2 亿美元境外债券完成定价发行，用以促进大明宫、城墙景区、楼观道文化展示区等西安文化遗产的保护与利用，也验证了我国文化遗产保护项目海外融资的潜力。

遗产彩票是一种可以更加广泛地将民众动员起来保护文化遗产的方式。1994 年，英国国会设立遗产彩票基金，对国家遗产、艺术、慈善事业、体育、健康和环境以及其他项目等提供资助，其基金额占所有彩票基金总量的 18%。对普通人来说，每购买 1 英镑彩票就有 4.66 便士投向遗产保护项目。作为英国最大的遗产分配基金，遗产彩票基金每年将大约 2.55 亿英镑投资到包括博物馆、历史园林和考古地区等各个领域。截至 2012 年，遗产彩票基金会已经资助了 3 万多个项目，分配资金多达 45 亿英镑，为文化遗产保护开辟了重要的资金来源[425]。2018 年，法国通过发行文化遗产专项彩票，募集资金保护濒危文化遗产，彩票收入预计将为文化遗产保护提供 1500 万 ~2000 万欧元的资金。我国彩票事业发展迅速，资金充足，拥有相应的社会土壤和运营经验，但彩票公益金用于文化遗产保护方面的探索不多，是苏州园林遗产保护可以突破创新的领域。

此外，政府与企业合作进行的招商融资也是常见的文化遗产保护利用模式，通常的做法是政府部门出资引导，投资企业承担主要运作风险，社会承担主体资金投入的投资机制。其优点是既达到了促进文化遗产投资与活化利用的目的，又可弥补财政资金之不足，还能将投资文化遗产的风险分散化，并有利于将来的发展。例如，意大利国家文化遗产与文化活动部为斗兽场修复提供 2500 万欧元的修复预算，为弥补资金的不足，奢侈品牌托德斯作为修复的赞助商，通过分期付款形式推动修复工作，并成立非营利基金会"斗兽场之友"进行工程协调。而作为回报，托德斯享有 15 年的斗兽场独家图像版权[426]。而同样作为我国世界文化遗产的代表，丽江于 1993 年成立了旅游开发投资总公司，曲阜则于 1999 年组建了曲阜孔子旅游集团有限公司，这些投资公司具有投融资管理能力，是遗产地开发建设的经济后盾[406]。相比之下，调研发现苏州园林遗产活化实践中，苏州风景园林投资发展集团虽然名为投资发展集团，但主要业务多为园林设计、风景区开发等方面，项目建设能力明显强于投融资与金融管理能力，资本运作作用发挥有限。文化遗产活化利用的发展需要多渠道的资金来源保障，除上述渠道外，还可以考虑建立完善遗产捐赠、资金财物捐赠等激励机制，汇聚社会各方资金，减轻政府财政压力，拓宽文化遗产保护渠道。2019 年，融创古建保护公益基金会投资苏州虎丘塔影园修复项目，就是通过文化赋能，探索企业公益投资新模式来促进苏州园林活化的生动案例，被誉为"把园林保护推入一个新的发展时代",可见这方面的实践潜力已经被关注。

四、落实公众参与

文化遗产传承和发展是一项具有综合性和持续性的社会工程。苏州以"百园之城"而著称,古城历史和风貌不仅与古典园林文化遗产联系密切,也与生活在其中的市民息息相关。在以人为本和可持续发展理念下,公众的文化归属感、认同感,是园林文化遗产保护的核心价值之一。而广泛建立文化遗产与市民之间的联系,不仅是活化利用的重要手段,更是传承发展的内容和目的。然而,调研中也发现,虽然社区居民认为规划发展的参与度将显著影响苏州古典园林的经营管理水平,但目前公众参与的途径还不够宽,没有在遗产活化利用全过程中充分发挥作用。从国内外遗产活化实践中看,公众参与在规划咨询、社会监督、志愿服务等方面都对遗产保护产生积极的影响,而民间组织与行业协会作用的发挥也值得思考与借鉴。

从实践过程上看,公众参与首先应该体现在规划咨询中。政府对文化遗产保护利用的每项决策和措施都不可能面面俱到,难免会有所偏颇。而公众最了解自己生活周围的情况,因此最具有发言权。公众参与将有助于增加政府的信息渠道,提高政府的决策能力。然而,《苏州园林保护和管理条例》《苏州园林分类保护管理办法》均未涉及公众参与的内容。2017 年颁布的《苏州国家历史文化名城保护条例》虽然提及了公众参与的内容,要求"组织编制机关应当将历史文化名城、历史文化街区和历史地段的保护规划草案,在政府网站或者本市主要新闻媒体上公告,并采取论证会、听证会或者其他方式征求专家和公众的意见"。但在实施过程中,公众参与往往流于形式,范围局限于部分专家,只能参与政府决策的少数环节,仅拥有部分知情权和参与权,而没有监督权,导致公众参与无法影响政府决策[427]。反观前述章节提到的英国沃莱顿庄园遗产更新实践中,规划方案编制的前期咨询工作准备历时 1 年之久,市政府组建了包括当地社群组织、学校、居民个人、遗产保护管理单位、基金会等各方面代表在内咨询领导小组,并多次召开磋商会议以明确遗产管理与利用的细节,保障所有人的参与机遇,并尽可能找到所有人都获益的平衡方案。公众参与的规划编制的广度、深度以及制度设计等方面的经验值得学习。

为保障公众的利益诉求不仅在规划中得以体现,更能够在工程项目中得以落地,完善的公众监督机制也不可或缺。鉴于国外文化遗产保护实践中大量资金来源于社会投资,监督机制的首要任务是保障市民对于遗产资金使用情况的知情权。发达国家文化遗产基金会的信息公开制度十分完善,从各基金会网站的年度报告就可以清晰地获知基金会的日常事务、投资方向、财务状况、资金运转等信息。年报中会列出本年度募捐个人和团体的名单及其所捐赠的财产、股份或实物;在财产投资方面,会交代各领域投资的数额及盈亏状况[428]。例如,英国布莱尼姆宫基金委员会的管理非常透明,组织的财务报告和款项使用、人事情况、调查评估报告均公布在网上；在经费的申请和使用中都有严格的程序，需要征求公众的意见和建议，从而更好地将资金投入到遗产保护事业中[429]。此外，公众也有义务对遗产活化项目实施过程进行监督。这个过程中，各类行业协会往往发挥了重要的作用，对遗产项目实施必要的监督与指导。例如，苏格兰文化遗产协会根据具体项目安排专业团队，为其提供指导和培训。如果私人或企业要在保护建筑周边新建建筑，规划部门需依据文化遗产协会的专业评估报告才能批准[430]。而意大利蒙扎皇家别墅和公园遗产保护与开发过程中，成立了由公共机构成员与市民构成的监督委员会和科学委员会，分别负责评估修复工程的成效和监测风险危害以及评估保护举措的质量和跟进承租人推动的相应活动的情况[397]。

在文化遗产日常管理中的公众参与则主要通过志愿服务的形式体现出来。在英国，志愿者是保护文化遗产的重要力量，包含了专业的和非专业的人员，非专业人员经过培训就可以从事力所能及的有关文化遗产保护的工作。而具有广泛知识和技能的行政管理者、建筑设计师、考古历史学家则在遗产标准制定、古迹修复、投融资管理等方面提供更加专业的帮助。2015年，致力于遗产保护的英国国民信托会员达424万人，志愿者就有5万人，成为英国文化遗产保护和宣传利用的主力军[430]。该传统也深刻地影响着园林文化遗产的保护与管理，伦敦摄政王公园、格林尼治公园、海德公园等历史园林都有志愿服务活动，包括帮助限制行为能力者游览公园、开展教育活动、园艺操作和野生动物观察等方面，志愿者们通过加入服务系统，能够更好地参与到公园的建设维护和协助管理中。除了个人志愿者之外，还有企业志愿者服务。2016年，来自6家公司的330名的企业志愿者花了20天时间参与伦敦历史园林内的服务工作，如管理肯辛顿园的草地、在海德公园设置灯泡、在格林尼治公园修理长椅等活动[217]。可喜的是，2018年，苏州园林保护志愿者协会也正式成立，旨在增强园林保护传承和科普宣传的力量。目前，正在不断健全管理制度，举办专业培训，推进社会宣传，积极调动志愿者的服务热情，保护并弘扬苏州园林文化。当然，对比英国历史园林的志愿者服务体系，目前苏州园林志愿服务的规模、项目、持续时间以及影响力还有很大的差距，志愿服务的长效机制尚未建立，然而通过志愿服务提升全民参与文化遗产保护的公众意识无疑是正确的发展方向。

在国外文化遗产的保护实践中，公众参与主要是通过各类市民组织与非政府组织发挥作用。美国作为市民社会的典型，其文化遗产保护具有"自下而上"的特点，以民间组织为主导，政府协作的方式进行保护活动[431]。数量庞大的各类保护联盟、历史协会、社区组织都在文化遗产保护利用中扮演着重要的角色。保护联盟致力于为历史保护项目提供咨询、专业协助和资金支持；历史协会的主要任务是为历史遗产保护提供考证和历史研究，积极参与美国历史建筑测绘；而社区组织则是根植于各个社区独特的背景，参与其区域规划并决定社区内部事宜。英国致力于遗产保护的民间机构数量也十分庞大，在艺术与文化遗产分类下的注册慈善机构有30562家。英国议会认定以及皇家特许的非政府组织主要职能是制定遗产保护中的相关准则以及为重要遗产保护项目提供支持；信托类组织的主要职能为募集资金并用于文化遗产保护事业；公司形式的非政府组织工作内容广泛，包括具体保护项目的实施、刊物出版、遗产保护事业的宣传等，它们负责不同类型的文化遗产项目，并形成具有特色的保护方式[431]。目前，苏州关注园林文化遗产保护的学术团体组织，如苏州市世界文化遗产古典园林保护监管中心、苏州市园林绿化行业协会主要是由国家或地方政府部门主导成立的，具有较强的行政依赖性，距离民众较远。苏州生态协会、苏州园林研究中心等民间团体力量较弱，虽然具有对苏州园林文化遗产保护的情怀，但是在面临资金、地位等各种压力和问题时，往往力不从心。在文化遗产保护中，民间组织能弥补政府保护的空缺、规避个人和企业保护存在的弊端，具有灵活性、自主性强等优势。希望政府部门积极转变执政理念，通过完善法律法规、改革监管体制、加强资金支持等措施，积极扶持、引导和规范相关民间组织的行为，使其成为政府推动"天堂苏州，百园之城"建设的同盟军。

　　前述内容讨论了公众参与在规划咨询、社会监督、志愿服务等方面的实现策略，也分析了民间组织在文化遗产保护中的重要作用。最后，还需要强调的是，公众参与的实现既离不开科学的制度设计，也对公众文化保护意识与参与意识有较高的要求。苏州地方政府应当积极创新针对园林文化遗产的宣传手段，开展文化遗产保护讲座或是相关法律知识普及；可以通过各种接近生活、趣味性强、易于为公众理解接受的影视剧作品、书籍等，让公众加深对园林文化遗产保护的认识和理解；也可利用当前发生的文化遗产热点事件，加以引导，更好地告知公众如何去参与地方文化遗产保护，从而让文化遗产保护意识真正深入人心，进一步拉近古典园林文化遗产和公众之间的距离。

参考文献

[1] 黄明玉. 文化遗产概念与价值的表述——兼论我国文物保护法的相关问题 [J]. 敦煌研究, 2015（3）: 134-140.

[2] 张松. 20 世纪遗产与晚近建筑的保护 [J]. 建筑学报, 2008（12）: 6-9.

[3] 国际古迹遗址理事会. 国际文化旅游宪章 [R]. 墨西哥城: 国际古迹遗址理事会第十二届全体大会, 1999.

[4] 苏卉. 文化遗产资源"活化"的动因及策略研究 [J]. 资源开发与市场, 2018, 34（1）: 99-102.

[5] 程宏. 回到当下的过去: 世界遗产与文旅发展的思考 [R]. 苏州: 世界遗产地保护与文化旅游发展·苏州论坛, 2016.

[6] SMITH M. Tourism, culture and regeneration[M]. Oxford: Cabi Publishing, 2006.

[7] APLIN G. 刘蓝玉, 译. 文化遗产: 鉴定、保存和管理 [M]. 台北: 五观艺术事业有限公司, 2005.

[8] 张朝枝, 刘诗夏. 城市更新与遗产活化利用: 旅游的角色与功能 [J]. 城市观察, 2016, 45（5）: 139-146.

[9] 王景慧. 城市规划与文化遗产保护 [J]. 城市规划, 2006, 30（11）: 57-59, 88.

[10] APLIN G. Heritage identification conservation & management[M]. New York: Oxford University Press, 2002.

[11] ASHWORTH G, TUNBRIDGE J. Old cities, new pasts: heritage planning in selected cities of Central Europe[J]. Geojournal, 1999, 49（1）: 105-116.

[12] 喻学才. 遗产活化: 保护与利用的双赢之路 [J]. 建筑与文化, 2010（5）: 16-20.

[13] 蔡明哲. 救治或加害? 古迹活化的社会美学议题 [J]. 美学艺术学, 2009（3）: 37-54.

[14] 黄惠颖. 福建土堡的动态保护与活化利用 [D]. 华侨大学, 2013.

[15] HALPRIN L. The rsvp cycles: creative processes in the human environment[M]. New York: George Braziller, 1969: 39-47.

[16] POWELL K. Architecture reborn: converting old buildings for new uses[M]. New York: Laurence King Publishing, 1999.

[17] FITCH J M. Historic preservation: curatorial management of the built world[M]. New York: Mcgraw-hill, 1982.

[18] JACOBS J. The death and life of great American cities[M]. New York: Random House,

1961.

[19] STRIKE J. Architecture in conservation: managing development at historic sites[M]. London: Routledge, 1994.

[20] WARNER R M, GROFF S M, WARNER R P, et al. New profits from old buildings: private enterprise approaches to making preservation pay[M]. New York: Mcgraw-hill, 1979.

[21] ZUKIN S. Loft living: culture and capital in urban change[M]. New York: Rutgers University Press, 1989.

[22] PEARCE S M. Museums of anthropology or museums as anthropology?[J]. Anthropologica, 1999, 41（1）: 25-33.

[23] LOW S M, LAWRENCE D. The anthropology of space and place: locating culture[M]. Oxford: Blackwell Publishing, 2003.

[24] RAPOPORT A. Archaeology and environment-behavior studies[J]. Archeological Papers of the American Anthropological Association, 2006, 16（1）: 59.

[25] BOURKE M. How will my garden grow – a philosophy for the restoration of historic gardens[J]. Journal of Garden History, 1983, 3（1）: 49-54.

[26] JACQUES D. The treatment of historic parks and gardens[J]. Journal of Architectural Conservation, 1995, 1（2）: 21-35.

[27] STEPANOV B, SAMUTINA N. An eighteenth-century theme park: museum-reserve Tsaritsyno（moscow）and the public culture of the post-soviet metropolis[J]. Urban History, 2018, 45（1）: 1-26.

[28] HALBROOKS M. The English garden at Stan Hywet Hall and Gardens: interpretation, analysis, and documentation of a historic garden restoration[J]. Horttechnology, 2005, 15（2）: 196-213.

[29] COBHAM R. Blenheim: the art and management of landscape restoration[J]. Landscape Research, 1985（9）: 81-99.

[30] WAHURWAGH A, DONGRE A. Burhanpur cultural landscape conservation: inspiring quality for sustainable regeneration[J]. Sustainability, 2015, 7（1）: 932-946.

[31] BOWITZ E, IBENHOLT K. Economic impacts of cultural heritage-research and perspectives[J]. Journal of Cultural Heritage, 2009, 10（1）: 1-8.

[32] GOTO S. Maintenance and restoration of Japanese gardens in North America a case study of Nitobe Memorial Garden[J]. Studies in the History of Gardens & Designed Landscapes, 2009, 29（4）: 302-313.

[33] MURZYN-KUPISZ M. The socio-economic impact of built heritage projects

conducted by private investors[J]. Journal of Cultural Heritage, 2013, 14（2）: 156–162.

[34] NOUSSIA A. Transition from space to place: The heritage process in open air museums in England[J]. Traditional Dwellings & Settlements Review, 1998, 10（1）: 75–75.

[35] WOUDSTRA J, FIELDHOUSE K. The regeneration of public parks[M]. New York: E.&f.n.spon, 2003.

[36] SALES J. Garden restoration past and present[J]. Garden History, 1995, 23（1）: 1.

[37] ROSTAMI R, LAMIT H, KHOSHNAVA S, et al. Sustainable cities and the contribution of historical urban green spaces: A case study of historical persian gardens[J]. Sustainability, 2015, 7（10）: 13290–13316.

[38] RUBENE S, LACAUNIECE I. Revitalization of the historical parks and gardens.[J]. Landscape Architecture & Art, 2013, 38（1）: 71–82.

[39] WATKINS J, WRIGHT T. The management & maintenance of historic parks, gardens & landscapes: the English heritage handbook[M]. London: Frances Lincoln, 2007.

[40] MATHIEU R, FREEMAN C, ARYAL J. Mapping private gardens in urban areas using object–oriented techniques and very high–resolution satellite imagery[J]. Landscape & Urban Planning, 2007, 81（3）: 179–192.

[41] RYTTERI T, PUHAKKA R. Formation of Finland's national parks as a political issue[J]. Ethics, Place and Environment, 2009, 12（1）: 91–106.

[42] JIVE'N G, LARKHAM P J. Sense of place, authenticity and character: A commentary[J]. Journal of Urban Design, 2003, 8（1）: 67–81.

[43] AUSTON K. Values in heritage management: conservation plans and beyond[C]// MARION H. Gardens and landscapes in historic building conservation[M]. Oxford: John Wiley & Sons, 2014.

[44] SHIN H S, CHEN Y, LEE W H, et al. Sustainability of historical landscape to Gwanghalluwon Garden in Namwon City, Korea[J]. Sustainability, 2015, 7（7）: 8565–8586.

[45] POUYA S, DEMıREL O, POUYA S. Historical gardens at risk of the destruction by visitors, case study of El–Goli garden（Iran）[J]. Landscape Research, 2015, 40（7）: 1–9.

[46] SHARMA J P. The British treatment of historic gardens in the Indian subcontinent: the transformation of Delhi's Nawab Safdarjung's Tomb Complex from a funerary garden into a public park[J]. Garden History, 2007, 35（2）: 210–228.

[47] 梁思成. 闲话文物建筑的重修与维护 [J]. 文物, 1963（7）: 5–10.

[48] 刘敦桢. 中国建筑艺术的继承与革新 [J]. 建筑学报, 1959（6）: 5–6.

[49] 罗哲文. 为什么要保护古建筑 [J]. 古建园林技术, 1989（2）: 3–7.

[50] 张复合. 建筑史论文集（第 11 辑）[C]. 北京: 清华大学出版社, 1999.

[51] 阮仪三.旧城新录 [M].上海：同济大学出版社，1988.

[52] 王景慧.历史文化名城保护理论与规划 [M].上海：同济大学出版社，1999.

[53] 陈志华.北窗集 [M].北京：中国建筑工业出版社，1993.

[54] 单霁翔.从"文物保护"走向"文化遗产保护"[M].天津：天津大学出版社，2008.

[55] 喻学才.遗产活化论 [J].旅游学刊，2010（4）：6-7.

[56] 龚道德，张青萍.美国国家遗产廊道的动态管理对中国大运河保护与管理的启示 [J].中国园林，2015（3）：68-71.

[57] 彭兆荣.遗产，反思与阐释 [M].昆明：云南教育出版社，2008.

[58] 苏东海.生态博物馆的思想来源及其在中国的传播（摘要）[J].中国博物馆，2006（3）：27-27.

[59] 尹凯.地方的多重感知：一种生态博物馆的路径 [J].民俗研究，2017（5）：21-28，158.

[60] 常青.论现代建筑学语境中的建成遗产传承方式——基于原型分析的理论与实践 [J].中国科学院院刊，2017（7）：667-680.

[61] 张松.城市建成遗产概念的生成及其启示 [J].建筑遗产，2017（3）：1-14.

[62] 刘敦桢.苏州古典园林 [M].北京：中国建筑工业出版社，1979.

[63] 童寯.江南园林志 [M].北京：中国工业出版社，1963.

[64] 杨鸿勋.江南园林论 [M].上海：上海人民出版社，1994.

[65] 陈从周.说园（三）[J].同济大学学报（自然科学版），1980（4）：83-87.

[66] 陈植.陈植造园文集 [M].北京：中国建筑工业出版社，1988.

[67] 朱光亚.中国古典园林的保护利用分析 [J].规划师，1997（1）：30-32.

[68] 毛贺.对苏州古典园林申请世界遗产意义的认识 [J].苏州大学学报（工科版），2003（3）：74-76.

[69] 施春煜.空间技术在集中型遗产地和分散型遗产地保护监测中的应用——以杭州西湖文化景观和苏州古典园林为例 [J].中国园林，2013（9）：117-119.

[70] 杨俊，陈获，张青萍.中国城市古典园林遗产保护预警研究初探 [J].城市发展研究，2015，22（4）：91-97.

[71] 顾至欣，张青萍.近20年国内苏州古典园林研究现状及趋势——基于CNKI的文献计量分析 [J].中国园林，2018，34（12）：73-77.

[72] 陶伟，戴光全，吴霞."世界遗产地苏州"城市旅游空间结构研究 [J].经济地理，2002（4）：487-491.

[73] 苏勤，钱树伟.世界遗产地旅游者地方感影响关系及机理分析——以苏州古典园林为例 [J].地理学报，2012，67（8）：1137-1148.

[74] 周云，史建华 . 苏州古城控保建筑的保护与利用 [M]. 南京：东南大学出版社，2010.

[75] 周晓薇 . 从三个维度看曲艺与旅游的融合发展——以苏州评弹为例 [J]. 曲艺，2020（5）：15-17.

[76] 居伟忠，张夏瑶 . 苏州古典园林中的生活方式认知 [J]. 设计，2017（5）：156-157.

[77] 孙剑冰 . 苏州私家园林的保护性利用研究 [M]. 天津：天津古籍出版社，2011.

[78] 王翔，杜顺宝，成玉宁 . 江苏风景园林艺术的传承与创新 [J]. 建筑学报，2012（1）：113-117.

[79] 平龙根 . 古街新韵：山塘历史街区保护性修复钩沉录 [M]. 苏州：古吴轩出版社，2012.

[80] 李靖 . 台湾乐埔町庭园活化改造设计研究 [D]. 苏州大学，2016.

[81] 翁玉玟 . 中国古建园林的保护管理 [D]. 复旦大学，2010.

[82] 曹心童 . 日本传统园林保护利用策略初探 [D]. 北京林业大学，2016.

[83] VISENTINI M A, SCAZZOSI L. The conservation of parks and gardens in Italy[J]. Landscape Research, 1987, 12（2）: 3-9.

[84] WAHURWAGH A, DONGRE A. Burhanpur cultural landscape conservation: inspiring quality for sustainable regeneration[J]. Sustainability, 2015, 7（1）: 932-946.

[85] ROSTAMI R, LAMIT H, KHOSHNAVA S M, et al. Sustainable cities and the contribution of historical urban green spaces: a case study of historical Persian gardens[J]. Sustainability, 2015, 7（10）: 13290-13316.

[86] 黄碧丽 . 古园林遗址公园建设实践初探——以泉州释雅山公园的恢复重建为例 [J]. 广东园林，2010（5）：27-30.

[87] 裴福新 . 历史风景地区保护与复兴研究 [D]. 西安建筑科技大学，2012.

[88] 叶莹 . 历史老城区第宅园林修复构想 [D]. 南京师范大学，2012.

[89] 周向频，刘曦婷 . 历史公园保护与发展策略 [J]. 中国园林，2014（2）：33-38.

[90] 孟昳然 . 鼓浪屿近代园林遗产的价值与保护研究 [D]. 北方工业大学，2018.

[91] SISA J, ÖRSI K. Conserving historic parks and gardens in Hungary[J]. Landscape Research, 1987, 12（2）: 22-26.

[92] MUBIN S, GILANI I A, HASAN W. Mughal gardens in the city of Lahore: a case study of Shalimar garden[J]. Pakistan Journal of Science, 2013, 65（4）: 288-289.

[93] Mahdizadeh S, Rajendran L P. A renewed approach to conservation policy of historical gardens in Iran[J]. Landscape Research, 2018, 23（3）: 34-39.

[94] DOBRESCU E, RADUCULEFTER A. Revitalization and restoration of Queen

Elizabeth Palace Garden – royal residence[J]. Agrolife Scientific Journal, 2012, 42（1）: 271–290.

[95] KÜMMERLING M, MÜLLER N. The relationship between landscape design style and the conservation value of parks: A case study of a historical park in Weimar, Germany[J]. Landscape and Urban Planning, 2012, 107（2）: 111–117.

[96] CONNELL J. Managing gardens for visitors in Great Britain: a story of continuity and change[J]. Tourism Management, 2005, 26（2）: 185–201.

[97] TODHUNTER R. The rockcliffe park redevelopment plan: the restoration of a picturesque pleasure park[J]. Environments, 1999, 26（3）: 59–72.

[98] 杨新平.《佛罗伦萨宪章》与历史园林保护 [J]. 建筑史, 2005（21）: 198–205.

[99] 王鸣义. 城区第宅园林修复思考: 以南京胡家花园为例 [J]. 装饰, 2013（11）: 78–79.

[100] 欧阳桦. 重庆聚奎书院巨石园林特色及其保护利用 [J]. 中国园林, 2006（10）: 46–50.

[101] 祝学雯. 双溪别墅历史建筑场所活化研究 [D]. 华南理工大学, 2017.

[102] 雷宏响. 北京老城私家园林保护与利用研究 [D]. 北京建筑大学, 2019.

[103] 傅清远. 中国古典园林的保护与利用 [C]// 中国文物学会传统建筑园林委员会, 天津: 天津大学出版社, 2004: 61–63.

[104] 王立亚, 曹加杰. 园林遗产保护性开发的文化元素表达——以湖北省襄阳市习家池景区为例 [J]. 美术教育研究, 2019（13）: 98–99.

[105] 高祝鑫. 城市发展中的中国世界文化遗产保护现状与原则研究 [D]. 山东艺术学院, 2019.

[106] KREBS W. The historic parks of Cleves and their restoration[J]. Journal of Garden History, 1986, 6（4）: 376–389.

[107] IGNATIEVA M, MELNICHUK I, CHERDANTSEVA O, et al. History and restoration of the St. Petersburg Summer Garden: returning to the roots[J]. Garden History, 2015, 43（2）: 199–217.

[108] SHARPLEY R. Flagship attractions and sustainable rural tourism development: the case of the Alnwick Garden, England[J]. Journal of Sustainable Tourism, 2007, 15（2）: 125–143.

[109] TÓTH A, FERIANCOVÁ Ľ. Restoration of the landscape garden in Veľká Maňa[J]. Acta Horticulturae Et Regiotecturae, 2016, 19（1）: 1–3.

[110] GAO L, DIETZE-SCHIRDEWAHN A. Garden culture as heritage: a pilot study of garden culture conservation based on Norwegian examples[J]. Urban Forestry & Urban

Greening, 2018（30）: 239-246

[111] TIMPSON M, MANLEY S. Reconstruction from discovery: an urban design masterplan for Cutty Sark Gardens, Greenwich[J]. Urban Design International, 1996, 1（2）: 115-123.

[112] YOUNG T. False, cheap and degraded: When history, economy and environment collided at Cades Cove, Great Smoky Mountains National Park[J]. Journal of Historical Geography, 2006, 32（1）: 169-189.

[113] 朱晓明, 陈天宇. 场所·记忆·变化——英国当代遗产园林 [J]. 时代建筑, 2006（2）: 40-43.

[114] 袁晓君. 古园林类博物馆新馆建筑设计研究 [D]. 华南理工大学, 2015.

[115] 李白露. 基于类型学的梁园景观风貌复现和街区活化研究 [J]. 建筑与文化, 2019（6）: 199-200.

[116] 吕菽菲, 张捷, 甘萌雨. 城市古典园林原始功能老化的初步研究 [J]. 经济地理, 1999, 19（5）: 85-90.

[117] DEVEIKIENE V. The role of historical gardens in city development – from private garden to public park. E. F. André heritage case study.[J]. Landscape Architecture and Art, 2014, 5（5）: 5-13.

[118] UNSWORTH N. Vintage grace: modernist style Kingston's parks, vivified[J]. Landscapes, 2015, 17（4）: 49-52.

[119] 徐晓晴, 胡运宏. 新中国成立以来南京瞻园的公共化转型 [J]. 艺术科技, 2019, 32（8）: 9-10, 12.

[120] 黄丹卿, 司马周. 常州古典园林及其文化内涵和价值探析——以近园等为例 [J]. 江苏理工学院学报, 2019, 25（3）: 50-54.

[121] 张婕. 江南古典园林当代文化价值与保护管理的思考 [J]. 苏州教育学院学报, 2017, 34（2）: 14-19.

[122] 傅玉兰. 博物馆群运作模式研究 [D]. 复旦大学, 2010.

[123] 朱晓明. 十五年后的英国当代遗产园林项目 [J]. 苏州工艺美术职业技术学院学报, 2017（3）: 24-27.

[124] CONAN M. Gardens and landscapes: At the hinge of tangible and intangible heritage[M]. New York: Springer, 2009.

[125] MEYER-FONG T. Civil war, revolutionary heritage, and the Chinese garden[J]. Cross-currents: East Asian History and Culture Review, 2015（4）: 309-332.

[126] KESWICK M, OBERLANDER J, WAI J. In a Chinese garden : the art & architecture of the Dr. Sun Yat-Sen classical Chinese garden[M]. Vancouver: Dr. Sun Yat-Sen

Garden Society of Vancouver，1990.

[127] BLUNDELL P，WOUDSTRA J. Social order versus 'natural' disorder in the Chinese garden[J]. Studies in the History of Gardens & Designed Landscapes，2014，34（2）：151–175.

[128] 鲁墨. 苏州古城控保建筑内部空间的保护与再利用研究 [D]. 西南交通大学，2015.

[129] 亚太地区世界遗产培训与研究中心. 让历史文化名城的名片更加熠熠生辉——苏州历史传统建筑保护与利用的实践与探索 [J]. 中国文物科学研究，2011（4）：1–8.

[130] 季欣. 产权视角下苏州古城控保建筑的保护与利用 [D]. 苏州科技大学，2017.

[131] 沈庆年. 古建新生：苏州市古建筑保护实践与典范 [M]. 苏州：苏州大学出版社，2016.

[132] 蔡爽，查金荣. 蜕变——书香世家·平江府酒店改造设计 [J]. 建筑学报，2011（5）：68–69.

[133] 焦伦. 苏州古典园林研究之听枫园 [D]. 苏州大学，2010.

[134] 马皞箐. 基于空间句法的苏州传统民居改建博物馆空间逻辑转换研究 [D]. 苏州科技大学，2018.

[135] 程洪福. 浅论苏州古典园林的修复与保护——以耦园古建筑保养及环境整治为例 [C]// 中国公园协会 2009 年论文集，北京：《中国公园》编辑部，2009：93–97.

[136] 庄彦. 基于保护的苏州"古建老宅"功能置换设计研究 [D]. 苏州科技学院，2015.

[137] 茅昊. 江南古典园林旅游功能缺失研究 [D]. 东南大学，2004.

[138] 孙剑冰. 苏州古典园林作为街区开放空间的价值评估——应用 CVM 价值评估法 [J]. 城市发展研究，2009（8）：64–68.

[139] 唐慧娟. 苏州古典园林保护和经营策略研究 [D]. 苏州科技学院，2012.

[140] 李艳. 苏州古典园林保护和利用的思考 [D]. 苏州大学，2009.

[141] 王劲韬. 苏州私家园林保护刍议 [C]// 和谐共荣——传统的继承与可持续发展：中国风景园林学会 2010 年会论文集（上册），北京：中国建筑工业出版社，2010.

[142] 邵映红. 世界遗产地旅游发展现状及路径研究——以苏州古典园林为例 [J]. 文化创新比较研究，2017，1（17）：95–97.

[143] 陈雪，王海涛，郭明友. 苏州园林旅游环境容量存在问题与对策研究 [J]. 无锡商业职业技术学院学报，2016，16（2）：33–37.

[144] 雍振华. 苏州园林保护雏议 [C]// 中国文物学会传统建筑园林委员会第十二届学术研讨会会议文件，北京：中国文物学会，1999：108–114.

[145] 孙剑冰．从"文化标本"到"文化生活"——以苏州古典园林为资源的社区旅游发展模式研究 [J].旅游科学，2012，26（4）：1-7，16.

[146] 蒋叶琴．世界文化遗产苏州古典园林保护中存在的问题及其对策 [D].苏州大学，2018.

[147] MARION H. Gardens and landscapes in historic building conservation[M]. Oxford：John Wiley & Sons，2014.

[148] 顾至欣，张青萍．国外历史园林复建研究系统综述 [J].中国园林，2019，35（9）：140-144.

[149] HUBBARD P. The value of conservation：A critical review of behavioural research[J]. Town Planning Review，1993，64（4）：359.

[150] 高大伟，秦雷．国际保护历史文化遗产浪潮映照下的颐和园遗产保护状况——颐和园遗产保护与中关村规划建设关系问题系列研究之一 [J].中国园林，2006（1）：49-53.

[151] 刘爱河．欧洲三大建筑修复流派思想述评 [J].古建园林技术，2009（3）：52-55.

[152] 方冉．19世纪风格性修复理论以及对当代中国历史建筑保护的再认识 [D].同济大学，2007.

[153] 陆地．风格性修复理论的真实与虚幻 [J].建筑学报，2012（6）：18-22.

[154] SUMMERSON J. Heavenly mansions and other essays on architecture[M]. London：Cresset Press，1948.

[155] 曹永康．我国文物古建筑保护的理论分析与实践控制研究 [D].浙江大学，2008.

[156] 李将．城市历史遗产保护的文化变迁与价值冲突 [D].同济大学，2006.

[157] 陆地．建筑的生与死：历史性建筑再利用研究 [M].南京：东南大学出版社，2004.

[158] 陈蔚．我国建筑遗产保护理论和方法研究 [D].重庆大学，2006.

[159] 沙里宁．城市：它的发展、衰败与未来 [M].北京：中国建筑工业出版社，1986.

[160] 吴良镛．北京旧城与菊儿胡同 [M].北京：中国建筑工业出版社，1994.

[161] 单霁翔．吴良镛学术思想对文物事业的贡献 [J].中国文化遗产，2012（2）：6，10-20.

[162] 徐琴．有机更新：历史文化名城走出保护性衰败与建设性破坏困境之路 [J].城市观察，2011（3）：62-69.

[163] 韦恩·奥图，唐·洛干．美国都市建筑：城市设计的触媒 [M].王劭方，译．

台北：台北创兴出版社，1994.

　　[164] MORALES D S，FRAMPTON K，GEUZE A. Manuel de Sola-Morales：a matter of things[M]. Rotterdam：NAi Publishers，2008.

　　[165] 程世丹 . 当代城市场所营造理论与方法研究 [D]. 重庆大学，2007.

　　[166] 金广君，陈旸 . 论"触媒效应"下城市设计项目对周边环境的影响 [J]. 规划师，2006，22（11）：8–12.

　　[167] 蒋朝晖 . 保护，发展的"触媒"——探索古城保护方法 [J]. 国外城市规划，2006（1）：71–74.

　　[168] 文闻，李铌，曹文 . 城市触媒理论在城市发展中的运用 [J].《规划师》论丛，2011（1）：186–188.

　　[169] 贺夏雨，任云英 . 国外文脉研究的进程及其启示 [J]. 华中建筑，2019，37（8）：13–16.

　　[170] 朱宁，任云英 . 西方建筑文脉主义思潮及其理性思辨 [J]. 建筑与文化，2016（10）：112–113.

　　[171] 张京祥 . 西方城市规划思想史纲 [M]. 南京：东南大学出版社，2005.

　　[172] 柯林·罗 . 拼贴城市 [M]. 北京：中国建筑工业出版社，2003.

　　[173] 于苏建，袁书琪 . 城市文脉基本问题的系统思考 [J]. 吉林师范大学学报（自然科学版），2010，31（4）：55–58，62.

　　[174] 苗阳 . 我国传统城市文脉构成要素的价值评判及传承方法框架的建立 [J]. 城市规划学刊，2005（4）：27，40–44.

　　[175] 吴兴帜 . 文化遗产旅游消费的逻辑与转型 [J]. 西南民族大学学报（人文社科版），2019，40（8）：27–32.

　　[176] 胡盼 . 亨利·列斐伏尔文化消费思想研究 [D]. 山东师范大学，2019.

　　[177] 胡君 . "符号"的诱惑：鲍德里亚早期消费主义文化理论研究 [D]. 三峡大学，2014.

　　[178] MCKERCHER B，CROS H，文化旅游与文化遗产管理 [M]. 朱路平，译 . 天津：南开大学出版社，2006.

　　[179] 姜照君，顾江 . 空间生产视角下的文化遗产开发模式研究——以南京民国文化遗产为例 [J]. 现代经济探讨，2014（7）：78–82.

　　[180] 郭文 . 社区型文化遗产地的旅游空间生产与形态转向——基于惠山古镇案例的分析 [J]. 四川师范大学学报（社会科学版），2019，46（2）：75–82.

　　[181] 张天新，山村高淑 . 从"世界遗产"走向"世间遗产"[J]. 理想空间，2006，（15）：60–65.

　　[182] 马荣军 . 日常性城市遗产概念辨析 [J]. 华中建筑，2015，33（1）：27–31.

[183] 雨果·戴瓦兰，张晋平.生态博物馆和可持续发展 [J]. 中国博物馆，2005（3）：31–32.

[184] 乔治·亨利·里维埃.生态博物馆——一个进化的定义 [J]. 中国博物馆，1995（2）：6.

[185] 苏东海.国际生态博物馆运动述略及中国的实践 [J]. 中国博物馆，2001（2）：2–7.

[186] 余压芳，刘建浩.生态博物馆研究进展及其对文化遗产保护理念的影响 [J]. 建筑学报，2006（8）：81–83.

[187] 苏东海.中国生态博物馆的道路 [J]. 中国博物馆，2005（3）：16–18.

[188] MACCANNELL D. Staged authenticity：arrangements of social space in tourist settings[J]. American Journal of Sociology，1973，79（3）：589–603.

[189] PEARCE P L，MOSCARDO G M. The concept of authenticity in tourist experiences[J]. Journal of Sociology，1986，22（1）：121–132.

[190] 杨振之.前台、帷幕、后台——民族文化保护与旅游开发的新模式探索 [J]. 民族研究，2006（2）：39–46，108.

[191] 谢冰雪，胡旭艳."舞台真实"理论在民族旅游文化保护策略中的运用误区——基于对"前台、帷幕、后台"开发模式的反思 [J]. 云南社会科学，2019（4）：96–103，186.

[192] DRURY P，MCPHERSON A. Conservation principles policies and guidance：For the sustainable managment of the historic environment[R]. London：Historic England Publishing，2008.

[193] CHIESURA A. The role of urban parks for the sustainable city.[J]. Landscape & Urban Planning，2004，68（1）：129–138.

[194] 王劲韬.中国古代园林的公共性特征及其对城市生活的影响——以宋代园林为例 [J]. 中国园林，2011，27（5）：68–72.

[195] 尹凯.生态博物馆在法国：孕育与诞生的再思考 [J]. 东南文化，2017（6）：97–102.

[196] 周超.日本文化遗产保护法律制度及中日比较研究 [M]. 北京：中国社会科学出版社，2017.

[197] 周向频，王庆.近代公园遗产保护与更新改造策略——以英国伯肯海德公园和美国晨曦公园为借鉴 [J]. 城市观察，2017（2）：150–164.

[198] TURNER T. 英国园林：历史、哲学与设计 [M]. 北京：电子工业出版社，2015.

[199] 朱晓明.当代英国建筑遗产保护 [M]. 上海：同济大学出版社，2007.

[200] 法国华夏建筑研究学会.法中历史园林的保护及利用 [M]. 北京：中国林业出

版社，2002.

[201] 吴祥艳 . 法国历史园林保护理念和实践浅析 [J]. 中国园林，2003（7）：48-52.

[202] 马剑斌 . 秦淮名胜　宅园奇葩——"南京愚园"评介 [J]. 中国园林，1996（2）：20-22.

[203] 陈薇 . 流变与新建——南京愚园重建记 [J]. 建筑学报，2016（9）：96-101.

[204] 陈薇 . 门西愚园园林，南京，江苏，中国 [J]. 世界建筑，2014（12）：56-60.

[205] 钱毅，孟昳然 . 鼓浪屿近代私家园林考 [J].《圆明园》学刊，2016（21）：197-206.

[206] 李颖科 . 中西方文化遗产保护理念辨析——兼论中国特色文化遗产保护发展理念的理论建构 [J]. 中国文化遗产，2020，95（1）：57-64.

[207] C. 亚历山大 . 建筑的永恒之道 [M]. 赵冰，译 . 北京：知识产权出版社，2002.

[208] 傅岩，石佳 . 历史园林："活"的古迹——《佛罗伦萨宪章》解读 [J]. 中国园林，2002（3）：74-78.

[209] CALNAN M. The National Trust approach to garden conservation[C]// MARION H. Gardens and landscapes in historic building conservation[M]. Oxford：John Wiley & Sons，2014.

[210] SALES J. The National Trust approach to garden conservation[C]// MARION H. Gardens and landscapes in historic building conservation[M]. Oxford：John Wiley & Sons，2014.

[211] 陈从周 . 说园 [M]. 济南：山东画报出版社，同济大学出版社，2002.

[212] IGNATIEVA M. Music for the eyes：The historical restoration of the White Birch Area of Pavlovsky Park in St. Petersburg, Russia[J]. Ecological Restoration，2005，23（2）：83-88.

[213] 杜爽，韩锋，罗婧 . 德国城市历史景观遗产保护实践：波茨坦柏林宫殿及公园的启示 [J]. 中国园林，2016，32（6）：61-66.

[214] 徐锦玲 . 城市公园"开放式规划"新思路探究 [D]. 西北民族大学，2017.

[215] 米歇尔·柯南，陈望衡 . 城市与园林　园林对城市生活和文化的贡献 [M]. 武汉：武汉大学出版社，2006.

[216] 周维权 . 中国古典园林史（第 2 版）[M]. 北京：清华大学出版社，1999.

[217] 赵晶，张钢，尚尔基 . 伦敦历史园林管理、活动策略研究及启示 [J]. 中国园林，2018，34（4）：94-99.

[218] 金学智 . 中国园林美学 [M]. 北京：中国建筑工业出版社，2005.

[219] 陈从周 . 园林清议 [M]. 南京：江苏文艺出版社，2005.

[220] 纽拜 . 对于风景的一种理解 [M]. 北京：中国社会科学出版社，1982.

[221] 金学智 . 中国园林美学 [M]. 北京：中国建筑工业出版社，2000：386–389.

[222] JACQUES D. Evolution of principles for the conservation of gardens and designed landscapes[C]// MARION H. Gardens and landscapes in historic building conservation[M]. Oxford：John Wiley & Sons，2014.

[223] 赵迪 . 法国凡尔赛花园植物景观的保护与恢复 [J]. 中国城市林业，2018，16（3）：70–74.

[224] 张冬冬 . 文化遗产类历史园林植物景观保护与修复——以国际公约及国内外实践为切入点 [J]. 风景园林，2019，26（5）：109–114.

[225] 赵建国 . 避暑山庄古树保护与园林古建筑保护、恢复密不可分 [C]// 第十届中日复合材料学术会议论文集，成都：中国复合材料学会，2012：478–480.

[226] ROSENBERG A M. An emerging paradigm for landscape architecture[J]. Landscape Journal，1986，5（2）：81.

[227] 刘玉文 . 古典园林保护修缮应以园林传统理论为依据 [J]. 中国园林，2005（8）：35–36.

[228] 杨欣宇，汤巧香 . 从平等院凤凰堂看日本古典园林修复的原真性 [J]. 北京园林，2017，33（4）：22–25.

[229] 赵蓬雯 . 北京明清皇家建筑遗产保护实践研究（2000—2015）[D]. 天津大学，2017.

[230] 翁玟玟 . 英国历史园林的保护管理 [N]. 中国文物报，2010–07–9（4）.

[231] 王子乾 . 中国古代建筑遗产自然环境监测指标体系与监测技术研究 [D]. 天津大学，2018.

[232] 魏嘉瓒 . 苏州古典园林史 [M]. 上海：上海三联出版社，2005.

[233] 蔡丽新 . 苏州园林文化 [M]. 南京：南京大学出版社，2015.

[234] 郭明友 . 明代苏州园林史 [D]. 苏州大学，2011.

[235] 曹林娣 . 江南园林史论 [M]. 上海：上海古籍出版社，2015.

[236] 傅晶 . 魏晋南北朝园林史研究 [D]. 天津大学，2004.

[237] 佚名 . 唐代苏州郡守文学研究 [D]. 苏州大学，2010.

[238] 佚名 . 唐宋园林散文研究 [D]. 西北大学，2016.

[239] 邓广铭 . 宋史职官志考正 [M]. 北京：商务印书馆，2017.

[240] 王国维 . 王国维遗书 [M]. 上海：上海书店出版社，1983.

[241] 邵忠 . 苏州园墅胜迹录 [M]. 上海：上海交通大学出版社，1992.

[242] 欧阳光 . 宋元诗社研究丛稿 [M]. 广州：广东高等教育出版社，1996.

[243] 王进 . 元代后期文人雅集的书画活动研究 [D]. 中国艺术研究院，2010.

[244] 周维强 . 玉山雅集图 [J]. 浙江散文，2018（3）：39–40.

[245] 毛华松，屈婧雅. 空间、仪式与集体记忆——宋代公共园林教化空间的类型与活动研究 [J]. 中国园林，2017，33（12）：110-114.

[246] 宁欣. 由唐入宋都市人口结构及外来、流动人口数量变化浅论——从《北里志》和《东京梦华录》谈起 [J]. 中国文化研究，2002（2）：71-79.

[247] 毛华松. 城市文明演变下的宋代公共园林研究 [D]. 重庆大学，2015.

[248] 方健. 两宋苏州经济考略 [J]. 农业考古，1999（3）：190-199.

[249] 顾颉刚著，王煦华辑. 苏州史志笔记 [M]. 南京：江苏古籍出版社，1989.

[250] 顾凯. 明代江南园林研究 [M]. 南京：东南大学出版社，2010.

[251] 刘志琴. 晚明史论：重新认识末世衰变 [M]. 南昌：江西高校出版社，2004.

[252] 陈诒绂. 金陵园墅志 [M]. 南京：翰文书店，1933.

[253] 卜正民. 为权力祈祷：佛教与晚明中国士绅社会的形成 [M]. 南京：江苏人民出版社，2005.

[254] 柯律格. 丰饶之地：中国明代园林文化 [M]. 孔涛，译. 郑州：河南大学出版社，2019.

[255] 魏嘉瓒. 苏州历代园林录 [M]. 北京：燕山出版社，1992.

[256] 衣学领. 苏州园林魅力十谈 [M]. 上海：上海三联书店，2010.

[257] 王胜鹏. 明清时期江南戏曲消费与日常生活（1465—1820）[D]. 华中师范大学，2013.

[258] 王文荣. 明清江南文人结社研究 [D]. 苏州大学，2009.

[259] 许梅. 明清苏州文人园林的建构与转型 [D]. 复旦大学，2013.

[260] 陆晓雯. 留园义庄与苏州近代社会 [D]. 上海师范大学，2011.

[261] 刘彦伶. 晚清至民国时期清唱场域研究 [D]. 苏州大学，2012.

[262] 梁思成. 中国建筑史 [M]. 天津：百花文艺出版社，1998.

[263] 李斌. 民国时期文化产业的转型——以苏州文化产业为视窗 [J]. 齐鲁艺苑，2016，149（2）：121-125.

[264] 何大明. 墨园，姓"余"不姓"顾" [J]. 江苏地方志，2016（1）：79.

[265] 魏宪伟. 苏州古典园林经营管理的现代转型研究 [D]. 苏州大学，2018.

[266] 朱文洁. 苏州藏书文化的近现代转型：1840-1949[J]. 山东图书馆学刊，2012（2）：44-48.

[267] 苏州市文物管理委员会. 苏州市文物、园林、古建调查资料汇编 [R]. 苏州：苏州市文物管理委员会，1983.

[268] 张良正. 苏州园林风景名胜保护建设十五年回顾 [J]. 中国园林，1994（4）：4-6.

[269] 中国文化遗产研究院. 中国世界文化遗产 2018 年度优秀监测年度报告 [R]. 北

京：中国文化遗产研究院，2019.

[270] 苏州市地方志编委员会 . 苏州市志·第十一卷园林名胜 [EB/OL]. http：//www. dfzb.suzhou.gov.cn/database_books_detail.aspx?bid=13. 983E1FF139E5DBC435A0F90671FA 8E00.苏州：苏州市地方志编委员会，2001–01–01/ 2019–（9）–28.

[271] 苏州市园林绿化管理局 . 苏州园林手册 [R]. 苏州：苏州市园林绿化管理局，2018.

[272] 苏州市园林和绿化管理局 . 市文物保护单位及牌坊统计、调查报告 [R]. 苏州：苏州市园林和绿化管理局，1965.

[273] 陈光明 . 城市发展与古城保护——以苏州古城保护为例 [M]. 长沙：湖南人民出版社，2010.

[274] 陈从周 . 园林谈丛 [M]. 上海：上海文化出版社，1980.

[275] 邱晓翔 . 苏州古城的保护历程 [J]. 城市与区域规划研究，2009（1）：69–82.

[276] 赵冀韬 . 关于国有不可移动文物用益权的法理思考 [N]. 中国文物报，2015–03–20（7）.

[277] 苏州市人民政府 . 市政府关于公布《苏州园林名录》（三）的通知 [Z]. 苏州：苏州市人民政府，2017.

[278] 张心 . 城市遗产保护中的市民视角研究 [J]. 社会科学家，2016（2）：43–48.

[279] 赵晓梅 . 世界文化遗产多层级价值整合的重要性与研究方法——以清西陵为例 [J]. 东南文化，2018（3）：8–16.

[280] ZHAO Y. China's leading historical and cultural city：Branding Dali City through public–private partnerships in Bai architecture revitalization[J]. Cities，2015，49（11）：106–112.

[281] GRANZIERA P. Gardens and public parks in Cuernavaca：Transformations of a cultural landscape[J]. Landscape History，2017，38（2）：97–108.

[282] 程圩 . 文化遗产旅游价值认知的中西方差异研究 [D]. 陕西师范大学，2009.

[283] 赵晓梅 . 活态遗产理论与保护方法评析 [J]. 中国文化遗产，2016（3）：68–74.

[284] BAILLIE B. Living heritage approach handbook[M]. Roma：ICCROM，2009.

[285] 杜凡丁，赵晓梅 . 文化遗产保护中的"人" 增冲鼓楼文物保护规划中的一些尝试 [J]. 中国文化遗产，2011（2）：6，54–65.

[286] 张心 . 城市遗产保护的人本视角研究 [D]. 山东大学，2016.

[287] 林德荣，郭晓琳 . 让遗产回归生活 新时代文化遗产旅游活化之路 [J]. 旅游学刊，2018，33（9）：1–3.

[288] 张松，蔡敦达 . 欧美城市的风景保护与风景规划 [J]. 城市规划，2003，27（9）：63–66，70.

[289] LAMBERT D. Researching historic parks and gardens[C]// MARION H. Gardens and landscapes in historic building conservation[M]. Oxford：John Wiley & Sons，2014.

[290] 张松. 城市文化遗产保护国际宪章与国内法规选编 [M]. 上海：同济大学出版社，2007.

[291] 国际古迹遗址理事会中国国家委员会. 中国文物古迹保护准则 [R]. 北京：国际古迹遗址理事会中国国家委员会，2015.

[292] 黄明玉. 文化遗产的价值评估及记录建档 [D]. 复旦大学，2009.

[293] 吴必虎，王梦婷. 遗产活化、原址价值与呈现方式 [J]. 旅游学刊，2018，33（9）：3-5.

[294] 中国文物研究所. 文物　古建　遗产首届全国文物古建研究所所长培训班讲义 [C]. 北京：北京燕山出版社，2004.

[295] 徐进亮. 建筑遗产价值体系的再认识 [J]. 中国名城，2018（4）：71-76.

[296] 孙业红，闵庆文，成升魁，等. 农业文化遗产地旅游社区潜力研究——以浙江省青田县为例 [J]. 地理研究，2011，30（7）：1341-1350.

[297] 湛东升，孟斌，张文忠. 北京市居民居住满意度感知与行为意向研究 [J]. 地理研究，2014，33（2）：336-348.

[298] RIEGL A. The modern cult of monuments：Its character and its origin[J]. Oppositions，1982，25（3）：21-51.

[299] FEILDEN B M. Conservation of historic buildings（3rd edition）[M]. Oxford：Routledge，2003.

[300] 普鲁金. 建筑与历史环境 [M]. 韩林飞，译. 北京：社会科学文献出版社，2011.

[301] 朱光亚，蒋惠. 开发建筑遗产密集区的一项基础性工作——建筑遗产评估 [J]. 规划师，1996（1）：33-38.

[302] ENGELHARDT R A，ROGERS P R. Hoi An protocols for best conservation practice in Asia[R]. Bangkok：UNESCO Bangkok，2005.

[303] WIJESURIYA G. Living heritage：A summary[R]. Rome：ICCROM，2015.

[304] 孙志练. 河南省文化遗产价值指标体系研究 [D]. 华中科技大学，2011.

[305] 何祚榕. 关于"价值一般"双重含义的几点辩护 [J]. 哲学动态，1995（7）：21-22.

[306] 鲁品越. 价值的目的性定义与价值世界 [J]. 人文杂志，1995（6）：7.

[307] LOULANSKI T，LOULANSKI V. The sustainable integration of cultural heritage and tourism：A meta-study[J]. Journal of Sustainable Tourism，2011，19（7）：837-862.

[308] 朱煜杰. 遗产保护中的真实性：概念演绎与地方实践 [J]. 贵州社会科学，2012（4）：18-24.

[309] 曹丽娟．关于保护历史园林遗产的真实性 [J] 中国园林，2004（9）：29-31．

[310] 李映涛，马志韬．整体历史原真性保护与城市历史地段更新——以成都宽窄巷子改造为例 [J]．城市发展研究，2009，16（4）：160-163．

[311] 刘敏，刘爱利．基于业态视角的城市建筑遗产再利用——以北京南锣鼓巷历史街区为例 [J]．旅游学刊，2015（4）：115-126．

[312] BURMIL S. Issues in the conservation of gardens in Israel：Ramat Hanadiv as a case study[J]. Studies in the History of Gardens & Designed Landscapes，2000，20（1）：57-68．

[313] 马骏华．城市遗产的公共空间化 [D]．东南大学，2012．

[314] 李静雅，陈可石，邰浩．遗产性老城区城市肌理及其公共空间设计理念——以青岛为例 [J]．现代城市研究，2014（9）：55-59，76．

[315] 朱蕙婷，廖再毅，吴永发．加拿大于人村主街的保护与更新的平衡策略 [J]．规划师，2015，31（12）：136-140．

[316] MURPHY P，PRITCHARD M P，SMITH B. The destination product and its impact on traveller perceptions[J]. Tourism Management，2000，21（1）：43-52．

[317] 牛玉，汪德根．基于游客视角的历史街区旅游发展模式影响机理及创新——以苏州平江路为例 [J]．地理研究，2015，34（1）：181-196．

[318] 单霁翔．文化景观遗产保护的相关理论探索 [J]．南方文物，2010（1）：1-12．

[319] 孟晓，刘艾芗．文化遗产产业化保护发展的模式与对策分析 [J]．山东社会科学，2015（5）：181-186．

[320] CALVER S J，PAGE S J. Enlightened hedonism：Exploring the relationship of service value, visitor knowledge and interest, to visitor enjoyment at heritage attractions[J]. Tourism Management，2013，39（4）：23-36．

[321] 蒂莫西．文化遗产与旅游 [M]．孙业红，等，译．北京：中国旅游出版社，2014．

[322] 张建忠，孙根年．遗址公园：文化遗产体验旅游开发的新业态——以西安三大遗址公园为例 [J]．人文地理，2012，27（1）：142-146．

[323] 张先清．生态保育、社区参与与产业开发——台湾文化遗产保护的启示 [J]．东南学术，2015（2）：15-20，246．

[324] 倪斌．历史文化遗产保护现状探析 [J]．同济大学学报（社会科学版），2005（5）：47-50，74．

[325] ICOMOS-FILA. The Florence Charter[R]. Florence：ICOMOS-FILA，1982．

[326] 杨晨．数字化遗产景观——澳大利亚巴拉瑞特城市历史景观数字化实践及其创新性 [J]．中国园林，2017，33（6）：83-88．

[327] 贾磊磊．数字化时代文化遗产的保护和展现 [M]．北京：文化艺术出版社，2010．

[328] 柳泽，毛锋，周文生，等.基于空间数据库的大遗址文化遗产保护 [J].清华大学学报（自然科学版），2010（3）：338-341.

[329] 张凌云，刘威.欧洲文化遗产保护及对中国的启示——评《旅游文化资源：格局、过程与政策》[J].世界地理研究，2010（3）：170-178.

[330] 王耀斌，孙传玲，蒋金萍，等.居民、游客与专家感知视角的某旅游规划量化评价与比较 [J].旅游研究，2017，9（6）：29-39.

[331] 李萍.世界文化遗产莫高窟游客管理的探索与实践——游客调查规范程序 [J].敦煌研究，2013（6）：117-121.

[332] ICCROM. People-centred approaches to the conservation of cultural heritage living heritage[R]. Rome：ICCROM，2013.

[333] JESSICA B，TERENCE H E. COMPACT：Engaging local communities in the stewardship of world heritage[R]. New York：United Nations Development Programme，2013.

[334] 张朝枝，保继刚.国外遗产旅游与遗产管理研究——综述与启示 [J].旅游科学，2004，18（4）：7-16.

[335] 刘娟，方世敏，宁志丹.遗产旅游价值游客感知及其提升策略——基于网络信息的内容分析 [J].地理与地理信息科学，2017，33（6）：112-117.

[336] 张维亚，严伟，汤澍.旅游者地方感、自我效能感、社会责任感与满意度关系研究——以遗产旅游地为例 [J].资源开发与市场，2015，31（1）：112-116.

[337] 周永博，沈敏，魏向东，等.态度与价值：遗产旅游体验模式探析——以苏州平江历史文化街区为例 [J].旅游科学，2012，26（6）：32-41.

[338] 厉建梅.文化遗产的价值属性与经营管理模式探讨 [J].学术交流，2016（11）：132-137.

[339] 张舜玺.从保护到经营：文化遗产法律制度的西欧经验 [J].河南财经政法大学学报，2015，30（1）：154-162.

[340] ROSTAMI R，LAMIT H，KHOSHNAVA S，et al. Sustainable cities and the contribution of historical urban green spaces：a case study of historical Persian gardens[J]. Sustainability，2015，7（10）：13290-13316.

[341] 刘曦婷，周向频.近现代历史园林遗产价值评价研究 [J].城市规划学刊，2014（4）：104-110.

[342] 顾江.文化遗产经济学 [M].南京：南京大学出版社，2009.

[343] TUNBRIDGE J E，ASHWORTH G J. Dissonant heritage：The management of the past as a resource in conflict[M]. Chichester：John Wiley & Sons，1996.

[344] PYNES P. Using applied American studies to restore and renovate the Colorado Plateau's historic gardens at La Posada[J]. American Studies，2003，44（1）：253-270.

[345] 罗颖，干芳，宋晓微．我国世界文化遗产保护管理状况及趋势分析——中国世界文化遗产 2017 年度总报告 [J]．中国文化遗产，2018（6）：6–30．

[346] 潘怿晗．皇家园林文化空间与文化遗产保护 [D]．中央民族大学，2010．

[347] 张松．作为集体记忆的城市及其保护 [J]．世界建筑，2014，（12）：61–63，123．

[348] 龚志强，王琬萱．世界文化景观遗产适应性管理模式构建——基于利益相关者理论 [J]．企业经济，2019（1）：82–88．

[349] 石坚韧．旅游城市的建筑文化遗产与历史街区保护修缮策略研究 _ 石坚韧 [J]．经济地理，2010，30（3）：508–513．

[350] 吕舟．《中国文物古迹保护准则》的修订与中国文化遗产保护的发展 [J]．中国文化遗产，2015（2）：4–24．

[351] 刘敏，潘怡辉．城市文化遗产的价值评估 [J]．城市问题，2011（8）：23–27．

[352] BENTLER P M，BONETT D G. Significance tests and goodness of fit in the analysis of covariance structures.[J]. Psychological Bulletin，1980，88（3）：588–606.

[353] ETEZADI-AMOLI J，FARHOOMAND A F. A structural model of end user computing satisfaction and user performance[J]. Information & Management，1996，30（2）：65–73.

[354] 侯杰泰，温忠麟，成子娟．结构方程模型及其应用 [M]．北京：教育科学出版社，2004．

[355] 王海燕，杨方廷，刘鲁．标准化系数与偏相关系数的比较与应用 [J]．数量经济技术经济研究，2006，23（9）：151–156．

[356] 靳诚，陆玉麒，张莉，等．基于路网结构的旅游景点可达性分析——以南京市区为例 [J]．地理研究，2009，28（1）：246–258．

[357] 蒙俊杰，黄正东，李博闻，等．基于步行与公交时空网络的武汉市典型公共设施可达性评价 [J]．地理信息世界，2019，26（3）：1–7，24．

[358] 钱树伟，苏勤．苏州古典园林旅游者空间意象特征分析 [J]．旅游科学，2010，24（5）：56–63．

[359] 汤翔菲，杨兴柱．城市旅游者寻路行为的研究内容和研究方法 [J]．资源开发与市场，2015（4）：468–471．

[360] 周永博，沙润．旅游目的地意象研究进展与展望 [J]．旅游科学，2010，24（4）：84–94．

[361] 汪永青，陆林．旅游地居民的再创空间 [J]．资源开发与市场，2008（11）：1038–1041．

[362] 何江夏，王雨村．苏州老城更新的绅士化发展进程及其对策研究 [J]．城市规划，2018，42（9）：70–78．

[363] KEVIN G. Tourism gentrification：The case of New Orleans'Vieux Carre[J]. Urban Studies, 2005, 42（7）: 1099–1121.

[364] 赵玉宗，寇敏，卢松，等 . 城市旅游绅士化特征及其影响因素——以南京"总统府"周边地区为例 [J]. 经济地理，2009，29（8）: 1391–1396.

[365] 邹永广 . 目的地旅游安全评价研究 [D]. 华侨大学，2015.

[366] 吴燕虾，辛金国 . 家族企业绩效评价框架结构及指标筛选的实证研究 [J]. 中国管理科学，2013（S2）: 137–144.

[367] 王贺 . 当代青年社会主义核心价值观认同之测度与评价 [J]. 高教发展与评估，2018，34（3）: 106–118, 124.

[368] 陈鑫 . 南京三所典型高校新老校区景观格局与绿地空间布局的比较研究 [D]. 南京农业大学，2012.

[369] 王甜 . 徐州市街旁游园及居民满意度研究 [D]. 江苏师范大学，2012.

[370] 张莺 . 武汉昙华林历史街区植物景观保护与更新研究 [D]. 华中农业大学，2012.

[371] 程承旗，李虎，郭仕德，等 . 城市居住单元绿地景观遥感环境研究 [J]. 测绘科学，2005，30（3）: 5, 58–60.

[372] 希利尔，杨滔，张佶 . 空间是机器：建筑组构理论 [M]. 北京：中国建筑工业出版社，2008.

[373] 曹玮，薛白，王晓春，等 . 基于空间句法的扬州何园空间组织特征分析 [J]. 风景园林，2018，25（6）: 118–123.

[374] 梁慧琳，张青萍 . 基于空间句法的江南私家园林空间开合量化研究 [J]. 现代城市研究，2017（1）: 47–52.

[375] 杨琪瑶，张建林 . 基于空间句法的狮子林主假山神秘性分析 [J]. 中国园林，2018，34（4）: 129–133.

[376] 陈宇，涂钧 . 南京晚清宅第园林空间构形及量化研究——以甘熙故居为例 [J]. 中国园林，2018，34（7）: 140–144.

[377] 徐雷 . 艺圃空间量化研究 [D]. 福建农林大学，2013.

[378] 郑子寒 . 空间·行为·景象——基于空间句法的江南私家园林量化研究 [D]. 华东理工大学，2019.

[379] 邰杰，徐雁飞，陆鞾 . 旧式迷宫：苏州传统园林空间设计研究录 [M]. 北京：中国建筑工业出版社，2015.

[380] 翟宇佳 . 基于空间句法理论的城市公园空间组织分析与设计管理应用——凸边形地图分析方法初探 [J]. 中国园林，2016，32（3）: 80–84.

[381] 阚小溪，郑悦 . 基于空间句法理论的城市公园空间组织分析——以厦门市中

山、白鹭洲公园为例 [J]. 中外建筑，2017（10）：109-112.

[382] 顾至欣，张青萍 . 园曲同构视角下网师园旅游演艺体验与空间关系研究 [J]. 地域研究与开发，2020，39（2）：111-116.

[383] 沙新美 . 苏州寺庙园林与私家园林的融汇 [J]. 艺术与设计（理论），2017，2（4）：72-74.

[384] 杨果 . 苏州园林造园手法对博物馆展示的启发性研究 [D]. 中国美术学院，2017.

[385] 汪长根，周苏宁 . 以"世界文化遗产城市"为核心品牌，整合苏州城市文化名片资源 [J]. 世界遗产与古建筑，2016（6）：6-13.

[386] 苏州市文化广电和旅游局 . 苏州市"十三五"期间博物馆运营报告 [R]. 苏州：苏州市文化广电和旅游局，2021.

[387] 卓振华 . 江南地区传统民居改造型度假酒店设计研究 [D]. 华南理工大学，2016.

[388] 雍振华 . 论传统建筑、古典园林的维护与修缮 [C]// 中国文物学会传统建筑园林委员会第十五届学术研讨会会议文件，北京：中国文物学会，2004：133-137.

[389] 姚远 . 苏州古城内居住类控保建筑的居住功能更新设计研究 [D]. 苏州科技大学，2017.

[390] 张凡，沙左幅 . 江南古典园林厅堂建筑的空间设计 [J]. 华中建筑，2003（3）：84-85，91.

[391]（明）计成著，陈植注释 . 园冶注释 [M]. 北京：中国建筑工业出版社，1988.

[392] 陈莺 . 基于回归分析的苏州古典园林庭园空间构成 [J]. 中国农学通报，2013，29（19）：203-209.

[393]（清）袁景澜撰，甘兰经，吴琴校点 . 吴郡岁华纪丽 [M]. 南京：江苏古籍出版社，1998.

[394] 叶菊华 . 刘敦桢·瞻园 [M]. 南京：东南大学出版社，2013.

[395] 刘敦桢 . 中国古代建筑史 [M]. 北京：中国建筑工业出版社，2008.

[396] 薛涛，王萌，李楚婷 . 新加坡博物馆群历史文化空间的城市性探讨 [J]. 旅游规划与设计，2014，（1）：122-129.

[397] 罗塞拉·莫伊欧利，克里斯提娜·伯尼欧迪，安卓拉·康斯塔，等 . 复合型遗产的管理——预防性和计划性保护在意大利蒙扎皇家别墅和公园项目中的运用 [J]. 中国文化遗产，2020（2）：47-58.

[398] 王稼句 . 苏州旧闻 [M]. 苏州：古吴轩出版社，2003.

[399]（清）顾禄 . 清嘉录 [M]. 南京：江苏古籍出版社，1999.

[400] THE ROYAL PARKS. Hosting major events in the Royal Parks[R]. London：The

Royal Parks，2015.

[401] 单霁翔 . 让文化遗产活起来 [N]. 人民日报 . 2019-05-17（13）.

[402] 张国超 . 意大利建筑遗产认养的经验与启示 [J]. 理论月刊，2020（1）：110-118.

[403] UNESCO. Recommendation on the historic urban landscape[R]. Paris：United Nations Educational，Scientific and Cultural Organization，2011.

[404] 黎光，黎翔宇，赵冬菊 . 历史文化名城保护与地方经济可持续发展研究 [J]. 中国文物科学研究，2019（2）：50-56.

[405] 卢刘颖 . 世界文化遗产保护与遗产地经济发展研究 [D]. 清华大学，2012.

[406] 张杰，吕舟，等 . 世界文化遗产保护与城镇经济发展 [M]. 上海：同济大学出版社，2013.

[407] 胡鹏程 . 法国文化遗产保护管理利用管窥——以魔鬼桥遗产点为例 [J]. 文博学刊，2019（1）：117-124.

[408] THIJM H A. 文化遗产保护将如何影响一个城市的发展 ?[J]. WTO 经济导刊，2015（8）：61-61.

[409] 王蔚 . 苏州的苏式“双面绣”[EB/OL].http：//www.ce.cn/culture/gd/201405/ 05/ t20140505_2762451.shtml. 32C97A133E9844F8962761B01E657539. 北京：中国旅游报，2001-01-01/2020-05-06.

[410] 徐蕴海 . 苏式生活让市民游客共享城市文化 [N]. 苏州日报 . 2012-10-15（6）.

[411] 陈靖东，周永博 . “苏式生活”与苏州城市旅游意象建构研究 [J]. 四川旅游学院学报，2014，（6）：73-77.

[412] 周永博，沈敏，魏向东，等 . 遗产旅游地意象媒介传播机制——苏州园林与江南古镇的比较研究 [J]. 旅游学刊，2012，27（10）：102-109.

[413] 朱伟 . 近三十年来海外中国传统园林研究 [D]. 华东理工大学，2012.

[414] 朱灵茜，张青萍，李卫正，等 . 近百年拙政园平面测绘精度评估与研究 [J]. 中国园林，2020，36（4）：139-144.

[415] 高大伟 . 历史名园对伦敦、巴黎和北京建设世界城市的重要意义 [J]. 中国园林，2011，27（1）：37-41.

[416] 沈妍慧 . 风景园林在公众生态教育中的作用及其实现 [D]. 浙江农林大学，2016.

[417] 郭春媛 . 我国文物保护经费有效供给研究 [D]. 西北大学，2019.

[418] 邵甬 . 法国建筑·城市·景观遗产保护与价值重现 [M]. 上海：同济大学出版社，2010.

[419] 王红军 . 美国建筑遗产保护历程研究——对四个主题性事件及其背景的分析

[M]. 南京：东南大学出版社，2009.

[420] 林元兴，陈贞君. 容积移转与古迹保存 [J]. 中国土地科学，1999，13（5）：14-18.

[421] 覃俊翰. 借鉴台湾经验的历史街区保护视角下的容积移转制度研究 [D]. 华南理工大学，2012.

[422] 周星，周超. 日本文化遗产的分类体系及其保护制度 [J]. 文化遗产，2007（1）：121-139.

[423] 罗哲文. 罗哲文历史文化名城与古建筑保护文集 [M]. 北京：中国建筑工业出版社，2003.

[424] 魏寒宾，边兰春. 文化遗产的保护与可持续发展——以英、日、韩三国文化遗产登录制度为例 [J]. 科技导报，2019，37（8）：40-48.

[425] 刘爱河. 英国文化遗产保护成功经验借鉴与启示 [J]. 中国文物科学研究，2012（1）：91-94.

[426] 杜骞，刘爱河，曹永康. 意大利文化遗产保护与利用的公众参与激励机制 [J]. 建筑遗产，2019（4）：51-59.

[427] 刘敏. 天津建筑遗产保护公众参与机制与实践研究 [D]. 天津大学，2012.

[428] 朱琰，吴文卓. 国外文化遗产基金制度及其借鉴 [J]. 东南文化，2016（4）：17-22.

[429] 陈昱霖，刘雁琪，刘俊清. 文化规划视角下北京世界文化遗产保护管理研究 [J]. 自然与文化遗产研究，2019，4（8）：6-10.

[430] 刘春凯. 英国文化遗产保护的公众参与借鉴 [J]. 中国名城，2016（6）：55-59，74.

[431] 陈蔚，刘美，朱正. NGO 参与下的欧美文化遗产保护管理机制与模式 [J]. 遗产与保护研究，2018，3（11）：17-23.

后 记

本书以党的十九大报告中"加强文物保护利用和文化遗产保护传承"的文化遗产事业发展方略为指引，以《"十四五"文化和旅游发展规划》提出的"文化遗产保护传承利用体系不断完善，文化遗产传承利用水平不断提高"发展目标为方向，借鉴国内外文化遗产活化利用的相关理论与实践经验，结合苏州市委市政府建设"天堂苏州·百园之城"的决策部署，通过理论研究、实地调研、数据分析等方式，从苏州古典园林活化理论构建、功能价值评价、功能空间解析、活化模式归纳与活化建议策略等方面进行探索，以期为推动苏州古典园林的功能传承与创新发展提供参考。

首先，对于文化遗产价值评判这一核心问题，本书从主客感知视角进行了较为综合的分析，社群与游客为园林遗产的主要使用者，并非遗产利益相关者的全部。园林遗产的管理者、周边商铺的经营者等群体对园林遗产功能与价值的评价也应当被关注。同时，如果试图更加有的放矢地发挥苏州园林的综合价值，不同年龄、性别、职业等属性的使用者的利益诉求也应当被更加细致地关注，这才有可能在活化利用中更好地展现特色，避免同质化发展现象。其次，关于苏州古典园林功能空间的利用，本书虽然总结归纳了不同活化模式、功能类型的空间布局特征，并有针对性地提出了空间转化与利用建议，然而，本书主要将功能空间作为相互区分的个体或群体分别进行探讨，不同功能空间之间的体系关系、组合搭配与相互作用机制尚不明晰，园林空间灵活多变、层次丰富的特点尚未在活化实践中得到淋漓尽致的展现。最后，应当清醒地认识到苏州古典园林的活化利用模式是处于不断发展变化之中的，具有与时俱进的时代特色，当前总结的旅游观光、礼佛朝圣、文化展示、餐饮民宿与办公场所五种活化模式只是对过往实践的总结，与日新月异的当前实践与未来发展仍不可避免地存在差距，社区服务、文创基地以及具有较强灵活性的会展利用方式限于当前实践的有限性，尚未进行深入讨论；然而，伴随着园林遗产活化实践的日趋深化，对于新的活化模式的研究也应当进一步深化。

习近平总书记指出，传承中华文化要"以古人之规矩，开自己之生面"，重点做好创造性转化和创新性发展。苏州是举世闻名的"园林之城"，而园林是中华民族宝贵的文化遗产，是苏州历史文化名城的经典案例，更是苏州城市核心竞争力的重要载体和文化品牌。然而，在长期的文化遗产保护实践中，苏州园林遵循"古人之规矩"尚尽可能恰如其分，如何开拓"自己之生面"却是现阶段亟待思考的问题，实现苏州园林创造性转化和创新性发展更是研究者与实践者应当孜孜以求的目标。本书是对苏州园林功能传承与创新发展的初步探索，虽然研究结论还很不成熟，面临的挑战仍很严峻，但通过遗产活化来促进苏州古典园林融入社会、融入生活的探索方向应当得到肯定。国内外的实践表明，保持历史的活态，城市文化就有无尽的生命力，而"活化"保护的渠道拓展得越宽阔，文化遗产保护就越有效，人们的情感寄托、认同归属和心灵感受度也就越强。希望通过全社会的努力，以苏州古典园林为代表的我国园林文化遗产能够在活化发展的道路上世代传承，焕发新的光彩。